浙江省"十一五"重点教材建设项目

Broadeasting & Television and Art Performance Editing and Directing

广播电视文艺编导

项仲平　张忠仁　著

ZHEJIANG UNIVERSITY PRESS
浙江大学出版社

前 言
FOREWORD

目前,广播电视媒体面临着新的挑战,广播电视媒体与其他媒体之间,以及各级广播电视媒体之间的竞争也日趋激烈,从广播电视节目、广播电视栏目到广播电视频道都急需寻求新的生存与发展空间。尤其是近几年来,新媒体的快速崛起给广播电视媒体的生态环境带来了巨大变化,广播电视媒体面临着前所未有的竞争压力,在大力倡导推进三网融合的背景下,传统的单媒体时代已不复存在,基于数字技术和网络技术平台之上的媒介融合已经成为当今媒介发展的主流趋势,多媒体、超媒体,甚至全媒体的融合时代已经到来。媒体融合既带给广播电视媒体严峻的挑战,同时也带来了巨大的发展机遇,广播电视人如何拥抱新媒体,如何更好地提高广播电视内容的策划编导能力,如何更好地为客户提供服务,并更好地满足观众的多元需求,成为当下广播电视人亟待思考和破解的问题。

在当下,越来越多的电视媒体发挥自身的优势,在向产业链上下游扩张,在更广泛的市场上重塑价值、再造优势。但新技术和新媒体的介入,不断打破和重构电视市场的产业链。随着互联网平台的快速发展和媒介在多个层面的不断融合,渠道资源的稀缺性得到很大程度的缓解,在这样的背景下,广播电视媒体作为国内实力最强的内容提供商,将获得不容忽视的发展机遇。一方面,节目内容资源对产业主导力的提升,将大大增强广播电视媒体参与市场竞争的实力;另一方面,传播渠道的不断丰富,也将为广播电视媒体提供更为广阔的发展平台和机遇。因此,面对媒介融合带来的深刻变革,广播电视媒体要生存、要发展,关键在于正视挑战、抢抓机遇、积极实施全方位的战略转型。

而转型的关键就在于提高广播电视节目的编导能力,实现从传统的单一媒体向全媒体现代传媒的转变。广播电视传媒经历了从节目时代到栏目时代再到频道时代的转变,频道的专业化、节目的精品化其核心之一便是节目内容的创新,而实施这一重任的主要承担人就是广播电视节目编导,编导既是栏目和节目的策划者,又是栏目和节目的执行者,他们是否具有全面、过硬的专业素养将直接影响节目竞争与节目的发展。因此,培养优秀的广播电视编导,提升其编导水平和节目创新能力是提高节目质量的核心抓手。我们通过广播电视策划编导能力的提升,将有效弥补现有广播电视节目内容不能满足观众和用户对广播电视媒体多元化需求的缺陷,从而进一步开拓广播电视内容更为广阔的发展空间。

不论是当下的广播电视媒体还是微信、网络视频等新媒体,不论是今天还是明天,节目内容永远都是不可争辩的王道,也就是说对广播电视节目内容的创新和广播电视节目资源的整合运作能力的提升,永远是我们广播电视编导者学习和追求的目的和使命。

面对这本教材,如果你是一位广播电视理论的研究者,本书将给你呈递一个个节目实践和学理研究的果子,在这本教材中既有不少理论的总结,又有许多实践编创的规律和经验的概括,定会给你的广播电视文艺节目编导的研究提供独得而有价值的参考。

面对这本教材,如果你是一位电视节目创作者,本书将带给你一把卡尺和一串钥匙,衡量一下你以往的"产品",开启一番你积累丰满的"库存",因为在本教材中有你多年忙于工作而忘却的创作心得,在本教材中我们已帮你把你的经历和经验进行了梳理和提炼,并帮你把一颗颗零散的"珍珠"串联在了一起,对你今后的节目创作会带来更大、更有效的借鉴和启发。

面对这本教材,如果你是一位广播电视节目的教学者,本书将给你提供一个"站在表演者身后看戏法"的角度,帮你总结和归纳了广播电视节目编导理论,帮你破解和点明了广播电视创作要领和技巧,使你成为具有丰富实践广播电视节目创作经验的编导人,使你能更快把握广播电视节目文艺编导教学的"门道",成为既有广播电视学理又有多节目创作编导实践的双师型的教学行家。

面对这本教材,如果你是一位学习电视专业的在读大学生,那么本书应是你学习电视节目编导和创作文艺节目很好的专业课教材。它既有理论和创作规律的总结又有许多作者编导创作的实践经验的提炼和要领、技巧的概括,是国内同类专业教材中理论和实践融合得相对较好的一本教材,当然也是你在学会节目编导之前,领你了解前人的经验,体会和掌握节目编导规律、要领的一把入门的好"钥匙",尤其是当你有一定的创作体验之后,本教材一定会使你更加体会到其中的实用性和启迪价值。

面对这本教材,如果你是爱好电视或影像创作的爱好者,也请你翻阅此书,因为在当今的社会生活中电视无处不在,自媒体的快速发展,人人都是影像的创作和编导,无论你是玩影像的创作还是为呈现自我传播的价值,这本教材也是帮助你很快进入专业创作的一根好"拐棍",有了这根"拐棍"一定会使你成为一位名副其实的专业编导者。

在当下的新环境下,过去由电视人单独提供的视频节目,如今也可以由电脑或者手机来制作和提供,因此有人把今后的时代称为"后电视时代"。在这样的形势下,人人都可以成为影像和电视节目的创作者和提供者,竞争的关键和核心就在策划,谁提供的节目编导创作得好,谁有创意,谁的节目就有客户和市场。因此,无论是站在广播电视媒体立场上,还是站在新媒体的立场上,或者是两者共赢与拥抱的立场上,节目编导能力的培养当下都是关键和核心。提高编导能力,积极创新,才是迎接当下和未来时代挑战的制胜法宝。

项仲平

2014 年 3 月 8 日

目　录
CONTENTS

第一章　广播电视文艺节目

在当下,越来越多的电视媒体发挥自身的优势,在向产业链上下游扩张,在更广泛的市场上重塑价值、再造优势。但新技术和新媒体的介入,不断打破和重构电视市场的产业链。当前,媒介融合已经成为广播电视媒体发展的重要趋势,深刻地改变着行业发展的方式与未来。广播电视媒体变化有很多,但就观众收视这个视角,我们就看到了明显的"五大变化":其一是递减化趋势,主要指家庭电视最高开机率递减,收视曲线峰值走低;其二是老龄化趋势,主要指年轻观众电视到达率下降及收视时间减少,而老年观众收视时间增加,致使电视观众收视年龄增长;其三是广播电视节目同质化趋势,尤其表现在电视节目上,它主要是指优势的电视节目越来越形成时段化编播规律,节目时段同质化竞争加剧,例如这边频道播着《中国星力量》、《中国星事记》,那边频道同时播出《和声对决》、《最美和声》;其四是两极化趋势,主要指广播电视竞争中强势频道一极,不断挤压弱势一极,加剧收视市场两极分化的趋势;其五是碎片化趋势,主要指新渠道新终端不断分化传统电视收视,观众视频消费消解电视收视,并使收视行为趋向时空碎片化分布的趋势。

随着融合的不断深入,整个广播电视传媒产业将回归媒体的本质规律,形成"内容"+"渠道"+"业务"+"终端"的产业结构。这种专业分工的产业结构,将彻底打破我国媒体行业从生产到编排再到播出的封闭链条,冲击着广播电视媒体行业现有的经营理念、运营模式乃至生产关系,这种改变无疑是一次巨大的挑战。

然而,我们认为媒体融合带给广播电视媒体的,不仅是挑战,更多的是机遇。随着互联网平台的快速发展和媒介在多个层面的不断融合,渠道资源的稀缺性得到很大程度的缓解,广播电视行业正在经历着从"渠道为王"向"内容为王"的转变和回归。在这样的背景下,一方面,广播电视传统媒体作为国内实力最强的内容提供商,将获得不容忽视的发展机遇;另一方面,渠道的不断丰富,将大大增强广播电视传统媒体参与市场竞争的核心竞争力,也将为广播电视传统媒体不断追求内容资源的优质化和内容资源的多元化提供更为广阔的发展平台和发展空间。因此,不论是今天还是明天,节目内容对于广播电视还是新媒体永远是不可争辩的王道,也就是说,对广播电视节目的创新能力的培养和提升,是广播电视文艺节目的编导者至关重要和迫切关注的问题,也是我们广播电视编导者从业者永远要学习和追求的目标和使命。

进入 21 世纪以来,随着中国市场经济的持续发展,源自于 20 世纪 80 年代逐步开始的"城市化"进程的推进,中国广播电视属性逐步发生了一系列的调整和变化。首先,其在传播观念上保持了一直以来的政体文宣功能,依然作为党和政府的上传下达机构和宣传平台;其次,在作为媒介运营过程中,因应社会文化发展,遵循政府意识形态指导方向的调整,尤其是结合自身的发展规律,其运营观念也不断发生着一些新变化;第三,在节目呈现上,基于广播电视娱乐化观念和商品化观念从 20 世纪 90 年代以来的影响,中国广播电视作为媒介本身也受此影响进行了调整,尤其广播电视文艺节目在这个调整进程中,发展和变化表现得最为明显。

广播电视文艺节目是与广播电视这一现代电子技术媒介形态相伴生的。正像有论者说的,任何一种艺术形式的优势特色多少都是因为其要突破表现技术手段的限制而成就的。广播电视文艺节目的制作方式手段以及许多特征,都随着这一媒介的技术发展变化而不断调整和嬗变。因此,我们要研究广播电视文艺节目编导的技术、技巧,研究其创意呈现的方法手段,首先要了解广播电视作为媒介的特征和特点,其次要了解广播和电视一个侧重声音,一个声画共存,看似差异较大的两大媒介何以被习惯性并称,更要厘清二者在技术特性、创作理念、传播特征等方面的相似和渊源关系。

第一节　广播电视的媒介渊源

广播与电视可以说是 20 世纪最具影响力和支配力的大众传媒。广播和电视均为近代科学技术发展的产物,它们的问世,凝聚了 19 世纪末和 20 世纪初许多科学技术工作者的智慧与努力,给大众制造了前所未有的信息接收方式和视听新体验。更由于在媒介从业者和广播电视节目编创者多姿多彩的思维、创意推动下,使其在技术手段上不断改进,愈发呈现出强大的传播感染力效果,也因而成为大众狂迷的并影响大众生活和观念的强势媒介。依照马斯洛的"需求层次理论"①,从商业发达的"当下"回溯人类的技术进步,似乎可以一言以蔽之:因为需求才会发展。这也符合广播与电视媒介的基本发展规律。

综观 20 世纪,我们会发现一个有趣的现象:这个一百年时间,既是一切现代技术突飞猛进大发展的一百年,几乎所有新技术、新发明又是集中围绕和满足人们"个体"体验和需求,如计算机迅速向家庭电脑的转化,到如今的便携式平板电脑(iPad),智能 3G 手机,乃至洗衣机、电冰箱、微波炉、电熨斗等,都以节省人们生活中的时间并提供便捷的愉悦体验为核心观念。但是,很多人可能并没有想到,这被节省的生活时间在人们便捷的愉悦体验过程中已被商业和市场这"看不见的手"②悄悄偷走了,比如洗衣机代替了你洗衣服的时间,也许这时间被用在了电视上或其它什么别的上面,形成了一种时间上的替换式消费。尤其是互联网数字化传播技术的发展,更是把这种时间上的替换式消费强化成互动性消费。正如美国媒介理论家保罗·莱文森(Paul Levinson)在其《数字麦克卢汉》③一书中提出了"补救性媒介"理论和"人性化"趋势的演化理论。他认为,一切媒介都是"补救性媒介",补救过去媒介之不足,就像电视媒介填补了广播媒体影像化和直观化的不足,新媒体又填补了电视媒体及时性和互动性的不足,从广播媒介到电视媒介再到新媒体,使媒介变得越来越更具人性化,因而也更使个人有能动性、能够也越来越主动去进行选择媒介和影响改进媒介。

进入 21 世纪,广播和电视两种传播媒介的发展历程及其技术形态又不断产生了一系列的新趋势和新进展。虽然两者各自的走向和传播方式略显差异,但是在技术、创作和传播等方面依然有很多相似性。

一、广播与电视在技术特性上的亲缘关系

广播电视作为一个习语词,不仅仅是个泛称,而是源于两者技术特性上的亲缘关系。在中国的辞书《辞海》中,对广播的概念定义为:"利用无线电波或导线播送声音、音像节目,统称'广播'。广播分为无线和有线两大类。通常'声音广播'被称为广播,播送音像的广播为电视。"④从上述概念定义来看,广

---

① [美]亚伯拉罕·马斯洛 1943 年在《人类激励理论》文中提出。该理论将需求分五种,像阶梯样从低到高,按层次逐级递升,包括:生理需求、安全需求、情感和归属的需求、尊重的需求、自我实现的需求。

② [美]亚当·斯密(Adam Smith).国富论[M].唐日松等译,北京:华夏出版社,2005.

③ [美]保罗·莱文森(Paul Levinson).数字麦克卢汉[M].何道宽译,北京:社会科学文献出版社,2001.

④ 辞海(1989 年版缩印本),上海:辞书出版社,1990:952.

播是一个包含广播电台和电视两个媒介的名词。此外,两者在技术特性上有明确的共通特征,都是利用现代电子技术作为传播手段,以声音(广播)或音画结合(电视)为传播符号来远程传播信息。

1. 广播的产生与发展

广播的诞生要比电视早很多年,但两者技术上的发现与推进均在 19 世纪初叶。无线电广播成为传播家族的一个新成员最早的端倪始于 1865 年,英国科学家克拉克·麦克斯威在电磁波理论的研究中提出了电波存在的设想。1888 年,德国物理学家海因里奇·鲁道夫赫兹用实验论证了电磁波的存在。人们为了纪念他对科学上的贡献,就把无线电波称为"赫兹波",并以"赫兹"作为频率单位。真正使无线电通讯进入实际运用阶段的科学家是"无线电之父"——意大利的发明家卡格列谟·马可尼和俄国的物理学家亚历山大·斯捷潘诺维奇·波波夫。

世界上第一个真正的无线广播电台,也是第一个获美国联邦政府所发的实验执照的广播电台是美国匹兹堡西屋电气公司开办的 KDKA 广播电台。它于 1920 年 11 月 2 日正式开播,首次播送的节目是哈丁·科克斯总统选举,在当时曾轰动一时。1922 年 11 月 14 日,伦敦 ZLO 广播站正式开始在英国广播每日节目。该站在 1927 年改为英国广播有限公司,即 BBC。20 世纪 20 年代是欧美国家的广播电台先后建立并迅速发展的阶段。1922 年,美国私办商业广播电台已达到 200 多家,也是在这一年,法国邮电部也建立了法国的第一座广播电台,通过 312 米高的巴黎埃菲尔铁塔进行定时广播;1923 年,德国建立了无线电广播电台;到 1924 年,法国出现了私营的广播电台;1924 年,意大利建立了无线电广播电台;1926 年 BBC 已建立了 29 座发射台,覆盖 80%的人口居住区;1925 年,日本第一家私营广播电台——东京广播电台开始试验性广播;1926 年,以东京广播电台为基础,合并了大阪和名古屋两家电台,成立了日本广播协会(NHK);同期,中国、印度、加拿大、澳大利亚等国的无线电广播也相继问世;1926 年,中国出现中国人自办的第一家广播电台——哈尔滨广播电台,由刘翰创办;1928 年,中国国民党北伐成功,在南京创办"中国国民党中央执行委员会广播无线电台",呼号为 XKM;1939 年,国民党在重庆创办对外广播台——"中国之声"(Voice of China)。

2. 电视的产生与发展

电视的诞生与广播路径类似。1817 年,瑞典的布尔兹斯(Jons Berzelias)发现了具有质光体的物质"硒"(Selenium)。1873 年,英国人约瑟夫·梅(Joseph May)发现"硒"具有光电转换能力,在理论上说明可以利用电讯号传播图像,这是最早提出的电视传播原理。1884 年,德国科学家保罗·尼普科夫(Paul Nipkow)通过小孔成像的原理,把影像分成若干单个的像点,设计发明了扫描版(Scanning Disc),将影像以线条状扫描到一块涂着硒元素的感光平板上,然后借此把人或景物的影像传播到远方的想法。其后,保罗·尼普科夫发明设计了"电视望远镜"的仪器,并向柏林皇家专利局申请了专利被批准。专利书中对其发明仪器的技术特性陈述为:"这里所述的仪器能使处于 A 地的物体在任意一个 B 地上被看到。"①这一发明专利的申请,也形成了现代电视的雏形。到 20 世纪末,收音机已成为人们生活中最重要的传播工具,当时在美国有一位收音机王国的"国王"萨尔诺夫,他管理着世界上最大的通讯公司——"美国无线电公司",萨尔诺夫当时是一位有权有势的精明企业家。他认为,通讯领域像一座冰山,无线电广播只是冰山的一角,在萨尔诺夫心中有一个更加雄心勃勃的计划:既然声音能传送,为什么图像不能传送呢? 当他听说有人在进行用无线电传输图像的新试验后,便决定投入资金和精力搞一项新发明,他要把庞大的收音机听众变成更庞大的电视观众。他进行了一生中最大的一场赌博。

与此同时,欧洲也在加速进行电视发明。这是一个以旋转轮子为基础的发射瞬时无线电图像的机械系统,是由苏格兰人约翰·洛吉·贝尔德发明的,1926 年他在伦敦成功地演示了他的电视接收机,虽然这种系统并没有被整个欧洲所采用,因为其系统设备笨重,传输的图像质量差,接收不稳定。尽管如此,电视在欧洲也已成为一种现实存在,并引起全世界的关注。

在纽约市,发明家查尔斯·詹金斯每周三次从第五街播放电视节目,观众是名流崇拜者俱乐部成员,人数虽很少,但很热诚。全国广播公司试用了新的机械方法,但是萨尔诺夫知道,只有有了更好的系统后他才能大规模地生产和销售电视机,而只有产生清晰的图像后,广告大户才舍得在电视上花钱。1923年,美籍俄国人瓦德米尔·兹沃尔金在美国发明光电摄像管和光电析像管(显像管 Iconoscope Tube),现代意义上的电视出现。

1929 年 1 月,一个素不相识的,看上去有点呆头呆脑的戴眼镜的科学家前来拜访萨尔诺夫。他挑战似的把东西放到萨尔诺夫的桌子上,陌生人满怀信心地向萨尔诺夫解释了他的理论,说他可以在两年内拿出一种可以投放市场的电子电视系统。这位科学家就是弗拉基米尔·兹沃尔金,与萨尔诺夫一样,也是俄罗斯国移民。他说他只需要 10 万美元。萨尔诺夫递给兹沃尔金一根雪茄,当即同意向兹沃尔多提供他所需要的支持,两人同时建立了牢固的商

---

① 王渝生.电视机发明史话[J].科学世界,2011(01).

业关系。与此同时,1921年,法国人舒尔兹(Schulze)发明一种电视装置,获法国政府核准的专利。这种装置可以将动态图像传送出去,至此,电视的研制进入成功阶段。

到了20世纪30年代中期,在电视竞赛中欧洲领先于美国。但大体在20世纪20年代至30年代,美国人将希腊文中的Tele——"远"字和拉丁文的Vises——"视"字合成一个新的英文单词:television意为"看见远处的画面"。由此,"电视"作为特指物品专用名词正式出现。1936年11月2日,设在亚历山大宫的英国广播公司最终选择了电子式的EMI系统,放弃了贝尔德的机械系统,英国在伦敦市郊的亚历山大宫开办世界上第一座正规电视台,并于1936年正式开始播放电视节目,这是世界电视史的重要里程碑。但是在欧洲大陆,电视掌握在政府或邮电部门手中,而不是由商人来经营。当时,电视服务行业在全球还没有形成竞争。而在美国,1938年,萨尔诺夫在与兹沃尔金第一次会面后的第九年,研制出了可投入市场的电子式电视系统。萨尔诺夫非常高兴,他意识到,需要大规模地推出他的新创造,以吸引公众注意,促进宣传和销售。他选择了1939年4月在纽约弗拉兴草地举办的世界博览会,而罗斯福总统则是在电视上露面的第一位总统。到那时期,在美国已先后建起了17座实验电视台,而苏联的莫斯科和列宁格勒电台也开始了试验电视广播。1939年11月26日,德国转播德国和意大利足球比赛实况,这是世界电视史上第一次电视实况转播;1941年5月28日,美国的哥伦比亚广播公司(CBS)试播彩色电视节目;1942年8月,世界著名的埃菲尔铁塔(法国巴黎)被作为临时发射塔播发电视节目,埃菲尔铁塔是世界上最早一座高度超百米的电视发射塔。第二次世界大战使萨尔诺夫让每个家庭都拥有电视机的梦想变成了泡影,不到一年的时间,大多数人都忘记了世界博览会和博览会上展出的电视机,在接下来的六年里,为民主而进行的殊死战斗压倒了一切。

希特勒控制了法国和德国的广播电视机构,电视用于粉饰纳粹行径,也成为希特勒暴政的帮凶。第二次世界大战期间,许多国家的电视台遭空袭,被迫停播。这期间,美国有6家电视台照常播出。1945年5月,英国一位名叫克拉克(Clark)的年轻工程师提出利用卫星建立全球电视通讯网的大胆设想。1945年5月7日,苏联电视台恢复了战后的播出,这以后几年中有法国、英国等近10个国家恢复电视的广播业务。第二次世界大战的结束为电讯革命揭开了新篇章。萨尔诺夫的电视机制造技术有了很大进步,不仅接收性能好,而且价格便宜。他很快就投入到工业生产之中,现在对于实现他的每家都拥有一部电视机的梦想,可以说是最好的时机。他建立了工厂,大量生产电视机,并在美国各地进行销售。这一次,他时来运转了。

随着战后大萧条的结束，人们渴望过奢侈的生活，吃、穿、娱乐……美国人开始无休止地消费。

一开始人们只是好奇，但是很快这种能在家中接收瞬时图像的机器就受到全国公众的喜爱，顾客们被多种多样的电视机所吸引。

1946年，全美国只销售出一万台电视机，三年后就达到200万台。不到十年，73％的美国家庭有了电视机。

随着电视机销售的兴旺，电视节目制作迎头赶上，与之相关的技术不断发展，一门新的艺术诞生了。1953年，全世界有2亿2千多万人收看了英国女王伊丽莎白的加冕典礼，英国广播公司为此制作的节目录像带被飞机运往大西洋彼岸。电视节目的收视率超过了无线电广播的收听率，无线电广播的局限性开始变得显而易见了。政治家们很快掌握了在电视上推销自己的技术，艾森豪威尔率先于1952年利用电视促进他的总统竞选活动，他的对手阿德莱·史蒂文森对这种新媒体不适应而竞选败北。

推销员的笑容很快成为每个政治家都必须掌握的技巧。肯尼迪仅在电视上露了一面，就赢得了全国多数选民的支持，击败了面色灰白、局促不安的尼克松。在收音机里听两人辩论的人都认为尼克松赢了，但是，凡是在电视里看到肯尼迪风范的人都肯定他将是下一届美国总统。到肯尼迪政府结束时，电视已成为最重要的媒体。

1952年5月28日，在瑞典首都斯德哥尔摩举行第一次超短波电视会议，决定采纳西北德电视公司所用625线标准为欧洲共同的电视标准；1953年4月20日，英、法、德、荷、比五国第一次试办电视联播节目；1954年，美国正式开办彩色电视节目，成为世界上第一个开办彩色电视节目的国家；1956年，磁带录像机问世，从此电视节目制作的方式发生根本性变化；同年5月29日至6月2日，欧洲电视学会在意大利召开会议，讨论电视的审美学，这是电视问世后世界上第一次在学术范畴里研讨电视节目。

在此期间，中国的电视业也初步建立和曲折发展。1948年，国民党统治的旧中国向美国购置了6部50瓦超短波发射机，在南京开始作电视试验，因政权面临崩溃，试验夭折。直至1957年3月16日，台湾以一部小型发射机，公开试播电视。

中华人民共和国于1949年成立后，开始逐步发展自己的电视事业。1957年，中国政府派相关工作人员赴捷克斯洛伐克、苏联、民主德国等地考察电视传播事业。1958年4月30日，我国自行研制成功第一套3个频道的黑白电视中心设备及黑白摄像机，并于当天在生产厂进行开路试播成功。1958年5月1日，北京电视台（中央电视台前身）宣告诞生，开始试验广播。1958年9

月2日正式开始播出节目。1958年到1960年，先后有上海、黑龙江、辽宁、天津、广东、吉林、山西、四川、江苏、陕西、福建、甘肃、安徽、浙江、云南、湖北等16个省、市建立电视台并播出电视节目。1973年5月1日，我国彩色电视试验广播开始。10月1日，北京电视台彩色电视转入正式播出。至此，我国彩色电视广播开始形成。

在我国逐步推进电视建设与发展的时候，世界电视已经开始进入卫星传播、内容探索和"高清晰度电视（HDTV）"①的发展阶段。1960年8月，美国第一颗通信卫星"回声号"上天。1962年7月10日，美国太空总署发射卫星"电星一号"，进入环绕地球运行轨道运行。1973年，英国独立广插事业管理局的工程技术人员研制出"电视报纸"传送技术。1977年，英国独立电视台公开播映电视报纸，这是世界上第一家供免费收看的商业电视报纸。电视报纸的问世，改变了电视节目"画面"的构成因素，电视观众"看"的概念开始发生变化。

1981年，日本广播公司首次推出高清晰度电视。高清晰度电视由1125行扫描线组成，每秒钟60幅画面，其清晰度和逼真程度与电影相差无几，其缺陷是无法使用现行的电视机。1982年9月5日，美苏两国首次利用卫星传送"电视桥"节目，两国音乐工作者通过电视屏幕对话，开创了世界电视史上电视节目即时双向传播的历史。1988年3月8日，美国哥伦比亚广播公司正式开拍高清晰度电视剧，成为美国第一家制作高清晰度电视节目的公司。1988年3月，"欧广联"召开欧洲各成员国会议，研究欧洲跨国电视传播问题，协调电视节目的内容和时间配额，"以利于欧洲传统文化遗产的发扬光大"。

20世纪90年代，电视传播在全球进一步普及，从技术应用到节目制作，发展中国家的水平已迫近发达国家，全球联手推动电视传播质量进一步提高的趋势已日见明显。新时代电视的发展趋势逐步以数字电视、卫星直播、光纤传送、网络电视、手机电视等传播技术的日臻完善，为电视节目的制作、传播注入了无穷活力。同时，新技术的介入也使得当代电视的传播范围逐步国际化、传播对象个体化、传播方式多样、传播内容更加丰富多彩。

---

① 高清晰度电视，英文 High Definition Television，简称 HDTV。HDTV 技术源于"数字电视"技术（Digital Television 简称 DTV），国际电联的定义："高清晰度电视应是一个透明系统，一个正常视力的观众在距该系统显示屏高度的三倍距离上所看到的图像质量应具有观看原始景物或表演时所得到的印象"。由于屏幕宽高比也由原先的 4∶3 变成了 16∶9，声音系统上，HDTV 支持杜比 5.1 声道传送，HDTV 从节目采集、制作、传输到用户终端接收全部实现数字化，因此 HDTV 具有极高的清晰度，水平和垂直清晰度是常规电视的两倍左右，分辨率最高可达 1920×1080，帧率达 60fps，HDTV 具有高清晰画面、高保真立体声伴音、电视信号可以存储、可与计算机完成多媒体系统、频率资源利用充分等多种优点。

3.广播与电视的技术特性

从上述广播与电视的纵向发展历程,我们可以发现两者之间在技术特性上的亲缘关系:一是都伴随着 19 世纪末到 20 世纪初叶科学的大发展和电子技术的革命性创新而产生,是现代物理及化学发展过程中的产物。广播是源于电磁波的被发现和逐步认识,电视则源于硒(Se)元素及其的光电作用被发现和逐步认识。二是两者都存在相似的对现实世界的信息进行跨地域远程传播的特性,只不过广播侧重于用声音符号,电视则利用声画结合的符号。三是在一个完整的传播过程中,都不可或缺地应用信息采集系统、编播系统、发射与接收系统三个技术环节。这三个技术环节既是保证信息被选定、制作和信息被受众还原接收的基本流程,又是广播和电视编导群体制作节目所要参照的基本技术标准。甚至广播电视节目的编导观念的形成也深受其限制和影响。

二、广播电视节目创作理念上的源流关系

所谓的广播电视节目,是指广播电视机构制作、播出内容最基本的组织形式,也是其作为媒介平台传播内容的主要形式和构成单元,其核心特点是按时间段划分节目单位,按时间顺序播出节目内容。

当前,世界各国的广播电台与电视台的数量众多,技术也进一步得到加强。其制作的广播电视节目内容更加丰富,不仅形式趋向多样,而且对现实社会的各领域的争议、生产、社会大众的生活都进行着全面反映。

如果仔细梳理世界各国的广播电视发展史,均可以发现这样一个规律:广播电视作为传播平台一出现,即都以新闻节目和文艺节目为主要传播内容。第二次世界大战①期间,广播开始了强化为战争的服务,各个国家尤其重视对外广播;第二次世界大战以后,广播进入了全盛阶段,成了现代新闻传播的主要媒介。除了新闻节目以外,广播中还出现了评论、教育、服务节目等,其作用和社会影响不断扩大且日益增强。

1910 年,美国的福斯特(Foster)在纽约市通过电台转播了恩里科·卡鲁索的大都会歌剧院歌唱演出。其后,他的广播内容主要以编播报纸要闻为主,成为最早的广播简讯节目。1920 年 8 月 31 日,"世界汽车之都"美国的底特律市建立了一家试验性电台,主要播送了当时州长的竞选性新闻,被史论者认

---

① 第二次世界大战是自 1939 年至 1945 年爆发的全球性军事冲突。整场战争涉及全球绝大多数国家,分成两个彼此对立的军事同盟——同盟国和轴心国。这次战争是历史上最大规模的战争,整整有超过 1 亿多名军事人员被动员参与。

为是第一次广播新闻。也是在同一年的 11 月 2 日,作为世界上最著名的电工设备制造企业之一的美国西屋电气公司①(Westinghouse Electric Corporation)在美国匹兹堡开办了呼号为 KDKA 的商业广播电台,被认为是世界上的第一座广播电台。它是美国无线电爱好者弗兰克·康拉德力主建造的,也是美国第一家向有关当局申请商业执照,首次进行商业性广播的电台,并且该电台首次创办了主要播送新闻的定时广播节目。

1933 年,美国第 32 届总统罗斯福通过无线电广播先后进行的四次"炉边谈话"(3 月 12 日第一次"炉边谈话":拯救金融;5 月 7 日第二次"炉边谈话":复兴工业;7 月 24 日第三次"炉边谈话":蓝鹰行动;10 月 22 日第四次"炉边谈话":实行新政)则是广播为政治服务的很好证明,成了美国政治史上重要事件和广播史上的里程碑。第二次世界大战结束后,新兴的一些社会主义国家以及一些"第三世界"②国家也办起了对外广播。20 世纪 60 年代以来,广播的技术手段迅速发展,调频广播、调幅广播、立体声广播并存;广播的种类也越发趋向于多样化,除了综合性电台以外,还出现了各种专业电台,如新闻广播电台、经济广播电台、音乐广播电台、服务性广播电台和教育性广播电台等;广播节目的内容更加丰富多彩,其影响日益深入到社会生活的各个领域。

20 世纪 70 年代,由于电视传播的逐渐普及,广播传播受到了前所未有的挑战,许多国家广播的收听率明显下降,影响了广播电台的进一步发展。面对电视的冲击,广播开始调整节目创作观念:一方面,开始强化和注重节目的时效性、广泛性、服务性,受众的参与性以及节目样式的多样性;另一方面,开始重视对"黄金时间"的合理利用,考虑受众的生活、工作、作息等时间段对节目接受的心理,与此同时,用多频率、多种语言节目,扩大传播覆盖区域。随着技术的不断进步,又逐步开办专业广播频率,及发展数字广播,改善了声音质量,以适应现代听众对音质的接受要求。

从电视诞生之初,节目的构成与广播一样,也是以新闻节目和文艺节目为主要内容构成:世界上最早的电视台于 1929 年在英国试播,世界第一部电视剧是 1930 年英国播出的《花言巧语的人》;1932 年苏格兰工程师约翰·罗吉·贝尔德和英国 BBC 合作推出了初具雏形的电视新闻;1936 年 11 月 2 日

---

① 西屋电气公司于 1886 年 1 月 8 日由美国人乔治·威斯汀豪斯创立,是世界著名的电工设备制造企业,总部设在美国宾夕法尼亚州匹兹堡市。

② "第三世界"一词最先由经济学家(Alfred Sauvy)发表在法国杂志 *Le Nouvel Observateur* 1952 年 8 月 14 日的文章中提出。原本是指法国大革命中的 Third Estate(第三阶级)。冷战时期,一些经济发展比较落后的国家为表示并不靠拢北约或华约任何一方,用"第三世界"一词界定自己。1973 年 9 月不结盟国家在阿尔及尔通过的《政治宣言》中正式使用了"第三世界"这个概念。

英国广播公司(BBC)在亚历山大宫开始定期播出黑白电视节目,这一天重要的节目是转播歌舞表演和报纸新闻。这是世界上第一次正式播出的电视节目,因此,1936 年 11 月 2 日也被认为是"世界电视的诞生日"。

第二次世界大战后电视台在欧美国家普及,其节目构成也是以新闻节目和文艺节目为主。1953 年 6 月 2 日,英国广播公司(BBC)现场直播了英国女王伊丽莎白二世在西敏寺教堂(Westminster Cathedral)的登基大典,全英国约有 2000 万人直接目睹了女王登基的现场实况。相比英国电视的节目观念,美国电视在商业化的方面进行了很多推进工作。美国 CBS 电视台的《现在请看》是最早的节目化电视新闻。1954 年美国的 NBC 电视台推出的《今夜》,是最早的具有访谈性质的电视新闻节目。

纵观广播与电视的发展,国外与国内的广播电视节目在创作理念上,都存在着明显的相似的源流关系。这些广播电视节目创作理念上的相似性,主要体现在节目内容定位,创作方法及呈现手段,以及运营方式等几个方面。

1. 现实主义原则的节目内容定位

在广播与电视的节目内容定位上看,现实主义原则为主的理念一以贯之。从广播电视发明之初,直至如今,作为大众媒介的广播电视依然以关注现实,反映现实生活中的人、物、事为节目的主要题材。举凡广播电视的各种类型节目,尤其是新闻与文艺节目的制作,现实主义原则和理念更是取之不尽用之不竭的源泉。

2. "拟态真实"的创作方法与呈现手段

广播电视节目的制作理念渊源的另一个特点是,其对现实社会的真实表达多从"拟态真实"出发。众所周知,广播电视作为媒介,其对真实的表现手段是通过"截取和重组"完成的——广播电视节目某种程度上就是一个时间段的概念,是通过一个物理时间段呈现一个事件的过程。在呈现一个新闻事件过程中,记者通过相对客观的调查、寻访事件经过等来龙去脉,这是对真实的一个截取过程,再以所掌握的情况素材重组,形成一条完整的新闻。文艺节目也存在同样的创作过程,节目编导者通过对现实生活的感悟和理解,以自身的情感、情绪对真实加以适当的选取,重新加入必要的文艺表现手法,最终呈现的节目在截取与重组中得以完成。

3. 节目运营方式

广播电视作为现代媒介,随着数字化的进程和近些年来"新媒体"的勃兴,逐步呈现"跨区域"发展的态势。随着商品化观念的影响,制播分离逐步成为主流,2010 年 7 月 1 日,国务院办公厅公布第一批"三网融合"①作为试点地区(城市)的名单包括:北京、上海、大连市等 12 座城市。政府对"三网融合"的推进,以及"新媒体"促发的媒介融合趋势,使得广播电视竞争方式发生转变,也逐步影响到广播电视作为媒介的运营方式转变。

广播的两次前瞻性改革,都与技术进步紧密相连。纵观广播事业的发展,在业已形成的纪实化传播大背景和受众浅层化"读图"习惯影响下,广播基于自身的限制,在与电视和网络等媒介竞争中,曾经的整体优势已经削弱。不能否认的是,在多元媒介竞争的状态下,广播的现状只是打破了过去主流强势地位的一种角色转换。从历史角度看,中国改革开放 30 多年,广播事业伴随着新闻事业的改革,还是取得令人瞩目的成绩;从发展的角度看,20 世纪 80 年代以来的"两次媒介改革",广播始终走在前列——第一次是 80 年代中期到 90 年代初期,广播的"珠江模式"或叫"广东模式"②,以倡导"口语化传播"和"即时直播"为标志。可以说,在某种程度上促动了电视业的口语直播发展,开创了直播时代。第二次是 90 年代中期到本世纪初期,以倡导"互动传播"和"移动传播"为标志。这一阶段电子传播技术手段的繁荣,给全国各地广播频率专业化探索和建设提供了必要保障。

从 20 世纪 90 年代以来,随着 1993 年《东方时空》栏目标志的电视新观念开始,广播电视的运营已经由最初的节目与节目的竞争,逐步发展到栏目与栏目,频道与频道的竞争模式。自 2003 年上海文广更名为东方卫视后,如今已经发展成为除中央电视台之外,在中国落地率和人口覆盖率最高的省级卫星电视频道。近年来,战略合作的频道合作已成为主流。上海广播电视台与宁夏电视台合办的宁夏电视台综合频道,开创了中国省级各卫视之间跨频道合作的先例。深圳卫视甚至在香港设立了直播室,联合香港媒体的节目和信息,2006 年 5 月 1 日推出了区域特色十分鲜明的电视节目《直播港澳台》。2003 年以来,湖南卫视推出的真人秀《超级女声》和 2004 年上海东方卫视推出的《莱卡我型我秀》,直至 2010 年上海东方卫视推出的《中国达人秀》,2012 年浙江卫视协同上海灿星影视文化制作公司推出的《中国好声音》,2013 年浙江卫视和江苏卫视先后推出的《中国星跳跃》和《明星水立方》,都秉承了跨区域合作的运营模式。

---

① 所谓"三网融合"即把广播电视网(属广电部门所有),移动通信网和互联网(属电信运营商所有)合并成一张功能更为齐全的大网,用户可通过单一终端(或介入方式)体验文字、语音、数据、图像和视频等各类信息服务,大幅提升网络资源的利用率。

② 王丽.中国广播事业三十年改革历程[J].中国记者,2008(3):37.

三、传播特征上的相似关系

广播电视作为传播媒介，两者存在着共同的传播特征。20 世纪 80 年代末 90 年代初期，中国的广播率先调整传播观念，除了节目的编排方式和内容的调整外，最突出的变化是强调"口语化"主持风格，平民化传播视角和热线电话的互动。而中国电视则在 1993 年央视的"晨间电视"栏目《东方时空》推出后，继承发扬了广播的一系列传播特征。

从电视的起源来看，其近亲不是电影，而恰恰是广播。广播与电视的某些相似之处，概括起来共有四个相同的传播特征：系统性、固定性、综合性、连续互动性。从受众的接受方式上，电视也和广播具有相同的传播特性。收音机和电视机则更适合供个人车载和家庭使用，每个受众所要接受的信息和内容不尽相同，所以受众在使用广播电视媒介时往往选择自己喜欢的节目。此外，听广播与看电视的另一个共同点是观众的注意力具有间歇性。英国学者约翰·埃利斯在《视觉虚构》一书中提出一种"瞥视规则"的观点：看电视时受其支配，而电视的声音是清晰的，甚至不看银幕也是如此。所以电视强调音响，以此吸引观众目光并传递信息。由于这种原因，因此，电视更多地依赖对话。

1.节目播出时间固定化

电视节目的播出表的安排吸取了广播的优点，使观众可以在固定的时间收看自己喜欢的节目，既为观众提供了方便，也固定了观众群。

2.栏目化的节目传播形式

广播节目的最显著特征是节目的栏目化，从 20 世纪 80 年代开始，我国各级电视台基本上做到了节目栏目化。中央电视台 1991 年就开设了 80 多个专栏，近些年，随着播出频道的增加和播出时间的延长，目前栏目还在增加并在周期性地调整，这种调整随广播电视媒体竞争压力和观众审美品位的不断提高，其周期越来越短，频率越来越快。

3.节目的连续化

电视节目连续化的特点也是从广播节目中借鉴而来的，连续化特征分两类。一类是节目的连续化，如几十集上百集的电视连续剧、电视纪录片，在指定时间、指定栏目中播出。一些大型文艺娱乐节目或真人秀，尽管每期内容在变，但形式上是一致的。这些栏目可以连续达到几十期或者几百期，甚至长年坚持下去。

4.节目包装的统一化

在同一类节目中，包装和表现形式大体一致，比如，使用同一个或几位主持人,节目式样也要大体一致。如湖南卫视的《快乐大本营》《天天向上》等栏目,均采用了固定的"群主持",固定的片头、结构、音乐甚至色彩基调等统一包装风格。

美国学者戴维·索伯恩提出电视是"片段戏剧结构"[①]的观点,电视节目或电视剧常被广告所中断,所以国外电视节目,尤其是港台、新加坡以及东南亚的电视连续剧,往往 15 分钟左右便是一个较完整的片断。从编导吸引观众在广告之后能继续收看的角度出发,每个段落都要有一个局部的生动点,都要在广告插播之前掀起一个小高潮,这样观众才能耐着性子看完广告。这种结构,是电视和广播的传播特征导致的必然共同结果。

广播电视作为大众传媒,具有区别于其它传媒的独特属性,根据大众的不同年龄、职业、性别、文化层次,在节目制作过程中有目的性地设置了不同栏目,以适合不同人群的需求。首先具有其它传媒所共有的兼容特性,即首要功能是传播消息。同时,它在传播内容上和表现形式上又具有广泛的兼容性特征。其次,广播电视具有现场性。当然,两者也有一点差异——广播可以在现场传送,具有现场性,但没有可视性。只有电视可以完全做到具有现场可视性,这是电视有别于其它以文字和图像为传播媒介的最显著区别标志。最后,广播和电视都具有广泛的受众互动和参与性特点。

综上,从广播电视的发展历程及其制作观念和媒介特性看,广播电视在传播上有共通性,其节目共同具有现实主义选材原则,节目的制作都有"片段戏剧结构"特点,这也符合节目插播广告和产生衍生经济效益的编排理念。从传播过程来看,两者与受众的关系均强调互动性和受众的参与,并以此为前提产生节目传播感染力效果。因此,在进行广播电视节目的编导过程中,我们应该深入发掘并利用上述特点,尤其是广播电视文艺节目的编导制作过程中,更加不能忽略广播电视的这些特性。

第二节　广播电视文艺节目的起源与发展

广播自从被发明之初即开始传播新闻节目外,还与文艺结下了不解之缘。论及广播文艺的产生及发展,从世界广播发展史的视角来看,美国的广播具有典型的案例代表性。最早的广播文艺发端于美国,并紧密结合了商业性运营特点。这几乎也是世界其它国家文艺广播和中国文艺广播发展的一个主流特点。

---

① ［美］戴维·索伯恩.作为审美媒介的电视[J].大众传播的批判研究,1987.

一、广播文艺的产生及发展

1910 年,福斯特从纽约的大都会歌剧院电台转播了恩里科·卡鲁索的歌唱演出。随后他播送报纸要闻,成了最早的广播简讯。1920 年 8 月 31 日,美国底特律建立一家试验性电台,播送州长竞选新闻,被称为首次广播新闻。1920 年 11 月 2 日由美国匹兹堡西屋电气公司开办的商业广播电台开始播音,呼号为 KDKA。它被公认为世界上第一座广播电台。它是美国第一家向有关当局申请商业执照,首次进行商业性广播的电台,其建造者是美国业余无线电爱好者弗兰克·康拉德。这家电台首次创办了定时广播节目,主要播送新闻节目。

除了播送歌唱演出实况外,美国的广播文艺节目最成功的一个类型是广播剧。说到广播剧,特别值得一提的是美国著名大师级人物,一生中身兼编剧、导演、演员等多职的奥逊·威尔斯(Orson Welles)。威尔斯在美国的早期电台中十分活跃,他先是担任广播剧演员,后来陆续担任制作人和导演。1938 年,美国哥伦比亚广播公司(Columbia Broadcasting System,简称 CBS)为了同美国全国广播公司(National Broadcasting Company,简称 NBC)竞争,邀请他及其"水星剧团"参与广播文艺节目的制作,每周日美国东部时间晚上 8 时—9 时播出名为《空中水星剧场》(*Mercury Theatre on the Air*)的广播剧。

他在哥伦比亚广播公司(CBS)的一些文学名著改编的广播剧中扮演过哈姆雷特和众多经典角色,但真正让他扬名立万的是那部根据 H. G. 威尔斯的科幻小说《星际战争》(*War of the Worlds*)改编制作的著名广播剧《世界大战:火星人进攻地球》。1938 年 10 月 30 日晚 8 点,广播播报员以新闻记者的方式,使用戏剧纪录片的手法,模仿现场报道的口吻向听众播报火星人正在入侵地球,而且大肆屠杀人类,前去维护安全的国民警卫队统统被火星人部队歼灭,总统已经宣布美国进入紧急状态。无数听众都对此信以为真,纷纷出逃,尤其在美国东岸一带,人们哭天抢地,乱作一团,政府不断发出声明信息也无济于事,俨然成为一起社会事件。虽然这次恐慌未造成人员死亡,但成千上万的美国人觉得自己受到愚弄。为此,哥伦比亚广播公司遭到一些听众的指控,被要求赔偿 75 万美元。后来,美国甚至为此事件引起的震动而颁布了一项新的法规:"禁止播放虚构新闻"。这次由于奥逊·威尔斯的广播剧引发的事件,是美国广播史上最著名的一次天才之作。据统计,当时有上百万人对此节目深信不疑,产生全国性严重恐慌,经济损失难以计数。威尔斯却由此一夜成名,并于第二天登上了美国几乎所有报纸的头版头条。广播剧领域创作的成功为奥逊·威尔斯进入好莱坞开辟电影创作积累了人气。但是,四年后的

1942年,在南美洲国家智利圣地亚哥的一家广播电台用西班牙语重播了《世界大战:火星人进攻地球》,智利的听众和美国听众反应一样。不同的是,这一次愤怒的人们放火烧了这家电台。

世界广播文艺节目的发展都伴随着各国广播事业的起伏发展不断发生着变化。以美国广播文艺为例,从创建到20世纪20年代是其广播事业的开端。广播文艺以歌唱转播为主。到了风起云涌的20世纪20年代,随着商业运营的机遇,社会秩序的混乱以及政府管制的加强,广播文艺节目的发展先扬后抑,先是仰赖经济繁荣得到发展,逐步形成类型文艺节目,其后因政府管制加强受到了一定的抑制。20世纪30年代的"经济大萧条"[①]中,宏观经济的低迷却带动了广播节目,尤其是罗斯福总统的四次"炉边谈话"推动了广播政治化发展之路,客观上也促进了广播文艺节目的发展和赢利。20世纪40年代到50年代,第二次世界大战的狂暴影响使广播为战争服务成为主流,除政治宣传与新闻节目外,广播文艺节目也在这一时期得到了很大的发展。如广播转播美国反战文艺明星的演艺活动,尤其是美国著名影星玛丽莲·梦露1954年与极负盛名的美国棒球明星狄马乔结婚,两人赴日本度蜜月时,梦露中途被美国将军邀请到韩国参加劳军演出活动,也通过广播文艺节目传遍世界。1954年2月17日,玛丽莲·梦露到驻韩美军的步兵第三师演出,在零下几十度的冰天雪地,梦露穿着一袭裸露的长裙,演出了10场。《太平洋星条旗报》的记者罗伯特·詹宁斯在报道中说:"梦露要来的消息就像野火一样燃烧了整个军营,有些美国大兵甚至哭了,还有的由突然沉默转而向往着那一刻的到来。"

到了狂飙突进的20世纪60年代,伴随着社会意识的觉醒、反叛,以及美国"阿波罗登月计划"[②]的成功实施,尤其是电视时代来临的冲击,广播文艺在这一时期的特点也深深刻下了觉醒、反叛和迷惘等一系列时代的烙印。1987年,由巴里·莱文森(Barry Levinson)导演,罗宾·威廉斯(Robin Williams)主演的好莱坞影片《早安,越南》所反映的内容,就是这一时期广播节目的现状。《早安,越南》剧本由一位电台主持人根据自己当年在越南的亲身经历撰写而成,内容特别真实而生动。导演巴里·莱文森虽以本片侧面来反映越战

---

① 20世纪30年代美国的"经济大萧条"源于20世纪20年代美国在工业生产中过度依赖货币投资拉动经济增长。由于对新工厂、新设备的巨额投资,使建筑业、机床制造业以及钢铁工业等有关行业雇用了大批工人。但是,稍后的资本支出和投资减少,各生产资料生产部门的工人大批失业。

② 美国国家航空航天局(National Aeronautics and Space Administration)简称NASA,是美国负责太空计划的政府机构。总部位于华盛顿哥伦比亚特区,拥有最先进的航空航天技术,它在载人空间飞行、航空学、空间科学等方面有很大的成就。参与了包括美国阿波罗计划、航天飞机发射、太阳系探测等在内的航天工程,为人类探索太空做出了巨大的贡献。

问题,但片中电台播放的多首 60 年代流行曲,既可以唤起观众的怀旧情绪,也客观反映了当时广播文艺的特点。20 世纪 70 年代到 80 年代,伴随着整个社会对现实问题寻求答案,人们反传统观念意识的强化,以及对技术前沿的突破,立体声广播的出现,广播文艺的发展逐步倾向更加自由的个体感受性。20 世纪 90 年代到新世纪以来,网络和数字化时代的来临,广播文艺进一步呈现多元化趋势。

二、广播文艺在中国的发展及现状

中国广播文艺的发展与世界广播文艺发展几乎秉承相同的脉络,广播电台建立即出现文艺类节目。从某种程度上看,中国的广播建立之初就带着明确的商业性目的。1922 年,中国上海建立的"中国无线电公司"是一座无线电台,也是中国境内出现的第一座广播电台。其目的是美国记者奥斯邦(E. G. Osbom)与一位旅日华侨合作推销无线电器材。1923 年 1 月开始播音,主要内容是播送音乐和上海《大陆报》上刊登的新闻。当时被称为"空中传音"或者"无线电话"。这个电台的出现引起了伟大的民主革命家孙中山先生的重视,他祝贺《大陆报》和中国无线电公司把广播引进中国,并对于广播在各方面的成功以及大大有助于在中国传播光明表示了极大信心。继之而起的是英国商人开办的全国无线电公司广播电台,以及美国商人开办的开洛公司广播电台等。此后,外国人相继在中国办广播,其中一部分是单纯为推销无线电器材服务的;但也有不少是为帝国主义国家对华进行经济、政治、军事、文化侵略作宣传的,是思想文化渗透的工具。

中国自己筹办广播电台始于 1925 年。1926 年,中国出现第一家自办广播电台——哈尔滨广播电台,由刘翰创办。北洋政府交通部派人在天津、北京等地筹建广播电台。1927 年 5 月 1 日,天津无线电报局建立的天津无线电台开始广播(呼号 COTN)。同年 9 月 1 日,北京广播无线电台也开始播音(呼号 COPK)。其他如上海、哈尔滨、沈阳等地也先后建立了广播,这些广播电台既有官办也有商办的。1928 年 8 月 1 日,国民党的中央广播电台开始播音。这是国民党在同年 2 月办起《中央日报》之后,建立的又一个中央宣传机构。这座电台的全称是"中国国民党中央执行委员会广播无线电台",简称"中央广播电台"(呼号 XK_M0,后改为 XGZ,发射功率为 500 瓦)。建立之初上、下午各播音一次,每次一小时,内容构成是:上午为演讲节目,下午为新闻节目。1932 年 5 月国民政府又建成一个新的广播中心,用的是全套德国设备,同年 11 月 12 日启用(发射功率为 75 千瓦,呼号改为 XGOA)。这是当时亚洲发射功率最大的广播电台。与此同时,还在各地建立了几十座广播电台。到抗日战争爆发前,国民党统治区内已有广播电台 78 座,其中官办的有 20 余座,其余大多是商办的。到抗日战争爆发,美、英、法、意等国仅在上海一地就办有七座广播电台,日本在我国东北则建起十几座。抗日战争胜利以后,美国还在天津、青岛等地建立了军事专用的广播电台。

中国当代广播电视文艺的发展,从整体上说与中华人民共和国的革命与建设历程息息相关,紧密相连。最初的广播文艺的主要内容是歌唱节目和广播剧两个主要类型。歌唱广播文艺节目随着不同的时代及意识形态的变化各有不同,其中一些经典的革命时代歌曲在建国前后均经由广播传遍全国。在中国的广播文艺发展过程中,当代中国广播剧的发展可以看成是一个主流。

1.广播剧的初期阶段(1949—1952 年)

中国广播剧的最初发展模式是直播剧时期,代表性剧作有:《红军回来了》,《一万块夹板》等。其主要的内容特点是:注重广播剧作品的社会价值,以反映现实,激发人民的革命热情、爱国热情为主。其体现的主要艺术特点是:(1)广播剧的定位介于广播剧和舞台剧之间。(2)戏剧化的技巧比较突出。许多著名作家、艺术家等均参与了 20 世纪 40 年代后中国共产党领导下的广播剧剧本创作。

2.广播剧逐步成熟阶段(1952—1966 年)

这一时期的广播剧主要是以倡导革命英雄主义为主,代表性作品及艺术特点逐步广播化。(1)题材内容上继承了延安的传统,以歌颂新时代新人新貌,歌颂革命中的英雄人物为主,有《三月雪》、《红岩》等。(2)广播剧的艺术特点更鲜明。(3)表现内容上的新追求。值得一提的是 1959 年北京广播学院复校,广播剧创作逐步走进大学讲堂。

3.广播剧的繁荣阶段(1976—1990 年)

先后出现的广播剧代表作有:《真与假》、《二泉映月》、《珊瑚岛上的死光》、《普通人》、《三国演义》和《水浒传》等等。这些广播剧的特点是:(1)多侧面地、深刻地反映现实生活。(2)传统形式的广播剧日趋完善。(3)在样式上的探索及风格越来越多姿多彩。(4)古典题材广播剧在数量和艺术质量上有显著提高。(5)广播连续剧迅速发展。代表作为:《三国演义》、《水浒传》等。(6)立体声广播剧的出现与发展。

到 20 世纪 90 年代,虽然广播剧作为一种文艺广播的代表性样式类型,依然有自身的特色和系列作品,每年也有相关的全国性评奖活动,但已不再是广播文艺的主流类型。代之而兴的并广受大众欢迎的是遵循新观念兴起的各个专业频率及新文艺节目类型。如前文所述,从发展的角度看,20 世纪 80 年代以来的"两次媒介改革",第一次80年代中期到90年代初期的"珠江模式"或叫"广东模式"倡导"口语化传播"和"即时直播"为标志,促动了电视业的口语直播发展,开创了直播时代;第二次是90年代中期到本世纪初期,以倡导"互动传播"和"移动传播"为标志。这一阶段电子传播技术手段的繁荣,给全国各地广播频率专业化探索和建设提供了必要保障。

20世纪90年代以来,广播文艺的发展逐渐以专业频率为主,较有代表性的是北京音乐台的异军突起。创建于1993年1月23日的北京音乐台(调频97.4兆赫、有线调频94.6兆赫)隶属于北京人民广播电台,是其旗下的八个专业广播频率之一,是以流行音乐为主、经典音乐为辅、引导时尚潮流为品牌核心的现代化音乐电台。北京音乐台从1993年建立以来,几乎拥有最多的名牌栏目,如《中国歌曲排行榜》、《全球华语歌曲排行榜》、《974爱车音乐时间》、《彩铃乐翻天》、《零点乐话》、《校园民谣》等。同时拥有如:伍洲彤、郑洋、王东、朱云、刘菁、吕游、志飞等一大批知名、专业的广播文艺节目主持人,他们都在听众中拥有极高的人气。根据北京和海外社会调查机构的调查显示,从建立至今多年以来,北京音乐台一直保持着精品节目和知名主持人拥有率、北京地区收听率和日到达率均名列前茅的成绩。

三、电视文艺的产生发展

电视的诞生对人类经验、知识、信息及娱乐的传播具有划时代的贡献。电视是20世纪以来媒体传播的新宠,因为它能把世界距离缩短,将遍布于世界各地的人、事、物的关系状态和重大事件,以电波和数字化信号为媒介,将图像、声音在瞬间真实而迅速地超越空间跨地域传播,在电视屏幕上呈现在观众的眼前,使受众足不出户便知天下事。

电视文艺是电视节目题材构成中的一个重要的节目门类,是继音乐、舞蹈、美术、戏剧、戏曲、曲艺、电影等艺术之后,在艺术大花园中的又一枝艳丽的"奇葩"。电视文艺这枝"奇葩"吸取并融合了众多其他艺术形式的营养,并伴随着电子科学的技术的发展异军突起成为新的艺术门类。电视文艺是以先进的电子技术为基础,以电视特有的声画造型为表现手段,运用艺术的审美思维,对各门类的文艺作品进行加工综合、创造,通过屏幕形象的塑造,达到动人、感人、悦人、宜人艺术效果的新兴文艺形式。电视文艺节目为广大观众所喜闻乐见,具有较强视听综合艺术性和广泛的接受性。

电视文艺作为电视的派生物,其产生的历史可以说与电视的历史一样的长,纵观世界电视发展的历史,一个无可辩驳的事实是:电视问世之日,正是电视文艺诞生之时。

1930 年，英国广播公司（British Broadcasting Corporation，简称 BBC）开始对电视设备作试验播出。播出多幕电视剧《花言巧语的人》，这是世界上第一部电视剧。1936 年 11 月 2 日，英国在伦敦市郊的亚历山大宫，开办了世界上第一座真正意义上的正规电视台，揭开了世界电视史的序幕。该台开播之际，便是电视文艺出台之时，这一天，一场规模盛大的歌舞演出被英国广播公司（BBC）首次直播。这场歌舞本身也许并无特别新奇之处，最令人惊奇之处在于：它是人类发展史上第一次突破剧院的围墙，被远距离的场外观众同步看到、听到的电视文艺演出。这是彪炳史册的日子：1936 年 11 月 2 日是世界电视诞生日，也是电视文艺开始日。

1939 年第二次世界大战的爆发，使电视事业的发展受到了重大的挫折。世界电视事业再次得到真正的发展，是在 1945 年第二次世界大战以后，与此同时电视文艺也有了发展。

美国全国广播公司（National Broadcasting Company，简称 NBC）与哥伦比亚广播公司（Columbia Broadcasting System，简称 CBS）一直存在着激烈的竞争关系，客观上也促进了广播电视文艺节目的发展。1948 年，在美国电视屏幕上出现了两个具有开创意义的综艺节目，一个是美国全国广播公司（NBC）于 6 月 8 日推出的电视综艺节目《德克萨克明星剧院》；另一个是哥伦比亚广播公司（CBS）于 6 月 20 日推出的，有固定播出时间的第一个以轻歌舞为主的《城中明星》的综艺节目。当时这些综艺节目都是由一位幽默的男主持串场的多种娱乐形式"杂烩"并存的节目样式，其中包括滑稽表演、乡村歌曲、流行音乐、歌剧片段，甚至包括"杂耍表演"式的杂技、木偶戏，甚至狗熊跳舞等等。

"杂耍表演"（sideshow 或 vaudevilles）在欧洲和美国等地一直是一种流行的文化样式，通常呈现两种样式：一种是在剧场内进行的"脱口秀"，主要以生活笑话为主，多数是设计性内容的笑话或人们在生活中的情感交流笑话；另一种是在剧场、酒吧、咖啡馆等环境进行。一般是通过一个人的逗笑风格语言串场，加入一些滑稽表演、乡村民谣、流行音乐、摇滚乐、杂技、魔术、驯兽等内容。类似于中国自古以来到建国前民间艺人在街头进行的曲艺、杂技等技艺表演的合称"什样杂耍"①一样。

这种以现场直播的方式，内容极其丰富，同时又非常轻松幽默的电视综艺节目在当时极受欢迎，特别成功的"杂耍表演"甚至能造成万人空巷的情况。

---

① （清）李斗所著《扬州画舫录·虹桥录下》："杂耍之技，来自四方，集於堤上。如立竿百仞，建帜於颠，一人盘空拔帜，如猱升木，谓之竿戏。长剑直插喉嗉，谓之饮剑。"

造成这种成功的原因有多方面,其主要原因是直播形式所造成强烈的现场感,通过对现场各种可视形象、声音、氛围的即时动态传播,使观众产生强烈的临场感、参与感,在此基础上容易产生某种情感,引起共鸣。同时,生活化的表现形式给观众带来身临其境之感,仿佛就是面对面地观赏明星表演的激动人心的场面。而且节目形式品种很多,极大地满足了广大观众的审美要求。所以正是由于有着高度的综合性和现场感这些独特的魅力,电视综艺节目在世界各国的电视节目中,都占据着相当重要的地位。

美国几大电视网所播出的电视节目,除体育节目外,综艺节目几乎垄断了电视网上的"黄金时间"①。因为它们不但为开拓电视文艺节目的广阔传播天地打下了牢固的基础,而且还带动了电视娱乐节目的发展。电视网大力鼓励娱乐节目,跟其对广播电视节目所具有的商品属性的认识与其对广播电视文艺节目的市场化运营观念有关。1948 年,希德·卡希德(Syd Cassyd)创立美国电视"艾美奖"(Emmy Awards,国内也译为"艾米奖")②,最初的想法便是要建立一个严肃的论坛来探讨有关电视这个新生媒体的问题和发展。1949年 1 月 25 日美国电视"艾美奖"首次颁发,作为美国电视界的最高奖项,就如美国电影界的"奥斯卡奖"一样包含普通奖项和技术奖项。该奖也分为两项内容,即"美国艾美奖"和"国际艾美奖"。国际艾美奖的参赛作品全部来自美国以外的国家。"艾美奖"主要奖励娱乐节目,设立 60 多年来,艾美奖从提名到颁奖都是由专业的电视界人士投票选择,它的奖项不以收视率或是观众欣赏口味为指标,而是偏重学院气,为鼓励电视的繁荣发展做出了很大的贡献。

第二次世界大战结束后,电视在许多国家飞速发展。大多数国家都有自己的电视和电视文艺,而且都有自己的特点。有的以肥皂剧、连续剧、系列剧、成人西部剧和情景剧见长,有的则以"室外音乐会"见长。英国广播公司(BBC)的娱乐节目有电视连续剧、电影及音乐舞蹈等,法国电视节目有文学、艺术、音乐、舞蹈、戏剧、电影、杂要、综艺等。日本早期的电视文艺是演播室直播的单本电视剧。20 世纪 80 年代,电视剧减少了,而智力竞赛、猜谜节目、逗笑节目、动画、电影增多了。这个时期娱乐性节目的特点是:(1)各种因素混合

---

① 黄金时间(prime time)的概念用在广播电视上是指一天中广播、电视节目视听率最高的时段。电台和电视台往往将重要新闻和优质节目在黄金时段播出,广告商最愿意出高价在黄金时间做广告,以取得最佳的社会效益和经济效益。不同国家和地区的黄金时间段存在差异;同地区的不同媒介、频道、电台频率节目的黄金时间也不同。

② "艾美奖"是由两个类别的奖项构成的,通常说的"艾美奖"是指黄金时段节目艾美奖,由总部位于洛杉矶的电视艺术与科学学院(ATAS)颁发。此外还有一个日间节目艾美奖,由总部位于纽约的国家电视艺术与科学学院(NATAS)颁发。

的节目增多；(2)信息节目渗入到娱乐性节目中去。电视以诸多的优势，物色培养、造就了许许多多的艺术表演家。许多经过数年奋斗获得成功的艺术家认为"电视可以一夜之间造就一个明星或毁掉一个明星"。这种说法虽然有些夸张，但也道出了电视的神奇力量。这种诱惑力使得不同风格、不同流派、不同形式的各类艺术在电视这个大舞台上各显神姿，从而促进了电视娱乐节目的多样化的发展。

四、电视文艺在中国的产生与发展

中国的电视媒体从建立开播之初，就有电视文艺这种形式出现。1958 年 5 月 1 日，北京电视台(中央电视台前身)开播的第一天，就在演播室内向北京地区直播了中央广播实验剧团表演的诗朗诵《工厂里来了三个姑娘》，北京舞蹈学校演出的舞蹈《小天鹅舞》、《牧童与村姑》以及《春江花月夜》。这是中国电视文艺节目的雏形，由此可见电视文艺和电视媒介是相伴生发展的。

中国建立电视台的设想是从 1955 年初提出的，列入文教发展的五年计划中。1958 年，中国第一座电视台——北京电视台(中央电视台前身)开始试播。电视节目直播的传播范围仅北京市区几十平方公里，因为当时的北京市内仅有 50 台电视机。1958 年 9 月 2 日，北京电视台宣告"正式播出"。

中国的电视文艺伴随着电视台的建立而诞生，并受中国政治、经济及社会文化观念的影响，经历了几个不同的发展阶段：

1.电视文艺初创期(1958—1965 年)

中国电视的发展初期主要采用直播的形式，因此中国电视文艺的创作也以直播形式呈现。1958 年五·一国际劳动节当天，当时的北京电视台在演播室向北京地区直播了中央广播实验剧团表演的诗朗诵《工厂里来的三个姑娘》，北京舞蹈学校演出的舞蹈《小天鹅舞》、《牧童和村姑》和《春江花月夜》。节目虽说不够丰富多彩，但这毕竟是第一次电视文艺成功的尝试，也与当时的电视技术水平相适应。当时因为还没有录像编辑设备，无法进行录像和编辑，只能用直播方式播出。

直播时期的电视文艺节目是在演员的表演的同时，摄影机根据导演的意图，将节目从剧场或演播室直接播送出去。由于受技术手段和编导人员的经验不足的限制，播出的节目内容很少有电视化的艺术处理。中国首次的电视文艺节目是在一间由会计室改建的，约 60 平方米的小演播室内进行的直播。此后，一些短小的电视文艺节目，如诗歌朗诵、曲艺、杂技、独舞、独唱等都是在这间小演播室里进行排演、制作和播出。舞台演出的节目则以剧场实况转播为主，充分发挥电视即时传真的特性。1958 年 6 月 26 日，北京电视台进行了第一次剧场转播,此后,例如梅兰芳主演的《穆桂英挂帅》,尚小云主演的《双阳公主》,周信芳主演的《四进宫》,马连良、张君秋合演的《三娘教子》等,都是通过剧场中转播出去与广大观众见面的。1959年国庆期间,北京电视台还先后转播了来中国参加访问演出的苏联芭蕾舞团表演的芭蕾舞剧《天鹅湖》、乌兰诺娃主演的舞剧《吉塞尔》和《海峡》的片断。

当时的剧场实况转播,一般用3台摄像机在左、中、右三个距离不同的位置,面对舞台。导演根据剧情、场面调度,演员表演等需要,从3台摄像机送到的画面中选择适合播出的画面进行切换连接,使观众在屏幕上看到连贯的场景。这种剧场实况转播,为以后的文艺晚会的转播和录像积累了经验。

1959年国庆10周年时,北京电视台通过电缆传送,转播了天安门广场的文艺晚会实况。这是北京电视台首次转播规模比较大的文艺演出。1960年北京电视台首次在演播室里排练、播出了综合性春节文艺晚会,有诗朗诵、相声、戏曲、歌舞等,这就是后来流行的大型文艺晚会的雏形。这一年,北京电视台新建了600平方米的演播室,演播条件和艺术加工能力有所进步。

此后,各地电视台相继开播,也陆续办起了自己的文艺节目。这些电视台主要播出当地文艺团体表演的节目,尤其是受到当地群众欢迎的具有地方特色的节目,多数也是实况转播。

这一时期的电视文艺经历了从简单到复杂,从低级到高级的发展过程。在表现手段上,从演播室实况直播到剧场演出直播再到初次尝试录像播出;在内容与形式上,以较为简单原始的转播电影、戏剧、歌舞、曲艺等既有的艺术形式,到进行更富电视化特点的再创造和探索,对几乎后来的各种电视文艺形式都有涉足与尝试,为我国电视文艺的发展打下了良好的基础。

特别值得一提的是中国的"电视直播剧"。它是中国电视文艺初创期特有的一个类型,其整个发展历程也随着录像技术的成熟在这个阶段宣告结束。从1958年6月15日,北京电视台播出了我国第一部电视剧《一口菜饼子》,到1966年2月26日北京电视台播出的时长两个小时的电视剧《焦裕禄》,直播电视剧走完了其发展历程。其间产生了我国的第一部电视诗剧《火人的故事》,第一部电视小品《穿花布拉吉的姑娘》,第一部较长的电视剧《新的一代》。电视直播剧,由于受直播和当时技术条件的限制,镜头和角度的变化不如电影自如,基本上是一个模式:"一条主线,两三个景,四五个人物,七八场次,六十分钟,二百个镜头。"这类电视直播剧通常以内景为主,近景镜头较多,客观上符合电视成熟期的以"中—近景"系列镜头为主的叙事原则。但它也具有制作周期和时间较短,反映现实生活较快和具时效性的优势,形成了我国电视剧的优良传统,并被后来的电视剧创作加以借鉴和吸收。

2. 电视文艺的停滞期(1966—1977 年)

这一时期是我国电视媒体第一次使用录像播出文艺节目阶段,使中国电视文艺产生了新的发展前景,但是很快因"文化大革命"的原因戛然而止。1964 年 12 月底,北京电视台利用黑白录像机录制了常香玉主演的豫剧《朝阳沟》的第二场和《红灯记》中"智斗鸠山"一场,在迎接 1965 年元旦的文艺晚会中播出。令人遗憾的是,1966 年爆发了持续十年的全国性大动乱的"文化大革命",使党、国家和人民遭受到新中国成立以来最严重的挫折和损失,也使刚刚起步的中国电视文艺陷于停滞。"文革"期间,电视文艺节目十分单调,以转播国庆焰火晚会、舞台演出和播放"样板戏"①为主。

中国"文革"期间,正是国际上各国电视行业大发展阶段,电视文艺也非常活跃,而国内的电视文艺却一片荒芜,甚至发生了严重的倒退。这期间的电视文艺节目主要采取转播舞台演出实况的形式。

1971 年 5 月 1 日,转播焰火晚会的实况已能通过微波传送到 20 个省、自治区、直辖市,电视文艺的传播手段、传播覆盖面都在加强和扩大。1973 年 4 月 14 日,北京电视台开始彩色试播。1973 年 8 月 1 日,上海电视台开始彩色试播,成为全国第一个播出彩色电视节目的地方电视台。同年的 10 月 1 日,北京电视台彩色节目转入正式播出,转播了首都人民国庆游园活动的实况。这次实况转播首次使用了国产的彩色电视转播车,使转播效果有了质的飞跃,从而大大提高了电视文艺的表现力和感染力。

"文革"结束后,大批优秀的戏剧、音乐、歌舞、曲艺、杂技节目重新在舞台上演出,电视文艺节目源源不断。中央电视台转播了几次大型文艺晚会,在全国观众中引起了强烈的反响。1976 年 12 月 21 日,北京电视台直播了《诗刊》编辑部主办的诗歌朗诵音乐会实况。在此期间,中国电视银屏开始出现了从国外引进的电视剧、电影作为文艺节目的一种新形式,电视屏幕上开始呈现出群芳争妍的喜人景象。1977 年 11 月 29 日,北京电视台播出了南斯拉夫电视剧《巧入敌后》,这是"文革"后中国电视台播放的第一部外国电视连续剧。1978 年又播出了英国的十集电视连续剧《安娜·卡列尼娜》,随后,又播出了日本电影《望乡》、《狐狸的故事》和《追捕》等。

此外,尤其值得关注的是,1977 年 5 月 23 日北京电视台开办了《文化生

---

① "革命样板戏"一词出现于 1967 年 5 月 24 日《人民日报》的"革命样板戏"演出的报道和 5 月 31 日社论《革命文艺的优秀样板》中五次出现了"八个革命样板戏"字样,"样板戏"由此流传。两篇文章中提到了八个剧目是:京剧《智取威虎山》、《红灯记》、《沙家浜》《奇袭白虎团》《海港》和芭蕾舞剧《红色娘子军》、《白毛女》,以及"交响音乐"《沙家浜》。

活》栏目。尽管在当时还不太引人注目,但与此前的电视文艺节目相比较,明显地具有更多的艺术性、知识性、欣赏性和趣味性。更重要的是,它标志着中国电视文艺向具有电视化特点的独立自制节目的新起点逐步过渡。

3.电视文艺的复苏、发展、繁荣期(1978—1993 年)

1978 年是中国电视文艺逐步复苏并走向发展、逐步繁荣的一个节点。1978 年,中国共产党第十一届中央委员会第三次全体会议在北京举行,会上做出的一系列的决议不仅调整了政府的相关思路,而且也改变了国家发展原有的走向。其中"改革开放"的决策,以推动经济市场化新动议成为了中国"新时期"①开始的标志。

1978 年 4 月,"文革"后第一部国产彩色电视剧《三家亲》播出,它既是中国电视剧事业的新生,又是中国电视文艺的复苏、发展、繁荣的一个新倾向和新标志。1978 年 5 月 1 日,北京电视台正式更名为中国中央电视台(CCTV)。

从 1979 年开始,中国电视事业的发展大大加快,电视文艺节目的发展也开始迈进快速发展和繁荣的时期。1979 年 1 月,中央电视台又开办了《外国文艺》专栏,介绍外国的各种优秀文艺节目。以 1980 年三八妇女节晚会为代表的综合文艺的实况播出,大大超越了第一阶段的实况意识。

1983 年第一届"电视春节联欢晚会"播出,至今已经整整开办了三十多年,"春晚"的出现表明中国电视文艺驾驭先进的电子技术,在更大范围内掌握调动时间、空间,充分发挥电视文艺主题鲜明、结构完整、手段多样,有层次有节奏的特点。"春晚"的出现,影响并促使中国电视文艺在 20 世纪 80 年代形成了一个新节目类型——"电视综艺晚会节目"。同时,它也成为了中国电视文艺繁荣发展的一个重要标志。此后,一系列大型文艺晚会式的竞赛活动,成了这一时期中国电视文艺繁荣的样本。如中央电视台 1984 年起先后举办的"全国青年歌手大奖赛","全国电视相声大赛","全国戏剧小品电视大赛"和"全国喜剧小品邀请赛"等,不仅为中国电视文艺的发展拓宽了思路,同时也极大地丰富了中国电视文艺的题材内容。

随着电视文艺呈现繁荣局面,中国电视文艺的国际间交往也日益增多。一是中国的电视台与国外的电视台合作制作、播出文艺节目,二是中国电视文艺节目频频参与世界交流并在国际上获奖,如中央电视台的《外国文艺》栏目等。1986 年 6 月,中央电视台应邀首次参加意大利电视台主办的《夏日世界

---

① "新时期"一词的概念指 1978 年的十一届三中全会之后的时间节点。出自《中国共产党历史·第二卷》"1978 年 12 月召开的十一届三中全会实现了新中国成立以来党的历史的伟大转折,开启了我国改革开放历史新时期"。

音乐之夜》节目,文艺部录制的琵琶独奏《十面埋伏》和古筝独奏《渔舟唱晚》参加了联播,都取得了圆满成功。

走向世界的中国电视文艺在国际上多次获奖。如中央电视台的《民族歌舞与杂技》节目在 1987 年 2 月,获"中国人民多种传统形式艺术专业表演奖"。1988 年 6 月,中央电视台的《金舞银饰》在第二十五届"金色布拉格"国际电视节上获"传统与民间音乐电视奖"。另外,各地方台也积极参加国际性的电视交往,如上海台和四川台分别从 1986 年和 1991 年起,举办"白玉兰奖"国际电视节和"金熊猫奖"国际电视节。

这一时期,中国文艺还出现了多种样式新颖的电视文艺形式,电视屏幕充满了探索的精神。如电视艺术片在充分体现电视艺术的创作规律,体现电视化特点的同时,将文学、戏剧、音乐、舞蹈、绘画、摄影等多种艺术形式融合在一起,创造出新的意境,成为繁荣发展期电视文艺的一种引人注目的形式。

另外,为了繁荣电视文艺的创作,提高文艺节目质量,办好电视文艺专栏,从 1981 年开始,中央电视台创办了"全国优秀节目评选"。也是在 1981 年设立了电视剧"飞天奖",1987 年设立了电视文艺"星光奖"。这些奖项的设立大大鼓舞了电视创作者的积极性,为电视文艺的繁荣起到了巨大的促进作用。

4.电视文艺的多元化发展时期(1993 年至今)

随着电视技术和电视文艺创作观念的改变,中国文艺节目的样式层出不穷,向栏目化、专题化发展。1993 年 5 月 1 日早晨 7 点,中央电视台推出了借鉴美国哥伦比亚广播公司(CBS)《60 分钟》模式和结构的全新电视杂志栏目《东方时空》。这档关注现实生活的综合栏目共包含了四个子栏目:(1)关注人物传略的《东方之子》;(2)传播推介流行歌曲的《东方时空金曲榜》;(3)探讨热点问题的《焦点时刻》;(4)"讲述老百姓自己的故事"的《生活空间》。这个时事性杂志节目具有较强的纪实性,很快获得广泛关注。

电视杂志栏目《东方时空》的出现,从今天的视角看对中国电视的发展,尤其是对中国电视文艺节目的多元化发展产生了深远的影响。综合各方面因素,《东方时空》有如下几个意义:

(1)改变了中国电视的关注"视角",标志着电视"平民化"观念的初步产生。《东方时空》的出现首先给人的印象是与过去的电视节目不一样,所谓的不一样主要体现在其节目的"平民化"视角上,对所关注的人、物、事,都用平视的姿态去反映,一反过去宣教痕迹过重的要么仰视要么俯视的两极视角。它既是对 1992 年邓小平"南巡讲话"鼓励中国推进"改革"的诉求,也是媒体对大的时代进步的一种理性回应,是电视人对自身价值的反思和认知,是对受众需求在"常识上"的充分尊重和真诚表达。同时也体现了新知识、新技术、新媒体观念对传统的电视形式和内容的冲击。

（2）改变了中国电视"叙述"方式，标志着"个性化"语态表达观念的初步建立。《东方时空》的"叙述"方式，不以主持人和记者字正腔圆把写好的稿子完整传达给观众为目标，而是强调电视人个体站在受众角度的"感同身受"，在节目关注现场对真实的体会和"个性"思考为前提。节目中借鉴了符合电视规律的国外电视叙述形式——拉近电视代表的"我们"与观众代表的"你们"之间的距离，不是表现"我们"在关注"你们"，而是"我们"与"你们"一样，"我们"就是"你们"。1996年3月，由《东方时空》衍生的中央电视台新闻评论部又推出了《实话实说》，中国电视的"叙述"方式进入了一个全新阶段，也是中国电视谈话观念的形成的标志。自《实话实说》之后，中国电视谈话节目发展迅猛，并形成了时事新闻类谈话、社会类谈话、娱乐类谈话三足鼎立的格局。

（3）改变了中国电视节目结构编排的认知，标志着中国电视"栏目化"的观念趋于成熟。这种整体栏目与其中子栏目版块之间的结构组成与编排方式的栏目特征，体现了电视节目还可以是用一个时间段来分段叙述几个片段故事的观念。从产生到后来的几次改版的节目构成看，其主要遵循了如下的结构布局：《东方时空》总片头→开场（导视）→演播室主持人串联→子栏目一《东方之子》→子栏目二《东方时空金曲榜》→演播室主持人串联→子栏目三《焦点时刻》→演播室主持人串联→子栏目四《生活空间》→结尾。这种布局具备传统叙事的"六段式"戏剧布局结构：序幕→开端→发展→高潮→结局→尾声。既符合电视化叙事规律又给观众提供了"纪录化"的"拟态真实"①。

此外，《东方时空》的"制片人制度"，也就是承包制，客观促进了中国电视从业者对电视节目商品属性的认识和进一步挖掘，也是当下中国电视节目，尤其是电视文艺节目"商品化"、"娱乐化"的滥觞。

受央视的《东方时空》影响，其后央视及各个地方电视台陆续出现了一系列"《东方时空》化"的节目，尤其电视文艺节目的制作，更是在"《东方时空》化"的基础上开拓了视野，在更大的题材范围内，创新和策划了各种风格突出的新栏目，如《中国音乐电视》、《人与自然》、《动画城》等。文艺节目专栏化，能在固定时间里，以特定内容、形式、风格的文艺节目吸引稳定的观众，代表当代电视的发展趋势。

电视文艺的繁荣还体现在文艺专门频道的开播。中央电视台于1995年

---

① 笔者这里所论述电视叙事的"拟态真实"是指任何一个电视节目都以真实为前提，通过编导者根据亲历或调查后得出的结论，这个结论在编导者来说是相对主观的，亲历或调查只是形式上相对客观而已。

11月30日开播了电视文艺频道（最初是中央8频道,1999年停播调整为中央3频道,8频道设立为电视剧频道）。还先后设立了如电影频道（中央6频道）、电视戏曲频道（中央11频道）、电视剧频道（中央8频道）、电视综艺频道（中央3频道）等。也是在20世纪90年代,各个省电视台也先后设立了卫视频道和专门的电视文艺地面频道,这些文艺频道的开通,满足了广大观众对不同文艺节目的需要,大大丰富了电视文艺节目。

随着社会的逐渐开放和电视制作、传输技术的逐渐改进,人们对电视的收视需求逐渐发生的变化,现代的电视直播观念也开始逐渐形成。在"第一时空"同步地、立体地、全息地并且全方位、多角度地进行报道,充分发挥电视独特的传播优势和魅力成为几乎所有电视频道的目标。1996年浙江卫视推出的一档《人生A、B剧》栏目因加入了一定的戏剧化叙事,引发人们的赞誉,并热烈关注"浙江文化电视现象"。1998年底,湖南卫视一档名为《快乐大本营》栏目的播出,使人们看到了一种非常纯粹和独立的电视游戏娱乐节目。一时间又引发人们对"湖南娱乐电视现象"的关注和讨论。到新世纪以来,冠以"快乐"、"欢乐"等名称的电视游戏娱乐节目在各种主流电视媒体中纷纷亮相,如《幸运52》、《开心辞典》等,令广大电视观众耳目一新,趋之若鹜地引发收视狂潮。

到2003年以后,"真人秀"开始成为电视文艺节目的"类型化"主角。尽管"真人秀"是中国从国外借鉴而来的电视节目类型,但近10年来,中国电视的"真人秀"实践已经走过了一个从兴起到衰落再到复兴的发展过程,节目形态也进行了单纯模仿、引进模式和自主设计的多种尝试。国内电视节目选择了"综艺＋真人秀"的节目策略,操作模式坚持继游戏娱乐热潮以来的平民路线,力图将平民打造成电视娱乐的主角,在大众娱乐的同时娱乐大众。

从2003年至2013年的10年间,中国电视文艺节目、娱乐节目以"真人秀"形式出现的节目众多,也引发了激烈的收视、广告收益的竞争。从央视到各个地方卫视频道、地面频道、城市台等,先后自主研发或以"引进模式"为主推出的"真人秀"有:湖南卫视的《超级女声》、《快乐男声》、《寻找紫菱》、《我是歌手》、《中国最强音》等,上海东方卫视的《我型我秀》、《加油,好男儿》、《舞林大会》、《中国达人秀》、《中国梦之声》等,央视的《梦想中国》、《星光大道》、《墙来啦!》等,北京卫视的《红楼梦中人》,山东卫视的《联盟歌会》,江苏卫视的《绝对唱想》、《非诚勿扰》、《星跳水立方》等,央视电影频道的《爱秀电影》,重庆卫视的《第一次心动》以及浙江卫视《彩铃先锋大赛》、《我爱记歌词》、《中国好声音》、《中国星跳跃》等等。

中国电视文艺经历了漫长的探索时期,终于走到了全面发展、全面繁荣的多元化发展新阶段。在新世纪已经走过十几年的当下,我们要总结经验,也要看到电视文艺的一些新的发展趋势。由于高科技的大量引入,传播的网络化、数字化,继之而起的"新媒体"传播急遽发展,并影响到观众对电视文娱节目的欣赏方式和习惯,也触发观众对于电视文艺节目娱乐性和参与性的新要求。一些新的电视文艺形式,如引进模式竞争激烈的电视真人秀,正处于火爆和发展阶段。对于当下的电视节目从业者来说,我们不能固步自封,除了让现有的形式焕发蓬勃的生机外,还应继续探索新形式。电视文艺从来就不是一块封闭的园地,它的生命力正来自于兼收并蓄和永远的创新。

第三节　广播电视文艺节目的类型嬗变

新世纪以来,中国的广播电视文艺节目越来越趋向多元化发展,目前已经呈现出"类型化"的一些特征。20 世纪 90 年代开始,中国电视行业发展处于快速上升时期,也是诸多新的电视观念更迭推出的时期。2000 年以来,随着中国内地广播电视从业人员更加专业化,广播电视市场运作的逐渐成熟,市场及观众需求更加细分。另外,随着内地与港台等地的交流与合作更加紧密,中国广播电视文艺节目从前期制作、拍摄到后期整体包装、宣传、推广等方面更接近国际水准。一方面是由于中国广播、电视自身经过十几年的形式、类型的探索,独立性、自主性日益强化;另一方面则是中国广播、电视不断开放进程中,境外、国外大量电视节目,尤其是文艺节目的引进所产生的刺激与撞击的结果。全新的观念赋予了中国广播与电视节目在内容与形式上都不断推陈出新,出现了大量独具新特色的广播、电视文艺节目嬗变类型。

根据中国国家新闻出版广电总局公布的统计信息,截至目前,中国作为全球第二大广播市场,拥有 13 亿人口、3.4 亿个家庭和超过 1000 家电台。全国广播综合人口覆盖率为 96.31%,中央广播节目覆盖率为 94.42%,无线广播综合覆盖率为 92.99%,只有少量的地方没有无线广播覆盖。相比广播,电视的发展更快。至今,全国经国家新闻出版广电总局正式批准的各级电视台已逾 3000 多座,全国已有电视接收机超过 3.2 亿台,宏观统计的观众数近 11 亿人,同时,广播电视的从业人员数多达 40 多万人。

在这种广播电视行业发展的大背景下,广播电视节目的大发展是必然的,尤其是广播电视文艺节目形式形成繁荣竞争的新格局。

广播电视文艺节目在发展中出现了一系列不同变化。在广播电台方面,具体表现为音乐广播、文艺广播频率众多。在电视行业的具体表现,则是电视综艺晚会和电视剧的制作水准越来越高,电视文艺节目、栏目比重和份额逐步加大。从广播与电视文艺节目的内容上看,几乎涉及歌舞、戏剧、戏曲、曲艺、相声、杂技、文化生活以及舞台演出各个方面。电视的综艺节目开始不断出现创新,出现大型娱乐综艺节目和电视"真人秀"。电视晚会节目也逐步趋于越来越大型化,出现了许多大型和特大型的晚会节目。从演播形式上看,有演播室节目和室内剧场演出的节目,同时,大型外景晚会越来越多,甚至大型实景晚会,如在太庙、西湖、少林寺,以及城市特定广场等,与特定主题相协调的场景为背景的大型晚会越来越成为主流。

一、题材与类型的概念差异

广播电视节目受中国的政体性质影响,一直作为党的"喉舌"属性存在,所以广播电视节目也一直遵循为政治服务的职能。广播电视节目从产生之初一直到 20 世纪 90 年代,往往根据节目内容、题材特征分类,无论在行业内部还是学术理论界,中国的广播电视节目主要遵循"五分法",共分为五类,即新闻节目、文艺节目、体育节目、社教节目、服务节目。区别于欧洲和美国等西方国家在 20 世纪 50 年代就已经开始的广播电视节目分类研究,20 世纪 90 年代以来,中国学术理论界才刚刚开始关注广播电视节目的分类研究。最初的广播、电视节目类别大都源自文学、戏剧和美国好莱坞的类型电影,这种观念对中国广播、电视分类产生很大影响。

20 世纪 90 年代中期到本世纪初期,广播的"二次改革"以倡导"互动传播"和"移动传播"为标志,开始开播专门的音乐广播频率、文艺广播频率,广播节目开始以更自由的方式设计节目类型。由此开始,中国的广播与电视的节目分类观念开始出现差异。

电视的节目分类目前呈现的情形或者体系繁杂,或者呈现类型雏形,分类依然表现得多、杂、乱。1993 年《东方时空》作为"晨间电视"①出现,中国理论界即出现早间节目、午间节目、晚间节目说法。随着"分众传播"观念的兴起,又出现了如儿童节目、成人节目、妇女节目的提法。进入 2000 年以后的新世纪以来,又出现了文本归类和满足节目制作、广告商对于节目"小众"播出、商业价值评估等需求,根据观众偏好、选择、播出时间、播出渠道等定量研究方法的分类,逐步形成如新闻节目、纪录片式节目(电视专题)、娱乐杂志(周刊类或娱乐访谈)、电视谈话(脱口秀)、体育节目、情景喜剧等。

---

① 在《东方时空》之前,中国的电视不同于欧、美、日等国,早晨时段没有电视节目,《东方时空》的出现给中国电视行业和观众共同带来了"晨间电视"的概念和收视习惯。

需要指出,电视节目的题材和类型不是同一概念,题材指内容所涉及的人、景、物、事所具有的代表性、职业性和地域性特点;而电视节目类型则是:在一个国家或区域,一定的时期内自然形成的,在制作、播出、收看时具有一定固定模式的电视节目文本,在内容和形式上有一定共同的、相对稳定特征并形成的规则的系统。简言之,题材是某人在某地做了某事,类型则是用某种相对固定的结构、手法和"套路(formula)"①去表现一个题材。

受市场化不成熟和长期以来的意识形态影响,中国电视节目一直存在重视题材的宣教功能,忽略类型化设计的情况。从 20 世纪 90 年代开始到新世纪以来,电视节目类型分类,尤其是电视文艺节目的类型化,才从无到有并有了明显的发展趋势。从中国市场化发展角度来看,市场经济推动的城市化进程,商品化融资、运营方式,以及在意识形态与产业化的双重压力下,加之近几年从国外进行的"模式引进"的真人秀影响,中国电视文艺节目的题材选择变化正逐步从"题材"化向"类型"化的转变。

所谓类型是指媒介产品的类型或类属。"类型化"的节目构成,是指媒介主动通过市场调查和研究来明确界定出目标受众的人口学特征,然后通过恰当的节目类型聚合和培养起对该类型节目感兴趣的人群。其相应的传播策略是遵循"非群体化传播"要求,传播者不再把受众视作一个无分别的整体,而是针对受众的不同群体和不同需求层面,分别实施特定的传播策略。其所具有的意义是:1. 达到不同受众群体的人口学特征和不同广告诉求目标的最大限度契合;2. 便于节目的专业化大规模生产。

类型的观念产生于媒介运作和市场调查的逐步结合。类型化电视节目像商品生产一样,如人物、情节、场景、服装道具、音乐、灯光、主题、对话、视觉风格等,都存在着一定程式的特点。正如英国著名学者、广播影视制作人大卫·麦克奎恩在《理解电视》一书中所说,"电视是一种高度类型化的媒介,只有极少数一次性节目会偶尔不在已经确立的一般类型之内。"②广播电视节目的类型化有两层含义:一方面它体现了文化产品的商品属性;另一方面类型化也满足了人们对于商品的双重需要,具有标准化样式以利于观众熟悉,当然不同类型又要有所区别,形成各自的差异性特色。

二、广播文艺节目在中国的类型嬗变

中国的广播节目与电视节目的发展一样,都经历了:节目→栏目→频道/

---

① [美]戴安娜·克兰.文化生产:媒体与都市艺术[M].赵国新译,北京:译林出版社,2001:82.
② [英]大卫·麦克奎恩.理解电视:电视节目类型的概念与变迁[M].苗棣等译,北京:华夏出版社,2003:8.

频率专业化逐步过渡的这一路径。频率(频道)专业化是基于近年来广播电视发展过程中,逐步呈现的"窄播化"趋势而形成的观念。

"窄播化"概念是新闻传播术语,所谓广播"窄播化",就是办"窄播"化的广播节目,对听众进行细分,为不同的听众群提供不同的特色服务。"窄播化"改革的标志是广播的频率专业化。20世纪80年代中后期,广播的第一次变革的"珠江模式"以珠江经济台为代表,率先打破了综合广播电台一统天下的局面,随之而来的是"经济、文艺、音乐、交通、教育、健康频率"等系列广播频率模式逐步风行全国。大众媒体自诞生开始,就以其覆盖范围等优势不断强化它在社会文化中的地位。但是,随着现代科技的突飞猛进,特别是互联网的出现,由传统媒体广播功能形式的话语霸权遭到质疑,现代传媒由此开始了由"广播"向"窄播"转变的尝试。

窄播的形式可分为两种:一种是"点对面"式的传播,如专业电台、单选频道;另一种是点对点式的窄播,如音频点播、准视频点播、交互电视等。由广播走向窄播,由单向性向双向性过渡,从哲学的角度看,这体现了一种"去中心主义化"的趋势。窄播和电子传媒相结合释放出的巨大能量必将推动新型社会文化的生成。

所谓频率(频道)专业化,是指广播电视机构以频率和频道为单位进行内容划分,以满足特定的市场和受众需求。目前,全国广播的主要专业化广播频率通常包括:新闻、音乐、交通、经济、都市生活等。这也直接催生了广播节目类型,尤其是广播文艺类型的嬗变。纵观广播文艺节目的发展和变化,可以发现在相当长的一个时期,广播作为媒体的娱乐功能一直是通过文艺节目实现的。无论是文学、音乐、综艺节目,还是曲艺、戏曲、电影录音剪辑节目都在丰富广大听众的文化娱乐生活方面发挥了巨大作用。

新世纪以来,在听众审美趣味和媒介市场的双重作用下,以介绍和评说艺术家或艺术作品为主要内容的广播文艺节目似乎失去了往日的光彩,有的甚至已退出了广播舞台。然而,当传统的文艺节目逐渐从人们的记忆中消失时,一些明显表现娱乐化倾向的文艺节目则粉墨登场[①],呈现出越发繁荣复杂的趋向。

广播文艺节目娱乐化观念推动了其风格与类型的变化,主要表现为:

1. 广播节目追求娱乐的主持效果

从20世纪90年代开始,经过20年间的发展,尤其是近十年,如今的广播

---

① 申启武.广播节目:形态变革进行时[J].中国广播电视学刊,2008(07).

文艺节目大都是以主持人口语化、直播化的播出方式与听众见面的。节目中，主持人秉持鲜明的娱乐精神，将自己定位为快乐的制造者与快乐的传播者，努力通过制造快乐来打动和感染听众。因此，往往用制造轻松、笑料和搞怪的方式主持节目，与听众快乐互动。比如从 1996 年开播，被誉为迄今播出时间最久的广东电台音乐类娱乐节目《靓靓娱乐圈》，很受听众追捧，目前正向新媒体网络电视平台逐步迈进。该节目以"打造明星上座率最高的娱乐节目"为宗旨，常常邀请音乐圈中的明星作嘉宾主持。明星主持不只是单纯的访问和推荐歌曲，而是在节目中表演、进行心理测试或者用搞怪的方式播报娱乐信息、与听众互动。听众在收听节目的过程中，既能欣赏音乐，又总会被各种笑料逗得笑个不停。广州电台《老婆音乐俱乐部》同样是一档音乐类的娱乐节目，主要选播老公送给老婆的精彩短信，并配合一些有节奏的流行歌曲。在这档"点播读留言"的环节中，主持人利用他独有的声音特点，活灵活现地再现了不同年龄、不同性别点播者的语气和声音，加上选取了相得益彰的背景音乐和声音效果的衬托和点缀，令整个节目生动活泼，引人入胜。

2. 让听众在互动和参与中获得娱乐满足

早在 1944 年，美国广播研究专家，哥伦比亚大学广播研究室的 H. 赫卓格 (Herzog) 对广播媒介的"使用与满足"研究中发现，人们喜爱知识竞赛节目的心理需求有三种：竞争心理需求、获得新知需求、自我评价需求。当听众的这些需求在收听节目过程中得到满足后，其内心便产生娱乐快感。广播文艺节目的娱乐化倾向，某种程度上说明了 H. 赫卓格理论的客观合理性。为了让听众在收听节目时从心理满足中获得娱乐快感，节目制作者特意设置了互动或者直接参与环节，最大限度地满足听众心理需求。

中央人民广播电台 2007 年的"春节文艺大联播——欢乐中国"就采用与地方电台合作的方式，强化互动或者直接参与为听众制造春节的娱乐氛围。中央人民广播电台同上海、天津、辽宁、陕西等十三家广播电台，联合制作了 28 小时丰富多彩、异彩纷呈的广播文艺节目。不仅有明星们的加盟助阵，大量的平民百姓以及文艺爱好者的积极参与也成了节目的亮点。其中，浙江电台的节目选取了民工们的才艺表演，别具一格；上海、安徽、河南电台的节目则突出了越剧、黄梅戏、豫剧票友的参与；中央电台还安排播出了 3 个小时的《浓浓故乡情》直播互动节目，从年初一到年初七这段时间，每天一个话题，围绕故乡的年俗、故乡的亲人、故乡的歌曲、故乡的美食美景、故乡的变化等与听众真诚互动，同时为听众送上歌唱家乡、歌唱亲情的歌曲、乐曲、相声、戏曲等丰富多彩的文艺节目。陕西延安电台的《家和夺宝行》栏目，听众除了可以打进电话回答主持人问题以赢取奖品外，还可以打进电话比比谁讲的故事最精彩，谁的诗歌朗诵得最好,谁的歌唱得最好等,节目的总体感染力效果非常好。在2008年北京奥运会大背景下,北京文艺广播频率从2007年8月8日起正式推出了《奥运全知道》节目。该节目通过热线电话答题系统,架起人人参与,人人关注"奥运"的空中桥梁。主持人事先限定一个与奥运相关的范畴,听众可通过电话进入节目互动。每期节目都会从独特的着眼点出发,内容映射到纷繁复杂的奥运文化、奥运知识、奥运礼仪等相关领域的多个有趣细节,让听众在兴奋、快乐和浓郁的参与氛围中获得相关知识。

3. 借用影视资源构建新娱乐平台

曾几何时,收听电影录音剪辑是听众日常生活的一部分。许多人是从广播中逐步知晓并认识了简·爱、牛虻、冉·阿让、杜秋等;是通过收听电影录音剪辑熟悉巴黎圣母院、克里姆林宫、埃菲尔铁塔和帝国大厦的。如今,电影录音剪辑已渐渐地淡出了广播节目构成,很多年轻人甚至对这一节目样式感觉陌生了。但是,广播人并没有就此止步,从传统的节目制作模式跳出来,利用丰厚的影视资源努力为听众搭建新的娱乐平台。北京电台2007年推出的《如影随行》,是一档融时效性、娱乐性、服务性于一体的影视谈话节目,包括影视资讯、热点讨论、影人故事、台前幕后、新片看点、影视票房评析等精彩内容。主持人带领一群影视爱好者扫描影视动态,分析影视现象,追踪影视明星,同时链接各类娱乐媒体,扫描影视名流的各种社会活动。武汉长江经济电台的《我爱电视剧》则紧跟电视剧播放进度聊电视剧,通过对热播电视剧的及时介绍,将电视这种视听艺术转换为听说谈话的方式,创造了新的节目形态。其中的《剧情辩论会》环节根据已播的电视剧情,精心设计辩论题,由听众组成甲乙两队就电视剧的情节、演员、对白等方面进行辩论,让大家在唇枪舌剑中获得交流沟通的快乐体验。

4. 广播文艺节目向"故事化"发展

在电视的强势冲击下,广播剧陷入困境,一度也使广播文艺节目发展举步维艰。但是,任何事物都会在自我扬弃中获得新生,当传统的广播剧艺术困难重重、难以为继的时候,一种新型的广播小品(也有的电台称之为广播情景喜剧)却风头正健、颇为流行。广播小品沿用了广播剧的某些表现手法,同时吸收了影视小品中的艺术精髓,深受听众欢迎和喜爱。目前,北京电台的《都市人》,浙江电台的《阿亮的烦恼生活》,山东电台的《老鲁一家亲》等都成了当地家喻户晓的名牌栏目。而在广东珠江三角洲地区,粤语广播小品更是深得当地听众的青睐,几乎每家电台都开设了这样的栏目。其中,广东中山电台的《庆记茶寮》则持续11年之久,长盛不衰,至今已播出3000多集。广东电台的

《大吉利车队》还与电视台合作推出了"动漫版本"在电视中播放，同样受到观众欢迎。

5."新媒体"影响下的广播文艺节目新特色

2005年以来，数字网络媒介的异军突起，网络电台、智能手机的电台客户端等，给广播文艺节目发展带来了新契机。虽然，现在的广播文艺节目与"新媒体"结合处于"试水"的初级阶段，尚无突出的模式、类型和亮点。但是，我们相信"发展的力量"和广播人的智慧，今后一定会出现结合"新媒体"的广播文艺新节目。

三、电视文艺节目在中国的类型嬗变

中国自2001年加入世界贸易组织（WTO）①后，随着各个行业陆续地与其接轨，中国逐步进入了贸易"全球化"市场。一方面，"入世"给中国经济带来了急速的发展；另一方面，"入世"也给中国的各个行业带来了一定的冲击，促使各个行业迅速发生了变革。中国的广播电视行业亦不例外，受市场商业竞争的全球化影响，逐步以市场化、产业化发展作为核心参照，从2001年以来，中国广播电视业与娱乐业融合，在文艺节目的领域开拓出了一片新天地。单纯从电视行业看，电视文艺节目的样式、类型在十几年间发生了巨大的转变。

我国广播电视节目的总体发展基本遵循：节目→栏目→频道/频率专业化的路径模式。在广播文艺节目开始多元发展的同时，电视文艺节目的类型变化发展则显得更加急迫，加之对国外娱乐节目"模式"的借鉴与引进，在形式与类型上更加显现出多元的趋势。

1.电视文艺节目的栏目化。一般电视节目具有泛指意义。狭义的理解是指电视传播的最小构成单位，一个相对固定的时间段。从广义上看，则涵盖了电视传播内容的整体。电视栏目则是为方便批量生产和观众形成观看的惯

---

① 世界贸易组织：1994年4月15日在摩洛哥的马拉喀什市举行的关贸总协定乌拉圭回合部长会议决定成立更具全球性的世界贸易组织（World Trade Organization，简称WTO），1995年1月1日正式开始运作，以取代1947年达成的关税及贸易总协定，简称"关贸总协定"（GATT）。与关贸总协定相比，世贸组织涵盖货物贸易、服务贸易以及知识产权贸易，而关贸总协定只适用于商品货物贸易。世贸组织是具有法人地位的一个独立于联合国的永久性国际组织，在调解成员争端方面具有更高的权威性。主要负责管理世界经济和贸易秩序，总部设在瑞士日内瓦莱蒙湖畔。世贸组织、世界银行、国际货币基金组织一起，并称为当今世界经济体制的"三大支柱"。2001年11月10日晚6时38分（卡塔尔首都多哈当地时间），世界贸易组织（WTO）第四届部长级会议审议通过了中国加入世界贸易组织的申请。中国于2001年12月11日起正式成为世贸组织成员。

性,内容主题明确,有固定的主持人,固定的风格,形式也统一固定,且固定时长、定期播出的节目单位。电视文艺节目的栏目化,一方面遵循了市场化发展规律,可批量生产类型节目,也符合电视节目商品化的属性要求。另一方面,栏目化也充分考虑了传播规律,凸显了电视传播媒介的属性。

在此观念的引导之下,中国电视文艺编导们经过不断总结和吸收借鉴外来经验,对于运用电视手法来二度创作文艺节目的电视栏目样式越发自如了。在栏目化的约束下进一步提高文艺节目的质量,满足观众不断提高的欣赏水平,电视文艺工作者们开始注重文艺节目的前期的策划,并把策划作为一种创作的机制运用到文艺节目的生产之中,节目的创作不但策划文艺的表现主题内涵与艺术审美,而且还重视策划调动电视观众的参与热情,台上台下、演播室表演与屏幕观众的融合,有的节目还将串联与节目本身有机地连接,显得自然、紧凑,气氛和谐,融为一体。此外,电视文艺栏目也更加注重后期制作和整体的包装。经过画面多视点、多角度和镜头转换等后期的制作处理,丰富了画面的信息量和层次感,增加了画面的审美意境,使栏目化的文艺节目的质量有了很大的提高。

2. 电视文艺节目题材的多样化与形式的类型化。1993 年以来,为适应市场和观众新需求,中国电视文艺逐步出现思想性、文化性、艺术性的多元化的整合倾向,专题化、纪录化的取向越来越多。在电视和电视文艺起步后的一个相当长的时间里,电视文艺节目(除电视剧)主要是对舞台上和演播室演出的各种"原生态"的文艺节目以及各类文艺活动进行电视的二度创作,保留原有艺术形式的审美价值。随着人们对电视文艺多样性要求的日益强烈,电视文艺节目出现专题化取向,各个电视台文艺性的专题化栏目不断增加,中央电视台从一开始的文艺专题栏目"百花园"、"周末文艺"、"周末大回旋"、"外国文艺"、"九州戏苑",上海电视台的"大世界"、"大舞台",北京电视台的"大观园"、"旋转舞台"等,都是特定的文艺专题栏目。它们这类节目力求接近观众,吸引观众参与,充满了新鲜感和吸引力。专题性文艺节目为了达到某一方面的宣传教育的目的或传递某一方面的文艺信息,从一个(介绍的、欣赏的、赏析的、访谈评说的等)视角突出表现文艺或与文艺相关联的"人"、"事"和活动,用统一的主题,运用电视的传播手段,保留文艺的艺术形式,具有鲜明的目的性、宣传性、知识性和艺术观赏性的电视综合艺术形态。

此外,电视文艺的新形式不断出现。如音乐电视与情节音乐电视,电视文学与电视散文、专题文艺与访谈对话性专题等等,应该讲,在这一阶段电视文艺的形式是一个纷呈涌现的时期。文学与电视媒体联姻,形成以声画结合的方式表达情感的电视散文、电视小说等作为一种新类型在 20 世纪 90 年代出现。自从 1997 年年底中央电视台戏曲音乐部《地方文艺》栏目尝试将具有抒情、叙事风格的散文推向电视屏幕，随着《最后一片落叶》、《圣洁的背影》、《永远的蒲公英》、《妹妹，永远的遗憾》、《穿布鞋的故居》、《落花生》、《残荷》、《遥远的门》等一批优秀电视散文作品的播出，立即引起全国各界电视观众的注意。如今，以宁波电视台出品的《寻迹白云庄》为新的发展标志来看，电视散文为代表的电视文学节目虽然不再风行，但每年依然有展播活动和评奖，更重要的是该类型节目逐步走向与纪录片相结合的发展方向，可以说是电视文艺节目类型的一个嬗变。

音乐电视的异军突起，越来越显示出电视文艺所具有的强大生命力。音乐电视来源于国外，在国外，音乐制作商为了包装歌星，推出歌星的歌曲，便把盒带上的主打歌曲拍成音乐电视，以便在电视媒体上推广。因此，国外的音乐电视作品多是服从于商业的需要，表现的几乎都是流行通俗歌曲，内容上多是以爱情题材为主。中国的音乐电视比国外晚了近 10 年，中央电视台 1993 年开始发展中国特色的音乐电视，对国外的音乐电视内容、形式等进行"改造"，去粗取精，开办了第一个播出音乐电视的栏目——《东西南北中》，同年 3 月，推出了第一期音乐电视作品。以 1993 年为起步阶段，1994 年是发展阶段，1995 年则开始走向成熟，开始制作出大量的精品。中国音乐电视在短短的三四年时间里，从起步走向成熟。它的异军突起，应该讲是电视文艺空间拓展的重要表现，显示了电视文艺所具有的强大生命力。

电视文艺的另一种新形式，值得一提的是引国人上下注目的"心连心"户外演出活动。"心连心"电视演出活动，是从 1996 年 2 月开始的，带有明确慰问性质的把户外的演出加以电视化成为电视节目。为贯彻党的"二为"方针，根据中央领导的有关指示，文艺工作者要深入基层、深入群众、深入生活，送文化下乡、送戏下乡，创作出更多反映生活的优秀作品。中央电视台于 1996 年 5 月 13 日正式组建"心连心"艺术团，以纪念毛泽东同志《在延安文艺座谈会上的讲话》发表 54 周年。"心连心"艺术团的首次慰问演出是 1996 年的 2 月 11 日在革命老区河北省平山西柏坡举行的《沃野春潮》，观众人数达 5 万人，节目播出后，引起了强烈的反响。它代表了当时电视文艺的方向和潮流，起到了正确导向与示范性作用。"心连心"的慰问演出已成为一种电视文艺的新形式，促成了其后的大型户外直播、录播文艺演出的新类型。

2000 年至今，电视文艺节目开始强化"娱乐"元素，电视真人秀作为一种新的类型节目出现。电视真人秀虽然题材内容涉猎很广，但近十几年来仍然以电视文艺内容为主流方向。从 2003 年开始的湖南卫视《超级女声》，到上海东方卫视的《莱卡·我型我秀》，2010 年上海东方卫视的《中国达人秀》，2012

年浙江卫视的《中国好声音》,均是以音乐或文艺才能的展示等为主要内容。因此,在某种程度上说,中国电视真人秀是中国电视文艺节目的一个重要标志类型。

3. 新技术的使用促进了电视文艺节目直播与大型化成为常态

近几年来,在电视台演播室内制作的电视文艺节目,不论是大型的节目,还是小型的文艺栏目,节目的质量均有很大的提高。特别是随着现代电子技术的进步,舞美、灯光、音响技术的充分调动等使电视艺术的表达效果大大提高,电视文艺节目的艺术表现力大大增强。例如,在电视晚会中高亮度背投式大屏幕的使用,舞美效果更多依靠电脑灯的编程效果烘托气氛,依靠多技术工种合作呈现的升降式、多效果、复杂的舞台等不断在大型文艺晚会,如近年的"春晚",以及户外大型直播节目中使用,不仅在节目的画面表现上,而且在观众收视效果和电视文艺节目感染力营造上,发挥着越来越大的作用。

大型文艺节目走出演播厅大胆创新,小型的文艺栏目与节目也同时并举不断办出新意。这类节目也纷纷跳出演播录制和选送资料编辑的模式,走向外景拍摄和地域特色电视台合办的思路。从中央电视台文艺部和戏曲·音乐部早期最有代表性的《东西南北中》、《旋转舞台》、《音乐桥》和《九州戏苑》等一批栏目,到如今在中央电视台文艺频道推出了的《星光大道》、《我要上春晚》、《中国文艺》和"地方行"系列,很好地满足了广大电视观众对文艺节目的需求。戏曲和音乐频道的设立,其节目的不断丰富,都使电视文艺的内容更加繁荣和发展:既有严肃的高雅音乐,又有通俗的流行音乐;既有中国音乐,还有外国音乐;既有欣赏性的节目,还有知识性和欣赏性相结合的节目;既有京剧、昆曲,也有地方戏曲;既有唱大戏的,也有戏曲名家介绍和戏曲知识的普及。目前,全国各省电视台和省会台也纷纷开通了文艺频道或戏曲频道,如河南台的梨园频道的设立和收视率一直居高,都充分表明了电视文艺节目在新技术与新观念推进下的蓬勃活力。

电视文艺与其它艺术相比,更强调变化和出新。大型的电视节目和电视活动创新求变,栏目和节目的改版速度也很快。大型节目和栏目每天跟观众见面,如果总是墨守成规,时间一久,观众就会厌烦。在这种情况下,更需要电视文艺工作者有强烈的创新求变的意识,要不断"求新、求变、求精",这是电视文艺的生命所在。

中央电视台策划推出的《全国青年歌手电视大奖赛》,从1984年的第一届到2013年已举行三十几届,其中经过了多次重大的调整,如今依然保有较高的收视率。《正大综艺》是从1990年4月开始,其节目内容由正大集团方面提供,中央电视台国际部负责节目后期制作。有关外国的节目部分分别分布在《世界各地》《外国文艺》《动物世界》等小栏目中,可以说是独此一家。当时由于节目内容新颖,制作形式独特,这个栏目一炮打响。然而多年重复之后,该节目已经不能满足观众的需要,年收视率从 23.2 降到 18.3。栏目组的编导及时调整,首先在节目形式上加以大的改进,从内容上收集电视台的资料库里的可用素材编辑了许多生动活泼的小单元节目,同时也自己拍摄"中国真奇妙"单元。

2010 年《正大综艺》再一次改版,对节目内容、形式和主持人进行调整,于 2010 年 9 月 19 日推出《正大综艺·墙来啦》,《墙来啦》是央视重金引进的海外娱乐节目版式,进行本土化加工后,既保留了该游戏节目的视觉冲击力又增加了丰富的"中式"笑点,力求在电视荧屏上掀起一阵中西合璧的"钻墙风暴"。以往《正大综艺》给我们的印象是温馨而素雅的,柔和的舞台灯光、简洁的道具布景处处彰显着这个节目平易近人的"家庭感"。如今《正大综艺·墙来啦》的舞台,声光电的运用行云流水,科技感十足,选手们头顶钢盔、身着银色"战服",经由红、蓝两色滑梯下滑出场,仿佛置身于未来时代。这些新栏目的变化以及类型化调整,既是因应中国社会的飞速发展,人们生活节奏越来越快的需要,也是电视文艺节目顺应着时代的脚步加快节奏必然的需要。

此外,在电视文艺发展过程中,一些老少咸宜,红遍大江南北,深受电视观众的欢迎,曾经辉煌的类型节目,如中央电视台的《综艺大观》《同一首歌》、《旋转舞台》《曲苑杂谈》等,随着时代变化以及自身内容、形式、类型的制约,陆续退出了电视荧屏。这也说明,电视文艺节目仍需不断创新、探求,电视文艺其后的发展道路还很艰巨。

4.电视文艺节目"季播"概念的引进及灵活运用

中国电视文艺节目"编播季"概念借鉴了美国商业电视中"电视季"(television season)的运作方式。美国电视行业所谓"季"(season)概念,是指电视播出机构按照观众的收视作息、收视习惯、收视波动而划分的电视播映季节。其体现的是商品化发展的电视,对市场消费群体的约会意识和品牌效应的重视。充分考虑到人们季节性的休假与度假期,美国电视的黄金播映季节是每年 9 月中旬至次年 4 月下旬。

中国电视文艺节目,尤其是电视真人秀"编播季"的产生,一方面是适应受众市场对电视文艺、娱乐节目空前高涨的需求,并且存在着收视的盲目性与不确定性,需要进行市场化概念的引导;另一方面,则是电视节目广告销售的迫切需要。在以受众为导向的市场上,划分"季"的首要依据就是观众收视习惯的阶段性变化。从中国目前电视文艺、娱乐节目的全天收视情况来看,结合

"央视—索福瑞"和"海量"收视调查的相关数据,收视率的变化与季节、节假日密切相关,如"春节"、"五一"、"十一"等法定假,学校的寒、暑假的收视率都会呈现阶段性的高点。因此,按照观众的收视变化情况,中国电视依据年度年可以划分为四个编播季:①以"春节"为重心,12月至次年2月的冬季编排;②以"五一"为重心,3月至5月的春季编排;③以学生暑期为重心,6月至8月的编排;④以"十一"为重心,9月至11月的秋季编排。

从2003年以来,由湖南卫视的《超级女声》开始,到2012年浙江卫视的《中国好声音》,作为中国电视文艺节目一种类型的电视真人秀,已经逐步探索并实施了"季播"的电视节目运营策略。尤其是2012年浙江卫视的《中国好声音》"第一季"于2012年7月13日至9月30日在浙江卫视播出,正是合理地利用了学生暑期为重心的"季播"策略。因此,《中国好声音》一播出,即在山东卫视、东方卫视先期播出的《天籁之声》总决赛和《声动亚洲》的包围圈中脱颖而出,赢得了媒体和观众的好评。浙江卫视的《中国好声音》"第二季"也充分考虑学生暑期的"季播"效果,放在2013年7月12日正式播出。

除此之外,中央电视台的一些"选秀"类节目以及其它卫视的类似节目,也都充分考虑或刻意制造"季播"的概念。但是,也应看到,目前中国的大量电视文艺节目对"季播"概念的理解和节目运营中的应用还基本处在初级阶段,多数还停留在宏观的预估层面,缺乏明确的量化数据支撑,更没有社会收视调查公司参与的客观有效调研结果的参考。这种电视文艺、娱乐节目运营的方式无异于一场"赌博",其结果可能是"冰火两重天",要么赢,收视和广告收益激增;要么输,广告收益与观众收视口碑极差。可无论是哪种情况出现,对中国电视文艺、娱乐节目的良性、长期发展均无裨益,这是值得从事广播电视文艺编导工作的专业人士共同思考的一个课题,也是亟待解决的难题。

5. 电视文艺节目模式的引进及本地化改造后的火爆

随着电视文艺节目,确切地讲是随着电视综艺节目中的选秀节目的引进和在电视荧屏上以季为播出单元节目的热播形式的出现,近几年里不少有实力的卫视尝到"选秀"和"季播"在中国的收视与吸金的甜头,各卫视和有实力地面频道从海外引进节目版权,使得模式类节目越来越红火,有的卫视在原模式基础上结合本区域进行本土化改造,一方面是模式类电视节目的快速发展,使中国电视编导者的创新能力大大地提升;另一方面也使我们看到各大卫视对模式类节目越来越依赖,甚至把模式类节目当做电视市场竞争的有力武器和"灵丹妙药",而不断加大对引进电视节目模式的盲目投入,其结果必然是"舶来品"压倒"土特产"的电视节目,使得本土原创电视节目的生态环境进一步恶化,原创的生存空间进一步被压缩。应该看到,当下既是我们模式类电视节目最发展、最繁荣的时期,但是也是我们本土电视节目自我研发创新最弱化的阶段。表1是2013年中国电视节目排名前10的卫视热播的电视节目,其中基本上都引进国外节目模式版权,根据调查统计2013年共有30多档来自英国、美国等国的模式节目登陆在全国卫视的电视荧屏上。

表1 中国主要卫视部分引进节目

频道	节目名称	原版	版权所有/代理公司
湖南卫视	我们约会吧	Take Me Out	Fremantle Media
	舞动奇迹	Strictly Come DANCING	BBCW/世熙传媒
	最高档	Top Gear	BBCW/世熙传媒
上海东方卫视	中国达人秀	Got Talent	Fremantle Media/ICPN
	我心唱响	Sing It	Talpa/ICPN
浙江卫视	中国梦想秀	Tonight's The Night	BBCW/世熙传媒
深圳卫视	年代秀	Generation Show	意大利公共电视台/创意亚洲
辽宁卫视	激情唱响	Factor	Fremantle Media
山东卫视	惊喜!惊喜!	Surprise! Surprise	ITV
福建东南卫视	明天就出发	This Time Tomorrow	BBCW/世熙传媒
	朋友就该这样	Friends Like This	BBCW/世熙传媒
	欢乐合唱团	Last Choir Standing	BBCW/世熙传媒
广东卫视	完美暗恋	Dating In The Dark	Talpa/ICPN
江苏卫视	欢喜冤家	The Marriage Ref	Endemol
	老公看你的	My Man Can	SevenOne
安徽卫视	全民运动会	全民运动会(日本)	Fremantle Media

从上面电视文艺节目发展沿革的叙述,我们可以清晰看到电视文艺节目在中国的嬗变和当下的发展过程;较全面地了解和把握节目的变化和发展是扩大视野和拓展编导思路第一步,只有打实这第一步,我们的编导才有创作的基础。

★**本章课后思考与训练建议:**

● 如何理解"三网融合"、"窄播化"、"类型化"观念对广播电视节目的影响?

● 简述广播与电视这两类媒介的概念及其产生和发展规律。

● 如何看待20世纪80年代以来中国广播电视媒介属性的变化?

- 认知和理解"高清晰度电视"的概念及其技术指标。
- 如何理解广播电视节目的概念？两者在创作理念上有哪些共性？
- 选取一个广播或电视节目，研究和解读其结构特点，分析其类型特点。
- 选取一个电视栏目，分析其结构布局，总结其所体现的编导思路及传播意图。
- 从传播的角度分析中国"季播"电视文艺栏目的结构设计特点。

第二章 广播电视文艺编导的职能

在广播电台、电视台的节目构成中,文艺节目是不可或缺的重要组成部分。随着广播电视行业的不断发展,越来越多形式各异的文艺节目争奇斗艳。编导自身的素质会让节目带有某种颇具个性的气质,节目成功与否以及能否赢得受众的喜欢,不仅是编导个人价值的体现,也会在一定程度上引领社会道德、审美、责任,进而体现一个国家人文科学和社会科学领域的潮流,甚至影响到人们的世界观和价值观。因此,在当今采编播一体化的时代,编导们承担的工作范围较之以往更加宽泛,也更加艰巨。

广播电视文艺节目的优势,对提升广播电台、电视台节目的整体质量,吸引受众进而扩大广播电台、电视台的影响力,都有着不可忽视的作用。然而,一个不可忽视的现实是,中国目前广播电视行业的广播电视文艺编导,尤其是一些地市级或是县市级广播电台、电视台从事广播电视文艺编导的人员中,往往综合业务素养相对较低。除了完成日常的广播电视文艺节目播出任务和基本工作量外,绝少在广播电视文艺节目制作过程中有创意性突破。一方面当然有广播电视行业急速发展,行业内部体制、机制调整配合度不够的原因;另一方面源于广播电视行业在短短 20 年间带宽、频道发展较快,节目、栏目众多,催生对从业人员的大量需求,但对专业能力与水平的培训缺乏,造成专业素养参差不齐的现状。

广播电视文艺节目涉及的内容题材领域很广,文学、音乐、美术、摄影、舞蹈、戏剧、戏曲、影视等各个艺术领域都可能构成节目的核心,如何把握广播电视文艺编导的基本职能,改变在激烈节目竞争中常自诩"广播电视民工"的编导群体状态,既是节目发展的需要,也是广播电视行业值得重视的问题。

第一节 广播电视文艺编导的职业特征

任何文艺作品都有原创、续作和再创作的规律,广播电视文艺概莫例外。广播电视是文艺内容依赖于声音、画面为符号的传播媒介的一种艺术形态,完全可以充分利用声音元素、画面元素关注文艺领域的人、物、事,也可以对古今中外的文学作品、艺术作品进行原创、继创和再创,从目前广播电视文艺的一系列作品、节目来看,这样的节目制作观念依然还是主流。作为观众,我们常常会看到这样一种场景:根据同样一个文艺素材,不同编导做出的节目却是大相径庭:有的是发人深省,参与者踊跃,甚至成为街头巷尾的热门话题;有的则是索然无味乏善可陈,甚至听者、观者寥寥,播过之后即了无痕迹。这是编导水平的差异导致的最终效果,也是编导专业能力的一个反映。

一、广播电视文艺节目编创人员构成

从节目的创作主体角度讲,所谓"广播电视文艺编导",是指遵循广播电视媒介平台的特点,针对文艺领域的现实情况,选取适当的素材,以恰当的视角,策划、制作符合文艺特点及其存在和发展规律,并符合广播电视节目要求的专业人员。针对节目的大小和性质,他们可能是一个人,也可能是以一个有明确分工的团队出现。广播电视文艺编导必须要对艺术作品有敏锐的感受力,并能够用清晰的语言、文字以及广播电视的声音、画面符号描述自己对此的感受。可以说,这种二度创作非常重要。他可以让对某件艺术作品不甚清晰和理解的受众,迅速而深刻地感受到该作品的丰富文艺内涵。

目前,依据广播电视文艺节目的制作、运营规律来看,并遵照节目内容和类型的差异,编导的职责通常包含或关联着五种岗位,即:编剧,编辑,导演,导播以及(在栏目性节目中从"编"到"导"一体化的)"编导"。此外,还有一个不可或缺的角色,就是"制片人"[①]。在此,分别探讨一下这些广播电视文艺节目主要创作人员的构成和岗位职责分工。

1. 编剧与编辑

"编剧"原指戏剧、电影的文学剧本创作者,在广播电视文艺领域,则泛指为各类(以文本为核心基础的)广播电视文艺节目创作文字剧本(脚本)或者节

---

① 中国最早的制片人概念源于 20 世纪 80 年代后期中国电影商业化对国外制片人职能的引进,20 世纪 90 年代初期,制片人概念被引入电视行业,并形成几种不同类型的制片人制度。

日台本(以节目流程呈现的文字稿)的作者。

"编辑"的本义是指对资料或现成作品进行整理和加工。在报纸、刊物、通讯社、出版社及广播电台,编辑工作的范围大体如上所指。但在电视台,编辑这个概念的内涵和外延与上都有所差异。即便是电视编辑本身,国际、国内的一些电视机构也有不同的理解和做法。把编辑工作仅限于文学范围的,如改编来自记者和其他各方面的文字稿、撰写解说词或文学脚本等,称之为文字编辑或文学编辑。通常所说的电视编辑是一个泛称,包括文字编辑、文艺编辑、音乐编辑、音响编辑和图像编辑等。文字编辑,也称语言编辑,不管哪一类电视节目,都需要经过文字、语言的编辑。文艺编辑,专指各种不同文艺形式的编辑。音乐编辑,专指为电视节目和电视剧配乐的编辑。音响编辑,专指为电视节目和电视剧配音响效果的编辑。图像编辑,专指根据电视节目的报道词、解说词而选配图像的编辑。电视编辑和其他各类专业编辑一样,从事的都是精神生产,他们不是精神产品的直接创造者,而是精神产品生产流程中的一个中间环节,肩负着人类社会科学文化的积累和知识的传播的重任。这里与"编剧"相提并论的,是负责脚本组织、遴选、修改加工的"文学编辑"。

编剧与编辑的区别有两点:一是编剧直接创作作品,而编辑则是修改、加工别人的作品;二是尽管脚本是电视文艺节目生产的基础,但它只是生产的第一道工序,编剧完成脚本创作之后一般不再干预其他生产环节,而编辑则贯穿节目生产的始终,处在节目生产的中心地位。

(1)编剧与编辑岗位工作的基本职责要求

①遵循广播电视关注现实原则反映时代特点。新中国独特的历史产生了独特的艺术现象。这一艺术现象的主要特征是:第一,艺术内容必须和共和国的政治、经济活动相一致;第二,强调艺术的社会功能。这种现象在现今中国以至将来相当长的时间内仍将存在,于是便产生了艺术反映时代精神的要求。反映时代精神,是相对远离现实而言的。它要求广播电视文艺创作者要去关注节目受众的现实感受和需求,深入社会生活和实践去考察、体验,然后将现实生活艺术地反映出来。反映时代精神并不排斥题材多样化和风格多样化,更不是提倡千篇一律的说教,它只是要求大多数电视文艺作品里流动着时代的血液,跳动着时代的脉搏,从宏观上着眼于人类文明和社会进步而不是简单地图解政策,弄成"方针政策教科书"。反映时代精神不是要求电视文艺去做时代精神的传声筒,而是要求通过丰富多彩的艺术形象来显示和反映出时代气息。从一个理念出发而构思出一些人物和情节,再通过人物来转述作者的意念等概念化的创作方法,至今在我国的一些电视文艺作品中仍有影响,如想到要表现台湾海峡两岸人民的情谊,便推衍出一个父子兄妹悲欢离合的故事,

最后通过某个人物之口把作品主题点出来。这类作品中的人物是观念苍白的影子，是表达观念上的无生命的傀儡，不能使人信服，更无动人可言。

电视文艺是一种具有逼真性的艺术，它综合各种艺术的表现手段，将生活化的环境造型、人物造型以及生活化的表演统一于摄像镜头，给人以身临其境、真实可信的感觉。同时，观赏电视文艺，审美主体和审美客体又都处在一种极其现实的环境中。作为审美主体的观众一般是在现实、冷静的情感机制下收看电视的，故此电视文艺节目只有具备很强的艺术性和真实感才能抓住观众。

②依据广播电视传播特性和规律开拓新鲜题材。现代审美心理的一大特征是：求新、求异、求变。随着近年来经济的发展和"城市化"进程加快，现代生活中常常出现"流行潮流"急速变换的"消费主义文化"①现象。当一种题材适应观众求异、求变的心理脱颖而出的时候，可称之为流行的"潮头"；接着，某一类题材便大流行起来，这可称为"潮体"；再接下去，一哄而上，大家都来写某一类题材而导致泛滥成灾，最后终于倒了观众的胃口，这就是"潮尾"。一般来说，处在潮头，有新鲜感，效果较佳；处在潮体，有趋附性，也还过得去；而一旦落在了潮尾，则性命休矣！不断开拓新题材，也是适应广播电视特点所必须的。广播电视具有多变性（或叫不稳定性）的特点，一个有一定艺术欣赏水平的人都有这样的经验。即以听觉为媒体的音乐，其优秀作品可以多次重复，乃至"百听不厌"；而以视觉为主要媒体、视听结合的影视，再好的作品重复两遍即可，重复三四遍恐怕就到顶了。这是由于听觉和视觉给人们的生理和心理刺激不同而造成的。

(2)编剧与编辑工作的专业素养要求

①基本思想修养要求。这不是指一般意义上的政治思想，也不是单纯指编剧与编辑的思想意识和思想作风，主要是指他们对社会历史、民族性格、公共关系、未来趋势等方面的宏观把握和个人见解。创作者有自己的思想，创作出的作品才会有个性和深度。如果编剧和编辑没有自己的思想，只复述别人的思想，或者不能深化或超出其他作者对这一主题的认识，那么作品必然显得乏力。

②宽泛的视野及深厚的理论知识修养。编剧和编辑的工作虽然属于形象

---

① 消费主义文化：是资本主义从生产型社会向消费型社会转型时期所形成的一种影响深远的经济与社会文化现象。兴起于20世纪20—30年代的美国，50—60年代扩散到西欧、日本等地。主张追求消费的炫耀性、奢侈性和新奇性，追求无节制的物质享受、消遣与享乐主义，以此求得个人的满足，并将它作为生活的目的和人生的终极价值。它的出现是诸多经济、社会、文化因素共同作用的结果，对现代媒体在传播与建构消费文化的过程中发挥着独特而不可替代的作用。

思维的范畴,虽然不是用理论观点和理论词句直接写作,但理论对于他们在观察生活、反映生活中的指导作用是至关重要的。艺术家应该是广闻博学之士,哲学、美学、文艺理论和专业知识固不可少,经济学、社会学、心理学、未来学乃至一些自然科学门类的知识也不可一无所知。"功夫在诗外",现在一些电视文艺作品的直白浅陋,客观地反映出了创作者立足点和修养的低下。

③关注生活以及踏实认真的创作态度。艺术来源于真实,反映的是生活中的某些趣味、内涵和状态。"由于人是文化的动物,无论是受文化的潜移默化还是有意识地对某些约定俗成的社会规则的学习,我们很早就明白社会场景就是一个个舞台,每一个舞台都要求我们在其中出任相应的社会角色,从而表现出与这一角色相应的社会行为。"①艺术要反映人民群众的生活,艺术好坏优劣也要由人民群众来鉴定。这是艺术创作的共同规律,非这样不能产生思想深刻和艺术高超的作品,中国如此,外国亦然。艺术来源于生活,艺术必须反映生活,这本来是个老问题,可却被今天的一些电视文艺创作者所忽视。创作态度向来是影响作品思想、格调的一个重要因素。一些平庸低劣作品的产生有多种原因,其中之一是创作态度不严肃。有的追求所谓"时代感",拼凑、苦情、跳舞、服装展览、旅游风光,观众称之为"时髦片";有的为了捞钱,利用电视文艺节目做交易;有的急于求成,生硬地图解政策;还有的迎合低级庸俗趣味,追求一时的廉价效果,等等。中国的电视文艺创作者不能以盈利为目的,也不能为娱乐而娱乐,更不能迎合低级趣味,要有艺术家的心灵,注重作品的社会效果。

此外,电视编辑要掌握镜头组接、场面过渡、动作剪接点等技巧,也是不可少的,声画结合、声画的和谐统一是编导一项不容忽视的任务。做好声画的综合艺术处理,对每一个电视节目在构思——总体设计时,就要尽可能考虑到图像、语言、音乐、音响等各种艺术的有机联系,充分运用好电视语言和运用好电视手段。

2. 电视文艺导演

电视导演这个称谓,是从戏剧导演、电影导演移植过来的,其实,电视导演的内涵和外延都有别于戏剧和电影导演。要了解电视文艺导演的工作范围,首先要界定电视文艺的范围及分类。在电视节目生产中,不仅制作电视剧需要导演,除单一的新闻节目以外,其他各类节目的制作都程度不同地需要导演。导演的水平如何,直接关系到节目的质量。

---

① [美]约书亚·梅洛维茨.消失的地域:电子媒介对社会的影响[M].肖志军译.北京:清华大学出版社,2002.

电视文艺导演,是指艺术类节目的导演。这里主要指我国学者和广播电视界普遍认同的电视文艺的主要形式:电视文艺晚会、电视专题文艺晚会、电视音乐节目、电视舞蹈节目、电视戏曲节目、电视曲艺杂技节目、电视文艺竞技节目等形式的导演。其中,最有代表性的是晚会类导演。这类节目的内容,一般是艺术形象的创造,而非真人真事的报道,因此这类导演主要是依据艺术规律来构思、拍摄和制作节目,如电视剧以及综艺节目、晚会节目、音乐、舞蹈、曲艺、杂技节目等。

电视文艺导演主要参与两类节目:一类是电视音乐、电视戏曲、电视曲艺、杂技、电视文艺竞技和一些综艺类节目,它虽不属于晚会类节目,但许多节目在演播厅、剧场和类似环境录播或直播,保留了原来的文艺演出形式。文艺导演也包括这些节目的主创人员;还有一类节目,属于艺术片类型的节目,它已抛弃了原来舞台文艺演出形态,在自然景观和现实生活中,改变原来节目的时空范围,甚至以原来的节目内容作为素材重新创作,构成一个全新的主题,比如 MV(音乐电视)[①]和一些舞蹈艺术类型片。此外,还要特别指出的,有一类关注文化艺术的电视化纪录片,从表现内容到形式上都采用纪录片表现手法和特征,从摄影、构图、音乐、解说等方面确有特色,20 世纪 80 年代到 90 年代曾被一些编导称其为"电视艺术片",但如今这类节目均被归为纪录片范畴。

其它非艺术类节目也需要导演。这类节目包括社教性节目、竞技类节目、知识性节目、体育节目以及某些专题性节目等。这类节目的内容,大多涉及真人、真事,涉及科学知识或技能技巧,因此,导演须从节目的具体内容出发来构思、拍摄和制作节目,讲求节目的真实性和真实感。

这两类导演既有性质上的界限,又有表现手法上的交叉。文艺导演常采用夸张、渲染、象征、比喻、拟人、移情等艺术手法,但有时也采用纪实手法。业务导演一般采用务实、求是的手法,但在不违背真实性的原则下,有时也采用某种艺术手法。

在各种节目中的导演中,电视剧导演涉及导演业务最多,与其他工种接触也最广。电视剧导演的工作,是在剧本的基础上,对主题、人物、情节、场景进行提炼、挖掘,并根据一定的环境和条件进行艺术再创造的过程,所以,也称"二度创作"。电视剧作品的艺术形象和艺术力量,很大程度上是由二度创作来完成的。导演是把剧本变成电视剧成品中的中心人物。在影视界,有一个

---

① 20 世纪 90 年代初,中国借鉴欧美国家的电视文艺节目类型,Music Video 中国内地译成"音乐电视",简称 MV,是以摇滚乐及其它流行音乐为主要创作依据,配以电视画面诠释音乐情境、歌词内容的形式。最初产生时是作为推介唱片的广告出现的。

"导演中心制"的说法，它是在长期的创作实践中形成的，其要点是导演有选择剧本和立项的自主权、搭班子的决定权、对不同意见的裁决权以及制片过程的调度权等。在电视剧创作中，导演中心制在情况各异的电视台产生着不同程度的影响。

（1）导演的第一项工作：研读和处理剧本。

电视剧本虽不能代替电视剧产品，但有个好的剧本却可以成为导演灵感的源泉，成为导演创作的向导和目标。不同的导演对剧本的处理有不同的方式。有的导演是把剧本当作一面镜子，用它来映照自己的观点，作为表达自己思想和感情的媒介，把许多属于自己的东西灌注进去，以使剧本的微言大义形象地展示给观众。这类导演往往具有即兴诗人的气质，不论结果好坏，他总是要对剧本施加作用，或增或减，或修或改，把剧本作为一块处女地，通过自己的耕耘结出丰硕的果实来。

另一些导演则对剧本采取忠实的态度，通过视觉形象把剧本的文学概念表现出来。剧本经过了他的手，虽然也有所修改，但基本上是以剧本的含义为准绳，"照本宣科"。这类导演的创作标准是准确、细致和忠实。导演在把剧本变为产品之前，必有一番设计，这种设计就是设计结构，以便把剧本所提供的各部分内容连成一个整体，成为紧凑而富有表现力的作品。结构的设计，也因导演的个人素质不同分为两种。一种是有形的，这类导演往往把自己的设计写成文字，画出草图，记下要点。这种做法的好处是带来作品的统一，不足是可能造成四平八稳的僵化状态。

从导演的实践看，其主要工作大体有如下几项：

①研究剧本或探讨主题。如果是电视剧创作，导演要在研讨剧本的基础上，同制片人（我国有制片人、监制、制片主任等多种称呼）及编剧一起仔细研究，推敲剧本的主题是否富有意义，看有哪些地方需要修改或增删。②分析剧情。重要的是分清剧本的类别，如：是喜剧，悲剧，还是正剧；是单本剧还是连续剧等。因为不同类型的剧，都有其独特的处理方法。只有做到细致的归类，导演才能对场与场之间的转换、高潮与低潮的设置，以及篇幅的长短作适当的安排。③了解时代背景。每个剧所描述的故事都有一定的时代背景，导演必须对执导的戏所发生的年代有个清楚的了解，尤其是历史剧更要知道得详尽，因为不同的历史时期，有不同的民情、民俗和讲话习惯，有不同的日常用品、服饰及室内陈设。导演在了解这些之后，对美术设计人员提供的布景、道具，服装设计人员提供的服饰，才有可能决定取舍或提出建议，对演员的动作和对白才有可能进行有效指导，这样拍摄出来的电视剧才能与所描写的时代相符合。④掌握人物个性。在一部电视剧中，不宜有两个（更不宜有三四个）个性差不

多的角色存在,每个人都要有鲜明的个性,观众才能顺利进入剧情,分清彼此。这件事虽有编剧在剧本创作时加以注意,但导演同样要研究如何掌握剧中人物的个性并把他们表现出来。⑤推敲对白。剧中的对白虽然已有编剧写成文字,但不一定全部合适,特别是缺乏经验或对电视剧特点了解不深的编剧,他们可能只是提供了一个好的故事情节,而对白不一定写得很好,因此导演还必须对剧中对白逐一推敲,以便符合整部剧的风格化要求。

如果是电视文艺节目,如大型晚会、大型娱乐节目,导演要合理地分析和设计主题,考虑传播宗旨和目的,以便在节目中通过有效设计具体节目和相关环节来传达出。如果是电视真人秀,电视导演要参与设计规则,并熟悉规则的流程和规范,在节目设置过程中坚决执行,以增强真人秀在"是与否"规则下的"残酷"竞争性效果,营造节目的感染力。此外,还要注意对参与者个性的塑造,抓住其个性化细节来反映其个人的特点。

(2)导演的第二项工作:分镜头。

分镜头的目的是以不同图像连续方式叙述事件,传达意念,渲染气氛,造成美感,以适合观众的视觉心理。导演分镜头的过程,是将文学剧本电视化的过程,是将摄制具体化的过程,如文学剧本提示:"集市一角,人来人往十分热闹。"分镜头时就要将其具体化,这"集市"是在乡镇,还是在都市;是在河边,还是在市街;是蔬菜场,还是服装摊?这些只有在导演分镜头时明确规定后,摄像师才有了画面感,演员才有了酝酿情绪的依据,美工人员便于设计,负责道具的人员才好去准备。

分镜头通常有两种方法:一种是连贯分镜,即由开场分起,从开端、发展、高潮到结尾,顺序分下来,然后总检查,看哪些地方镜头分得过多或过细了,哪些地方镜头分得过少或过粗了,再进行一次调整。有些地方分镜时考虑不周,还可以到拍摄时再作修正,构成剧中的主要情境,然后再连贯其他部分。另一种是按场景分镜,即把一部影视作品中或一个电视节目中出现在同一场景的镜头画面分在一起,同场景镜头一次性拍完,以节省拍摄时间成本。

无论采用哪一种方法,导演在写作分镜头剧本时,大体包括以下方面:①设计机位、景别——确定拍摄时所采用的景别,如远景、中景、近景、特写等。②规定摄法——确定拍摄时摄像机的运动方式,如推、拉、摇、移、跟、升降以及平、仰、俯等。③安排内容——通过机位设计、具体摄法以及对白、旁白处理等综合因素,将剧本提供的情节,按顺序、分主次地表现为具体形象。④音乐音响处理——音乐何时起、何时止,何处强、何处弱;何时何处出音响效果等,都要从全剧整体出发做统筹安排。⑤明确转场方法——根据剧情发展和剧作风格,设计全剧所有场面变化时的转换和衔接方法,以表现出人物活动在时间、空间上的变化。⑥指导现场拍摄。现场拍摄,是导演的主要工作之一。这时,他要做一系列的现场调度,把事先盘算过的每个镜头的容量、景别、角度等通过拍摄记录下来,要把演员的表演推进到自己认可的准确度,并拍摄记录下来。他还要根据各工种情况的变化,来修正设计中不合理或不切实际的部分。在拍摄中,他和各个环节上的工作人员开始发生全面而频繁的联系,并把自己的意志、精神、品格、才华全部放了进去,这一工程的好坏,决定未来电视剧的水平和命运。⑦指导后期制作。电视剧制作方式分直接制作和纪录制作两大类。直接制作方式就是"演"、"摄"、"导"、"播"、"看"同时进行;后期制作,是指纪录制作方式的后段工作,即剪辑图像,配制台词、音响、音乐、声画合成。这不是单纯的技术性工作,而是再创作,对未成的成品具有定型作用。所以导演必须参与和指导后期制作,把这作为实现创作意图、保证作品质量的最后一环。

(3)导演的第三项工作:选景或设计场景。

场景选择包括选内景和选外景。大型文艺节目、娱乐节目或电视真人秀等还涉及舞台场景的设计。选景或设计场景主要考虑的因素包括,所选场景或设计的场景要符合规定情境,要考虑时代因素,符合剧本描写或节目要表现的年代特征,符合主人公或主要参与者的身份。场景要有利于镜头拍摄和场面调度。如果是外景要选择远离噪声源的地方,避免同期声后期制作无法使用。

3. 电视文艺编导

电视导演有多种类型。目前,我国电视台制作电视剧、大型综艺节目等,均专设导演,但制作其他节目时,导演的任务一般由各节目部的有关人员,尤其是责任编辑来承担。于是就衍生了一个新的岗位名称:"电视文艺编导"。电视文艺编导的工作,对提高电视节目的思想水平和艺术水平,举足轻重。电视文艺编导,须树立节目观念和全局观念。导演的任务是制作质高量多的广播电视节目。没有全局观念,导演难免迷失方向。

电视文艺编导的任务是围绕着栏目或节目的主题思想,根据脚本(解说词、串联词等)指导拍摄和编辑图像,制作成完整的电视文艺节目。编导除了要具有文艺创作、审美的功力之外,须以连续图像的形象思维和声画结合的综合思维,来指导电视节目的制作。各种电视专题片(注:20世纪80—90年代的电视专题片如今均被归为电视纪录片范畴)的编导,除了策划构思、选定选题、确立主题宗旨外,需调度拍摄现场,撰写解说词,进行镜头组接,运用蒙太奇技巧和各种特技,统筹处理图像、语言和音响,把分散的素材片断制作成完整的节目。电视文艺编导的工作,直接影响着节目所反映的思想深度,观察事物的角度,评价事物的标准和倾向,以及表现技巧和手法。因此,可以说,电视节目的质量,在相当程度上反映了导演的思想水平和艺术水平。

(1)电视文艺编导的工作。电视文艺编导的主要工作概括起来讲就是三句话:生产和制作什么样的节目?如何生产与筹划制作?生产与制作好的节目如何最有效传播到观众中又如何快捷、准确地收集观众对节目的收视意见,调整好节目?

电视栏目的选题通常有四种来源形式:第一种形式是电视台根据上级宣传报道的精神和题材规划的需要,指定编导去完成某节目的摄制。第二种形式是电视文艺编导根据电视台播出情况和栏目内容需要而策划构思出来的,并经过台领导部门批准而组织实施拍摄的。第三种形式是从观众的反馈信息由频道领导和编导在统筹兼顾频道与栏目宗旨的基础上策划拍摄制作的节目。第四种形式是由编导从媒体和渠道发现符合要求的文字稿和剧本及题材并经过批准而策划制作而成的节目。电视文艺节目虽然同一般电视节目存在差异,但其选题来源基本也遵循上述四种渠道。但是不管是哪种方式,电视文艺编导都应负责形成最初的策划设想,并使节目主题具体化。编导在策划构思节目主题的过程中,要"想到两头、兼顾中间",所谓的"两头",一是要想到上层领导对节目的要求和指示精神或投资方的要求,另一头是节目的对象——观众,要想到节目是为全国观众还是为当地的观众的?节目观众群的年龄、性别、受教育的程度如何等一系列关于受众的问题。"兼顾中间"就是想到在摄制节目的过程中所能调兵遣将的人、财、物及能达到的技术保障、技术优势等问题。只有把这些问题搞清楚了,才能使自己的节目更大程度上适应观众的需要和兴趣,达到节目拍摄的最终目的。

(2)电视文艺编导应有的专业能力素养。编导创作一是靠节目本身的内容题材、类型提供的限制,二是要靠专业能力。因为这之间既有编导本人思想和精神的成长过程,又有编导本人对技巧从逐步掌握到熟练的过程。直到今天,还没找到什么有效的方法可以使学生在学校领悟到编导的实质,他们只能学习理论知识,却很难学到适当的经验,主要是靠自己到实践中去总结。

电视文艺编导工作要做得好,须具备一定的专业素养,主要包括:

①符合广播电视传播规律的编导意识。任何一门艺术都存在着"要表达什么"和"怎么表达"以及"如何表达得正确和有价值"这样三个问题。一个真正好的电视文艺编导,应该有能力开掘作品的深度以及深刻地展示人生。所谓编导意识,不仅仅体现在表现手法上,而是要用独特的眼光去理解和阐释丰富多彩的现实世界。一部作品是深刻还是肤浅,展示得是否真实,解释得是否

准确,主要靠编导的内在精神和知识的蕴藏量。几乎所有成功的电视作品都有一个共同的特点,那就是编导的个体精神、思想深度及其对人生、世界的独特观察和对社会的高度责任,和谐地融会贯通在表现技巧之中,而这种具有独特艺术创作岁月的作品,正是在强烈的导演意识和导演品格的基础上诞生的。

②熟悉广播电视基本技术。电视文艺编导的构思虽然是那样难以估量和捉摸,但总是要通过广播电视技术设备来呈现,即代替观众"看"和"听"。因此,编导要在工作中得心应手,就必须熟练掌握广播电视技术设备,掌握起码的摄影、录音、后期剪辑制作技能。

③要善于"广播电视化"的叙事。如果说,一个编剧要善于编故事的话,那么,一个编导就要善于说故事。特别是在中国的文化背景下,没有故事的电视剧是难以得到多数观众的。中国电视剧的特色之一,就是在说故事中给人以启发。从这个意义上讲,广播电视文艺节目编导实际上是讲故事的人,要熟悉用广播的声音和电视的声音画面结合关系讲故事。通过图像本身和各个图像之间的关系,通过包括台词、音乐、声效等声音,并以各种手法将它们有机地"截取与重组"在一起来完成故事的讲述,保证节目进程的流畅,强化故事性感染力,制作的节目也就真正和受众之间做到了交流,从而使其认同、接受、喜欢乃至追捧。

④要宏观把握节目整体风格走向。在拍摄过程中,每一瞬间都是整体的一部分。当拍摄的每一瞬间将要出现的时候,文艺编导都要设想未来作品的面貌,盘算将要出现的这一瞬间在作品中的位置。电视文艺节目编导不同于舞台剧导演和乐队指挥,因为舞台剧导演或乐队指挥直到完成作品展出前的最后时间,都有机会来加工,而电视文艺节目在录制完成后,剪辑时遇到问题,很难回过头来再去修整、改变已拍好的镜头了。因此,拍摄每一个镜头,都要求编导从整体出发来相应地处理好每一个镜头。在舞台上,戏剧性动作是连续不断的,它只是通过"幕"和"场"来起分段作用。而电视节目的内容却被每一个"切换"所中断,直到剪辑合成之后才显出它的连贯性。因此编导在完成拍摄之后,来组合各个镜头和各个部分时,始终遇到局部与整体的关系问题,有的镜头从局部来看很好,但放到整体中去以后并不怎么样;有的镜头局部看并不怎么样,可放进整体以后却产生了很好的效果。镜头组合后呈现的整体风格,往往决定于编导在构思、拍摄阶段把握整体能力的高低。

4.导播

导播在广播电视行业中存在两种类型:一类是广播电台直播过程中,负责主持人与外界沟通的中介环节工作人员,其工作内容是协调主持人语言交流过程中的音乐、音效串接,接驳外界的短信、电话,并控制其与直播间内主持人的互动。另一类是电视节目录制或直播过程中的灯光、音响、摄像以及视频、音频等方面的现场指挥者,同时将主持人及现场画面有规律切换组接成相对完整逻辑,使节目进程完整成型的创作人员。

在电视行业中,许多人分不清导播和(后期)编辑有什么区别。这倒也不奇怪,因为世界各国或各电视台的做法和称谓不尽相同。有时候一个人负担起两者的职责;有时候根据不同类型节目和不同情况,又把两者的职责分开,由两个人分别承担。如英国独立电视公司使用"导播"这一术语,指的是负责这样一些工作的人:选择与控制图像和声音;解决制片人提出的技术和后勤方面的问题;解决编辑提出的内容方面的问题。在我国,导播工作大体有以下几种情况:一是由总编室或播出部的有关人员负责;二是由值班导演或其他有关值班人员负责;三是由节目部门的负责人承担。实际负责导播工作的人也有几种情况:一是编导合一,由编导兼导播;二是编导分开,设有专职导播;三是临时指定某些节目的导播。导播与导演的最大区别是,导演一般是事先设计、指导,而导播则是现场制作的特性。

导播的工作概括地讲主要是两条:指挥节目进程录制与指导节目播出。一个电视文艺节目录制过程中,导播同时要兼做五件事:①监看画面。立刻判断图像是否正确、良好,如果欠佳,随时调整及补救。②选择图像。决定输出画面,如遇画面不理想或不恰当,随时指示摄像师改进。③比照台本。看原定方案是否符合实际,决定哪些照原定的录哪些要作临时修改。④控制声音。播音员的解说、主持人的说话、演员的台词以及音响、音乐是否配合协调,各自的音量指标是否恰当,并随时做出调整。⑤指挥录制。与直播制作各有关人员保持畅通联系,根据各种情况,相应发出具体指令,以保证节目播出正常、优质地进行。

此外,导播还要掌握电视文艺节目后期编辑的规律。后期编辑,必须具有把握视觉形象、掌握剪接规律的基本功。电视节目是声像结合、视听兼备的精神产品。应牢固树立视觉形象观念,运用图像所具有的直观、形象、生动的优点,采用直觉方式来编制节目。这些视觉形象出现在荧屏上,应是明朗的、积极的、清晰的图像,而不应是消极的、不健康的图像。电视编辑要掌握和运用电视语言,作为节目的表现手段,这里包括摄像、录像、合成等艺术技巧。要着力把客观事物的逻辑关系变成电视画面的逻辑关系。要善于运用视觉形象思维和逻辑思维来创制电视节目,使节目电视化。

电视的图像是一种特殊的语言,能够形象而准确地反映客观现实,表达人的思想感情,体现节目的主题思想。电视编辑要像广播编辑驾驭有声语言那样,驾驭图像语言。编辑图像语言,有一套特殊的技能、技巧。一般用来表达意念、感情的最基本的单位,有声语言是"词",图像语言是"镜头",为此,电视编辑需用镜头来造句,来表情达意。有声语言用词需准确、生动,符合语法逻辑,图像语言也需遵守这些原则,还应加上视觉形象的表现力。因此,电视编辑需以现实生活和人的常识思维逻辑为依据,运用镜头的组合排列来造句和叙事。

电视文艺编导在进行"叙事"时要恰当地运用视距和景别,善用"蒙太奇句子"。所谓视距是指摄影机镜头与所摄主体之间的距离。视距近,主体就显得大;视距远,主体就显得小。视距决定景别——全景、中全景、中景、近景、特写。由一组镜头构成的句子,景别的变化可以形成不同的句型,造成不同的表达和感染效果。如运用"前进式句型",由远视距景别向近距景别发展的一组镜头,可把观众视线从远引向近,由整体引向细部,给人以情绪和气氛越来越浓的感觉。"后退式句型",由近视距景别向远视距景别发展的一组镜头组成,可把观众从近引向远,由细部引向整体,给人的感觉则是愈来愈压抑,显出低沉的情绪和逐渐减弱的气氛。至于前进式和后退式句型的复合体——"循环型句型",可表达情绪由低沉、压抑转到高昂,又逐步变为低沉的波浪型发展过程。

电视节目的声音和画面必须紧密结合,除了声画合一的同期声外,在节目制作过程中基本上采取"音画同步"的方法,这样才可使电视节目更具有绘声绘色、形象逼真的效果。但是,目前电视片的通病表现为声画错位或声画游离,这就值得电视文艺编导注意。在电视文艺节目中,从特定的艺术表现目的出发,可以采用"音画对位"的手法,如音画并行或音画对立。声画合一与画外声相结合,也是丰富电视节目创作的表现手段。

5. 电视制片人

电视制片人往往由编导出身的人或熟悉电视节目制作的专业人员担任。制片人在节目的运行中对节目(剧目)选题起着决策性的作用。在进行确定选题的决策时,应把舆论导向的把握放在首位。在这方面,制片人要通过认真学习党的方针政策,认真领会、并在自觉清晰地意识到党在一个阶段内宣传工作的主旋律的基础上,在自己所策划的栏目或节目中,把党的工作重心、政策精神,积极地在作品中贯彻体现出来,使舆论的宣传与党的路线方针政策保持一致,在受众中产生良好的效果。

电视文艺节目制片人主要的工作职能包括:

①把握节目主题和宗旨。在节目的选题确定后,制片人应对主题的深化、情节的设置和拍摄的全过程起整体把握的作用。在节目的选题确定后,节目的制片人首当其冲的工作是整体把握好节目导向、艺术和技术等问题,节目的

导向也与选题一样直接关系到电视节目是否存在投拍价值,节目的艺术和技术是否协调对能否拍摄成功起着决定性作用。在这个过程中,制片人不是原则性地把握或财务上的总管,更不是剧组的陪衬,而是整个拍摄计划实施的总负责人。他要通过自己的努力,使合作形成、计划实施。

②协调工作进程。在拍摄的过程中,制片人要经常性地了解编导和剧组是否按前期构思和主题进行拍摄,在主题的深化上画面内容是否到位。在作特别节目时,制片人的统筹能力就显得尤为重要。一要有精品意识,二要有艺术要求。善于调动电视的独特手段、方法和优势,多角度、全方位地去再现节目最优效果,并帮助编导者完成对节目的独特构思和创作。

③审定拍摄计划及方案。在实施拍摄前,要制定所拍摄的内容和采访提纲,而这个案头方案的基础源于制片人策划的对节目拍摄所设计的思路,所以说,制片人对于社会生活的熟悉程度和对于节目前景的估计就显得尤为重要。比如,选择什么样的导演来承担这个选题,在美术、灯光、音乐等辅助设计上,怎样做到投入少产出多,影视剧还要考虑选择演员的问题。任何一个环节不通畅都会影响计划的实施。众所周知,世界上知名和成功的制作公司像美国的好莱坞制作公司,都是由制片人来选择剧本、导演、演员和其它的主要创作扶助人员。

④控制和总体协调节目制作成本。由于目前电视从业人员们都比较年轻,阅历也比较浅,难免在拍摄时会出现表现不到位、抓不住重点或漏掉重要情节、采访乏味等问题,为及时克服这些问题,制片人应对所拍摄的内容进行指导和检查,发现问题及时纠正。制片人对于拍摄计划的制定和管理也十分重要,它直接关系到制作成本。拍摄计划的合理有序、管理的科学,既保证了节目的质量,同时又减少了浪费。

⑤节目监督及审看评估质量和价值。节目制作的整个过程中,审看监督对于节目创作起监督和评估质量的作用。节目的后期制作是一个编剪过程,也是一个再创作和强化主题的过程。在这个阶段中,制片人应着重把握创作和评估节目效果的问题。首先,应对计划的实施和完成结果进行评估,检查计划中的各项内容是否都已落实。如拍摄周期长短、预算资金运用是否合理、有无超出、整个节目今后的前景如何,前景包括收视率和专家评价、市场占有率等。其次,确定编辑制作方案、对原设计主题进行主题深化和再创作的把握,这也是全篇创作的关键。制片人应再次与编导确认片子的叙事结构,编辑方案,对片子的主题进行强化,使构思上升到精品意识的高度;指导编剪工作,充分发挥编导人员的主观能动性,在素材的选择、情节的铺排、叙事的延展和人物性格刻画上下功夫,以达到突出、强化主题和二度创作的目的。最后,节目

完成了简单粗编以后,制片人应根据总体设计对完成片进行一审,并提出具体修改意见,使节目能达到设计要求。在这个过程中,制片人应有高瞻远瞩的能力和清醒的头脑,切勿自我陶醉。任何电视节目都是遗憾的艺术,不可能没有缺点。

制片人还要善于总结,很多认识理论是经过总结得出的。每一次改革方案后都要总结,有总结才能有提高。制片人要有自信,要有敢于吃苦探索的精神,更要有敢于否定自己、敢于承认失败的勇气。目前电视台的制片人更多的是完成领导交给的任务和面对电视观众意义上的制片人,缺乏面对市场和参与竞争的能力。这还有待于进一步的引导和规范,使之提高素质和能力,适应飞速发展的大众传播业和电视业本身,成为电视节目创作的核心人物,充分发挥制片人在节目运作中的主导作用,制作出更多和更为广大公众欢迎和能够参与市场竞争的电视精品节目。

二、编导的基本素质要求及具体任务

广播电视文艺的编导工作,内容丰富,任重量大,与单纯的文字编辑工作相比,繁重得多,复杂得多。编导处于节目生产的中心地位。凡涉及节目的设计、制作、修改、审定、编排、播出等事务,几乎都经过编导人员的处理。因此,编导工作是一项政治性、思想性、技术性和艺术性都很强的工作。其职业特征有如下几个方面:①劳动的个体性与劳动产品生产的社会性。就精神生产劳动而言,一般表现为个体劳动的形式,而其产品又总是社会生活的结晶。编导在对节目的处理过程中,虽然是结合多人的劳动和智慧,但最终仍是以编辑个人劳动形式来完成的。正是这样的劳动特点,使各种节目生产人员的劳动和智慧得以集中和发挥,使各种节目呈现出丰富多彩的局面。②信息加工和传播的中介性。精神生产的社会协作,很大程度上依赖于信息交流。编导工作正是组织和实际推进信息交流的中间媒介环节。由于职业的原因,编导不但能够掌握较多的信息,因而对各种信息的价值是有特殊的敏感,而且对信息交流在社会生活中的触媒作用有特别深切的理解。所以当编导在处理节目过程中发现有什么不足或缺陷,往往能以自己掌握的知识和信息,对原作进行修正或补充。一般来说,编导活动的过程,不是直接创造文化知识的过程。文化知识的直接创造者,是那些写作了新闻作品、文学作品、学术论著的记者、作家、理论家、科学家、画家、音乐家等等。在他们的个人创造中,直至完成作品,都可以不和编导发生关系。但这些成果要进入大众传播渠道,向社会公布,便一定要同编辑和编辑工作发生关系。一是通过整理、加工有关资料或成品,使作品合乎科学规范和社会规范,以避免进入传播渠道后发生受众在理解上的困难或产生不好的社会效果;二是把这些文化知识物化,在广播电视来说,就是制成录音、录像带,使节目存在于一定的物质形式当中。③节目生产的再创造性。编导工作既是一种精神生产,就离不开创造性思维。编导不但创造精神产品,还在精神产品诞生的过程中,时时体现出编导间接的和隐匿的创造活动的火花和思维。就电视来说,无论是选题、改稿、拍摄和制作都有编导的智慧融会在其中,这种再创造,也可以说是通俗讲的二度创造。

编导是把广播、电视台有关节目生产的各种成果集其大成的全面性的工作,凡是节目的设计、布局、指导制作、修改加工、审定播出等,都须经过编导人员处理,决定取舍,把握方向。广播电视文艺编导工作,是具有较强的政治性、政策性、思想性、业务性、艺术性的工作;它涉及广播电视的宣传方针、宗旨、各类节目的设置、报道计划的制订及实施、播出的社会效果和经济效益等等;它是广播电视节目的计划、选题、编改、制作、审定、编排、播发等工作的指挥者、组织者、制作者、经营者。编导水平的高低,与节目质量的优劣成正比例。有人把编导工作比作广播电视节目传播过程中的"心脏"。

电视文艺编导的任务是根据宣传需要,编写和制作符合电视要求的节目,即把文字、图像和音响转变成可供"视听"的节目。艺术追求和其它事物一样最可贵的在于创造,一味"循规蹈矩"、一味模仿是没有出路的。人们在欣赏电视文艺娱乐节目的同时也称赞电视艺术编导的独创精神,叹服策划者的功力和水平。这种对创造精神的激情释放,是电视艺术源远流长永不枯竭的源头。

电视这一现代化综合性宣传载体,为电视艺术家提供了比以往任何时候和任何一种艺术形式更为广阔的创作天地,最先进的传播手段为电视艺术家提供了一个施展创造才能的无限想象的天地。

策划是编导进行创作的第一道工序,也是一个复杂的过程。在这个过程中涉及的内容是多方面的,既有社会的也有个人的,既有体力的也有脑力的,既有感性的也有理性的,既有哲学的又有艺术的。因此,从事策划的编导者所要学的知识更多一些,所要了解的东西也更多一些,需要的想象力也更丰富一些,总之,编导者所要具备的素质比电视其它工种要求更高。而且,文艺编导的这些素质要求要恪守伦理和道德底线。正如亚里士多德在《尼各马可伦理学》(Ethika Nikomachea)这一著作中所说"我所说的是伦理德性,它是关于感受和行为的,在这里面就存在着过度、不及和中间。例如恐惧、坚定、欲望、愤怒和怜悯,总之,感到痛苦和快乐,这可以多,也可以少,二者都是不好的。而是要在应该的时间、应该的情况,对应该的情况,对应该的对象,为应该的目的,按应该的方式,这就是要在中间,这是最好的,它属于德性。"①

从事电视文艺编导工作,除了需要一个充满智慧的头脑外,必备的相关知识也是十分重要的。从某种意义上说,它要求从业者具有多学科以及跨学科的广泛知识,才能对应来自电视的多种多样的策划要求。然而,电视策划也是有规律可循的,找到这些规律,也就了解了一个编导者所应主要掌握的知识范畴。具体说来,大体应该包括以下几个方面:

1. 导向意识

中国电视的社会主义性质及其特色,它具有"喉舌"的特性与宣传教育的功能,对此决定了电视文艺编导必需是政治思想上成熟的。无论是拍摄制作新闻还是文艺作品及其传播的电视作品,都必需坚持党的原则,必须要有高的政治觉悟和政策水平。因此,电视文艺编导一定要牢记电视节目的属性,这种既是精神产品又是物质产品,既非商品又是商品的两重性,无论在本电视台播出,还是作为市场行为体现其经济效益商品销售,都必须是以良好的社会效益为前提,做到既有良好的社会效果又能获得经济效益,促进两者的良性滚动。如果只重视经济效益,而忽视社会效益,那就会舍弃舆论导向,走到邪路上去,产生不可设想的恶果。

2. 审美意识

审美,是电视艺术中最为本质的特性,而观众从艺术作品中获得审美感受的中介因素是人的感情。白居易说"感人心者莫先乎情"②。法国著名雕塑家罗丹也说"艺术就是感情"。艺术家有了难以克制的感情流动,艺术家的创造才会发生;当观众被作品中所蕴含的激情所感染,就会引起心灵上的震颤,即感情共鸣,因此而产生审美享受和审美愉悦,这种审美效应会引起人的思想升华和行为驱动,激励人们去探索、去追求、去抗争。这不但是文艺作品的功能,也是一部优秀作品的成功之所在。认识到这一点,是编导在创作中就能够比较自觉地注意驾驭栏目的建构,以适应观众的审美需要。

同时,作为编导和他组织领导下的主创人员,以及这些主创人员之间,均构成一定审美关系,这些人之间审美感受的事物又成为审美对象,编导自身不光必须具备较高的审美意识和艺术功力,还要带领主创人员自觉追求屏幕文化的心理开掘,并以独特的艺术眼光、与众不同的审美视角,按照美的规律,观察生活,熟悉生活,透过表象掌握本质事实,于寻常生活中发现神奇,把对生活

---

① [古希腊]亚里士多德.尼各马可伦理学[M].苗力田译,北京:中国社会科学出版社,2011.

② 唐代诗人白居易在《与元九书》一文中说:"感人心者,莫先乎情,莫始乎言,莫切乎声,莫深乎义。"意思是说:能够感化人心的事物,没有比情先的,没有比言早的,没有比声近的,没有比义深的。

的审美感受、体验和理解用画面、声音、镜头语言形象地反映出来,形成一种美的意境,这样才能使栏目一班人都确立和培养起审美的意识。

3.经济意识

在经济社会环境背景下,一个产业没有效益,就没有存在的必要。中国广播电视行业,是带有"喉舌"特性和宣教功能的媒体与信息产业。他是以第一、第二产业所创造的产品为基本物质条件,主要通过服务的形式,生产非物质形态的产品——精神产品,以满足人们日益增长的精神生活的需要,物化于生产力的绝对因素——人的因素之中,从而有力推动我国社会主义现代化建设。鉴于电视虽有高消耗、重装备的特点,它的日常经费比广播高十几倍,甚至几十倍,比报刊出版发行需要支出更多的经费,但它向社会提供的精神产品却又具有非商品性,因而对党政领导机关指定的重点剧(节)目和新闻性的作品,坚决不搞有偿服务;其他作品则要在取得社会效益同时取得良好的经济效益。它不仅要创造大量精神财富,还要创收,"以节目养节目",解决自身日常需要的经费,并向国家交纳规定的税金,支援社会主义现代化建设,与此同时还要将剩余积累的资金,不断扩大再生产,产生良性循环。为此,编导必须具备经营理念和成本核算的概念。不但应认真核算每一期节目的成本,合理分配人员的劳动报酬,还要学会营销节目,收回成本以便再生产等,这些都是崭新的时代课题。

4.服务意识

电视节目生产的出发点和归宿,不仅关系到作品的导向,也意味着制片人工作中的一切行为,就是"服务"二字。服务不是堂皇的招牌,也不是精美的包装,更不是廉价的口号,它要求编导在创作集体里为实现目标服务的管理制度,做一名勤勤恳恳的媒介工作者。编导的服务意识主要表现在两个方面:一是科学性和严肃性;一是正视现实。归纳起来四个字"思方面圆":方是原则性,要用原则性规范自己的思想、思维方式和行为准则;圆是灵活性,实施工作计划时要适应客观现实。电视节目是集体创作的产物,它需要强有力的协调,也凝聚着众多部门共同合作的汗水。大至一台晚会,小至一期栏目,都得经过三四个以上工种的合成,因而协调管理十分重要。

5.社交能力

编导必须与社会各个层面保持广泛的联系和交往,拥有与人打交道的足够能力,这样才能保证从社会上、从人群中不断获得足够的信息和其他各种资源,为成功开展节目创作奠定可靠的社会资源基础。社交能力是编导者从事节目创作工作的一个重要的基础。编导的社交能力,首先体现为编导是否以一种开放式的心态和行为与社会接触,形成自己的社会交际圈,并从中获得大量的节目资源。国内外那些有一定名气的编导,他们几乎都有一个很广泛的社会关系网。从表面来理解,交际越多关系网越大,这些编导的精力越分散,就越容易对创作节目造成负面影响。其实则相反,正是这些庞大的网为他们提供了无数的节目选题、资金、人才、思路、信息等等。甚至可以说,没有这些网的支撑,很难想象这些编导能够正常开展电视节目的创作工作。编导的社交能力还体现为他们注重通过多种社会渠道树立自己的品牌,从而吸引更多的企业与他们建立合作关系。策划人本身是"做市场"的,因此他们对自己的发展也常常采用市场化的办法,通过社交、媒介等形式,广泛塑造自己的品牌,以求提高自身的无形资产价值来赢得更多的企业的认可。

6.电视意识

电视文艺编导不仅要是一个具有丰富电视知识和制作技能的行家,同时还要是电视理论与实践的学术带头人。电视文艺编导除了上述的几种意识、素质和能力外,还必需是电视上的学术带头人,在具体的节目创作中编导要把自己丰富的经验和对传播规律与技法的见解,变成栏目剧组的共识,保证栏目的创作人员整体水平的提高,以保证栏目质量和要求达到制片人理想的效果。电视知识与编导的知识:蒙太奇技巧是电影创作的基础,也是电视创作的基础。作为技巧的蒙太奇实际上就是人们通常所说的画面剪辑,是电视与编导知识中比较核心的内容,它也是创作者表达思想的形象化的手段。创作者通过对镜头的组织去创造涵义、去叙事、去抒情,但这都是建立在蒙太奇技巧的表意规范之上的,它成为影视创作的基本条件。

第二节　广播电视文艺编导的编创能力要求

众所周知,广播电视节目的制作是多部门、多工种配合的一项活动。因此,一部成功的艺术作品离不开集体的力量。文艺编导的艺术想象需要借助于摄影、美术、录音、表演等其他部门的合作才能完成,这就需要他们具有强行记忆的能力和在短时间内迅速理解驾驭文字的能力,构成腹稿提纲后再灵活自如地表达出来,能够就某一话题和现象即兴评述。作为一个团队的核心人物,这种口头表达能力所带来的感染力和号召力对于编导来说非常重要。另外,编导还需要做大量的案头工作,比如写分镜头稿本、编导阐述,拍摄完成后还要写编导总结等等,所以文字能力也不可或缺。总的来说,广播电视文艺编导的编创能力,就是对构成广播和电视节目的各种元素关系的提炼和综合构思运用。

一、广播文艺节目元素的构成关系及运用

21世纪已经走过了其前十几年,媒介变革的潮流正深刻地影响着包括广播电视的传媒业,同时也深刻地影响了社会政治、经济、文化的各个方面,并随之改变着舆论环境。传播技术新潮流如网络应用、云储存、社会性媒体、UGC等Web2.0及其后的技术运用,带来的不仅是科技的更新换代,更是政治、经济、文化和社会的多方面变革。媒体正在向全媒体和平台化的方向发展,广播电视节目的采编、制作、传播过程也无不受到社会化媒体的影响。据一项小型调查:中国已经有超过60%的记者曾经通过从社交媒体上获取的新闻线索或采访对象完成选题报道;47.7%的记者表示经常使用"微博"。① 另据"新浪微博"统计,截至2012年9月,其平台的认证用户中,媒体机构的"微博"已经是一个重要信息传播窗口。当下的一个事实是广播电视文艺节目,尤其是娱乐节目,在推出前几乎都会进行适当的"微博"营销活动。

回到广播文艺节目,"微博"互动也是广播节目在电话、网络聊天软件平台(如QQ等)、短信平台之外,当下常用的与听众互动的一个载体。随着当下商业观念的推动城市发展变得急遽,城市环境逐渐向都市社会转型。传统的"文艺广播"观念一如人们社会生活中的很多其他观念一样,正在悄然发生着改变。如今我们所提的"广播文艺"概念已大大区别于"文艺广播"。

曾经的"文艺广播"只是把社会文艺节目广播出去,而"广播文艺"则更多地包含了独具广播特点的文艺节目。如果说当时的新闻节目是报纸的"有声版",那么文艺节目便是社会文艺的"录放版"。文艺编辑(注:即文艺编导,但广播电台的对多数节目编制人员的称谓依然用编辑)的两大任务,一是政策把关,二是录编播放。尽管他们是决定节目优劣的关键角色,但其更多地只是对节目在政治上、政策上进行筛选。他们工作中所遵循的准则就是:宁可粗糙,绝不反动。宁可照搬抄袭,绝不标新立异。这种"为人作嫁"②的节目制作方式虽然显得有点被动和无奈,但也确实不需要很高的素质。

如今的"广播文艺"已呈现多元发展的态势。文艺编导对其节目构成元素的认知和理解秉承一系列新观念,对各元素搭配关系的梳理和运用也体现了

---

① 美通社(亚洲)2010年10月22日至11月7日进行的关于中国记者社交媒体工作使用情况的调查。

② 为人作嫁:成语,出自[唐]秦韬玉《贫女》一诗:"蓬门未识绮罗香,拟托良媒益自伤。谁爱风流高格调,共怜时世俭梳妆。敢将十指夸针巧,不把双眉斗画长。苦恨年年压金线,为他人作嫁衣裳。"原意是说穷苦人家的女儿没有钱置备嫁衣,却每年辛辛苦苦地用金线刺绣,给别人做嫁衣。比喻一个人白白地为别人在辛苦。

一些新思维。这些对广播文艺节目元素构成及新的运用观念主要表现为：

1. 声音元素的运用及主持风格的创新

当前，我们正身处在快节奏的竞争时代，紧张的工作生活，带给人们的压力也很大。更多的人希望在工作之余，能有一个相对放松的氛围，舒缓一下紧张的情绪。因此，广播文艺节目要特别重视审美和休闲娱乐功能，并要求主持人充分调动起受众的收听兴趣，精心打造轻松的收听环境，创出新的节目品牌。优秀的文艺节目主持人必须利用广播的声音元素，在节目中做相应的情感运动。

所谓情感运动就是要求主持人在主持节目时，要把表达节目的主题变成自己的话来提示听众。使情感随声音元素所表达的内容的起伏而活跃起来，勾勒通俗易懂的解说词，起到画龙点睛的作用，让人们得其要领。尽管节目内容种类庞杂，名目繁多，但在表达时都离不开思想情感上的一个"动"字。简而言之，动则活，不动则死，这直接关系着节目的成败。主持人在节目中不仅要让自己的感情运动起来，还要很好地运用自己的声音特色，达到情与声的和谐统一，声情并茂，以情感人，从而达到感动听众的目的。

广播文艺节目，不同主持风格，也造就不同的节目类型。广播节目主持人是节目的代言人，是电台的形象，其综合素质要求是很高的，风格是多样的，但总的要求和标准起码要做到以下几点：①要有较高的思想涵养。这样的主持人既有较高的理论、政策水平，又具有丰富的社会知识，涉猎广泛，能够做到厚积薄发，挥洒自如。②要具有清晰的、高超的表达能力，能够快捷清晰、有条不紊、提纲挈领地把节目的主题、内容、特点等等交待给听众，不能过分啰嗦，不得要领。要用少而精美的语言抓住并打动听众。③要具有动感活泼的时代风格。文艺节目主持人不同于政论谈话类的主持人，它需要引领听众、感动听众、激发听众，必须自己首先具有超前的观念、充沛的活力、时尚的风格，这样才能为听众所喜爱。特别是文艺娱乐类的节目主持人，必须凸现时尚、活泼、前卫的特色，社会知识面要宽，语言形象要美，表达的观点要超前，形成时尚前卫的娱乐代言人的风格，树立动感活泼、休闲放松、个性突出、令人喜爱的主持形象。

综合审视和观察这些年来的广播文艺节目，广播文艺主持人的风格日趋多元、开放，越来越受听众欢迎。但是，广播主持人，特别是文艺娱乐节目主持人还不如电视主持人"鲜活"，有不少的广播主持人，在主持节目时，从观点提出、语言表达到话筒前的语言形象，不是过于保守、知识面窄，话语陈旧，就是语言低俗或信口开河无主题地东拉西扯，这是一个制约广播文艺节目发展的致命问题，理应引起广播人的深思。广播更具有语言表达力和特殊的隐密性，主体与客体之间更易敞开心扉交流,主持人应当在健康导向的前提下,有思想品味的语言艺术语境中开放和前卫,千万不能为表达活泼、洒脱一些而低俗和庸俗,这样,广播才会更具有吸引力、感染力和冲击力,才会获得更大的发展。

2.编排手段的灵活运用及创新

广播文艺节目内容的呈现,都是依靠文艺编导适当编排、重组已有文艺形态而形成的,创新编排是做好这类节目的基本要求。所谓编排创新,实际上是把文艺节目由形态分散变为形态集中,由思想零乱变为主题集中,化"腐朽"为神奇的过程。无数繁杂的文艺形态经过文艺编导的高超之手,会成为一档思想精深、艺术精湛、欣赏性和娱乐性很强的广播文艺节目。编排创新要根据节目的核心定位,寻找文艺形态中有特色、有趣味的部分,依据当下社会受众的欣赏习惯,合理地加入编导的理解去串编。

广播文艺节目的定位决定着其内容品位。一档广播文艺节目的质量、水平高低,就看它是否从受众的需求和兴趣出发,确定节目内容。因此,精心策划、精心选题、选择并确定节目内容至关重要。编排手段的灵活运用及创新可有如下一些基本的依据:①可以根据节目主题进行编排;②可以根据重要活动、节假日的主题进行编排;③可以根据节目形态、类别进行编排。由此,可重组成新的歌曲、戏剧、相声、小品或综艺等多种多样的文艺节目形态。

另外,也可以借鉴其它媒体的成功经验,对广播文艺节目的编排进行创新。参考电视媒体的成功经验,央视文艺频道除了精心策划了《星光大道》、《舞蹈世界》等栏目,还利用编排创新,推出了对以往节目合理"串编"而形成的新栏目,比如,对《同一首歌》和《艺术人生》,以及历届"春晚"等名牌栏目播放过的精品节目,既凸现其文艺特点,又突出娱乐主题,择其精彩而合理"串编",获得较高的收视率。山东广播电台第六频道的《戏剧大舞台》节目,面向中、老年听众,精心选编各种戏剧,精选名家唱段,每期收到大量听众参与电话和手机短信,产生了良好社会反响。实践证明,围绕节目定位,精心选编,精心组合节目,是办好广播文艺节目的一个重要原则,也是一条成功之路。广播文艺节目的"串编"思路,既节省了资源,又重组了精品;既是重复劳动,又是新的创造,是应该着力坚持和把握的一个重要编导原则。

3.音乐与音响效果元素的运用及内容的策划创新

广播文艺节目策划是灵魂,策划水平如何决定了节目质量。成功的广播文艺节目必须特别重视策划,才能把每档节目办出新意和新感觉。也只有这样,才能感染、吸引听众,满足听众的娱乐和艺术需求。广播文艺节目的策划创新,首先要从听众的需要出发,按照听众的好恶量体裁衣,以听众为中心来创作节目,这是广播文艺节目策划创新的首要原则。

近年来,成功的广播文艺节目都是从受众的需求出发,进行了独具创意的策划。如中国国际广播电台创办的 *Easy FM* 和 *Joy FM* 节目,经过精心策划,把节目定位于公司白领和大学生群体,精选时尚、高雅、轻松的国内外流行歌曲、音乐;内容选择上,既有国内外古典的,也有现代的乐曲;主持人一边播放乐曲,一边与听众交流,形成一种虚拟的空中剧场的感觉。这两个节目历经多年而收听率不衰,广受听众的欢迎。这说明,创新不是抽象的,也不是高不可攀的,从听众愿望出发,让听众满意,节目策划就是创新,就是成功。

广播文艺节目的策划创新要遵循广播规律,合理运用音乐和音响效果,按照艺术原则和特点进行。比如,对音乐节目的策划,要特别注意广播音乐与受众的关系,创办适合广播听众的音乐节目。广播是传播音乐的最佳方式之一,因为音乐是人类最典型的一种靠听觉来实现的艺术。通过广播单一的音乐元素来收听音乐,听众的想象力会丰富多彩,可以随着音乐的旋律任意驰骋放纵,陶醉于无限美妙的音乐虚拟世界之中。鉴于这种情况,策划编排广播文艺节目特别是音乐节目时,必须使每档节目的主题更加鲜明,选择相对集中的同类乐曲,使多部乐曲组成一种风格,从而产生较大的震撼力、感染力和冲击力。

二、电视文艺节目构成元素的关系及运用

电视节目的构成元素是电视作为媒体的基本单位,任何一个电视节目,包括电视文艺节目,其主要构成均包括:视觉元素、听觉元素、感染力元素、技术元素、情感元素、故事元素、时间元素、空间元素、经济元素、政治元素、文化元素等诸项内容。电视的有效传播首先依赖于视觉符号、听觉符号两个系统,所有的电视节目都是充分利用两者的关系,在有限的节目时间内传递给受众更多的有用信息,并从而获得了一加一大于二的视觉传播效果。

细化分解试听符号系统,视觉符号系统包括:图像、图片、字幕、色彩、主持人造型、主持人表情、口播效果(语气)、动作等。而听觉符号系统则主要包括:有声语言(主持人口播内容)、音响效果、背景音乐等。视听两个系统的结合不是简单的看为主,或者说为辅,也不是说为主看为辅。编导者要根据传达内容的目的和最有效原则决定两者的比重。在电视文艺节目,包括电视娱乐节目的制作中,电视文艺编导者更要充分考虑节目定位,依据具体节目内容、节目形态、类型等,灵活处理两者的关系,以求达到最佳的传播效果。

1. 视觉元素

电视是用镜头说话的,它的镜头语言运用如何?哪些镜头特别精彩,运用了什么蒙太奇手法?具体表现在构图上有何特点?编导与摄影师的构图表达

目的是什么？在处理画面的色彩、光线方面有何意图，目的为何？运动镜头以及表现运动速度的方式、手法有哪些？意图又是什么？节目中的唱词字幕、开头与结尾字幕有何设计？特点和意图是什么？节目中有无特技、特效处理，有何作用？节目的声音处理有何倾向性特征？这一系列问题是判定电视节目优劣的基本前提，即使放到电视文艺节目的优劣判断中也是一样。

因此，作为电视文艺节目编导，最基本的一个专业能力前提就是了解并掌握电视节目视觉元素的功能和作用，并在实践工作中善于灵活处理和使用。如果处理得好，不仅会给节目增加亮点，更会给观众带来强烈的情绪感染力。比如，2012年湖南卫视音乐类电视真人秀《快乐女声》，长沙赛区的"50进30"阶段，"开场秀"直播中用一个180秒的长镜头介绍了所有参赛的女孩，运动镜头的"起幅"画面开始于场外化妆间，伴随着镜头的前移、左右摇等运动拍摄，参加节目的女们以每人演唱一两句主题歌的方式依次出场，主题歌结尾部分，镜头正好运动到演播室场下，然后镜头切换到演播室机位，表现众多女孩在场上的集体演唱。这种对画面的拍摄调度是对视觉元素的一种灵活运用，给观众制造了很好的情绪感染力。但是，这种视觉元素的表现并非独创，1995年，英国著名女子团体"辣妹"（Spice Girls）①推出的首张单曲"Wannabe"的MV中，就用过这样的一个长镜头完成的手段。这首在伦敦St. Pancras饭店所拍摄的MV作为其成名曲，除歌曲本身和几个女歌手的唱功、个性魅力外，更重要的一点是MV表现手段的新颖性，在当时就引起了极大反响。

2. 听觉元素

影视的听觉元素主要包括：有声语言（台词）、音乐、音响（效果）三大类别。在电视文艺节目中，听觉元素是文艺编导们要灵活处理和运用的基础性表现符号。听觉元素作为人们看不见摸不着的声波，主要通过和谐与不和谐的震动频率对人们听觉神经产生刺激，以此引起人们情绪和情感上的波动，产生感染力效果。理解声音元素的这个特点，也是一名优秀的文艺编导必须具备的专业能力之一。

3. 主题元素

主题元素的提炼和应用是文艺编导能力的体现，也是一档电视文艺节目

① 辣妹（spice Girls）组合诞生于20世纪90年代，1994年，团队成员由5名通过"选秀"被发掘的女孩组成。1995年，单曲"Wannabe"的推出，广受欢迎，一曲成名，并在商业上取得了全球范围内的成功。2001年解体各自发展前，唱片总销量超越了7500万。在文化方面，她们成功地将女性主义等元素融入自身，"辣妹"这个词以及成员的名字都已经家喻户晓，并进入了英国的词典。辣妹是世界上最成功、影响力最深远的女子流行组合。她们开创了女子组合取得世界范围内成功的先例，对后来出现的所有的女子流行组合都有强大的影响力。

品味和品格的体现。主题也叫"主题思想"。是文艺创作的主要题材,或作者在文艺作品中所表现的中心思想,如说明问题、发表主张或反映社会生活现象时,通过文章或作品的全部内容表达出的基本观点,是作品内容的主体和核心。作为音乐术语,指乐曲中具有特征的、并处于显著地位的旋律;它表现完整或相对完整的音乐思想,为乐曲的核心,亦为其结构与发展的基本要素。电视文艺节目创作过程中,编导要善于设定主题,可以与相近题材的作品比,看哪个更深刻;也可结合时代背景,分析它有什么现实针对性;还可分析电视文艺节目的标题是否精彩地呈现作品主题内涵。

4. 人物元素

通常所说的人物是指文学作品和影视艺术作品中的人物形象。如清代的王士禛在其所著的《池北偶谈·谈异七·西洋画》中所说:"西洋所制玻璃等器,多奇巧,曾见其所画人物。视之初不辨头目手足,以镜照之,即眉目宛然姣好。"此外,清代的陈其元在其所著的《庸闲斋笔记·作官须明公罪私罪》中也有如下陈述:"门前有一大池,冬日涸水,取鱼于池底,起得四五寸土偶万计,人马戈甲,雕镂精绝,俨然如生……然水中之土何以能结成人物,岂亦化工为之耶?"上述两人文中所提的"人物"均是指一种人物形象。

电视文艺节目的一个核心元素就是人物。文艺编导在进行文艺节目创作过程中,首先应该考量的是作品的主角是个什么样的人?其形象是否鲜明突出。人物的性格特点应如何表现?这个文艺作品应该用什么实事来刻画他(她)?除主要人物之外,作品中的其它人物有什么特点,他们(她们)与主要人物有什么关系?编导只有处理好人物元素及其关系,才能让人物在作品中表现出独特个性,才会吸引观众,感染观众。

5. 题材元素

题材一词是文学、艺术创作用语。是指文艺作品创作所选用的内容或表现主题所用的材料。文学创作中指作为写作材料的社会生活的某些方面,亦特指作家用以表现作品主题思想的素材,通常是指那些经过集中、取舍、提炼而进入作品的生活事件或生活现象。如作家秦牧在《拾贝·核心》中所说:"在丰富的生活之中,靠什么来摄取题材提炼题材呢?靠思想。"此外,题材也可以指人们日常交流的话题和谈资。

电视文艺编导要注意的是,文艺作品的题材与体裁是有明确区别的概念。文学体裁通常是指文学作品的表现形式。可以用各种标准来分类,如根据有韵还是无韵,可以分为诗歌和散文;根据结构可以分为诗歌、小说、散文、戏剧等。电视文艺的体裁在逐步的电视化过程中,越来越表现为类型化特征。

电视文艺编导在文艺作品创作和设计中,既要考虑运用什么材料来表达主题,又要考虑所选的文艺材料是否真实、具体、集中、详略分明。还有要善于发现哪些材料特别典型,哪些细节特别精彩,哪些是观众特别感兴趣的,并合理地选取和采用适当结构、手法去呈现。

6.结构元素

电视文艺作品的结构既是一种观念形态,又是物质的一种运动状态。结是结合,构是构造,组合起来是指主观世界与物质世界的结合构造之意。在文艺作品中主要指作品分为几大部分,是以什么作为主要线索的。作品是怎样开头、过渡、照应、结尾,结构是否严谨而且符合基本的逻辑等等。通常电视文艺作品的结构因题材的不同而选用不同的方式,如叙事性作品常采用经典的"六段式"戏剧结构布局:序幕、开端、发展、高潮、结局、尾声。

7.手法元素

任何一部电视文艺作品,都有一个从剧本、台本的文学形象变成画面视觉形象的过程。这个创作过程,就是电视文艺编导分析与综合的过程,所谓分析就是分解,在拍摄、制作一个电视文艺节目前,把剧本、脚本、提纲分成具有视觉形象的最小单位:镜头,创作才算真正开始。电视文艺节目的表现手法是指作品采用了哪些创作手段和应用方法。比如:对比、托物言志、借景抒情、象征、以小见大等。电视文艺编导对这些手段的应用是否成功、新颖、有特色等,是电视文艺节目趣味、收视和广告收益的一个保证。

除上述元素之外,作为电视文艺编导,从电视节目的基本特征来看,创作的各个方面,只要编导觉得是有特点的,都可以加以合理地选用。比如:音乐、美术、表演、播音、主持等各个方面。但是,作为编导一定要明白一点:在电视文艺节目的创作过程中,上述诸多电视构成元素绝不需要、也不是面面俱到。只要能够使节目的内容突出,特点表现明显,趣味足够显现就足够了。

★**本章课后思考与训练建议:**

● 如何理解"广播电视文艺编导"的概念?

● "广播电视文艺编导"的工作职能包含哪几个方面的内容?

● "消费主义文化"概念是指什么,其对广播电视文艺节目有哪些具体影响?

● 选取一篇简短的叙事类文学作品,改写成适于电视化表现的文本,突出视觉、听觉元素两大系统的合理搭配关系。

● 选取一个电视文艺节目,分析其元素构成及所体现的编导传播意图。

- 选取并讨论一个广播文艺节目的诸元素及设计特点。
- 建议阅读：

1. [美]约翰·菲斯克. 解读大众文化[M].
2. [英]尼古拉斯·阿伯克龙比. 电视与社会[M].

第三章 广播文艺节目的类型及特征

广播作为现代传媒文化构成中的一个重要组成部分,既是一种迅捷、快速传播信息的一个媒介工具,又是一种大众的、普及的、通俗化的文化样态。从发明之初至今,无论国外还是国内,新闻与信息传播和文学艺术的多元呈现和构成一直是广播的主要两大部分内容。其中,广播文艺节目作为广播文化的内容组成部分,因其独具特色的听觉魅力,有着其他媒介不可替代的广阔覆盖半径,相对自由的制作方式,互动性较强的和快速反应的传播形式,赢得了不同年龄、不同性别观众的青睐。

20世纪90年代以来,随着社会经济的发展和人们视野的不断开阔,广播节目"编播一体化","口语化直播与即时互动"等制作、播出模式的广泛应用,明确表现出广播为适应社会变化,其传播元素越来越呈现出自由、多元化的应用特征。进入21世纪以来,广播节目,尤其是广播文艺节目的制作、播出观念进一步发生变化,新闻资讯与大量的文化娱乐信息互相参杂,在线性的节目时间进程的交叉编排,几乎是当下广播传播平台构成的一个重要文化表征。此外,伴着政府对媒介的管理观念调整,从业者在媒介变革过程中受商品化意识的影响,社会大众接受心理的泛娱乐化倾向,对广播文艺节目的发展都起到了不容忽视的作用。如何确立适应当下时代发展的广播文艺理念,以及如何办好广播文艺节目,既是广播文艺节目编导者的能力体现,也是建立广播频率品牌形象,推动文化传播,建立具有社会公信力媒介的必要前提。

第一节 广播文艺节目的概念及分类

当前的中国广播节目如果按节目形态来分类,主要可以分为新闻、社教、文艺三个大类别。通常来看,新闻节目主要体现的是广播的喉舌功能、咨询和资讯传达的功能;广播的社会教育类节目主要体现的是传统中国管理者一直强化的社会性教育功能;而中国的广播文艺娱乐某种程度上也有《诗经》那种"行人采风,以正王听"①的功能。广播文艺娱乐其内容主要是反映社会发展过程中,政府新举措倡导下的新人新事新风尚,以及为反映当下社会积极向上的现实态度和生活而制作与播放的歌曲、戏剧、影视剧、广播剧及小品、相声、晚会等文艺类节目。新世纪以来,随着广播行业整体观念的调整,"娱乐化"、"商品化"逐步渗入并极大地影响着节目的制作。文艺节目在整个广播内容构成中占很大的比重,当下很多广播电台和电视台常提"新闻立台"的口号,整体看其节目内容构成,其实多数更可以称之为"文艺立台"。这既是当下广播行业发展的一个问题所在,同时也可看作是广播文艺节目发展的一个机遇。

一、广播文艺节目的概念界定及其特点

1.广播文艺节目的概念与界定

广播文艺节目的概念是个泛称,简单的概括就是利用广播电台作为传播媒介传播的一切文学、艺术内容和艺术形态的节目样式。相对客观的广播电视文艺节目概念界定就是以电子技术为传播手段,按照一定的社会目标,反映或直接组织社会艺术创作活动,并运用艺术审美思维,对之加以广播化的再创作的节目单元。而广播文艺是则是以电子技术为传播手段,按照一定的社会目标,反映或直接组织社会艺术创作活动,并运用艺术审美思维,对之加以广播化的再创作,最终以广播文艺的节目单元形态播出的一种构成方式和展现手段。

举凡当下各个电台不同频率的广播文艺节目,都不同程度地经历了继承创新、再次创新的多次重复过程,而不仅仅是对社会上和原艺术创作作品的照搬。广播文艺的艺术感染力,有些是节目中所选用的原创作品本身所含有的,而更多的则是通过广播化的再度创作而产生的。显然,广播文艺节目编辑不能只停留在对社会文艺进行简单的编排处理,同时还要做这种广播化的深加工与再创作,追求更高的创作目标。这个目标的重要标志是以情感人,广播文艺创作的这一追求在任何时候都不过时。

从传播学的角度来看,人是传播的主体,传播是人类借助符号和媒介传递信息、交流思想感情,以期发生相应变化的活动。文化通过声音的形式得以传

---

① 《孔丛子·巡狩篇》载:"古者天子命史采歌谣,以观民风。"周朝派"行人"称呼的专使农闲时采集各地民谣,由史官汇集整理后给天子看以了解民情。此外,《汉书·食货志》载:"孟春之月,群居者将散,行人振木铎,徇于路以采诗,献之太师,比其音律,以闻于天子。故曰王者不出牖户而知天下。"

播,不管是什么人,也无论其所受教育的高低,都可以通过电子媒介的声音与文化接触,电波改变了人们对于世界的感知方式。如今,随着电视、报纸、互联网等更多新兴的现代传播媒体出现,广播也在艰难曲折的发展历程中不断调整。比如,借用网络广播、智能手机的数字广播客户端等方式拓展传播维度,利用灵活自由的主持风格和节目呈现形式,强化与听众的互动及其感受性愉悦等。另外,在定位听众群的思路和观念上有新的调整,如在某个时间点位倾向车载广播,以汽车驾驶者为核心目标。

广播作为大众传媒为大众提供文化欣赏和休闲娱乐服务,亦属大众文化的范畴。有人认为,广播文艺是以大众口味制作文艺节目,是低层次的文化消费。这种观点虽有偏颇,但阐释了广播文艺的群众性、社会性,广播文艺正是作为大众传媒迎合了人们的文化娱乐需求。从一开始的从属于广播媒体的新闻性,逐渐拉开距离,成为一种引导大众娱乐的力量,以其丰富多彩的内容、鲜活多样的形式,赢得大众的喜爱,并且承载了寓教于乐的社会责任。正是这种大众文化的传播理念,使广播文艺铺就了坚实的群众基础,具有了在现代广播中不可替代的地位,并日渐以其娱乐性在人们的消遣生活中成为一个主流媒介。

2. 当代广播文艺节目的特点

广播文艺的内容丰富,形态多元,就节目形态而言,主要包括歌曲、音乐、戏剧、广播剧、影视剧剪辑录音、相声、小品、曲艺、小说及各种形式的文艺晚会等等。广播文艺节目具有一般性文艺节目的共性,也具有独特的个性。把握广播文艺节目的个性,认识其规律和特点,是做好广播文艺节目的重要条件。

①广播文艺节目的时代性特点。广播文艺是时代的产物,是与时俱进的文化,始终代表先进文化的发展方向。广播文艺与其他形式的教育方式相比,文化的传播更具有广泛性、普及性和时代性。因为广播是文化的变动着、延续着的载体,人们通过被动接受广播这种方式融入更大的社会,自觉或不自觉地成为社会文化的接受者。人们的社会实践环境不断变化前进,对广播文艺的需求也必然不断变化发展。也就是说,广播文艺的受众市场在变化,广播文艺的内容及其表现形式无不体现着时代的风格,适应着大众不断增长、变化的精神文化需要。

纵观目前各个电台的广播文艺节目,反映时代的主旋律是广播文艺的主题。实践充分地证明:与时代同步,与生活相融,是广播的生机活力之源。在建国初期,广播是主流强势媒体,是人民群众精神文化生活的主阵地之一,那时是广播文艺的鼎盛时期。广播电台大量播放的是反映建设新中国、讴歌革命传统精神的歌曲、戏剧;20世纪70年代末期进行的"改革开放",给广播文艺注入了新的生机与活力,大量制作、播出反映改革开放和具有创新精神的优秀文艺节目,其中包括外国文艺的内容;新世纪以来,尤其是近几年,广播文艺的现代、时尚、多元的趋势增强,内容更加丰富,节目更加生动鲜活,充分体现着时代前进的脉动,集中反映着当代人的文艺审美、价值观念和欣赏情趣。比如,山东广播文艺频道的曲艺栏目《欢乐剧场》,以生动鲜活地反映当代人民群众生活的相声小品笑话为主打形式,以生活中常见的各种典型现象为内容,以博得听众会心一笑为目的,诙谐幽默,充满哲理,赢得了广泛欢迎。山东广播第六频道的《戏剧大舞台》节目,每天精心策划编排中老年听众欢迎的京剧、吕剧、豫剧等戏曲,精彩纷呈,信息量大,给听众制造了精美的精神文化产品。此外,新创办的山东广播音乐频道紧紧跟随时代的脚步,适应受众的欣赏规律和特点,把频道的受众定位在 18～45 岁的青年群体,全天 24 小时不间断地播放大量国内外的现代、时尚、休闲、浪漫的流行歌曲,受到社会的广泛好评,受众市场也越来越大。

②广播文艺节目的大众贴近性特点。大众之所以喜欢广播,其中原因之一是广播承载着把高雅的文艺大众化的作用和使命。无论多么高雅的歌曲、戏剧等等,通过无线电波送入千家万户、送达无数听众,成为人们休闲娱乐的一块园地。广播的这种娱乐功能成为它贴近实际、贴近生活、贴近大众的喜好和实际精神需求的极大优势和特点。

广播文艺节目要体现贴近性,最核心的一个问题必须根据听众的喜好去制作节目,必须遵循人们的审美理念和文化趣味制作节目。人类的审美理念和情趣与物质条件的优劣呈现一种明确的互动关系。正如法国当代著名的社会学家布迪厄(Pierre Bourdieu,1930—2002)所论,文化趣味和阶层之间存在密切关系,高雅文化趣味是文化理想的状态;"中产阶级趣味"(middlebrow)是矫揉造作的生活心态;下层文化趣味是由实用主义态度决定和支配的。[①]当物质生活水平提高,人们的精神需求,尤其是文化艺术的需要必然提高。

从资本主义发达国家美国的广播文艺节目发展看,文艺广播中的音乐频率(道)的市场空间在近年来正在逐步地扩大,并且有愈来愈繁荣的趋势。根据美国广播电视协会[②](National Association of Broadcasting,简称 NAB)发

---

① 转引自戴安娜·克兰.文化生产:媒体与都市艺术[M].赵国新等译,南京:译林出版社,2001:36—37.

② 美国广播电视协会(NAB)是代表美国所有广播电台、电视台和广播网络公司的全国性行业协会,有 8300 家会员,以一个声音向美国国会、白宫和最高法院表达美国广播电视业的利益,权利和发展方向。同时为其所有会员提供政策法规、最新技术和管理、国际事务和发展趋势方面的研究成果和服务,并提供教育培训项目和基金会的专项活动。

布的统计数据和资料,截至 2012 年全国总共为 13817 家电台,其中,新闻、谈话电台 1761 家,老年电台 816 家,体育电台 391 家,而音乐电台 9000 多家。音乐电台又细分为很多门类,其中乡村音乐电台最多,为 2134 家;成人抒情、热门成人抒情、轻柔成人抒情、城市成人抒情四种电台共计 1577 家;摇滚、现代摇滚、古典摇滚、另类摇滚电台共有 1172 家;节奏蓝调、成人节奏蓝调、老年节奏蓝调电台共有 287 家。各种音乐电台有不同的运作方式,有设主持人的,也有不设主持人的。在美国,几乎每个宾馆的房间里不仅有电视,也有广播收音机,打开后既有新闻,也有大量音乐节目。美国 2001 年以来广告总投入的 1500 亿美金中,广播就占到了将近 10% 左右份额。美国广播如此发达的前提,一是因为美国有 2 亿多辆汽车,开车同时收听广播的人多;二是因为美国人酷爱音乐,以及美国的音乐产业极其发达。

新世纪以来,中国的文艺广播节目发展也借鉴欧美国家的市场化路径,逐步总结出自己的特点和思路。以中国中央人民广播电台为例,作为目前中国唯一覆盖全国的广播电台,其在中国拥有的听众人数超过 7 亿,是世界上拥有国内听众最多的广播电台。中央人民广播电台现办有中国之声、经济之声、音乐之声、都市之声、中华之声、神州之声、华夏之声、民族之声、文艺之声、老年之声、藏语广播、维吾尔语广播、娱乐广播、香港之声等 14 套无线广播节目,全天累计播音 278 小时。以广播为依托,中央人民广播电台全面开展新媒体业务,丰富各类传媒形式,拥有目前中国最大的广播音频网站"中国广播网"、"中国民族广播网"、"你好,台湾网"、网络电台"银河台",开办了 4 套数字广播节目、2 套数字电视频道——《幸福购物》和《家庭健康》、1 套手机电视频道——央广视讯及 3 套手机广播节目。此外,中央人民广播电台还主办了《中国广播》杂志、《音乐之声》杂志、《中国广播报》等平面媒体,设有中国广播音像出版社等机构。中央台下设的全资公司——央广传媒发展总公司,依托中央台可经营性节目资源,积极面向市场,央广总公司围绕中央人民广播电台推进的制播分离等工作,先后成立了 8 家分、子公司,并已获得多家金融机构的资金授信,已经成为中国广播产业开发的重要标志。①

广播文艺节目的前景是无限美好的。广播人必须紧紧跟上现代化的脚步,紧紧跟上人们的艺术欣赏水平不断提升的步伐,积极创办各种形式的广播文艺节目,从而不断满足人民群众日益增长的精神文化需求。目前,北京电台、中央人民广播电台创办的音乐频道已经走出了一条成功的路子,其它各个地方广播文艺电台,如浙江、江苏、上海,东北三省的黑龙江、吉林、辽宁,以及

---

① 数据及资料来源于中国广播网(http://www.cnr.cn/)。

河南、山东等广播音乐频道也效仿北京、中央台，逐步设立和实践着一个个的全新音乐频率，音乐广播的听众越来越多，而且发展的势头良好。实践证明，只要从听众的情趣与喜好的实际出发，从听众接受并有兴趣去消费的市场需求角度出发，广播文艺节目的制作与运营就会走出新的道路，走向更宽广的市场。

二、广播文艺节目的发展类型

当前，中国已经成为"世界第二大经济体"[①]，宏观地看，大的环境和时代都在发生着变化，广播文艺因应现实的变化也在不断发展。近些年来，中国各个电台已经陆续制作、推出了深受欢迎的，并且内容独特而又具有新鲜感的一些新节目形态。随着广播文艺节目制作观念和视野的不断变化、拓展，当前的广播文艺节目出现类型分化、类型融合渗透的发展倾向。比如调动文艺中的多种形式重新组合，形成了戏曲中有文学，文学中有音乐，音乐中有新闻的一些新类型。

1. 传统的广播文学类型

广播文艺中的文学节目类型，是广播文艺的一个重要组成部分，是古今中外文学作品，如文学评价、重要文学动态的报道等等，由文字变成语言化、声音化、广播化的节目形态。

广播中的文学节目有广义和狭义之说。广义的文学节目囊括广播电台的一切文学性的节目。包括中国现代、当代文学作品，外国文学、古典文学、革命故事、民间文学、广播剧、长篇小说连续广播、电影录音剪辑、话剧录音剪辑、文学作品朗诵会、阅读与欣赏、文学评介、文学报道等。狭义的文学节目不包括广播剧、广播小品、电影录音剪辑、话剧录音剪辑等具有相对独立性的艺术类节目。

2. 广播文艺类型

广播文艺类型节目泛指狭义的广播文学节目以外的，如广播剧、广播小品、电影录音剪辑、话剧录音剪辑等具有相对独立性的艺术类节目。其中，广播剧类型在借鉴和继承西方各国广播剧创作优势的基础上，又加入了宣传和教育的观念元素，并且在中国各个历史时期均有反映时代大背景，歌颂或批判社会上各种人、事、物的相关作品。

---

① 2010年中国GDP（国内生产总值）超过日本，成为仅次于美国的世界第二大经济体。美国《华尔街日报》用"一个时代的结束"来形容这一历史性时刻。但是，国际上衡量一个国家富与穷的指标是人均GDP，中国目前人均GDP只是日本的1/10，与美国人均GDP相差更多，中国还是"穷国"。

新世纪以来,中国广播文艺节目逐步出现了类型分化、类型融合渗透的发展倾向。这个类型文艺节目往往融合了突出的地域文化、歌曲小调、地方性音乐、风俗习惯、人情风貌等多元素于一炉,既有广播剧特点,又有文学、音乐等其它文艺形态特点。持续的直播,穿插主持人演绎的情境故事,或者主持人叙述的过程中提到的话语节点适时穿插播放相关音乐、相声、小品或听众通过热线电话、"微信"等传送的感言,已经成为广播文艺类型节目的常态。比如杭州交通广播(交通91.8Hz)以《交通快活人》为代表的多档节目都利用上述方式和手段,收听率和听众认可度都很高,并且2010年《交通快活人》还获得了"第三届中国原创广播电视栏目20佳"称号,是浙江省唯一获此奖项的广播节目。另外,北京新闻广播(FM100.6Hz)的《听说电影》,陕西新闻广播(FM106.6Hz)的《文化三秦》,上海戏剧曲艺广播(频率:AM1197、FM97.2)葛明铭主持的《滑稽王小毛》,北京交通广播(频率:FM103.9)王为主持的《欢乐正前方》等也都有类型分化、类型融合渗透的特点。

此外,针对节庆、周年等特别日子的纪念性专题节目,这种类型融合的广播文艺形态更是比比皆是。譬如2012年春节北京人民广播电台的《和美北京人,广播过大年》几乎融合了相声、歌舞、乐曲、流行音乐、小品等各种文艺表演形式,在直播过程中主持人与参与的听众有各种形式的互动,不仅营造了喜庆气氛,而且也增强了节目的感染力;再如厦门人民广播电台2012年的春节特别节目《欢喜围炉》也利用了闽粤地域的文化习俗"围炉"来串接各种文艺形式,同样取得了良好的收听效果。

3. 新兴的广播音乐类型(音乐广播)

近年来,音乐类广播经过不断发展蜕变,从频率定位到播出形式、播出内容都更为成熟,而且在收听市场中的表现也能体现出这些变化过程。根据CSM①2011年广播调查数据,对全国33城市音乐类广播的整体收听情况、主要听众特征、部分城市音乐广播的广告情况、区域市场音乐类广播的收听表现来看,音乐类广播频率整体竞争力越来越强。在所有收听调查的481个广播频率中,音乐类广播频率占有71个(按频率名称归类),在几乎每个被调查的市场,音乐类频率都是不可或缺的频率。在2011年各类专业频率的整体市场

---

① CSM是央视——索福瑞收视率调查公司的缩写。CSM是CTR市场研究与Kantar Media集团共同建立的合资公司,致力于专业的电视收视和广播收听市场研究,为中国大陆地区和香港传媒行业提供可靠的、不间断的视听调查服务。作为电视节目、广播节目和广告交易"通用货币"的提供者,CSM拥有世界上最大的广播电视受众调查网络,覆盖5.9万余户样本家庭及超过19.5万样本人口;其电视收视率调查网络所提供的数据可推及中国内地超过12.5亿和香港地区638万的电视人口;其广播收听率调查的数据则可推及中国超过1.16亿的广播人口。

竞争中,音乐类广播频率的收听占据 15.65％的市场份额,强于除新闻、交通以外的其它类型广播频率,是广受欢迎的频率类型,拥有较为丰厚的听众基础。

近年来,广播文艺在市场化的发展中营造了新的市场。北京音乐台、中央广播电台"音乐之声"积极探索市场经济中的广播运作规律,他们同社会性的民营公司北京七福公司合作,建立了全新的适应媒体发展的新体制、新机制,大量吸纳境外、国际的广播运作模式和节目内容,使广播文艺迅速发展,节目质量和收听率不断攀升,随着广告额度的不断增加,创造了广播新亮点。北京交通台大量吸纳广播文艺节目,使其与交通节目紧密融合,相得益彰,极大地拉动和拓展了交通广播的市场,成为京城受欢迎的主流媒体,年创收达到 2 亿多元,与电视媒体并驾齐驱,创造了广播史上的奇迹。这充分证明了广播文艺节目的巨大发展潜力和市场空间,说明了广播文艺的地位和作用越来越重要。

4.衍生变化中广播文艺的新类型

从目前中国广播文艺节目的总体情况来看,依然存在着以题材分类的主流倾向,如文艺新闻资讯类节目,音乐类节目,文娱话题访谈类节目,午夜情感类节目,幽默、搞笑类节目,明星生活及演艺活动类节目,文艺娱乐专题类节目,青少年/科教/校园类文娱节目,旅游休闲类节目,曲艺戏剧类节目,以及其它类型的文艺节目等。在这些以题材分类的节目发展过程中,受娱乐观念的影响和商业植入的需要,类型化方式和呈现形态也在不断发生着衍生和变化。作为广播文艺节目的编导,应该具备开放的节目制作思维观念,以开阔的视野灵活处理多类型融合的节目。当然,广播文艺节目的制作要遵循文艺形态的特点,符合广播传播的特性,决不能为追求单纯的收听率和商业回报,逞一时之快,破坏广播文艺节目的核心内涵与艺术完整性。

第二节　广播文艺节目的表现特征及编创原则

当前中国的广播市场所面临的状况:一方面,常规广播收听人口趋于老龄化;另一方面,随着人口流动而形成的"新城市人群"和"汽车族群"成为不断扩大的听众新群体。广播媒介开播任何一个新节目、新栏目,都要考虑这个新的听众市场。也应该看到,广播作为更凸显"听优势"的媒体,有其不同于电视等其他媒介的发展规律。广播不仅要关注各频率内部节目、栏目的特色与优势,各频率整体的专业定位、节目编播以及专业频率间的竞争,也对广播的发展起到至关重要的推动作用。

广播文艺节目在当下的社会背景下,在相似频率内容竞争激烈,新媒体融入对听众份额的分流触动,加之中国没有西方国家意义上的公共媒介,目前中国媒体产业的所有制结构单一,均属国营性质。几千座电视台、几千座广播电台不分大小、级别高低,按照同样的游戏规则,同场竞技。实际上,国内的各类大小媒体无不具有浓厚的商业色彩,对经济利益的追逐成为经营管理者的"圣经"①。在此背景下,无论在审美特征还是传播特征上,广播电视文艺节目的表现都逐步发生了变化,脱离了部分传统并渐渐形成新观念。

一、广播文艺节目的审美特征

广播的最大特点是具有其它媒体取代不了的移动化和陪伴性,这也是广播的最大优点。听众可以一边工作一边收听,甚至走路、开车的同时收听。在当今社会,随着生活节奏的加快,工作和生存压力也逐步加大,娱乐、放松、消遣逐渐成为大众文化取向的主流。同时,人们在选择娱乐方式过程中,不仅仅满足于作为旁观者,而是要成为参与者融入到娱乐形式之中,以此来缓解和释放工作、生活带来的各种压力。各种类型的广播文艺节目,因应这种社会文化审美趣味的变化,适时调整传播策略,其呈现方式及内容的设计都是为了满足人们这种精神文化需求。

1."感受性"审美特征

广播电视文艺作为广播媒介与艺术相结合的一种艺术形态,具有自身独特的审美特征。众所周知,广播媒介的属性之一是内容的现实主义传播原则,当下社会的审美趣味正逐步从过去"革命现实主义"的宏大叙事向"新写实化"过渡,人们倾向于反英雄、反典型的意识,更关注表现普通人物、下层人物的,普遍的卑微的生活状态,甚至是个体的某种感受。比如,很多音乐广播频率通常由单一主持人借由关注个体人的所遇、所想、所感等话题,在直播过程中用叙述、转述甚至与听众互动的形式带出情绪感染点,继而引出某首歌或某个乐曲。这种主持人漫谈式的,话题所关注的内容往往是普通人物都可能经历或遭遇的,小到柴米油盐酱醋茶、锅碗瓢盆、人情世故、喜怒哀乐、生老病死等等,带给人们的在情绪情感、生活、工作等方面的触动及感悟。主持人动情的叙

---

① 陆地.新媒体时代广播媒介如何彰显优势[J].南京:视听界,2009(10).

述,甚至全程配合"驰放音乐"①,总是有无数感伤的"现代心灵"为之悸动,这类文艺节目也基本体现了当下的人们强烈的个体感受性审美特征。

2."引导性"审美特征

广播作为一种媒介,媒介的传播特点使得广播文艺节目具有审美态度的客观化,追求生活原色的魅力,这种媒介的客观引导性也会带动观众审美体验。在广播文艺节目创作中,编导的功力不仅体现在对视角的巧妙选择上,更体现在如何捕捉有趣的细节对听众起到"引导性"上。把故事、艺术、真实、创作巧妙地融合,引导听众在听故事的同时,认真投入地欣赏了艺术。比如,广东电台曾获得中国广播文艺一等奖的音乐专题节目《天使的歌声》,并没有抽象地去写少儿合唱团孩子们的文化素养与精神素质如何,而是运用了一个巧妙的"引导性"细节,引出一个故事。

《天使的歌声》大致的结构细节如下:在一个夏天的傍晚,广州市东山区小云雀合唱团在深圳演出之后集体参观民俗文化村。正当孩子们玩得兴高采烈的时候,突然狂风大作,电闪雷鸣。一个响雷将民俗村的供电系统全部击毁,民俗村内顿时一片漆黑。散落在四处游玩的孩子们被这突如其来的暴风雨吓呆了。他们当中最大的只有十三四岁,最小的只有八九岁。方圆20多万平方米的民俗村黑黢黢的,大家互相找不到又急又怕,老师们这边更是万分焦急、一筹莫展。正在这时,突然从远处隐隐飘出一个孩子的动人歌声,不知是哪位合唱团队员带头唱起了他们熟悉的歌,这歌声划破寂静的夜空,带着对同学的寻找与问候飞向四面八方。那些年纪小的孩子们听到这歌声,忘记了害怕,那些年纪大的孩子们听到这歌声,明白了是同学们在寻找自己,他们应和着美妙的歌声也在夜色中轻轻唱起来。随着歌声从四面八方响起来,孩子们循着歌声相互靠近,最后大家终于聚到了一起。整个民俗文化村都被歌声包围了。在场的老师为孩子们了不起的举动深深地感动了,他们激动地和孩子们拥抱在一起。此时,这段由众人汇合的激越的合唱曲随声扬起,把情绪推向高潮。

3.语言艺术的审美特征

广播文艺节目的语言艺术既借鉴了文学语言特征,又具有日常口语和多种语言艺术形态,如曲艺、演讲、播音等的审美特征,因此主要包括三方面特

---

① "驰放音乐":一般指 Lounge Music,是近年流行于欧洲的、营造相对平静氛围的新式电子音乐,可以使人在舒适、放松中得到心境的愉悦。台湾音乐人把 lounge 翻译成"驰放音乐",也有人称 Lounge 为"沙发音乐"。此外,在欧洲的夜店中常常会有一个分区或一个房间称为 Chill Out Room,专门播放 Lounge 音乐,让舞客们累时休息,或是给不喜欢快节奏音乐的客人一个安静欣赏音乐的空间。因此也有人把 Chill out Music 翻译成"驰放音乐"。

征:语言修辞性,形象间接性,含蓄蕴藉性。语言修辞性,是指文学中的语言,通过语言中蕴含的审美因素如语音、文法、辞格等,不仅创造出文学作品,而且本身就构成文学作品美的组成部分。形象间接性,是指语言艺术所塑造的形象,不直接诉诸读者的感官,而是要靠读者以语言符号为中介,通过想象间接地来体味、把握和理解,然后作品的形象才能转化为读者头脑中的形象。含蓄蕴藉性,是对文学活动的特殊的语言与意义状况的概括,指文学作为社会性语言符号实践,其语言组织内部包含着丰富的意义生成可能性。

4.综合的审美特征

广播文艺节目内容涉及多门类艺术形态,表现手段也多种多样,可以说是综合地运用多种艺术符号去创造听觉形象的艺术。其审美特征主要体现在内容的综合性、情节的丰富性、多样性等方面。内容的综合性,是指广播文艺节目吸取了其他艺术的多种艺术成分,并有机融会于自己的艺术符号体系之中,使自己的艺术表现力和艺术感染力更为丰富。情节的丰富性主要指广播文艺作为综合欣赏艺术,要为听众提供精彩生动的故事情节,以吸引和满足其审美需求。表现多样性指各门类艺术之间的界限具有非绝对性和有条件性,它们之间在审美感受、表现手段、相互汇通等方面既存在区别,又有联系。实现艺术通感的审美体验,必须紧紧把握各种艺术之间的相同与不同之处,并通过感觉之间的相通与挪借,使这些审美特征在各种艺术间的审美感受中相互沟通。

二、广播文艺节目的传播特征

广播文艺节目在传播文化艺术的同时,也对文化艺术内容进行选择,对新型文化进行推广。现代生活方式的极大改变,也为广播文艺的发展孕育着肥沃的土壤。譬如,当下中国的各个大、中城市,几乎都保持着年新增二三十万辆汽车的速度,这就等于每年增加二三十万台收音机。车载广播的用途和内容选择,一是新闻与路况信息,二是文艺节目。广播文艺类节目是文艺与广播相结合的产物,用广播方式,传达和传播文化艺术,使听众达到审美与娱乐目的的一种广播形式。其主要传播特征表现为:包容性、大众性和渗透性。

1.包容性传播特征

随着新媒体越来越多地与传统媒介相融合,并进而分担其所传播的内容。媒介传播及其理论所面临的最重要的挑战之一,便是如何对新媒介形成概念并研究这些媒介在社会和个人生活中所扮演的角色。

广播文艺节目遵循现实主义原则,其所传播的内容大都关注真实人物、真实事件等内容。在与各个艺术形态内容相结合过程中,尤其是构成节目,在叙事时多以"生活流"的方式为主,让人物、事件、场景按照生活的本来面貌自然而然地展现。既无骇人听闻的重大事件,也无大义凛然的英雄情节,更无狭路相逢的戏剧性矛盾冲突,通常是用导演、或某个人物通过听觉感受和心理体验来推动节目的进程与发展,力图避免创作主体的思想情感对艺术形态本身的过度干预。这既是一种文艺节目创作观念,又同时是符合广播传播特征的呈现手段。

2. 大众性与渗透性传播特征

随着传播从大众传播向媒介传播的发展,使用者的动机也发生了改变。在大众传播的环境中,社会控制是通过法律(如内容管制)、行业道德和公共教育来约束的。在新媒介环境中,技术设施和监控成为约束人们的力量。这种大的转变也给广播文艺传播带来一些影响,一是逐步个人化的消费导致每一个听众对内容的需求都不尽相同,几乎无法呈现大面积、大范围传播带来的大众狂欢效果。

与此同时,因为听众的消费习惯分化,甚至社会观念的进一步开放,很多传统广播文艺节目类型逐步被打破,呈现出互相渗透、融合的"新类型"倾向。这一方面反映了当下中国社会处于转型期的现实状况,另一方面,也是目前中国广播文艺节目面临新形势,正努力调整、适应新要求的行业真实写照。

三、广播文艺节目的基本编创原则

1. 题材与形式的选择

广播文艺节目主要是通过艺术的审美途径来实现其社会功能。因此,不论是音乐节目、文学节目、戏曲节目、曲艺节目,或者还是综艺节目,都要以相应艺术形式的作品为基础:一是要求选用的作品艺术质量高,有感染力与欣赏性;二是选用的作品要与节目的主题紧密相关;三是选用的作品要内容丰富,形式多样不至于单调乏味。在感人的文艺节目中,除了要选用精彩的文艺作品作为节目的基础外,题材的选择也非常关键。

广播文艺的好题材,首先内容必须是与文艺(如文艺人物、文艺作品、文艺事件等)紧密相关的,同时还得具有可以被深入开掘的文化内涵与精神价值,有可供提炼的丰富素材。好题材的获得不仅要靠创作者平时广泛的涉猎,还要靠广播文艺节目编导创作前期的用心搜集、整理。比如,荣获中国广播文艺奖的北京人民广播电台音乐专题节目《世纪之约》,其成功的因素首要的一点在于抓住了一个好题材:20世纪末发生在北京的一场别开生面的音乐会。音乐会的主角是两位音乐大师——20世纪最伟大的小提琴演奏家斯特恩与中国著名指挥家李德伦。这场音乐会是他们早在 20 年前斯特恩访华时就相约的,是这两位老人"穿越 20 年顽强生命的重逢"。用李德伦的话来说:"这是我们的世纪之约,我们将再现 20 年前的精彩时刻"。在音乐会上,年过 80 的李德伦抱病坐着轮椅被扶上指挥台与斯特恩联袂演出莫扎特的《第三小提琴协奏曲》。舞台上美好的音乐和大师的心声融为一体,令人感奋。演出结束时,两位老人紧紧地拥抱在一起,在场多少人被感动得掉下热泪。北京音乐台记者冯健不失时机地用声音记录下这一珍贵的历史瞬间,并在节目中运用现场丰富的典型音响,表现对斯特恩与李德伦艰苦卓绝的经历的一次动情的回顾[①]。广播文艺创作题材的选择要从本地的实际出发,本地的题材一般具有鲜明的地域特色与可以就近深入开掘的优势。

　　2.视角与细节的设计

广播文艺节目题材确定之后,就要看编导如何去驾驭这些素材和已有资料了。首先,要选好切入点,切入点要尽量小,视角要巧。所谓"大题小做",就是要善于选取某个具有独特视角的切入口,以小见大。要展现一个宏大的事件,以一个具体的人物或一件小事引出可能更能够感染听众。比如,1999 年是老舍先生诞辰 100 周年,福建台的广播文学节目《太平湖随想》中,作者以老舍生命的终点——太平湖为切入点,直面老舍内心深处激烈的矛盾:一个自称是"歌德派"的作家在为阶级斗争服务的年代,始终未能塑造出一个真正成功的革命者形象。他为自己"一方面希望革命成功,一方面又总是跟不上时代的步伐"而深感悲哀,但"他怎么也无法将自己的一生与反革命黑帮分子这七个字联系在一起"。在他遭到残酷的非人性的殴打后,那本可以避免的、揪心的一幕终于发生了。广播文艺节目《太平湖随想》从细节逐步过渡到一个人,再从革命者到人民艺术家,进而引发听众对那个时代的反思,视角与细节的设计都很好。

此外,广播文艺节目的细节也可以通过声音来设计。声音诸要素的有机结合,有时能取得更富感染力的综合效果。例如,山西电台的广播音乐专题节目《娘娘滩上的歌》,是根据旧社会"走西口"的民歌创作的。在描绘当时农村不少男子为生活所迫,离妻别乡,只身一人走西口谋生的悲惨情景时,风声、雨声与滚滚急流声,伴随着断肠的言语与凄凉的音乐,营造出悲痛欲绝的情感氛围,给人以强烈的情感冲击力。这些音响加入了节目,让人听来犹如身临其境。广播文艺创作,就得发挥丰富的声音想象力,寻找声音的最佳组合效果。

---

① 胡妙德.寻找广播文艺创作的佳境[J].中国广播电视学刊,2002(12).

3. 广播文艺节目音响与配乐的使用

广播文艺节目在使用资料音响时首先应注意精练性。描写生活事物的音响效果应当是真实的,但在使用时须是精练的,不能把任何一件生活细节都用音响效果表达,这样会犯自然主义的倾向。其次,应注意情绪性的处理。环境音响效果的使用,不单是帮助听众了解当时发生的情况,更重要的是使听众感到发生事情时人的情绪。因此,音响效果必须在与节目内容有密切联系的前提下,经过选择和精练过程才行。第三应该注意文艺节目音响的象征性处理。比如:喜鹊叫象征吉祥、乌鸦叫预示凶兆、蝉鸣反映烦躁、狗叫暗示紧张急促等等。只是,这些象征性的音响效果多了,听众自然听得明白,但会失去新鲜感。所以,在运用象征性音响效果时,还要不落俗套,注意创造出新的音响语言。

配乐通过把各种素材巧妙地截取,组合成一种新的旋律和表现手法。既要考虑节目题材和样式,确定采用什么样的音乐形象来表现。又要在明朗、愉快、活泼等情感上下功夫,用不同的音乐形象加以表现,起到衬托主题的作用。

第三节 传统广播文艺类型——广播剧

广播剧(通称 broadcasting play 或 radio drama,亦被称为 audio drama)是指通过广播电台播送,根据听众只能凭听觉进行欣赏的特点,主要以播音员或者配音演员参加演出,以人物对话和解说为推动剧情发展的主要手段,纯粹通过声音、音乐和音响效果营造戏剧化冲突,给听众塑造想象的人物形象和故事趣味的戏剧形式。通常也被称为放送剧、音效剧或声(音)剧。

中国的广播剧类型节目起步也较早,早在 20 世纪 30 年代,一批戏剧家为宣传抗日就参与创作过广播剧,成为中国广播剧的先驱。1950 年 2 月,中央人民广播电台录制并播放了中华人民共和国建立以后的第一部广播剧《一万块夹板》。之后,广播剧剧目日益丰富,题材愈加广泛。据不完全统计,进入 20 世纪 80 年代以后,中国每年制作的广播剧总数有 500 多部。由于广播剧的内容极具声音想象力,其欣赏方式又迅捷方便,因此,许多国家都曾录制、播放长篇连续广播剧,有的甚至连续播放几年,深受听众的欢迎。

一、广播剧的节目形态特征

广播剧的艺术效果要求文艺编导(导演)在创作中,要特别注意把握好节目的形态特征,强化广播剧的几个突出特点:一是人物塑造的个性化;二是故事叙述和解说串联的口语化;三是剧情、情节表现的富于动作性。因此,广播剧制作过程中,演员在演播塑造角色时吐字要清楚,情绪的表达要准确生动,情感表现要充沛真挚。文艺编导在处理配乐时要富有特色,营造波澜起伏的效果,以此动人心魄,给听众传达感染力。在后期合成时,音响效果的设计和处理必须逼真,解说词应有助于听众了解剧中情景和人物的动作状态。

广播剧作为广播文艺节目的传统类型,其特点是以语言、音乐和音响为手段,由机械录制、通过磁带或硬盘数字化记录而成的戏剧化形式。表面看,缺乏视觉形象化的表现手段似乎是广播剧的弱点,但从另一个角度看,人类有着一个共同的心理——通过自身的经验对所见所感进行补足,即心理补偿机制。这是格式塔心理学[①]的理论倾向,他们认为,人的视知觉具有想象补充的功能,即"完型"的需要。德国著名完型心理学家于果·明斯特伯格(Hugo Munsterberg,1863—1916)[②]也有同样的观点:影像的运动是观众根据日常生活经验加以补充完成的。观众在观影过程中,会不自觉或自觉地根据自己的日常生活经验对影片画面之间的断裂做出心理补偿。

同样,广播剧中语言、音乐和音响等听觉手段的合理运用,不仅可以充分调动听众的想象力,使其全心投入直接参与创造,从中获得特殊的艺术享受。而且,由于失去视觉手段,使广播剧在展开情节时获得更大的时空自由,并使幻想、梦境、回忆等等成为广播剧理想的题材。由于广播剧只有听觉手段,故不宜表现人物众多的场面、复杂而多头绪的情节,要求其线索的设计要单纯清晰,人物及其关系的设置务求集中。

1. 广播剧的几个形态类别

广播剧发展到今天,在不断的改进和调整中,逐渐形成了几个具有突出特点的形态类别:①以小说原作改编所制作的广播剧;②为企业的推广用途所制作的广播剧;③以动画或游戏的附属故事所制作的广播剧;④情景喜剧式广播剧;⑤以中国传统的章回小说或受追捧的评书为蓝本改编制作的广播剧;⑥依据社会真人、真事加工、原创的广播剧。

2. 广播剧创作的分工类别

最近几年,具新媒体特征的网络广播流行,带动了新型广播剧的流行风

① 格式塔心理学诞生于1912年,是西方现代心理学的主要流派之一,由德国心理学家麦克斯·魏特海默(Max Wertheimer)首创,代表人物有考夫卡、苛勒等。"格式塔"(Gestalt)是德文"整体"的译音,有"完形"之意,因此,据其原意也称为完形心理学。当图形出现缺口时,或两段画面组接在一起时,人的视知觉会有将其补充恢复到应有"完型"状态的冲动。亦可借指利用经验想象对情节连贯性的补足。

② 于果·明斯特伯格,德国著名心理学家、美学家,被称为"应用心理学之父",主要研究电影心理学,1916年发表著作《电影:一次心理学研究》。

潮。随着社会开放程度加深,受日本在这方面专业制作水准的影响,中国也逐步出现了一些原创的广播剧制作青年团队,虽然在配音及剧情的设计上都有不错的表现,但因为广播剧创作社团大多是爱好者业余自愿组建的,配音演员多是非专业人士,以兴趣为主,毫无盈利目的,所以也缺乏稳定的制作水准和影响力。

广播剧创作是一个多工种协作的过程,作为一个系统工程,其工作的主要分工有以下六种:

①配音(Character Voice,简称CV):是广播剧中利用声音塑造和饰演角色的演员,也指为电影、电视剧、动画电影中的角色塑造声音的演员。配音演员不仅仅是完成声音的呈现,更需要具备表演功底,了解和掌握角色的情绪、个性等特点,用声音去表现这些个性。

②策划:策划不仅是在广播剧创作前出一个想法,而是要参与整个广播剧的创作及构思。一个广播剧策划者,在创作之初是负责做广播剧的前期工作,比如提出故事构想、发现剧本或争取一个好剧本的授权。第二步则是召集或选择广播剧所需要的各个部门、各个环节的创作人员。最后,策划还要参与整个剧的风格把握,运营并推向播出平台和市场。

③编剧:主要参与编制或者根据已有故事改编剧本的人或团队。编剧需要具备一定的文学功底,热爱文学及写作,尤其对广播剧剧本格式、剧作方法比较熟悉,能尽可能地将故事情节等通过剧本完美展示。

④导演:在理解剧本的基础上,参与选演员,构建创作各部门的团队,提出声音、音乐、音响的总体创作构想,并向创作团队阐述清楚创作意图、创作要求。同时,要制定创作计划、明确创作周期,并把握创作质量和总体风格。

⑤后期制作:是将配音演员已经分别录好的不同角色声音,业内也称"干音",依照剧中人物关系、剧情关联、叙事结构进程,加以集合制作合成到一个音频里,并在这个基础上加上音效和背景音乐,形成完整的广播剧效果。后期制作一是完成剧本提供的故事叙事,二是依照剧本及导演要求,负责给整个广播剧的音频部分添上它该有的色彩,因此,后期制作对广播剧总体效果形成极具重要性。

⑥平面包装设计(美工):制作广播剧的宣传海报、存储介质(光盘或存储器)外包装封套等需要的相关图片,需要有美术、设计基础,并熟练掌握图形、图片处理软件等专业人士。

二、广播剧导演的工作及构思制作

广播剧创作是一门综合性的艺术,要完成一部可供听觉欣赏、能在广播电台播出的剧目制作,要由多部门、多工种的专业人员来共同完成。人员包括:策划、剧作者、导演、演员、音乐艺术工作者、音响效果艺术工作者、录音及制作合成的技术工作者等。这些工作者们并不是拼凑在一起的,而是根据艺术的需要有组织、有原则、有目的进行合作与相互配合,才能把一部剧目录制好。

(一)广播剧导演的工作

广播剧的导演在广播电台文艺部门应该是专职的工作人员,主要负责生产供播出用的广播剧节目。在一些市级广播电台也有编辑兼任导演工作,或者是自编自导的老编辑来担任。但从严格意义上说,从事导演工作还是以专职为佳,因为,导演工作有它自身的艺术规律,从事导演工作的应该在自身的领域中不断地学习、研究和积累,创作出优秀的广播剧艺术品,供听众欣赏,以满足听众的审美要求作为己任。

广播剧导演作为负责统一各部门工作,把各种艺术因素综合成一个整体的负责人,其所担当的职责和所具备的修养是决定广播剧成败的前提。就一部广播剧制作而言,导演一般所要担任的具体职责有如下几项:

1.剧本选择

在广播电台播出的广播剧节目,主要是靠从事导演工作的人来完成。而录制广播剧节目首先是选择剧本,剧本是广播剧创作集体的艺术根据。作为导演要关心剧本的思想内容如何,剧本中提出的问题是否明确,主题是否深刻,对当前现实生活有无推动的意义,对广大听众能否产生一定的审美愉悦,等等。总之,导演应该选择那些既有积极的思想意义,又具有较好的"寓教于乐"作用的好剧本。

对广播剧的剧本选择,要遵循三个基本的标准:①内容标准:剧本的主题是否积极有现实性?是否有教育意义?这个标准是首要的。②艺术标准:广播剧是播送给听众的剧目,听众欢迎什么样的戏?导演在选择剧本时,一定要慎重考虑从听众的收听心理上进行研究,预测此剧本是否具有艺术上的可听性,满足听众在欣赏上的审美要求。③技术标准:剧本是否适合于广播,许多热心的业余作者,常常把自己的作品投到电台,希望制作成广播剧进行播出,但他们写的剧本在技术上往往缺乏广播剧的独特要求,作为导演要把握住这一点,否则会造成录制工作中的困难。这三个标准是缺一不可的。因此,导演在选择剧本时,要从这三个方面入手。如果前两个标准符合要求,只是技术上有些问题,可以约请并向作者提出修改要求,或者编导(导演)自己动手帮助作者进行修改。

在选择剧本时,还应该注意另一个问题,那就是导演本人是否为所选择的剧本所吸引。导演必须充分认识这部戏的意义,对其发生兴趣,这样才能给自己提出有趣的、创造性的激情,才能唤起自己的想象,从而产生生动的导演艺术构思。不过,独立片面地强调个人的喜爱是不正确的。在实际工作中,阅读剧本并研究它的现实意义和艺术特色,逐渐培养个人对剧本的兴趣和情感,从而激发起艺术想象和创作热情,结果往往会获得意想不到的艺术效果。

2. 研究剧本

导演应该认真地研究准备采用的广播剧本。剧本是一剧之本,它是所有参与这个戏的全体工作人员进行创作的依据和基础。因此作为全剧组的领导者要充分地、深刻地理解剧本的思想内容。编剧就像一项工程的"设计师",而导演则是施工"设计师"所"设计"的"图样",带领各艺术部门来完成的集体"工程"。因为导演的艺术创作是以剧本中所描写的现实生活为凭据进行再创造,所以称导演艺术为"二度创作"。有了广播剧本并不等于就有了剧目,只有通过各种艺术手段将剧本中的内容用声音形象录制成可播出的节目,广播剧艺术的整个创作过程才真正完成。这里包括有导演、演员及音乐艺术工作和音响艺术工作在内的各艺术部门的工作都称为是"二度创作"。

导演应该很好地分析剧本,并对全剧组演职员作解释剧本的工作,从而统一大家的创作思想,解释剧本的思想内容,分析它的现实意义,指明剧本的性质,确定表现形式,阐明剧本创作的根据等等。导演解释剧本时,没有权利超出剧本反映现实的范围,或破坏剧中的人物形象。同时,导演也必须以独立的、具体的、研究现实的方法去分析剧本。也就是说,导演必须直接研究现实,从社会主义的利益出发,对待剧中的人物、事件,揭示剧本的思想内容和人物形象的本质,从而发展、补充、加强和确定剧本的思想、艺术内容。导演对剧本的解释必然带有自己的创作意图,不可能一切都对和很完整,这就要求发挥集体智慧和力量,来丰富、充实自己的不足之处。在发扬艺术民主的基础上,导演意图成了集体意图,用剧本主题思想统一大家的认识,产生比较完整形式和风格统一的构思方案。这样做不仅调动了整个剧组的积极性,让大家都来关心所排剧目在思想和艺术上的特色,而且,对于导演构思方案的实施,也是大有好处。因此说,导演的首要职责就是使大家对剧本有统一的解释,这种解释应该是创作性的解释。

3. 选择并指导演员

广播剧是声音艺术,它的演出主要是靠演员来完成。英国广播公司(BBC)录制的无对话广播剧《复仇》,是由 11 位演员参加演出的,因此,有对话的剧目就更需要演员进行表演。听众在听广播剧时是通过演员的表演,才明白戏里的意义。导演的职责,是依照剧本选择合适的演员,指导和帮助演员了解、掌握其所扮演的角色。广播剧演员的表演最重要的是真实。所谓演得真实,就是要在剧本所规定的情境中,演得正确、合理,而且连贯有发展;无论是思想、感觉、行动等各个方面都能与角色相一致。要做到这一步,演员必须努力把握角色在戏里的全部行动过程(包括心理过程)。导演一方面是演员进行创作的共同参加者;另一方面,导演可以算作演员创作工作中的一面镜子,能够站在"旁观者清"的地位上,帮助演员的创作。

广播剧的演播如果没有导演参加创作,任何时候,任何一个演员,都不可能较充分地、完整地做到上面的一切。只有导演和演员密切合作、共同创作,才能把戏演好。演员对自己的角色创作负责,导演对整个演出负责。广播剧的演员因为是分头录音、创作,因而往往很少纵观全剧,基本只注意自己所扮演的角色,很难做到在"规定情境"下去理解剧本内容和剧中人物形象的意义。广播剧导演在创作过程中,首先,要指导和帮助演员正确地理解剧本的"规定情境",理解人物形象设计所能表现的深层思想意义。其次,帮助演员分析角色的基本行动线,运用声音创造人物形象及体现形象的道路。第三,帮助演员选择最佳的话筒位置和选择最好的声音表现方法。

4.设计和规定剧中音乐、音响

广播剧是靠声音来表现内容的,导演除去帮助处理声音的表演外,还要指导配乐和音响工程师的设计工作,以期设计对表现剧本的主旨有所帮助。对于音乐设计工作,导演也有进行帮助的责任和提出要求的权利。比如,怎样用怎样的歌、曲、词、唱等才能更好地表现剧中角色,全部音乐怎样配合整个剧情的发展,以及怎样在这些方面发挥音乐的功能等等。对音响效果工程师提出要求,音响效果要典型、真实,符合历史背景和时代氛围,一定要从听觉上感到是准确的。

剧作家、导演和演员在广播剧的录制过程中起主导作用,音乐和音响设计以及录音和复制合成等部门的工作同样起着重要的作用。导演一方面指挥各部门努力发挥它应该发挥的作用,另一方面又把各部门综合成一个整体。导演所做的工作就是广播剧艺术的统一、组织工作,因此说,导演又是集体的综合艺术的组织者。导演的职责用概括的话说就是剧本的解释者,是演员的镜子,又是广播剧录制的集体组织者和领导者。

5.广播剧导演工作流程

在录制广播剧的过程中,广播剧导演需要统筹整个的演播过程各个环节、部门、人员的配合。一切艺术上或与艺术有关的事务性工作,全要经过他与剧作者、演员和技术人员共同工作的筹划、审定和安排。①导演先把剧本介绍给演员及艺术创作者,使他们对剧本有所了解。②导演必须透彻地了解剧作者的创作意图,然后才能发掘到剧本的内涵,才能指导演职员如何充分发挥剧本的意念,如何来弥补剧本的缺点,导演与剧作者应该融为一体。③协助并指导演员了解与创造他们所担任的角色,导演与演员应当融为一体。④调和并统一演员们的创造,使他们各尽所长,相互辅补,相互衬托。导演应该告诉演员表现了多少,是否正确,在每一场戏中,他的分量轻重,与其他演员之间的配合,是否恰当。⑤协助并指导音响效果和音乐工作者进行工作。⑥把每场戏按照台本计划在录音棚或实景地录制并使它们紧密地连接起来,成为一个完整的素材。⑦在复制间协调音乐工作者和音响效果工作者与整体语言素材进行合成。⑧定出审听的时间,邀请有关领导审听,当剧目经领导审听通过后,安排播出时间,发出节目预告,通知剧本作者与演员收听,写出内容介绍稿刊在报上进行宣传,寄发有关人员的劳务稿酬等事务性的工作。

(二)广播剧的构思及各元素设计

广播剧的构思与制作既要依赖于剧本的文字形式,又要体现导演的独特创作个性特点。如果使剧本成为可供播出用的广播剧节目,使听众在听觉上有一个舒适的融合的感受,达到审美上的满足,那必须依赖导演的实践创作能力。导演的成功之道要在进行案头工作的构思中,在排练场上的指导中,在录制合成制作的指挥中实现他的一切意图,不能有一点疏漏。当剧目播出之后,他还期待着听众的反馈,以总结经验提高自己的工作能力。

1.研读剧本提炼主题

广播剧的全部工作首先决定于剧本,但是,有了剧本并不等于有了广播剧。当剧本经过各级领导审阅批准、采用之后,写在纸上的平面文字只是一个半成品,导演要把平面的文字通过各种艺术手段将剧本的内容形象地再现出来之后,整个艺术创作过程才算完成,大家通称剧本为一度创作,导演艺术为"二度"创作艺术。

导演在研读剧本时,要解决几个初步构思的问题:①剧本总的基调是什么?根据剧本故事基调导演要采用正剧、喜剧、还是悲剧来表现?剧中有哪些片断可作为情绪感染力细节,该如何处理?②剧本的价值观和编剧的价值底牌设定是什么?剧本中核心反映什么问题并试图如何解决?③剧本中哪些场面、人物刻画得生动、真实、可信?剧本里哪些人物印象不够鲜明,在创作中如何改进,如何调整?④剧本中存在的难点和棘手的问题有哪些?如何解决才不会影响广播剧的进度、创作及最终效果?

　　著名广播剧编导刘雨岚导演曾说："初读（黑龙江作家李景宽创作的）儿童广播剧《起飞的小鹤》以后，脑子里总出现一片湛蓝的无边的湖草地，孤零零的木板搭起的高高的瞭望塔。直感是辽阔、寂静、清冷。为什么是冷色调，为什么产生清冷的感觉？菲菲的残缺的躯体铸就了她沉思内向的性格。在人烟稀少、珍禽成群的自然保护区扎龙，菲菲所见是人与兽的斗争，珍禽与大自然的斗争，从而发现生命的价值——人是可以战胜一切的力量。听了《起飞的小鹤》，觉得剧中的小主人公菲菲正是我想到的那个，音色纯正，略带沙哑，不是通常她那个年岁的小女孩特有的娇嫩味，而是带有一种悲凉调调。后来还了解到，剧本未修改前写的是菲菲在与狼群搏斗中牺牲了，人们觉得太悲惨，才把结尾修改了，但人物的个性没有变，我们初读时产生的蓝的冷色调和清冷的感觉是对的。"

　　必须说明，初读剧本的印象，很可能是导演自己主观性很强的印象，或是和剧本实际不相符合的。因此，导演研读剧本最基本的任务是准确地找出剧本的主题和主题思想。在找的过程中必然要接触到剧作家所选择的是什么样的题材，他是怎样提炼题材，又是如何发掘它的主题思想。我们知道剧作的主题是剧作家根据自己对生活的观察、体验、分析、研究，选择其中感触较深、影响强烈并引起创作冲动的问题，通过剧作把它凸现出来。它是剧作者观察与思考的结晶，又是剧作者感性认识与理性认识相结合的产物。从广义上说，它是表现剧作者对客观事物、对社会生活的一种态度、一种认识和评价。

　　导演要准确地理解作品的主题，必须深入分析剧作者在剧作中对待事物的态度、认识，尽可能地与作者的思想同步，对剧作的主题思想，分析得越具体越深刻越好，只有把握住剧作的主题，才能抓住剧作的灵魂。更重要的是，导演必须开掘出作家对主题的表达深度。一个作品，不论是歌颂的还是批判的（当然歌颂和批判在一个作品中往往是糅合在一起的不可分割的），导演如果只留心剧本中所描写事物的本质，那就成了只见人物的行动，不见人物的思想；只见事物发展的过程，不见事物发展的内在本质的东西，这样分析剧本是不深刻的。相反，如果在分析剧作时不但关注和解释人物的表面现象，还要分析产生这种现象的原因，作品的主题才能挖掘得比较深刻。

　　例如，黑龙江人民广播电台出品的广播剧《你是共产党员吗？》，在这个剧作中作者描写了铁路总局局长刘大山怎样关心职工的生活，尊重职工的意见；又是怎样严格要求自己和爱护干部；写了他不徇私情，敢于对不良现象和错误行为进行斗争等等优秀品质。导演如果只单纯地把着眼点放在表现刘大山这些优秀品质上，恐怕剧目的主题思想就不会深刻感人。导演要强调刘大山这些优秀品质是在革命队伍里接受革命优良传统的教育，接受老师傅的具体帮助才有的结果,这样刘大山这个人物的思想品质就成为有源之水、有本之木了。如果在这个剧作中,只找出刘大山优秀品质产生的原因,不预示出这个人物将在推动社会前进方面带来什么样的发展前景,也不会深刻。在这个剧作的最后一段戏中刘大山去看望被他降职处理并通报全局的老战友、救过自己性命的老下级白帆时说:"老白,还记得咱们的老师长吗?一想起老师长,就好像看到了胶东的土地、红枣,看见了战友死前的一双眼睛,看见了老师长,听见了老师长问的那句话:'你是共产党员吗?'老白,我觉得老师长的问话我应当回答!你应该回答!每一个有着共产党员称号的人都应当回答这句话……"剧本中这句台词是关键,他预示出每个共产党员是能够来回答这个问题,我们党的作风是会改正过来,我们党的光辉形象在人们心目中会恢复起来的。导演在分析剧本时要抓住这句核心的台词,就会把剧作的主题思想挖掘得更为深刻。

寻找剧作主题,不同的导演有不同的工作方法。有的导演从分析事件开始,因为事件是剧中情节的起因,事件能够纠葛矛盾,发展冲突,找到矛盾冲突,确立了对立双方的贯穿动作以后,再去认识剧作主题思想;也有的导演从抓剧本主要人物的行动入手,最后认识主题。决定剧本主题最正确的方法,还是先决定剧作的冲突。绝大部分的剧作主题都反映着一个严肃的冲突,有了冲突,就会有斗争,冲突解决了,剧本的主题也就表现出来了。剧本的决定性的冲突主导着全部剧情的发展,决定着剧本的全部事件、联系着剧中所有的人物。而剧本的主要主题就表现在这个基本冲突里。

2. 确定主要事件

导演分析剧本的关键性工作是确定主要事件,把行动线找出来。它是弄清矛盾冲突、情节发展的原因以及深入了解剧情、人物思想、行动变化的重要手段。戏剧的冲突表现在行动上,剧中人物和事件也是通过行动而发展起来的。导演应最先把事件找出来,把行动线理出来,这样就能比较清楚地看清剧本的矛盾冲突,并且也很容易了解到剧本的真正意义了。

例如,在广播剧《序幕刚刚拉开》中,情节起因的事件是牛大力私自从林场拉走了480根海带桩子回家当柴烧。他之所以敢私运海带桩子是"二山神"栗魁生搞不正之风在他身上引起的反应。而"二山神"为什么搞不正之风呢?原因是他的父亲老栗头——原山口林业局的局长给他作后台。当他开车刚到检查站,被新上任的柳春鹤局长截住。牛大力根本没有把这位新局长放在眼里,开车就走。他之所以这样大胆是他经过认真调查,掌握了一些干部的种种不正之风后,才有恃无恐。他认为"既然州官能放火,咱百姓就能点灯!"这是他行动的根据和心理活动。柳春鹤召开大会处理这件事,指明国家财产私自拉回家是不对的,并指出两种处理方案,一是自己送回,一是作价购买。牛大力当场表示要木材,柳春鹤立即宣布:"收成本费 240 元,在工资内逐月扣还。"这使牛大力憋了一肚子窝囊气,第二天他采取了带着老伴和小孙女到柳局长家"向党要口饭吃"的行动,迫使柳春鹤让步。柳春鹤的反应则是以诚相待,热情地招待牛大力一家老小吃住。邪恶势力的代表"二山神"及其同伙出于自身私利的考虑,打着"为柳局长着想"的幌子,提出不要扣牛的工资,以便缓解这场矛盾,但柳春鹤毫不动摇地坚持扣款的决定,这又激怒了牛大力,他要上省、进京告柳春鹤"官官相护,矛头向下"的状。这时,柳春鹤认为时机成熟,是该让牛大力这颗被埋没的"珍珠"闪耀出它原有的光彩的时候了!他直截了当地问牛大力:"(你)为什么把'秘密武器'锁在柜子里不敢公开?说穿了,你既害怕得罪'二山神',也怕失去浑水摸鱼的机会!"这击中要害的话语使牛大力瞠目结舌,难以反驳。柳春鹤又问他:"我要不扣钱,你还告吗?"牛大力斩钉截铁地回答:"也告!"柳春鹤终于使牛大力成为同自己并肩战斗的伙伴,他欣喜地指着牛大力胸前佩带当年在志愿军中得到的军功章说:"军功章不仅是荣誉,也应当是责任,它是戴在胸前的,更是戴在心上的。"这句话唤起牛大力的荣誉感、责任心。他向柳春鹤表示送回海带桩子并要求"就让我再当一次兵吧!"于是,柳春鹤激动地叫出:"牛师傅……"人物关系由对立转化为一致,成为并肩向"二山神"为首的邪恶势力进行战斗的人物关系,构成全剧情节。

通过这个剧目,我们可以看出寻找事件的目的是弄清楚剧本中那些决定人物关系改变的、使冲突尖锐化的、同时又与表现剧本思想有关的事件。这样做便于组织演员去行动,也就容易把握全剧排演工作,因为行动是戏剧的基础。

3.剧情结构与轴线的构思设计

广播剧是不受时空限制的剧种,在结构形式上有:线性的、时空交错的、心理的、板块的等等。导演在分析剧本时,必须熟悉剧作家是如何结构这个剧本的,是属于哪种类型。当明确了剧本结构类型之后,要把剧本里反映的事情和冲突的来龙去脉搞清楚。

导演设计剧情结构是要以动人的形象反映戏的主要矛盾冲突。为了达到这个目的,剧作者往往是通过情节结构来安排和处理剧情的变化。导演必须熟悉剧作家如何结构剧本,要把剧本里反映的事情和冲突的来龙去脉搞清楚。剧情总是有从发生到发展以至结束这样几个步骤。导演分析剧本的结构,就要摸清剧本是如何交待剧情发生的时间、地点,人物生活的规定情境,人物性格与人物之间的关系;剧作家是怎样把戏剧冲突结成扣、又选择了哪些重点推动剧情的发展达到高潮。

导演对广播剧结构布局的设计,通过剧情和细节等的变化,分清主次和各段戏的从属关系,也会体现出明确的节奏气氛。导演对剧情结构的设计,还应注意故事主要线索的逻辑关系呈现。从广播剧《序幕刚刚拉开》的剧情结构看,剧中的主要人物为了达到目的,采取了一系列的行动。这些行动形成了一条贯穿整个剧本的轴线,吸引着剧中的全部人物,有的"拥护"、有的"反对"。这条"拥护"的轴线可以把它称为"贯串行动线"。那些妨碍这些人物达到目的,甚至反对的人物所采取的一系列的行动,便形成了"反贯串行动线"。每个好的剧本都有一条贯串行动线,同时也必然伴随着一条反贯串行动线。

广播剧导演对剧情结构、轴线的构思设计,要突出以下三个方面:①首先必须抓住不同人物及其性格之间的矛盾冲突。要特别注意并抓住的是"这一个"人物的性格,这样就可以探求到"这一个"剧本矛盾冲突的贯串线了。②剧作家在剧本中所设置的矛盾冲突,都与一定的时代、社会、家庭环境和条件有着紧密的联系。这个环境与条件就是戏剧的具体情境,导演要注意抓住人物生活情境变化对其的影响。③运用具体的行动细节或者人物微小的情绪、情感变化,来表现剧中的矛盾与冲突。

4. 设计剧中人物形象.

好的广播剧,无论剧中人物的大小,抽掉任何一个人物都会影响剧情的完整性。导演的构思与任务就是要创作出活生生的剧中人物形象,既诠释故事的趣味与完整又给听众以强烈的印象感染力。

导演设计人物时要遵循三个基本的思路:①要分析人物的社会关系,看看他和周围其他人物的关系怎么样?他的历史状况,他的经济地位,他的爱好和志向,这一切都可以在台词中找到。既要从他自己的台词中去找,更应该从他周围人物的台词中去找。例如:广播剧《裂缝》中,剧作家塑造了知识分子郭一滨,与郭一滨相对立的人物是石虚,在郭一滨与石虚之间是省委信访组的李平。她是贯串全剧始末的人物,以她亲身经历,把全剧的情节连接起来了。从广播剧《裂缝》剧本中分析人物的社会关系、性格等都是从主要人物的台词中,从他周围人物的台词中,从别人对他的评价、介绍、议论及他与别人发生冲突的台词中找到的。②导演分析人物对剧本中所发生的事件的态度和表现,在全剧中他都有些什么样的直接行动?在戏剧冲突中他是站在哪一边?从形象中挖掘思想,从思想中理解形象。导演必须很好地考虑每一个人物在剧中的地位,即作者为什么要写他。剧中人物在剧本结构中位置不同,任务有轻有重。有的是推动剧情发展行动性较强,有的是为了更深揭示生活某一侧面,丰富主题内容,强化矛盾冲突的,他们任务相对较轻。导演对"主体结构人物"要多下功夫,但对"一般情节人物"也不能忽视。③导演分析剧本时,对一些在剧中虽不出场,但却对剧本事件、矛盾发展存着重大的推动作用,甚至控制剧情发展的特殊人物,由于他们都直接与主题内容有关,与情节进展有关,应给予重视。比如:广播剧《序幕刚刚拉开》中,新上任不久的柳春鹤局长,要整治的是朝阳林场主任、人称"二山神"的栗魁生。这个"二山神"是林场中的一霸,他利用职权拉帮结派、盖私房、收贿赂、搞女人,是个无恶不作的地头蛇,他的行为在群众中造成了非常恶劣的影响。但在剧中这个人物没有出现,剧作家是通过虚写交待出来的。

总之,导演在剖析剧本时,不仅要考虑他们的动作、音容笑貌,还应注重他们所处的特定矛盾,所产生的心情、念头、欲望、想象等各种心理状态。把人物内心难以言传的东西切身地感受到,才能塑造出人物的真实感。

5.挖掘语言内涵

广播剧的语言有两类:一类是解说词,一类是人物语言。人物语言在戏剧界称之为"台词",广播剧中人物的语言一般也通称为"台词"。在导演构思和创作时,要把重点放在研究台词和解说词方面。解说词与台词构成全剧的整体,因为各类人物形象、人物的性格,角色的思想、意向和冲突都是通过语言来表达的。人物间的相互关系、人物性格以及人物的社会地位、职业特点、文化程度、知识水平等都能在语言中表露出来。例如,广播剧《裂缝》中人物张仲庵的台词:"我是政协委员、建筑协会副主席、科普协会副主席、九三学社的常委……唔,省里还有几个头衔。此外,是三个杂志的编委,大大小小,虚虚实实,据不完全统计,身兼 24 个职务。请注意,我已虚度 80 有 2 喽!趁现在脑子还清楚,不坐下来做点事,给后人留点东西,活着有什么实际意义?!研究所所长是个实职,可我已是力不从心了,走路都要人扶着,能去工地吗? 不接触实际怎么能领导工作? 所以我决定让贤。"从这个人物的台词就可以看出人物的性格、社会地位、职业特点、文化程度、知识水平等等。

此外,广播剧的导演对台词的分析与构思,还有一个特殊的意义就是为选择演员打下一个基础。因为广播剧的体现是靠声音而不靠形象,台词的构思和设计直接确定了演员的声音造型,这个声音造型能否表现人物独特的性格,是否符合角色扮演的需要。

(三)广播剧的制作及诸元素应用

1.导演计划与导演阐述

所谓"导演计划",是导演以他的导演构思为依据而制定的具体动作方案,它有利于进行艺术创作的进行,也是导演者为了体现构思而寻找的一定表现形式。是在"做什么"的基础上,计划"怎样做"。它是具体地体现艺术构思的草图,有了这个草图就好着手用艺术形象把剧本的主题思想传达给听众。导演计划应该包括构思的全部,但如何写计划却因人而异,由导演自己决定。但在一般情况下,导演计划分为两部分,第一部分是"导演处理的基本观点";第二部分是"具体的安排和实施的方案"。第一部分的基本观点包括导演对剧本的理解说明,准备如何处理这部剧,以及在对剧本分析时所得出的主题思想的认识和最高任务的确定等,形成导演阐述的内容。

所谓"导演阐述",在大的格式和项目构成上看,广播剧、电视剧、电影的要求都差不多。主要是导演对文学剧本进行研究、分析之后,根据自己的理解和看法,用文字写出对剧本的理解、构思和处理方式、呈现手段等。导演阐述中包括分析剧本的主题思想、人物形象、对剧本中人物声音形象的造型提出处理意见,以及对参与艺术创作的配乐工作者和音响效果艺术工作者提出要求,使之各部门都能了解导演创作意图。

许南明主编的《电影艺术辞典》关于影视剧"导演阐述"的解释是:"导演向摄影组成员对自己未来影片创作意图和完整构思所做的说明,用以保证整部影片思想所做的说明,用以保证整部影片艺术的统一。主要内容包括:对剧本主题思想和时代背景或社会环境的阐述;对剧中主要人物的分析;对矛盾冲突的理解;对影片风格样式的确定;对节奏的处理;对表演、摄影、美术、化妆、服装、道具等造型设计以及音乐、录音剪辑等各创作部门的提示和要求。"① 对此,我们可以看出广播剧的导演阐述没有像电影、电视剧那样复杂,其导演阐述也没有固定的写作格式和方法,由于剧本的内容和题材不同,导演的素质和风格各异,所以写法也不一致。但不管怎么写,总的要求是:导演阐述力求明确、生动、具体、富有吸引力和说服力,能鼓舞全体工作人员的创作热情,启发创作想象力,推动创作积极性,鼓舞创作的信心和劲头。广播剧导演阐述由下列各部分组成:①对剧本主题思想的阐述;②剧中人物关系的定位;包括剧中主要人物、次要人物、群众人物活动的阐述;③剧作的时代、环境、地点的阐述,包括时代背景的环境音响、道具音响的特征,内景戏和外景戏的声音特征,以及音乐性质及要求等。

导演阐述之后应该附带详细制作计划,制作计划是导演在案头工作中对剧本结构及场次进行的事先安排。主要包括:①分场。广播剧分场的方法是按剧本的需要,导演的习惯,大致是根据人物的上下场或地点、时间的更移,音乐、音响效果、解说词的间隔等几种。②场景转换。广播剧的场景转换是通过语言或声音的处理来实现的。可以通过解说词的交待说明,也可以由人物对

---

① 许南明. 电影艺术辞典[M]. 北京:中国电影出版社,1986:98.

话进行铺垫或提示;运用音乐作为转换手段,则要求音乐的描绘具有特定的环境感或特定的情绪感;运用音响转场,同样要求音响表现时间、地点和环境的真实性和准确性。③重场戏的处理。导演在制定计划时要注意哪几场是重场戏,需要重点处理。④节奏处理。广播剧节奏有三个具体表现:一是指全剧剧情的发生、发展、到结束的起伏;二是指人物每场直至全剧行动生活的轻重、高低、起伏;三是指人物情感随着矛盾、纠纷、冲突所泛起的浪潮,情感浪潮冲击越高、冲击得越重,冲突计划到顶点直至高潮,矛盾、纠纷、冲突才得以缓解平伏。这种速度节奏主要通过演员创造的形象的动作和语言(声音)来表现。⑤气氛营造。导演在制定安排计划时,必须在戏剧气氛上下一番功夫,如何使剧作规定的气氛突出,如何运用艺术手段组织表演创造气氛,特别是如何使用音乐、音响效果烘托气氛。⑥调度计划与进度安排表。在录制广播剧的过程中,导演根据剧本设计调度,画出人物、场景计划图表(类似影视剧的通告单)。此外,导演计划中要制定一份明确的工作日程表,明确排演的顺序与时间安排;各种排演阶段的进度与时间;录音安排的时间和进度;录制合成所需要的时间。导演制定好计划之后,就进入中期的指导排戏阶段的工作了。

2.声音元素的形象应用

广播剧导演在排戏之前要对剧本有一个设想,这些设想是在分析剧本的基础上产生出来的听觉形象蓝图,而在表现上则是对声音的处理和运用。声音形象构思是广播剧导演艺术的独特要求,其他戏剧形式似乎不怎么强调声音形象构思,注意的是视觉形象,声音不作为主要考虑对象,而广播剧的导演则必须考虑声音元素的形象构思及运用。

广播剧的声音因素包括语言、音乐、音响效果和环境音响等部分。导演要如何表现,处理并运用好这些声音因素,使它们有机地融合为一体,让广播剧的主题思想更深刻,既是导演的工作也是其对声音元素运用的艺术水平体现。

通常广播剧制作对声音元素的运用要从以下几个方面着手:

①设定人物的声音造型。广播剧导演培养形象的过程同其他戏剧形象相比的不同点是用心灵中的声音来思维和孕育的,对剧中人物形象的捕捉也是从声音入手"以声造型",这是广播剧导演构思、培养形象的独特性。导演心中的"声音形象"孕育成型后,接下来就是考虑如何来体现。

英国制作的广播剧都是男女老少,高中低音的搭配声音,宁可用一些怪点儿的噪音,也不让剧中的不同人物有相似的"重声"。有意地搭配声音,似乎成了一种固定的格局。而我们有的导演却是"美声派",不从人物造型出发,专挑漂亮音。一部广播剧中,总要有一两个演员音质好,声音圆润、动听,可是不能脱开人物性格,只选择声音。中国广播剧的目前状况,依然要注意的是人物语言元素的设计问题。处理好剧中人物的语言,第一步是考虑声音造型的问题。导演必须对剧中人物的声音造型有一个总体构思。这里所说的声音,并不是一律要求演员有一副好嗓子,个个字正腔圆,声音漂亮。而是从听其声音是否符合剧中人物,是否符合人物的性格、年龄、体态、风貌、职业、经历等等。不同声音的造型,在广播剧中是区分不同人物的重要手段,对突出人物性格特征、赋予人物鲜明的性格色彩是十分重要的。

著名编导刘雨岚喜欢选用声音有特点的演员,因为这能帮助树立剧中人物的形象。她在排阿瑟·密勒的广播剧《猫和水暖工》的时候,其中会说话的猫,刘雨岚就选用了"左嗓子"①的黄宗洛。经过录制技术处理后,收到了良好的效果。另外,在其编导的连续广播剧《这里通向世界》中,某港务局老党委书记,在"文革"中受尽折磨,刚出狱走马上任,全力整顿港务局。她选用了中央戏剧学院教师李保田。李保田的嗓音又暗又哑,有"破锣"、"莎士比亚"的绰号。碰巧接这个戏后他患感冒,直到录音时也没有好。没料想广播剧播出之后却收到许多听众的热烈反响,说老书记的声音给他们留下了深刻印象,其声音总让人联想起一个在监狱中关押多年、受尽摧残、病魔缠身的干瘦老头,听到就会对这个人物产生一种崇敬与同情。

从刘雨岚导演的实践可以看出,确定剧中人物的不同造型,应该先从剧中人物的性格表现方面去寻找。导演在构思时,把人物的声音造型所表现出来的气质确定好了,就会选准演员,导演出准确的人物形象。导演在进行声音构思时并不是凭空想出来的,有经验的导演都有一个成功经验那就是根据自己对演员的声音的熟悉建立演员声音档案。著名导演胡培奋说:"为了每部戏都能准确地选到符合角色典型性格的演播者,广播剧导演应该建立演员声音档案,并对其中的每个演员的年龄、气质、性格、戏路有比较深的了解,并通过观摩话剧、看电视剧、电影,发现新的声音形象不断地补充到自己的演员档案中。"当存了这些演员声音档案作为基础,导演在进行声音构思时会得到事半功倍的效果。

②设计声音环境。广播剧是声音艺术的一种,它的播出与欣赏不占有空间的长度、宽度、高度,表现形式为声音的连续性运动,从这个角度上看也可称为"时间艺术"。但是作为戏剧艺术中的广播剧又有别于其他的时间艺术,比如音乐艺术。因为每部剧中都有人物的行动,而人物的行动总是在一定的规定情节中进行,规定情节包括了时间、空间和人物关系。广播剧中的规定情节是导演在构思中用设计声音环境来体现的,声音环境是展现剧情和塑造人物

---

① 左嗓子:京剧界通常指高而窄的嗓音,嗓音能高不能低,遇到小腔转弯处,往往唱不好。

不可缺少的,没有声音环境,听众不清楚剧中人物在什么地方进行活动,无法了解规定的情景。设计声音环境对广播剧有着极为重要的意义。

广播剧的声音环境主要是靠音响效果和空间音响给听众造成一种环境的联想。例如两个人在海边谈心,可出现阵阵的海浪声、远处轮船的汽笛声、海鸥的鸣叫声,这些音响的出现立刻给听众一种海边的感觉。在广播剧中,人声、汽车声、汽车喇叭声的交混杂响,可造成一种城市街道的环境,这就是音响效果的独特作用。设计音响时,不能自然主义地过分求实和求全,要选择规定情境中最有典型意义的音响效果。著名导演刘保毅导演的广播剧《杜十娘》的第一场戏:"马车奔驰在春天的原野上。"应用的音响效果可以有多种:春天的鸟叫、马鞭的响声、赶车人的吆喝声、马蹄声、马车铃声等等,而导演只选用了马蹄声和马车铃声,虽然只有两种效果,但很典型,很有环境感。广播剧里的音响效果并不是为了再现真实的声音,而是为了提供有意义的声音。

除了用音响效果表现规定情境的声音环境之外,还可以用空间音响来表现规定情境的声音环境。导演在构思、制作广播剧时,对于剧本规定的特定环境用音响效果也不足以表现的,则要借助于空间音响的构思。比如像教堂、审判厅、宫殿、礼堂、大厅等等这些特殊的声音环境,导演就必须在构思时考虑到采取什么样的方式来表现,是在实地录音,还是采用混响器进行人工制造。一般地说,人物在静止的空间环境中用混响器制造比较可行,但遇到剧本规定人物是在连续不断地变换空间的环境里活动,用混响器就难以表现了。这时,导演在构思时可以采用实地录音,创造连续不断而又有不同的空间环境的音响,才能使观众清楚地感觉到人物活动背景的变化。刘保毅导演的广播剧《真与假》中有一段戏就是在连续不断的空间环境的变化中进行的。剧情的进展是:姐妹俩坐吉普车去医院探望受伤的俞刚,她们先在汽车里和司机有一段戏,到了医院后又从汽车里变换成汽车外面的空间。接着走上医院的大楼石头台阶,然后推开楼门,司机领着姐妹俩步入楼内大厅。此时,由室外无回响的空间变成有回响并且时间较长的空间,三个人通过大厅的脚步声,接着又是上楼的脚步声,上到二楼之后,二楼走廊又响起三个人的脚步声。脚步声停止,敲门声、开门声,三个人走入医生的办公室。这一连串的空间环境的变化,有着不同的音响信息。导演在构思时就要事先进行设计,选择实录的方式给予体现。

③音乐的设计。音乐也是广播剧的声音因素之一,在广播剧中有强烈的表现力。它作为一种艺术手段,对广播剧主题的阐发,人物内心世界的刻画和艺术形象的塑造,客观环境的描绘,表现剧目的时代特征,民族风格和地方风貌,特别是在揭示人物的内心情感和渲染气氛,唤起听众的联想上都有着重要

的作用。广播剧导演要利用音乐特有的功能和优势,为听众创造独特的审美感受。导演根据剧作者的总体构思,对音乐的表现进行设计构思,同配乐人员或作曲者沟通并提出具体设计要求,协同创作以期达到音乐与剧情基调和谐,风格统一,符合规定情境和人物的内在情绪。

导演在构思时,应该利用人声的语言、音响效果和环境音响、音乐三种表现手段创造出艺术的声音形象,使之产生具有启发和引导听众进行丰富的联想和想像的作用。也就是说,导演在构思时,如何设计好情景交融的声音场面,使声音场面激发和引导听众展开丰富生动的审美联想和想像,从而在听众的脑海里造成一种美的意境。

3. 声音场面调度的层次

导演在构思过程中,进行声音场面调度设计时,应事先在每一场戏中安排好演员与演员之间的层次位置以及演员的形体动作等等。它是展示时间与空间的重要手段,它关系到剧中生活的展现、人物性格的塑造,以及全剧的可信性与艺术质量。①设计声音远近的层次。目的是使剧本所规定的情境有立体纵深感,使听众感受到环境和气氛。具体做法是导演在设计演员的表演位置时,要有平面的和纵深的两种剧本形态。在平面的位置上是哪个角色站在话筒前的中央,哪些角色站在话筒的左右两侧,站在话筒中央的做横向或上下运动。在纵深的位置中哪个站得离话筒近一些,哪个角色是由远而近或者由近而远,而这些角色随着剧情的变化在声音位置的纵深变化上又是怎样的。导演把这些设计好,演员的表演可以造成横向与纵深的感觉。②设计出演员的动作。为了使演员更有利地创作人物和不使听众感到演员在话筒前死板地念台词。演员的表演没有动作感,就很难使听众产生联想,听起来就像是在"朗诵"。

设计演员的动作调度要依据人物在规定情境中的行动和心理状态、个性特征。特别是动作性比较强的宏伟场面,更需要让演员表演出动作来,不必要让演员照顾话筒,而要话筒对准演员的表演,这样的声音效果才使听众感到真实生动。刘保毅导演的《求索》中,表现朱德打进总督府一段戏,可以说和拍电影或舞台剧一样,演员的形体动作都是真实地在行动,这样表演出来的声音特别真实。广播剧的动作感,除了用话筒跟着演员一起活动之外,还可以发挥音乐、音响效果的作用,让三种手段各尽其能,也同样可以创造出强烈的运动感。这样做,导演必须要心中有数,在构思时先在脑海里形成画面,对人声、音乐和音响效果做到有机的结合,只有这样做才能达到预期的效果。

★**本章课后研究、思考与训练建议：**

- 广播文艺节目的概念如何界定？其包含哪些突出的特点？

- 广播文艺节目有哪些不同的发展类型？

- 什么是"驰放音乐"？如何理解广播文艺节目的审美特征？

- 如何理解法国当代社会学家布迪厄（Pierre Bourdieu）所提出的，文化趣味和阶层之间存在密切关系？

- 选取一档广播文艺节目，解读其题材内容与表现形式关系的优劣。

- 选取一部网络广播剧，分析并讨论其结构设计有哪些特点。

- 利用网络查询资料，总结当前中国地域性广播文艺节目的运营策略，并写作不少于 5 页 A4 页面的调研报告。

第四章 广播文艺节目编导

随着中国经济融入世界经济大环境的步伐加快,文化产品已经打上了商品的记号,报业、广播、电视、网络形成了多元化媒体竞争格局。广播同其他媒体一样,很快进入传统计划经济向市场经济的转型期,越来越多的从业人员已经深刻地认识到,广播已经逐步脱离计划经济时代,转而在市场经济的发展潮流中面对听众消费的检验了。除了不可放弃的新闻性,广播已然深深打上了商品的烙印,从国家级电台到各地方电台,近年来已纷纷组建起自己的广播产业,开始了对自身资源的开发和品牌的建设。

纵观当前中国广播文艺节目,虽然已经发生了一些类型融合、变化,但从大的类型构成上,除去历史较长的传统广播剧外,其它类型依然可以分成:广播文学节目、广播音乐节目、广播戏曲和曲艺节目,以及近年逐步兴起的广播文娱综艺(板块)节目类型。作为广播文艺节目编导,上述几种类型节目应依据哪些思路去选材、构思,如何设计结构、细节,并如何去制作、播出和呈现,本章将分别加以探讨。

第一节 广播文学节目编导

广播中的文学节目从它诞生到现在,一直拥有着庞大的听众群。20世纪80年代几乎是"文学的时代",广播文学从那时起创建并衍生了系列节目类型,至今仍有很多类型节目长盛不衰。就文学节目而言,其题材的文化内涵和选材的广度及涵盖面既广且深。其中有时代的投影,有历史的回响,有各类人物的内心的展示,有灵魂的写真,有乡情,有友情,有爱情,有亲情,有党情,有民情、风情……其中充满着歌颂、欢乐、自勉和互勉的丰富文化和心灵内涵。正如席勒所说:"如果要把感性的人变为理性的人,唯一的途径就是先让他成为审美的人。"中国从古至今有着丰富的文学宝库,像甘甜的清泉一样滋润着一代又一代的炎黄子孙,而近现代的中外优秀经典名著,依然激励着现代人的心灵,成为慰藉人们内心深处不可缺少的精神支柱。

广播中的文学节目,是广播文艺的重要组成部分,是古今中外文学作品(包含文学作品评价、作家参与文学活动的重要动态报道)由文字变成语言化、声音化、广播化的节目形态。广播文学节目包括中国现代、当代文学作品,外国文学、古典文学、革命故事、民间文学、广播剧、长篇小说连续广播、电影录音剪辑、话剧录音剪辑、文学作品朗诵会、阅读与欣赏、文学评介、文学报道等。经过精心筛选的大量文学作品,经过文学编辑、演员、主持人等的"声音化"再创造,呈现为将文字转化为绘声绘色的广播语言艺术节目。听众听后如见其人,如观其景,如临其境,别有一番听觉审美享受的情趣。就目前中国广播文学节目的实际情况看,依据文学体裁的不同主要有如下三个具体节目形式:广播小说、广播散文与广播诗歌。

一、广播小说的两种节目形式及制作方法

广播小说,是中国广播文艺中独有的一种节目形式,在当前科技迅猛发展、各种媒体争相称雄的时代,依然有它的秀美和韵味。小说被纳入广播文艺节目的选材范围,是在20世纪50年代开始的。广播小说与广播剧是否有区别,行业内一直有不同的观点和看法。对这种节目形式的收听,基本不受文化水平和理解程度的限制,在娓娓动听的演播中,加上音乐和音响的相伴,可以在不知不觉中将听众带进一个你为他设计好的艺术境地。可以说这要比自己去阅读一篇小说更富有感染力。高超的演播技艺,会帮助听众理解作者的写作意图和作品中人物复杂的心理状态。这是一种不可多得的审美愉悦。

所谓广播小说,我们可以这样界定其概念,它是经过广播化精心处理,而又基本保持小说原来风貌,以诉诸听众声音形象的广播文艺节目。目前各个广播电台的广播小说节目通常分为两种类别形式:一类是短篇小说广播;一类是中、长篇小说连播。

1. 短篇小说广播的制作流程及方法

短篇小说广播的初期,只是由电台的播音员或外请演员单独播出。小说的叙述部分和小说中的人物,都是由这一个演播者来完成。人物的语言部分也是稍加一些表演色彩,以示和叙述语言的区别,不像现在小说中人物形象那么"立体化",而基本上还保持着原小说的形态。

(1)选材。小说广播,对编辑来说,选材是一项重点工作。编辑要在浩如烟海的短篇小说中选出名篇和当代最有影响的佳作,以推荐给广大听众,选得

准确与否,这就是编辑的水平了。这种选择要政治标准和艺术水平兼备,不可以个人的好恶为准。小说广播是名篇欣赏,又使你得到知识,使听众在愉悦的审美中了解掌握国内外、近现代或当代的优秀作品及在文学史中的地位。

(2)编辑手法。广播中的小说,编辑的案头工作不甚复杂,也就是说,编辑对原小说不需要作太大的广播化加工。除去为了缩短节目的时间而做的必要删减外,还要注意从听觉习惯出发,修改容易引起误会的文字和不宜播出的文字。短篇小说广播,可以单人朗诵,也可以男女对播,男女主人公的演播也可以分别担当,这对听众来说,声音上有了较好的调解,收听效果也会得到相应的提高。广播中的短篇小说,可以只是单纯地播送小说,也可以同时播送对该小说的介绍和评论文字,以帮助听众对该作品的认识和理解。对一些当代的新作,编辑如把握不准,可请文学界的专家学者加以评论,千万不可误导。对于一些情感很浓或情景交融的作品,可以配乐播出,作为文学作品(小说)和音乐相结合的广播文艺节目形式,通常称为"配乐小说"。比如,根据美国当代著名黑人作家和诗人阿那邦的同名小说制作的配乐小说《一个夏天的悲剧》,因为音乐选择和编配合理,受到了听众的欢迎,取得了很好的播出效果。

(3)导播任务。在配乐小说制作中,编导要承担导播任务。所谓编导要承担导播的任务主要在:第一,要启发演播者依照原小说的内涵进行演播,导播必须了解听众的需要,当听众想听什么,就让演播者把内容演义出来,听众想听什么是导播把握听众的自然情绪的动机所在,否则即产生抗逆的不良效果。第二,要保持原作的文学性,不能单纯去说故事。演播中要注意体现原作的语言美感,原作者的文学个性特色。比如配乐小说《一个夏天的悲剧》,讲述老夫妻俩辛苦了一辈子,最后老无所依,无可奈何当中,把自己送上最后的归宿——他们盛装坐进了勉强还能发动的汽车缓缓向河边开去、开去,最后加大油门冲下斜坡……作品的悲剧性,人物凄苦的心理,情节中悲凉的细节描述,在演播中都要淋漓尽致地展现出来。第三,导播最重要的是在于时机的把握,通常是利用演员的动作、反应、声音、说话以及音乐的节奏等,将剪接的时机依据在听觉转变的契机中。如声音的剪接(Cutting by sound cue):

①对白的剪接处理:利用一句对白,或叙述的段落来剪接是一般广播节目所最常用的方法。此种方式的时机把握必须要在下个表演的演员说话之前,因此导播必须把握前一演员对白的结束,以及下个演员对白之前做剪接的时机,才不致造成情绪中断,引起观众急躁心理。

②音乐的剪接处理:音乐点的剪接技术分演奏、歌唱、音响三种:

A)音乐演奏:导播应有分析音乐小节的能力,以各类乐器演奏小节,作为分镜剪接之依据。分镜前最好与乐团指挥沟通,认识总谱最好,以便迅速掌握演奏乐器进行之小节,落实分镜任务。

B)歌唱节目:歌词为剪接之依据,一句歌词如同一句对白,是最明显的剪接机会;然后剪接应落在音乐小节上,至于前奏、间奏、尾奏,应回归音乐小节作为剪接依据。

C)音响的剪接:尤其在戏剧性的节目里,观众的心理通常会因突来的音响引起注意及兴趣,例如外面的枪响会引起观众们对门外发生事情的兴趣,此时一个点转到门外是一个时机,因此戏剧节目的导播有效地安排运用意外的音响作为剪接时机会更加强戏剧效果,而且会加强空间与深度。

配乐小说的音乐的剪接,特别是多机作业的导播技术,是现有广播节目导播技术中难度最大的一种,不是每一导播所能胜任。节目播出时的指挥口令,需要将预令、动令及数小节同时并进,因此如何配合应有相当的专业默契。

2.中、长篇广播小说的制作流程及方法

中、长篇小说的广播,电台一般有两种处理的方式:一种是选择其中的片断播出。小说片断的节选要有其相对的独立性,同时又是该书中的精彩章节。比如,姚雪垠的长篇小说《李自成》,就可以节选"李自成闯石门寨"这一部分单独播出。因为这一部分情节紧凑,跌宕有致,人物性格展现得非常典型。像这样的节选播出,必须在播出前向听众概述一下全书的主要情节,并说明"节选部分"在全书所占的位置,使听众心中有数才好。第二种处理方法是小说连续广播。"小说连续广播"是广播文艺中的一棵"长青藤",自诞生到如今依然存在的一种广播文艺节目形式。

(1)"小说连播"的选材。"选材"是"小说连播"节目的第一步,也是关键的一步。书海茫茫,编辑要在这茫茫书海中挑选出最优秀的作品推荐给广大听众,这实在不是一件容易的事。自中国广播中"小说连播"节目诞生以来,在半个多世纪的时间里,播送了大量的古今中外的优秀作品。比如,古典或历史题材的小说有:《三国演义》、《水浒》、《红楼梦》、《岳飞传》、《杨家将》、《成吉思汗》、《康熙大帝》、《曾国藩》等;反映革命触动了社会变迁的小说名篇有:《红旗谱》、《红日》、《红岩》、《暴风骤雨》、《青春之歌》、《林海雪原》以及《家》、《子夜》、《围城》、《义和拳》、《重庆谈判》等;反映社会变化对个人命运的改变和触动的小说有:《许茂和他的女儿们》、《平凡的世界》、《穆斯林的葬礼》、《乔厂长上任记》;还有一些国外文学经典作品,包括:《悲惨世界》、《乱世佳人》、《复活》、《牛虻》、《红字》、《钢铁是怎样炼成的》等。这些佳篇名作不仅反映了不同时代的风貌,而且也为听众展示了各个历史时期社会生活的画卷。

(2)考虑"小说连播"的故事情节。所谓情节,苏联作家高尔基有如下论述:"情节,即人物之间的联系,矛盾、同情、反感和一般的相互关系——某种性

格、典型的成长和构成的历史。"①一部优秀的文学作品,有一波三折的故事情节,动人心弦的坎坷命运,就会触动读者的情绪情感。"小说连播"作为广播文艺的节目形式,在当下中国娱乐形式各行其道的背景下,用声音展示文学作品的思想魅力,也算"物以稀为贵"的一种文化存在。当然,无论"阳春白雪"还是"下里巴人",一个文艺作品有生动的情节、鲜活的人物形象才是至关重要的。

"听故事"的习惯为人类所共有,但东西方文化差异使得"听故事"的习惯和偏好有明显不同。以中国文化为代表的东方文明以农耕为主,为获得土地的良好收成,需要必要的劳动力人口按农时规律做规定动作,即一靠勤奋二靠天吃饭。这种农业的集体性要求个体都尊崇"规矩与定数",又同时强调集体的领导者是与众不同的"异人"。因此,东方的故事更多的是纵横捭阖的"异人之战"。出色的故事文本,通常故事情节跌宕起伏,各色人物都在情节中展现其性格的不同侧面。因为人物的性格、命运体现在人与人之间的关系中构成,所以只有情节是生动的、艺术的,才能给人物搭起一个表现的舞台。比如《红楼梦》中宝玉"受笞挞"是给人留下深刻印象的情节。对这件事,贾府里的人都各自做出了强烈的反应,有气愤的,有偷偷称快的,有怜惜的,有抱以同情的,有为其担心的,更有暗地里为其哭泣的……反映出了不同的人物性格、身份地位,以及和宝玉家族各个成员的亲疏关系。

(3)"小说连播"节目的编辑手段。第一,在编辑中要考虑戏剧化的结构和布局问题,富有吸引力的开头对听众和节目来说都是至关重要的。任何艺术都是在时间的不断流逝中展现其艺术魅力的,文艺广播的收听有极大的随意性,听与不听绝没有丝毫的约束力,所以任何文艺广播节目都应有极富吸引力的开头。第二,"小说连播"内容核心要贴近原作。广播或电视中的文学节目,无论节目形式如何,"忠于原作"都是一个原则性的问题。如小说《最后一片叶子》、《命若琴弦》、《小巷通向大街》和《故乡》、《孔乙己》等等,无论是做成电视小说节目,还是广播小说,编导者都没有对原作进行随心所欲地改动,而是遵循原作所要传达的思想、意图,用声音和画面以及演员的表演尽量呈现这些思想意图。第三,播讲方式、播讲人的选择。比如柯兴的长篇小说《风流才女——石评梅传》的播出能引起轰动,一方面与编导准确把握此作品的艺术风格、人物性格、明晰的故事主线有着密不可分的关系;另一方面,中央人民广播电台录制时,尝试用"男女对播"的方式来处理这部书。新鲜的演播形式,尤其用女声处理人物的情感波动时,给观众带来了巨大情绪感染力。

---

① [苏联]高尔基.一九三四年和青年作家谈话[J].李玉祥译,北京:中央编译出版社,2010:16.

二、广播散文与广播诗歌的制作方法

广播中的散文与诗歌,一度是广播电视文艺节目的"宠儿",随着经济的快速发展,受经济利益的制约,广播散文和诗歌在 20 世纪 90 年代渐趋没落,听众也难以寻觅得到了。值得庆幸的是,进入新的 21 世纪以来,在探索文艺广播发展之路的过程中,很多人发现"散文与诗歌"某种程度上可以承载人们的"末世"慌乱和"新世纪"茫然的情感宣泄功能,各地广播电台纷纷都压缩了点歌和俊男靓女主持人与听众调侃时间,给文学、尤其是散文与诗歌的播出腾出了一定的空间。虽然有些电台的散文与诗歌节目像"隽永的《知音》体"或者"心灵鸡汤",但更多的广播文学节目还是从质量和意识上宣告了"文学回归"。散文与诗歌在广播中的播出,多以配乐的形式出现,被称为"配乐散文"和"配乐诗歌"。这类节目是录音散文、诗歌作品与音乐相结合的文艺节目形态,具有浓郁的抒情性,比之用文字登在书报、刊物上的散文另有一番情趣和艺术魅力。

1. 广播散文节目的制作流程

广播中的散文,编辑首要的任务是选材。以文字形式和读者见面的散文是众多的,但在广播中不可能来者不拒,总要在数不清的散文作品中选出最优秀的。当然这首先要坚持的就是政治标准和艺术标准。只有选出有代表性的有新意的佳作,才能给广大听众群带来审美的愉悦。

(1)选材:抒情散文与游记。杨朔的散文《荔枝蜜》、《雪浪花》等作品在电台播出以后受到听众的极大欢迎。这些散文很美,处处充满着诗情画意,在音乐的映衬下,使听众品味出抒情散文的艺术魅力。"托物言志"、"借景抒情",是抒情散文的主要特征,也是它的表现手法。山川形势、名胜古迹、风土人情,这些都属于游记的范畴。在我国现代散文的园地里,展示了它的光艳和美丽。比如刘白羽的《长江三日》,杨朔的《画山绣水》、《泰山极顶》,秦牧的《天坛幻想录》,李健吾的《雨中登泰山》等等,都以发自内心的热情,优美的文笔记录了新中国的山川美景、国家的蒸蒸日上、旧貌换新颜的现实。

此外,知识性散文在广播中也是不错的选材。那些文字优美,所述知识要在曲折跌宕的结构中又似乎是不经意地传播给受众的,比如金马的《蝼蚁壮歌》、秦牧的《海滩拾贝》等,都是极受人欢迎的精品佳作。

(2)编辑:对所选散文的适当调整。广播中的散文,编辑对文字的加工不大,总的原则是要尽量保持作品的原貌。即使文字过长,受到节目时间的限制,文字的删节也要特别慎重,尽可能保留描写部分的文字,可以适当压缩叙述部分。为了使节目不露删节痕迹,编辑有时需增补一些语言,这些语言一定

要保持原作的风格,以求节目是一个统一的整体。尤其对于那些散文大家的作品,更要谨慎对待这些问题。

（3）音乐、音响的运用。散文,在广播中基本上都是配乐播出,音响效果在散文中的使用,主要衬托环境、人物感受等。音乐与音响在广播散文中起着举足轻重的作用,比单纯用声音语言播出的散文节目,增加了浓重的艺术色彩。音乐在散文中最主要的是起到烘托意境、推动情绪的作用,以造成一种美的氛围,给听众强烈的艺术感受。这里所说的"情绪",可以分成三种:一种是散文中人物的情绪;一种是散文中作者的情绪;一种是散文欣赏者的情绪,对广播来说也就是听众的情绪。就是说配乐散文中的音乐能够烘托意境,推动散文中人物的情绪,推动散文写作者的情绪,推动听众的情绪。

2. 广播诗歌节目的制作流程

中国素有"诗之王国"的称谓。诗歌进入广播,最初是作为一种宣传的工具来鼓舞群众。后来发展到配乐诗朗诵,成了和音乐相结合的一种广播文艺节目形态。诗在各种文学体裁中是诞生最早的。在原始社会,人们集体的劳动为了省力,行动要取得一致,从大家的口中发出有节奏的声音。鲁迅说,那时大家抬木头发出的"杭育、杭育"声就是创作。这可算作是最原始的诗歌了。诗歌在文艺广播中占着一定的地位,并拥有着它的听众群体。因为诗歌这种艺术形式,本身就富有韵律感、节奏感,非常适合上口,适合朗诵,听起来耐人寻味,中国的诗歌"诗中有画",再加上富有表现力的四声的语言表达,着实令人神往。

（1）选材:广播诗歌的抒情性优势。20世纪90年代,尽管摇滚乐和MV火爆,流行歌曲铺天盖地,经济大潮猛烈冲击,诗歌仍然令人痴迷,令人神往。1994年中央台开办的《子夜诗会》受到了听众的欢迎。《子夜诗会》的宗旨是以诗歌为依托,主持人以朋友的状态谈人生、学习的烦恼和乐趣,艺术和日常生活的关系,甚至是大家走南闯北的各种见识,使人浮想联翩,开阔眼界。从诗歌的内容上来说,它对社会现实反映敏锐,能够及时迅速地反映广大人民群众的思想感情。比小说、影视剧、戏剧、戏曲、美术等艺术形式来得都更直抒胸臆,所以人们都愿意用这种形式言志、抒情。当然,在选材中还要注意另外一个问题,就是所选作品是否易听懂。广播中的诗是供人听的,即使是瞬间即逝,也要让人充分理解,这是起码的要求,因为广播没有给人留下思考的余地。

（2）类型:适合电台传播效果。从艺术感染力角度看,能产生较强播出效果的广播诗歌有几种类型:一种类型是,真正能激动人心的抒情诗。这种诗中的"情"要"真"。诗歌必须是作者真实感情的抛洒,而不能是装腔作势、无病呻吟。只有作者动情了,朗诵者动情了,听众才能动情。第二类,实际上也属于抒情诗,都有一些简单的情节和人物。诗人是就某一件事、某一个人而抒情。这一类诗,往往是因为诗里有人物,有事件,听众能从中感受到具体的形象而受到感动。第三类,叙事诗。更多的人可能会喜欢这一类的诗作。选择这一类诗的时候,要注意全诗自始至终抒情、叙事不能脱节。第四类,讽刺诗和寓言诗。必须与时代、民众的总体思想动向吻合,播出时才会得到强烈的反响。第五类,是在艺术上最适合于广播的诗剧。诗剧,顾名思义,是诗与剧的结合。这种艺术形式的题材既要富有戏剧性,又要富有诗情画意。中央人民广播电台 1964 年制作、播出的《龙须沟和金鱼池的故事》,是中国的第一部广播诗剧。

(3)广播诗歌的编辑问题。编辑对诗歌的加工,除了把叙事诗改编成广播诗剧要作比较大的加工,比如,有的要在情节上有所变动,或对某些句子有所增加或删减以外,对一般的单人朗诵或双人朗诵,不可有什么大的改动,应尽量保持原作的风貌。在诗歌的播出中,对篇幅短的诗可采取重新"组合"的办法。诗歌的播出,可以只以朗诵的形式播出,还可以用配乐的形式播出《配乐诗朗诵》。节目中有时可以加上主持人的述评,也可以单纯地只播送诗歌。诗歌中的音乐,能起到深化作品主题的作用。它绝不是作品的外在附加物,更不是花边式的点缀,而是诗歌语言结构的有机组成部分。就如黑格尔探讨音乐本质的美学观点:"音乐艺术是心情的艺术,它直接针对着心情。"①这也充分说明音乐是一种独特的情感语言。关于音乐和语言的关系,在我国古代音乐理论著作《乐记·师乙》中也有精辟的阐述:"故歌之为言也,长言之也,说之故言之,言之不足故长言之……"其直接的意思是,唱歌作为语言,是拉长了的语言。讲话不足以表现,就用唱来表现。音乐是语言的延续和深化,具有比较大的涵盖性和感染力。在诗歌节目中作为非语言符号的音乐,可以加强、扩大语言符号的传播信息,延长其语言中的情感意义,使之更增加诗作的光彩。

第二节　广播音乐节目编导

21 世纪是数字技术快速发展的时代,媒介受众的知识结构、文化水平不断在提高,其审美情趣及趋向也在不断发生变化。广播文艺节目的创作观念,创作手法等也必须随之变化发展,只有节目制作观念、水平不断创新,强调和突出娱乐服务功能,才能适应受众日渐变化、不断提高的审美欣赏需求。创新是一个渐进的过程,是一个不断总结扬弃的过程,是从观念意识创新到节目运

---

① ［德］黑格尔.美学［M］.朱光潜译,北京:商务印书馆,1979:363.

作形式创新的过程。新世纪以来,广播音乐节目逐渐成为电台的主流,很多地方电台频率都开始陆续设立"音乐广播",以此吸纳收听率。

"音乐广播"概念在中国产生的背景受两个因素影响:一是 20 世纪 90 年代以来电视"异军突起"的发展,给广播带来了广告收益竞争的压力。增强竞争力就需要推出新内容、新思维、新手段。二是进入新世纪以来,中国广播电视媒介开始向欧美广播电视发达国家借鉴节目模式,并引进某些节目模式和制作观念。"音乐广播"的概念正是在这两个因素的作用下,学习了美国的"格式化广播"(format radio)①观念的结果。

中国有五千年悠久的文化传统,号称"礼乐之邦"。从收录自西周初年至春秋中叶(前 11 世纪至前 6 世纪)大约五百多年的诗歌总集《诗经》,到当下中国各个地方的地域性民歌、民乐,音乐作为中国文化艺术整体的重要组成部分,一直起着不可忽视的作用。随着时代的进步,国民文化素质的提高和审美情趣的不断转换,流行音乐艺术化、高雅音乐通俗化、民族音乐现代化,在音乐广播中,音乐门类逐渐增多已成趋势。

一、广播音乐节目的地位与作用

音乐广播全天候地为广大听众的生活伴奏,使听众在快节奏的工作和生活中精神更愉快,情绪更饱满。同时,广播音乐节目以各种听众乐于接受的方式、手段去影响他们对音乐的兴趣。创建于 1993 年 1 月 23 日的北京音乐台(调频 97.4 兆赫、有线调频 94.6 兆赫),作为北京人民广播电台的音乐广播频率之一,以流行音乐为主、经典音乐为辅、引导时尚潮流为品牌核心的现代化音乐电台。从建立之初,北京音乐台的一系列名牌栏目,如《中国歌曲排行榜》、《全球华语歌曲排行榜》、《974 爱车音乐时间》、《彩铃乐翻天》、《零点乐话》、《校园民谣》等,除了逐步养成了伍洲彤、郑洋、王东、朱云、刘菁等一大批知名主持人,还同时影响了各地电台建立音乐广播的思路和模式。

北京音乐台对国内外的很多重大音乐活动的定期与不定期转播,如香港十大中文金曲颁奖典礼,美国"格莱美颁奖典礼","萨尔斯堡音乐节","布拉格之春音乐节",柏林"森林音乐会"与柏林"除夕音乐会",丹麦"Roskilde 音乐节",以及挪威"Quart 音乐节"等国际知名的音乐盛会。同时,北京音乐台与

---

① 格式化广播(format radio)由美国内布拉斯加州(Nebraska)的一家电台经营者陶德·斯托尔兹(Todd Storz)和达拉斯 KLIF 电台老板戈登·麦克林登(Gordon McLendon)于 1949 年首创。源起于两人发现当地一家酒馆的老主顾们,一遍又一遍在点唱机点同一首歌曲,却没有引起其他顾客的抱怨。格式化广播是指能够为某个电台创造可识别声音和特点的节目编排方式。例如,音乐广播的格式就是全天多次轮流播放风格类似的几张唱片或某几个乐队的专辑,以此提升听众的忠诚度。

广东电台音乐之声,香港电台,上海动感101,台湾台北之音,新加坡YES933,马来西亚988电台等等,共同主办和播出的《全球华语歌曲排行榜》节目也成为华人流行乐坛最受瞩目的排行榜,甚至成为了一个流行音乐发展的指向标。

可以说,北京音乐台的"音乐广播"发展,以及产业化经营道路的摸索,是中国广播文艺发展新思路的一个缩影,也是各个地方音乐广播学习借鉴的一个模式和样板。北京音乐台多元发展的观念也符合当下商业化、娱乐化的媒介发展背景,比如,其建立了官方网站(www.fm974.A8.com),并建立了网络数字广播——"数字爵士音乐广播",数字电视频道——"动感音乐频道",以播放最新的音乐录影带和演唱会实况为主要内容。同时,创办了流行音乐周刊《974音乐周刊》,还陆续开通了古典音乐频道、欧美流行音乐频道、亚洲流行音乐频道、轻音乐频道等四套有线音乐频道①,不但丰富了频道资源也满足了听众的收听需求。

北京音乐台除了广播节目本体建设之外,许多节目都建立起了较大的外围组织。如《中国歌曲排行榜》的"全国卫星音乐广播协作网歌迷俱乐部"和"高校广播大联盟",《发烧门诊部》的"发烧友俱乐部"等,每年都会组织大量的活动,既保证了听众固定群,又大大提升了音乐台的品牌形象。

二、广播音乐节目的形式与编导技巧

广播音乐节目编导,是个特殊的专业行当。它既不同于一般的新闻编辑、记者,也不同于作曲、歌唱、演奏等音乐艺术专业人员,而是音乐艺术在特定条件下的艺术再创造,是一种新型的专门学科。这就要求从事这个行当的人员要有较高的文化素养和艺术修养,既要懂得我们党和国家的宣传工作的基本要领,又要较全面地具备音乐方面的专业知识,如基本乐理、中外音乐史、音乐美学、中外音乐名家、名流指挥,以及音乐作品赏析等多方面的知识。文学修养和较高的分析、写作能力也是音乐编辑所必备的。

随着广播观念和技术的变化和发展,音乐栏目也不断增加和更新,单以中央人民广播电台为例,其有特色的常规广播音乐栏目和节目,不仅有稳定的收听率,而且对外也有很高的影响力。比如,《音乐天地》,是文艺部开播20多年的广播专题节目,它向全国听众介绍中国音乐和音乐界所取得的一切成就。它的宗旨是丰富国民文化生活,弘扬民族文化,促进民族音乐繁荣和发展,集欣赏性、知识性、趣味性于一体。这一栏目播出的内容含各种形式的器乐曲、歌剧、舞剧、音乐会实况、乐坛人物介绍、音乐评论、音乐知识讲座和群众音乐

---

① 资料来源:参见北京音乐台网站。(www.fm974.a8.com)

活动的报道等等。《海外乐坛》，是综合性板块音乐节目。开播多年以来，以其知识性、趣味性和新鲜感吸引着众多听众。这个栏目以播出外国古典音乐为主，也包括各国民族民间音乐与情调健康的轻音乐和流行类音乐。《全国广播音乐厅》，则是 20 世纪 80 年代中期开播至今的综合欣赏性音乐专栏节目。节目通过对各地、各民族优秀音乐作品和有成就音乐家的介绍、评论和推荐，以达到促进全国音乐文化发展的目的。《八音盒》，是专播通俗音乐的专栏节目。播出主题情调健康、曲调优美的当代通俗歌曲，以满足听众、主要是青年听众对音乐艺术欣赏的需求。

此外，音乐广播还有《每周一歌》、《音乐信箱》、《广播歌选》、《昨天的歌》、《星期音乐会》、《教唱歌》、《华夏之声》和《少数民族音乐宫》等。其中，《银幕上的歌声》，是电影音乐专栏节目。《名曲欣赏》主要是选编播出古今中外优秀的并有一定知名度的音乐作品。《歌剧欣赏》，以播送欧洲 18、19 世纪古典歌剧名著的录音剪辑、选场、选曲为主，也加以适当的剧情介绍。《友谊乐坛》是外国音乐专栏节目，后并入了《空中剧院》。《外国音乐作品介绍》，是知识性、欣赏性的外国音乐系列性专栏节目。这档节目的宗旨是向听众推荐西欧和美洲音乐的有代表性的作曲家和他的优秀作品，并介绍 20 世纪现代音乐流派代表性作曲家的作品，以帮助听众提高理解和欣赏外国音乐的水平。从这些千姿百态的栏目中可以看出，音乐涉及的知识领域也成辐射态势，这包括地理方面的、历史方面的、哲学方面的以及其他方面的学科。如果一个人只是音乐方面的行家，而其他方面知之甚少，他永远成不了一位出色的音乐编辑。

1. 欣赏性音乐节目的编排技巧

音乐广播有着庞大的听众群，对各自不同的审美观，唐朝诗人白居易有过这样的诗句："天下无正声，悦耳即为娱；人间无正色，悦目即为妹。"编辑应跟上时代的脚步，贴近听众的审美需求，创造出更新颖的音乐广播节目形式，以满足各种审美心理和不断提高的听众文化生活的需求。欣赏性音乐节目的编排多是以节目的某种同一性构成各自的内在联系。

比如：①同一主题编排法。围绕某一种歌颂和宣传目的，串编与之相关和情绪相似的音乐。②同一国家、民族或地区编排法。如西藏、新疆民族音乐的组合、广东音乐名曲组合、台湾歌曲、乐曲的组合等等。③同一体裁编排法。如世界轻音乐欣赏、101 首世界著名圆舞曲集锦、歌剧中的合唱曲欣赏、世界著名摇篮曲集锦等等。④同一演出形式编排法。这是在音乐广播中常用的节目编排方法。如交响乐、小提琴曲、大提琴曲、钢琴曲、二胡曲、琵琶曲、室内乐、合唱曲、独唱曲、某一地区的民歌或某一乐种乐曲、某民族歌曲或器乐曲等等，都是同一种表演形式的组合。⑤同一表演者编排法。通常针对著名的表演者或表演团体。如帕瓦罗蒂演唱的歌剧选曲,托斯卡尼尼指挥的作品音乐会等等。⑥同一词曲作者编排法。是同一词作者或同一曲作者创作的音乐作品的集锦的组合法。⑦特定时间编排法。根据受众研究的规律,考虑每天人们听广播最多的时间段、兴趣等安排特定的音乐类型。

2.综合性音乐节目编排技巧

此类音乐编排节目,一般不受音乐作品内容和形式的限制,往往比较灵活自如,但节目间也有着某种内在的联系。在综合性编排的节目里,应该注意有较多的色彩变化。这类节目往往以某种情绪定下这档节目的基调,或者是热烈欢庆的,或者是轻松愉快的,不论是庆祝国庆的音乐会,还是庆祝新年的音乐会,或是某一个艺术团体的音乐会,都有着不同的编排方式。核心原则是要特别注意各种节目形式的交叉排列。如果是选播某一有名望的艺术团的音乐会,可以既有声乐也有器乐。在声乐节目中既要有男女声独唱,也要有重唱和合唱。在器乐节目中也要如此安排,切不可顾此失彼。编排综合性节目时,除了注意节目形式的穿插,又不能给人以琐碎、破碎、没有章法的感觉。

广播是听觉艺术,听众收听节目有着极大的随意性。为了吸引听众,综合性的音乐板块节目是开头的节目一定要选择有特点、可听性极佳的节目。开始部分抓住听众,他就有可能听下去,否则,后面的节目再好也无济于事了。对于一组有一定长度的综合性音乐板块节目,其中间部分的节目从形式上到节目情绪的展现上都要交叉进行,使这组节目从整体上给人一种绚丽多姿、跌宕有致之感,令听众产生目连五色的审美快感。

3.专题性音乐节目的编导

所谓专题性节目,是经过编导精心加工和制作的欣赏性节目。制作这么一个专题性节目,编导往往要倾注更多的心血,方可取得较理想的播出效果。编导首先要策划一个较好的选题,要听众感兴趣;另外,要有一定的艺术价值,听完有所回味。专题性音乐节目,取材范围极广,品种也多,这种节目形式有着取之不尽、用之不竭的取材范围。

最常见的专题音乐节目内容类型有:

(1)介绍音乐家专题。被介绍者在音乐界无疑都是被肯定者——无论他是在中国还是在世界都有较高的知名度。对他们首先应向听众介绍他(或她)在音乐方面的辉煌成就,并揭示其艺术特色。

(2)音乐作品介绍。包括对中国音乐作品介绍和对外国音乐作品介绍。这种介绍应着重介绍音乐作品的艺术特色、作品的来源或出处,以及作曲家的创作过程,作品所展现的主题和曲式结构,这些都应向听众讲清楚。当前的许多听众自己可能音乐素养已经很高了,会有意识地去多听一些音乐节目,这就需要编播人员尽量把作品深入浅出地向不同的听众解析清楚,以达到预期的效果。对音乐作品的介绍,一方面要求应是通俗易懂的,一方面要求它应是美的、鲜明的、准确的,给人以精神的满足感。《古诗新韵——介绍民乐室内乐〈春夜洛城闻笛〉》就是一个很优秀的音乐专题节目。节目一开始就向听众介绍了李白的七言绝句《春夜洛城闻笛》:"谁家玉笛暗飞声,散入春风满洛城。此夜曲中闻折柳,何人不起故园情。"公元 735 年,也就是唐玄宗开远二十三年前后,大诗人李白客居中原都市洛阳,面对满目繁华却难以抑制满腹乡愁,这首著名的七言绝句《春夜洛城闻笛》,恰恰表现了诗人流落他乡的孤独失落之感和对遥远故乡的思念之情。听众领略了李白这首作品的真意,也为这首音乐作品的理解奠定了基础。

(3)乐器介绍专题。乐器,能通过声波的和谐震动真切地反映人类的生活和丰富的思想感情,在细微之处能达到人类语言所不及的地步。乐器的诞生,可追溯到旧石器时代。中国民族乐器起源久远,品种繁多,个性鲜明,风格独特,显示出中华民族无穷的智慧和非凡的创造力。据古文献记载,早在西周(公元前 11 世纪—公元前 771 年)时期,中国就已经有了近 70 种乐器,按制作材料分为"八音",即匏、土、革、木、金、石、丝、竹。中国的传统乐器,20 世纪以来,一改历史上按制作材料分类的传统,而以吹、打、弹、拉分类,即以乐器的演奏方式来分类。在音乐广播中,把各种主要乐器按其诞生、音色及艺术表现力介绍给听众,对增加其音乐知识,可以起到普及与提高的作用。

(4)介绍演奏家的专题。20 世纪 80 年代后期开始,港、台、日本的流行文化开始影响中国。新世纪以来韩国、欧美的流行文化和娱乐观念对中国的冲击更大。很多人对港、台、韩国、欧美、日本等的歌星、影星如数家珍,但能把京剧四大名旦说清楚的人不多。虽然,时代使然,这也属正常现象,但是,在国民中听流行歌曲的多,听器乐曲的少,谈论歌星的多,而议论演奏家的少,这不能不说是音乐素质,乃至文化素质相对低下的一种表现。新世纪又过去了十多年,中国的一些有识之士不断鼓吹,政府也开始注重"文化软实力"建设,人的文化素质是前提。在音乐广播节目中介绍音乐演奏家,使听众增加音乐知识和听器乐曲的兴趣,以帮助他们提高对音乐的欣赏水平。

(5)节日专题音乐会。中华民族重视传统的节日,也是"亲情文化"的一种反映。中国千百年来世代相传的重要节日有端午节、中秋节、重阳节、春节和元宵节等。在这些大大小小的节日里,阖家团圆是一种情感的调节和补充,同时也会设定很多仪式感很强的活动。像端午节吃粽子、赛龙舟,中秋节吃月饼、赏月,九九重阳节便登高远眺,元宵节吃汤圆、挂红灯,春节更是中华民族最重视的传统节日。中华人民共和国成立后,又增加了国庆节、五一劳动节、元旦等等。再加上改革开放以后,在这块古老的国土上又多了一些"洋节"舶来品,如圣诞节、母亲节、情人节等等,数不胜数。

结合不同节日的特点,设计并播出一些欢乐喜庆的音乐类节目,不但能为节日增添欢乐气氛,又能使听众欣赏到音乐同时产生一些情绪情感共鸣。如《中秋音乐会》选编与中秋、明月有关的音乐作品外,讲一些关于"仲秋"有趣的古老传说,或许能使听众感到"中华文化"的认同与自豪。当然,借"海上生明月,天涯共此时"抒发祝福亲朋好友团圆、幸福之余,衍生对港台、澳门同胞团圆、幸福之外的"统一"政治主题,也是中秋音乐会的核心内容意图。

第三节　广播戏曲、曲艺节目编导

广播戏曲节目是中国独有的广播文艺节目形式。戏曲广播是整个广播文艺的重要组成部分,也是中华传统文化构成中戏曲艺术录音和实况播出形态。中国的戏曲源远流长,遗产丰富,剧目繁多,据有关材料表明,按 1959 年的统计,中国各民族各地区的戏曲剧种共有 360 多种,有"南昆北弋、东柳西梆"等说法。戏曲在中国的传播历史悠久,流派纷呈,一直是广大民众喜闻乐见的艺术形式。追忆到久远的时代,那时的城镇就有很讲究的会馆、剧场、戏楼和茶馆,即使勾栏、瓦舍、戏棚也是一般市民百姓津津乐道的地方。即使在偏远的乡村祠庙、土台和场院,只要锣鼓一响,方圆几十里的农民,不分男女老幼都会不召即到。这种传播格局可能很少出现"中空"地带,覆盖面绝对超过现在现代化的广播和电视。

一、广播戏曲节目的主要内容类型及编导手法

广播戏曲节目主要来源于社会舞台的演出录音。作为广播文艺节目中的一种类型,广播戏曲节目,经常采取的是戏曲选段、选场、戏曲演出实况录音剪辑、戏曲知识讲座、戏曲专题、听曲学唱和戏曲唱腔联唱等节目形式。

从各个广播电台戏曲节目的发展来看,戏曲广播通过专题栏目的设置,容纳着各种戏曲节目形式,为广大喜爱戏曲的听众所青睐。所以,戏曲舞台的繁荣与萎缩直接影响着广播戏曲的数量与质量。也可以说,广播戏曲节目的状况,是社会上戏曲艺术现状的一个折射面,也可以说是一种非常准确的等量折射。

纵观广播戏曲的发展,多年来广受追捧的栏目以中央人民广播电台为主,

地方电台设置的戏曲栏目为辅。如《京剧老唱片欣赏》是中央人民广播电台连续播出时间最长的专栏节目。它创办于 20 世纪 50 年代,一度时断时续地停播、复播,在 20 世纪 80 年代初期再度恢复广播。京剧作为中国比较有代表性的主要戏曲剧种,栏目里播出生、旦、净、丑等各行当、各流派的著名艺术家早年录制的唱片,给热爱京剧的听众欣赏,也为圈内同业人员研究之用。《听戏谈戏》,是中央人民广播电台的戏曲专题节目,主要是通过戏曲作家、导演及演员说戏、说唱腔,向喜欢戏曲的听众分别介绍我国有影响的剧种、优秀的剧目、唱腔和各流派的产生、发展及各自的艺术特色。《戏曲之友》是中央人民广播电台的另一个戏曲广播专栏,主要宗旨是向听众介绍国内著名的戏曲表演艺术家和较有影响的中、青年戏曲演员;该节目根据听众的需要设有多个小单元栏目,如《听众点播》、《听众论坛》、《看词学戏》、《看词听戏》、《演员介绍》、《首都舞台》、《戏剧动态》和《京剧小常识》等。《地方戏唱腔欣赏》也是中央人民广播电台的戏曲专栏节目,这个栏目的宗旨是通过选播我国地方戏曲剧种的优秀唱段,向广大戏曲爱好者展示特色浓郁、丰富多彩的戏曲艺术。

此外,地方广播电台也都有关于戏曲的广播栏目。但是,北京人民广播电台文艺台,由于地处北京,所以它的戏曲广播节目一直比较活跃、精彩并占有一定的播出比重。如其中的《戏迷俱乐部》、《家乡戏》、《黄金大戏院》、《梨园金曲》和《京剧大世界》等栏目,在北京的听众群中都极有影响。

1. "戏曲选段"的编导手法

"选段",是戏曲广播节目中最常见,也最受听众欢迎的一种节目形式。对那些内容相对完整,有相对独立性,艺术上又能保持剧种特色或能够代表风格流派,唱腔有所发展和创新,听众普遍比较喜欢的唱段,都可以选出来单独播放。这一切都是和唱段具有相对的连贯性,以及较完美的欣赏价值分不开的。如《霸王别姬》中虞姬唱的南梆子"看大王在帐中和衣睡稳",《空城计》中诸葛亮的西皮慢板"我本是卧龙岗散淡的人"等。

所谓唱段的相对独立性,是指唱段中唱词的内容要比较完整。唱段或是表述一件事,或是抒发某种思想情感,或是揭示在特定典型环境中人物此时此刻的内心世界。所谓的连贯性,是一个人物的不同唱段,特别是剧中主要人物不同场次的不同唱段,或是能揭示人物在激烈矛盾,或是通过不同唱段展现人物性格的多侧面性,使之在听众的心目中形成一个艺术典型。唱段的欣赏价值,是选择唱段最重要的方面。要注意选择那些具有剧种艺术特色,富有流派特点,或是演员的唱功得到听众公认的唱段,这直接关系到节目的收听率。在戏曲专题节目中,唱段也是其重要的表现内容,是表现剧和演员的优秀所在。戏曲中的"选场"播出,一般也都是选择唱段相对集中的场次,即使戏中剪辑所要保留的也是全剧最主要的场次，最主要的唱段。这是因为唱段是戏曲的主要表现手段，也可以说是戏曲的"魂"，如果戏曲中没有唱段，它也就不成为戏曲艺术了。

在对戏曲选段的编辑中，第一，编导要站在听众的立场去处理节目。比如，在选段的播出中，如果听众对这些唱段都很熟悉，知道这段唱是属于哪一部戏、哪一折，剧中人物是在什么情境下做什么，主持人可以稍作串连就直接播出。像《贵妃醉酒》中"海岛冰轮初转腾"、《女起解》中"苏三离了洪洞县"、《借东风》中"我本是卧龙岗散淡的人"等唱段，在中国稍有戏曲知识的人对这些唱段的前因后果都比较熟悉，不需要编导和主持人做过多介绍。第二，有些唱段，对于一般听众来说，他们似曾熟悉，但对每句唱词的内容又根本说不清楚，像这样的情况，编辑（主持人）可事先向听众交待清楚。这种交待的方法有两种：一种是在播送唱段之前事先说明；另一种是在唱段播送的同时由主持人播送唱词。第三，对一些很有代表性的唱段，大多数听众不是很熟悉，有的人也许还感到很陌生，在这种情况下，主持人（编辑）可用简练的语言把剧情介绍清楚，使听众明白这是哪个人物在何种情势下有这段唱的。

2."戏曲选场"的编导手法

在戏曲节目中，选场的播出也是经常的。所谓"选场"，是在一出大戏里能够相对独立的、有代表性的重点场子，可以选择出来单独播送。如大家比较熟悉的《赤壁之战》中的《借东风》，《玉堂春》中的《女起解》，《杨门女将》中的《灵堂》，《梁山伯与祝英台》中的《十八相送》、《楼台会》，《红楼梦》中的《黛玉焚稿》、《宝玉哭灵》等等，都属于这一类。正因为这类的重场戏有其相对的独立性，主要人物的唱段和对人物性格的展示相对比较集中，所以它也可以单独演出，被称作"折子戏"。

"戏曲选场"应让听众了解整个剧情，使之做到心中有数，即将播出的这场戏在整个剧中占着什么位置，以及这场戏的规定情境和主要矛盾冲突等都应在播出前向听众说清楚。这个任务当然是由解说来完成。戏曲"片断"也是戏曲广播的一种节目形式。所谓"片断"，是选择重场戏中情节和唱段相对比较集中的部分，如京剧《沙家浜》第四场的《智斗》。选场和片断的播出，在节目的前一部分都有一段解说，它的任务是交待剧情梗概以及即将播出的这场戏在全剧中所占的地位和这场戏的规定情景及主要矛盾冲突。这样播出不会使听众产生"孤立感"。在审美过程中，审美主体只有对审美客体有了较全面的了解的情况下，才能对审美客体的"局部"产生更深层的审美体验，这是人之常情。

3."戏曲录音剪辑"的编导手法

"戏曲录音剪辑"是戏曲广播的一种节目形式。它是以戏曲演出的剧场实况录音为节目素材,按照广播的"听觉艺术"原则编制而成的、有独特感染力的戏曲广播节目形式。电影录音剪辑、话剧录音剪辑、歌剧、舞剧的录音剪辑都是广播电台文艺节目的类型。戏曲录音剪辑的制作,比较其他戏曲节目的制作显出一定的难度。

成功的"戏曲录音剪辑"节目,能使原先几个小时的戏曲故事浓缩到规定好的节目时间,使剧中人物、情节等艺术手段得到更集中更完美的体现,从而更能展现其艺术感染力。编导首先要决定选材,然后必须对剧本进行较深入的研究,透彻揣摩主题,抓住主要故事情节和主要人物的行动线。戏曲录音剪辑既是对舞台戏曲的传播,又是把编辑自己的主观感受传播给听众。编辑的主观感受是他在欣赏戏曲活动获得的,他先对戏曲艺术形象有了一定的"体验",然后再把体验到的东西,形象、生动地表现出来,以感染听众。编辑的感受、体验是否正确、深刻,能否通过再创作使"戏曲录音剪辑"既忠于原作,又尽可能地使原作思想、主题升华,就取决于编辑业务水平的高低。

从人的生理条件来看,人在纯听觉的欣赏过程中,思维活动具有一定的不稳定性和流动性,其表现就是极容易分散注意力,使审美感情受到一定的损耗。因此,戏曲录音剪辑要突出主干,剪去旁枝;突出戏中的主要人物和主要情节,剪去次要人物和过场戏;要突出"重场戏",注意各地方剧种各流派的艺术特色的体现,解说、唱腔、念白、音乐、音响要交相辉映、浑然一体,给听众一个完整的艺术体系展现。编导必须熟悉戏曲的唱腔、锣鼓和表演程式,只有这样才能在剪辑中突出主题,保留精华,注意唱腔音乐和伴奏锣鼓的适当剪裁,如戏曲中多次重复的锣鼓点和戏曲曲牌。

广播是"想象的艺术"。戏曲剪辑在解说的写作中要注意的第二个问题是扩大舞台空间,积极调动听众的想象力。视听综合艺术,它不仅可以"听",而且可以"看"。而且这个"看"可以说是文艺欣赏所得信息的绝大部分,这种五彩缤纷的舞台具象可以说更具有艺术的冲击力。但是,如果从问题的另一侧面来看,广播更富有想象的空间,失去"具象"的戏曲录音剪辑节目,应设法将其原来的"弱项",转变为它的"强项",并使其得到尽情的发挥。

4.戏曲专题节目的编导手法

戏曲专题节目,是指按内容构成和组合形式划分的节目种类之一。指与综合性节目、板块性节目相对应,播出内容相对专一的广播节目。专题性节目经常用于对某一领域或某一方面的情况和问题向受众作连续的、深入的反映,或对某一重大事件或典型单位、团体、具有典型性的人物作较为详尽的报道和介绍,以满足受众一种特殊的需求。挂牌固定的专题节目,一般都具有相对稳定的受众群,是一种深受大家欢迎的节目形式。

所谓"广播戏曲专题",归纳起来可分为两种类型:①报道性的戏曲专题节目。报道性的戏曲专题节目是以"写人"为主的,偏重向听众介绍戏曲演员。因为他们或是艺术成就卓著,或是在戏曲领域有新的突破,或是"艺德"高尚,人们对他们有新鲜感,对他们的各方面情况都有着浓厚的兴趣,极容易成为大众关注的热点。②知识性戏曲专题节目。主要是向广大戏曲听众介绍各种戏曲知识,介绍戏曲名家和戏曲名作的艺术成就和艺术风格,以提高他们对戏曲的认识和欣赏能力。节目中包含赏析、赏评、知识性和趣味性的节目。比如,安徽电台的《黄梅戏·舞台上的女性美》,对黄梅戏中的主要女性形象进行了分析和概括,给听众理出了一个清晰的概念,并在其中穿插一些典型优美的唱腔,再逐段给以评析。先向听众讲述黄梅戏里"仙女像仙姑",再讲黄梅戏里塑造的"女性形象高于男性形象",接着再阐述了在黄梅戏这个剧种里对"女性美"的总体赞颂,最后归结说黄梅戏隶属吴楚文化,"它是一种轻柔"。整个节目给人留下了完整有序的感觉。还有,天津电台的戏曲专题《漫话〈二进宫〉中的渔樵耕读唱法》,是一档典型的知识性专题节目,显示了编创人员戏曲知识的底蕴及能力。

5.戏曲故事的编导技巧

戏曲故事是近些年才流行的一种戏曲广播节目形式。它短小精悍,形式灵活多变。在二三十分钟的节目里,可容纳一出完整大戏的内容,也可容纳传统的连台本戏,同时还可容纳某个历史人物、现代人物的一生或所做的成就。

戏曲故事的构成以讲述为主,语言是其主要构成部分。故事中的人物,故事中的来龙去脉和主要情节,不是靠剧中人物的表演,而是靠讲述人的讲述。但在有的戏曲故事里可以插入极少量的关键情节里的人物对话,如武汉台的戏曲故事《赵氏孤儿》里,奸臣屠岸贾为陷害赵盾和晋陵公的对话,还有就是赵武长大成人后偶然间见到程婴画的"雪冤图"后和父亲的对话。这对话充分展现了赵武见义勇为的性格,也使程婴逐步相信,15年的艰难岁月,终于等到了为赵家报仇雪恨的日子。

在戏曲故事里通常都有戏曲中最出色的主要人物的主要唱段。这一部分的构成,可以说是戏曲故事和文学故事的主要区别,是戏曲故事最显著的构成特点。故事中所含的唱段不宜过多、过碎,一定要有代表性。是为"这个故事"而唱,为主题而唱,为展现人物的艺术魅力而唱的。如,在前面所提到的戏曲故事《赵氏孤儿》中,共有两段唱。一段是冒着满门抄斩危险的程婴,以自己的亲生儿子换下了孤儿赵武。他历经了举国上下的 15 载唾骂和屈辱,不能哀,不能悲,不能哭,更不能诉。直到尚将军魏绛被招回京,那一颗忍辱负重的心才得以昭示和慰藉。魏绛老将军"屈打程婴"的误会解除后,为程婴高唱了一曲颂歌。故事中的另一个唱段是 15 年后,通过程婴所制的"雪冤图"画卷,生动地记录了赵氏孤儿一家的悲惨遭遇,同时也记录了程婴忍辱负重、噤若寒蝉的艰难岁月。当孤儿问起这画卷是怎么回事时,老年程婴便向他道出了事情的原委。

另外,安徽人民广播电台制作的戏曲故事《孔雀东南飞》,除了叙述文字之外,其中也设计了四个精彩的唱段为这个悲剧故事作了艺术的铺垫。广东台创作的戏曲故事《关汉卿》则采用了另一种样式。通过介绍元代戏剧家关汉卿勤奋创作的一生,辑录了他的最有代表性的作品,如《窦娥冤》、《拜月记》和《望江亭》等最精彩的选场和选段,使听众在不长的时间内对关汉卿这位历史名人有了一定的了解,同时还欣赏了他的名篇名作。

二、广播曲艺节目的主要内容类型及编导手法

曲艺节目是广播文艺的重要组成部分,是电台播出的各种说唱艺术节目的总称。曲艺的主要艺术特点有五个表现:第一,节目是以带有表演动作的说唱来塑造人物形象,叙述故事情节,渲染环境气氛。第二,以叙述为主,代言为辅,一人多角,绘声绘色,形神逼真。第三,所使用道具简单,为其伴奏的乐器少而精,同时与民间音乐关系非常密切。第四,曲种丰富,全国各民族、各省市地区据最新统计有 300 多个曲种,其中主要包括大鼓、弹词、琴书、道情、牌子曲、快板、评书、相声、数来宝、大本曲等。其中长篇评书和相声等节目,深受各地听众的欢迎,是电台常播常新的节目。第五,曲艺形式灵活,反映生活迅速,制作、播出比较方便,电台在制作节目的选材上有比较大的主动性,因此曲艺节目在中国文艺节目的宣传中有"轻骑兵"的称谓和说法。

1. 广播曲艺的产生及发展

曲艺一词的产生,源于 1949 年 7 月召开的中华全国第一次文学艺术工作者代表大会。会议期间成立了中华全国曲艺改进筹备会,把解放前被称为说书、俗曲、杂耍的民间说唱艺术,正式定名为"曲艺",使其被纳入文艺范畴。

中国广播曲艺的发展状况,从中央人民广播电台到各地方电台大同小异。以中央人民广播电台、北京人民广播电台为例,根据资料记载,北平新华广播电台文艺科继承老解放区广播文艺的战斗传统,认为曲艺形式简便,能迅速反映现实生活,自 1949 年 9 月 1 日起,开始和中华全国曲艺改进筹备会联合举办专栏文艺节目《广播曲艺》,每天直播一次 30 分钟长度的新曲艺节目。以

1950 年第一季度为例，每天播出两次文艺节目，其中第一次就是曲艺节目。第二次是由苏联歌曲、苏联乐曲、秧歌剧、民乐（当时称"国乐"）、新歌曲、京剧、地方戏等节目轮流播出。可见曲艺广播在当时的重要性。全季度播出的曲艺节目共有四十几段，如乐亭大鼓《李秀娟卖豆腐》，奉调大鼓《魏炳义回家》，京韵大鼓《百鸟朝凤》，莲花落《马大娘探子》等等。当时的北京市文联主席老舍先生也参加曲艺段子的创作。这个栏目，1952 年改在北京市人民广播电台每天中午播出。

1952 年 10 月 6 日到 11 月 14 日，文化部为贯彻"百花齐放、推陈出新"的方针，举办了全国戏曲观摩演出大会。其中有一场曲艺专场。老艺人白云鹏演唱的京韵大鼓《花木兰》和天津队演奏的五音联弹，录音后及时播出了。

相声节目，由于散班社的演员不大注意广播，同时也缺乏较好的节目，直到 1953 年新年中央人民广播电台才首次播出新相声《新历书》，由孙玉奎、侯一尘演播。1954 年 1 月 9 日首次播出整理过的传统相声《大保镖》，由刘保瑞、侯一尘合说。2 月 2 日播出《改行》，由侯宝林、郭启儒合说。1955 年侯宝林、郭启儒参加说唱团工作以后，不断举行"新作试演会"，并进行实况录音。从此相声节目才大量播出。

中央人民广播电台自 1954 年 5 月 5 日开始，在第二套节目播出连阔如说的长篇评书《三国演义》，这是中央台首次播出此类节目。1956 年 4 月 27 日，中央台首播曲艺知识节目：侯宝林讲《关于相声表演的问题》。1958 年 6 月起，曲艺播送了大量反映现实及配合政治任务的新节目。1962 年开始每星期固定播送一节评弹，直到"文化大革命"才中断，1980 年恢复，隔周播送一次。曲艺节目约占文艺节目总播出量的 10%，其中新相声节目主要靠说唱团录制。其他配合中心任务的曲艺节目，如曲艺联唱《六十个阶级兄弟》、京韵大鼓《罗盛教》、西河大鼓《邱少云》等，也都由说唱团创作并录制。

1962 年 3 月，中央台试办了《相声杂谈》、《广播书场》、《相声和轻音乐》和《评书》等专栏。每周一次的《文艺信箱》侧重介绍知识性节目，如《山东快书的表演特点》等等。"文革"十年，曲艺和其他文艺形式同样遭到破坏。"文革"结束后，相声首先冲破桎梏，在曲艺领域中走在前列，创作并演出了轰动全国的如：《帽子工厂》、《白骨精现形记》、《如此照相》和《假大空》等受欢迎的节目。

北京人民广播电台，在这个时代里，曲艺节目在整个电台的文艺广播宣传中也起到了举足轻重的作用。据资料记载，1949 年北京台第二、三、四台相继成立后，戏曲、曲艺节目大幅度增加。因为考虑到北京听众的爱好，在文艺节目中戏曲、曲艺的栏目有《相声》、《评书》、《单弦》、《琴书》、《京韵大鼓》、《西河大鼓》、《铁片大鼓》以及《曲艺轮流节目》等。其中曲艺节目大多由老艺人到广播电台来直播,如评书演员连阔如,曲艺演员曹宝禄、关学增、马增芬、魏喜奎等,都曾到北京台参加演播。

1950年10月,北京台首次转播剧场演出实况,转播间隙,插播广告,收入全部捐献抗美援朝。进入60年代以后,曲艺广播从内容到形式有了明显的改观,在节目里开始向听众介绍曲艺的艺术风格和唱腔。在盛夏酷暑季节,还曾举办《乘凉曲艺晚会》,深受听众的欢迎。1964年4月,北京市举办了《曲艺现代题材曲目观摩演出》,文艺组全力以赴积极配合,不仅转播了大部分演出,还特意开辟了专栏进行介绍、评论,在听众中形成很大的影响。中共十一届三中全会以后,曲艺广播的内容得到进一步的充实,开辟了《相声和轻音乐》等栏目。

2.广播曲艺节目的编导方式与技巧

20世纪80年代以后,中国改革开放使得各种传媒纷纷崛起,各色的文化娱乐令人目不暇接。各电台的文艺广播也在各尽其能地改版,以更好地适应这个历史时期听众的审美需求。以中央台为例,曲艺节目播出的时间从文艺节目总时长的10%降到8%左右。曲艺组的工作重点是编采新的曲艺段子(包括新相声段子)、评书、评弹和努力办好《文艺信箱》节目。20世纪90年代,为保护民族文化遗产,北京台组织了传统相声专场演出,并请老艺人罗荣寿、高凤山、王世臣、于宝村等录制了14段传统相声。还与天津、安徽、山东、广东、大连、青岛、黑龙江、福建、上海、海峡之声等省市电台共同组织了曲艺广播联席会,多次组织相声演出交换活动,参与组织了国际相声交流演唱会,并在这个基础上成立了中华曲艺协会广播曲艺艺术委员会。这些活动推动了曲艺事业的发展,也为曲艺艺术的振兴做出了贡献。值得一提的是,1993年北京台制作播出了大型系列说唱《北京颂》,用数来宝快板书、北京琴书、说唱单弦、京韵大鼓、京东大鼓、西河大鼓、山东快书、相声、河南坠子、乐亭大鼓、联珠快书、故事、大岔曲、梅花大鼓、太平歌词、北京时调等20多种曲艺形式,表现北京改革开放后的大好形势,描述北京的名胜古迹,颂扬各条战线上的英雄模范事迹。这档节目受到曲艺爱好者的极大欢迎。

(1)曲艺节目的选材。电台的曲艺节目来源,即选材方式基本有三种:第一种,从社会上的曲艺演出中,编导去采录思想内容和艺术质量上乘的节目,再在电台加工播出。第二种,编导可以有针对性地向社会组织曲词脚本,另外还可以从报刊上选材,或编导自己进行加工,然后再组织演员进行排练录音。第三种,有计划有目的地整理传统曲目。因为这部分节目在民间流传多年,深受听众喜爱,有的甚至达到了家喻户晓的地步。有些曲目主题是好的,但由于在民间艺人中口头流传多年,难免加上了一些低俗的、不能登大雅之堂的噱头和无聊的细节描述。对这些节目的整理要"去粗存精，去伪取真，去其糟粕取其精华"，如《三国》、《水浒》、《杨家将》、《包公案》、《梁祝下山》、《白蛇传》、《杨乃武》、《珍珠翡翠白玉汤》、《关公战秦琼》等。

(2)曲艺节目的播出形式。曲艺节目的播出形式比较灵活。可以单个节目播出，如评书、相声、大鼓、单弦等；可以是同类节目的组合，比如播出一组相声，给听众营造一段持续的节目氛围；也可以不同类曲艺节目组合，不同曲种的节目组合，比如相声、快板、北京琴书、河南坠子和评弹的组合；或者曲艺和其他文艺节目的组合，比如相声和轻音乐的组合，形成《相声和轻音乐》专栏；也可以和多种形式的文艺节目组合，形成"综艺板块"节目。此外，曲艺还可以和知识性节目相结合，比如介绍骆玉笙的演唱艺术，介绍评书的艺术特色，介绍弹词的流派，介绍快板书的表演，介绍山东快书的表演特点，介绍侯宝林是怎样整理相声的，等等。

曲艺节目的编创，随着时代的步伐也渐显其雅俗共赏的艺术魅力。历史的车轮已经进入 21 世纪的快车道。社会、文化、文艺随着经济的发展在前进，曲艺节目也要发展、前进。值得肯定的是，中国广播文艺评奖活动的设立对其发展起了促进作用。再有，当下仍有很多曲艺的践行者、推广者和一些学习并参加表演的年轻人，用自己不懈的努力在为曲艺的发展尽力，如郭德纲和他的"德云社"，比如一些地方的戏曲学校，民间的曲艺表演团体等。

第四节　综合文艺板块广播节目编导

所谓"综合文艺板块"，是指广播文艺中包括音乐节目、文学节目、戏曲节目和曲艺节目等类别不同、题材不同、形式各异、有特色的各种节目的组合展现。通常有主持人的生动串联，有热心听众积极参与，是一种有一定主题性的、内容具有综合性的、有相当时长的大型广播文艺节目。"板块"一词最早是由广东人民广播电台 1985 年 7 月推出的节目冠以这个名称的，后得到全国广播界、电视界同行的认可。"板块"的含义，原属地质学中的名词，顾名思义，这种板块结构应该是比较严谨、比较牢固的。从另一个角度看，"格式化广播"[①]的内容编排也遵循分单元的相对集中观念，而且这种观念在欧洲和美国最早于 20 世纪 50 年代就已形成。中国的广播媒介从业者在"睁眼看世界"的时代

---

① [美]乔治·罗德曼(George Rodman). 认识媒体(第二版)[M]. 邓建国译，北京：世界图书出版公司，2010.

开始不久,既能借鉴又加入自己的观念和新思路,实属难能可贵。

一、综合文艺板块广播节目的形式与特征

综合来看"板块节目",不单只是文艺类,还可以有新闻类、专题类、服务类、对象类等。广播文艺板块节目中,也不只是"综合文艺板块",还可以有文学板块、音乐板块、戏曲板块、曲艺板块等等。"综合文艺板块"的直观特征有如下几方面表现:第一,节目的时间长度相对自由,基本在 30 分钟至 180 分钟之间。第二,采用栏目化结构。每个栏目中均可设置一些小的单元或小栏目。第三,主持人全程参与直播。这是板块节目较突出的特点,也是广播电视媒体技术、观念走向成熟迈出的一大步。第四,听众参与互动。听众参与形式随着电子技术、通讯工具的多样化,愈发自由。目前,各个电台都采用"多媒介综合利用模式"与听众互动。如热线电话、短信平台、网络互动、"微博"平台、"微信"平台、QQ 等即时互动交流软件平台等。主持人以"我"的身份出现与听众平等、和蔼、生动、活泼交流,不仅拉近和听众的距离,而且使听众很快进入设计的节目情境之中倾情参与,这种参与本身也成为了内容。

广播"综艺板块"节目,自其诞生以来就受到听众的关注与青睐,因为板块的内容贴近听众的欣赏心理,符合听众的审美需要。"综艺板块"节目,在内容表现上,充分体现了欣赏性和综合性。

广播"综艺板块"节目,是多个门类艺术的有机综合,也是一种板块状的艺术组合,因此,既要考虑总体编排又要考虑短期编排。所谓总体编排,是指对节目的总体设计。从确定它的宗旨、定位,到节目总体名称,再到它的受众群体;从总栏目的展示主题,到其中各个小栏目的设想和各自时间段的分割等等。这种总体编排,可给人勾勒出这档节目的总体形象和宣传的全貌。以北京经济广播的《国安综艺》板块节目为例。《国安综艺》是综合性文艺板块节目,以"服务市场经济,娱乐大众生活"为方针,把不同体裁、不同主体的单元节目通过主持人的有机串连,将传播、教育、服务、娱乐、参与等多种功能统一在节目之中。其中设有《名人访谈》、《燕语莺声》、《开心一小时》、《歌声伴你》、《万家同乐》、《今日时尚》、《心海罗盘》、《星期书屋》、《国安热点》、《休闲别墅》等 40 多个栏目,每星期的节目中不会少于 8 个单元。节目开办以来,一直深受听众的欢迎。

所谓短期编排,是针对一次性节目的策划与整体安排,根据每一期节目宣传的中心,规范小栏目之后,要反复推敲每个小栏目中的单元节目的选定、前后的顺序和每个节目之间如何衔接和过渡方法,使节目的整体呈现最佳状态。上海人民广播电台的《我是中国人》的主题挖掘上,编导为了层层递进地开掘

主题,搜集了大量的录音资料。使节目整体结构设计严谨,多个小栏目的组合都在为同一主题的张扬,从不同侧面起着各自的作用。对此,编导从一首京剧歌曲广泛传唱引起的思索,有理有据地呈现出它的核心,把这首经过了4年多磨合创作的歌曲,利用京剧西皮流水板的唱腔,抒发了要"继承祖国的灿烂文明,做堂堂正正的中国人"的情怀。

在短期的编排上,每期节目中单元栏目需慎重思索,以取得最佳播出效果。实践证明小栏目设置不能过少,也不能过多。如果一档节目中仅设置二三个小栏目,再加上其中节目的含量又不丰富,听起来给人单薄的感觉,形不成"板块"的概念;反过来说,如果一档节目,设置过多的小单元栏目,不免会产生零碎的感觉,一定要给听众留下一个恰到好处的印象。

二、综合文艺板块广播节目的编排结构方式

编排的结构及方式指的是节目的总体组合和布局。首先应作到重点突出,不可所有栏目、所有细部平均使用力量,而要突出重点和主次。其次,要栏目分明。综艺节目通常由多栏目、多个小单元构成,每个栏目要有各自的特色,各自的功能和作用。中央人民广播电台的《今晚八点半》等综艺节目,在近年来不断地在编排的结构上作一些大胆的尝试,得到了不错的收听效果。第三,串联词要体现简明扼要的口语传播性。不论前面所提到的部分做得再精彩,但缺乏了这一项,一切都可以说达不到预期的播出效果。因为串联不好,整个节目就不会自然流畅,不会显出其各个关节间的作用和魅力。

1.编排的结构及方式

目前,广播综艺节目的主流结构方式有以下几种:

(1)多重主题,多个小栏目的组合方式。例如,中国华艺广播公司的《华广欢乐园》就属于这类组合结构。它可以安排当时最走红的歌曲,以激励听众的热情,传递着时代的气息。可为远离祖国的游子安排一篇以思乡为主题的美文。亲情、爱情和友情是人世间永远唱不尽说不完的主题,《华广欢乐园》可在《乡音乡曲》栏目中为听众安排这方面的内容,可以传递友情,打捞丢失了多年的爱情。在《每周文艺茶座》栏目中,大家可一起聊聊文艺界当前最热门的话题,比如交响乐在中国目前的情况,或严肃文艺在中国大陆的处境和未来前景的分析等等,这都是广大受众关注的焦点。另外,宁夏台的《周末一小时》节目也属于这种组合结构。该节目有着较强的地域特色,可以向听众介绍宁夏民歌花儿,介绍宁夏坐唱《白字经》;可以采访本省的著名作家张贤亮,听听他对某些问题的看法等。

(2)单一主题,多个小栏目的结构方式。天津电台制作的《情在中秋月上

时》,突出了"中华大家庭,共赏中秋月"的幸福美好的景象。节目一开始,主持人就把听众带进了诗的意境"月亮是上帝为地球派来的伴侣,有了它,地球上的夜不再总是一片黑暗,而是……"点出了月亮给人们带来的美好心绪。节目中选播了五首与月亮有关的民族歌曲。主持人亲切地说:"各民族朋友还抬起头欣赏着同一个月亮……心中升起'四海一家'的感觉",含蓄地点出了主题所在。随后又播放了五首与月亮有关的乐曲,五出京剧唱腔……除此之外,相当部分节目是歌颂祖国大好山河,歌唱山乡的巨变,颂扬人民幸福美满的新生活。前面我们已经分析过的《我是中国人》,也是属于一个主题、多栏目的组合结构,并且各方面都表现得比较典型。

(3)篇章式结构。专题宣传性较强的一种综艺形态。通常是为特殊的日子、特殊的政治需要、特殊的对象和特殊的内容,进行特殊的编排和结构。这种综艺板块特别节目,在我们日常的宣传中不算少。它是在保持综合文艺板块的大构架下,根据特殊的意识形态宣传需要而完成结构的。

(4)标题串接结构方式。吉林人民广播电台的节目《738文艺列车》,就可列为这类结构方式。在总的节目名称下设立它所需要的栏目,这些小栏目都以车站来命名,随着这辆《738文艺列车》的行驶,把所需的各个栏目串联起来,给听众留下一个完美的印象。

2.串联词的写作与表达

综合文艺板块节目中的串联词,是节目中的有机组成部分,是使所有单元节目联结成一个整体的组织者。但是又不能把它看成一个简单的"连接词",它应该深化节目的内涵,使其层层入扣。它不能是游离在节目之外,从外面随意贴上去的东西,它和每个单元节目应是贴切自然、水乳交融、浑然一体、交相辉映的关系,是整个板块不可缺少的机体。它的艺术性的高低,直接影响着整个节目主题的展现,艺术魅力的发挥。

串联词在节目中的作用是为听众欣赏而服务的,是节目的特殊结构形式。串联词的好坏,直接决定节目的质量和品味的优劣。①串联词要把所有节目串联成一个统一的整体。一档节目只有成了一个统一体,才能完成其主题的展现,完成其艺术魅力的张扬。②串联词要具备信息量。这是当代受众所关注的核心内容之一,因为当下的"信息超载"时代,人们因为要面对"选择"太多,所以当一个文化传播产品缺乏"信息含量"时,会被现实的听众马上"抛弃"。③串联词要有对节目合理的评析。这可以"诱导"听众更准确地欣赏和领会节目的艺术性及其内涵。这种评析要简练而含蓄,更确切地说是要起到"画龙点睛"的作用。比如,在《音乐水晶宫》中有这样的串联词:"……让我们来欣赏他们演唱的德国著名音乐家舒曼的作品《吉卜赛生活》。歌曲的演唱形式很丰富,既有活泼热烈的合唱,又有轻巧、欢快,如百灵鸟般的对唱以及重唱。"④串联词要注重同听众和嘉宾的交流。这种交流是不可缺少的,但必须是发自内心的。

广播没有视觉形象,缺乏眼神的交流,常会使人觉得这种来自遥远天空的声音显得很空虚,没有实实在在的印象。主持人同听众和嘉宾的交流会给人注入一种亲切和温暖的感觉。这种发自内心的交流,听众会觉得主持人就坐在他的身边,在对他说天、说地、说家常;认为主持人是他的朋友,是他的亲人。北京音乐台陆凌涛主持的《老式汽车》节目,曾经有一期节目,当他向听众说明这个节目马上要停播时,马上有一个教师把电话打到直播间,说这个节目千万不能停播,说他每天都收听这档节目,是主持人的亲切话语陪他度过在病榻上的日子。这位教师非常激动,几乎是求他不要放弃这档节目。这虽是档直播音乐板块,但能表明主持人和听众的交流是成功的,可以说这是紧紧抓住听众的手段,是节目形成轰动效应的条件之一。诚挚的交流是人类的情感需要,诚挚的交流是广播从业者和听众之间的情感线。

★课后研究、思考与训练建议:

● 何为"广播文学节目",其具体有哪些表现形式?

● 如何理解"音乐广播"的概念,其对中国广播文艺有何具体影响?

● 什么是"专题性音乐节目",它包含哪些内容类型?

● "综合文艺板块广播节目"的编排观念是基于哪些影响形成的?

● 思考并研究"格式化广播"概念的形成背景。

● 选取一个"音乐广播"频率(电台),分析并讨论其结构设计特点。

● 思考并分小组讨论:文艺广播节目与戏剧、影视的关联有哪些,并把讨论形成报告。

第五章 电视文艺节目的类型特征与编创原则

电视文艺节目是运用艺术的审美思维,把握和表现主客观世界,通过电视声画语言,发挥电视本体特性,塑造鲜明的屏幕艺术形象,给电视观众以认知、娱乐、教育、审美四位一体的综合艺术享受的电视节目类型。如果仔细地审视中外电视文艺节目的发展历程,会发现其都是伴随着电视行业的发展而逐步增多,并日益成熟的。在电视行业建立初期,由于缺少录像技术,多数文艺节目是从剧场或演播室里直接转播的。这些节目虽然可以根据电视的需要,进行场景的变化,但仍然摆脱不了剧场演出的基本模式,缺少电视的特点。录像技术的发展给电视文艺节目提供了大发展的机遇。借助录像技术,电视台逐步保存和积累了大量的戏剧、歌舞、音乐节目。这些节目通过剪接,可以进行分解、组合,形成新的节目。电视文艺节目在具有新的制作手段后,进入了快速发展的新阶段。

第一节 电视文艺节目的概念及分类

20世纪90年代,随着电视观念的变化,电视节目内容和表现手段都在不断进行着调整。电视作为一种大众传播媒介,自诞生之初就因其传播的及时性和艺术的兼容性而成为一种强势媒体。中国电视文艺是中国传统文艺的一种延续和再发展,是充分体现艺术与传播,艺术与技术相结台的新的艺术样式。但是,面对日益加快的生活节奏,大众消费文化大行其道的当下语境和电视的大众传媒特性,这种变化和调整因电视观众欣赏水平及要求的提高而更加明显。

一、电视文艺节目的概念界定

进入 21 世纪以来,尤其近十几年,电视文艺节目的内容与制作手段日趋多样,不再是单一元素的认知,或者娱乐、教育、审美式的传统形式了。电视文艺节目作为电视媒介和文艺形态的结合体,是运用电视先进的电子技术手段,以及独特的表现手法,对各类文艺作品进行加工和创造,并通过电视屏幕传播的一种别具一格的综合艺术形式。电视文艺节目往往会通过鲜明的屏幕艺术形象,达到以情感人的目的,并给观众以艺术的审美享受。

所谓电视文艺节目的概念,可以从广义和狭义两方面来理解。针对广义的"电视文艺节目",《辞海》[①]对"文艺"一词的词条释义如下:文艺作为名词,其所指的是"文学与艺术的统称"。由此来看,电视文艺节目在泛称意义上是指"电视文学与电视艺术的统称",它涵盖了电视屏幕上的一切电视文学艺术样式。它主要是指人们运用艺术的审美思维,把握和表现客观世界,通过塑造鲜明的电视屏幕形象,达到以情感人的目的,并给观众以艺术的审美享受的屏幕艺术形态。其中包括:电视剧(电视短剧、电视单本剧、电视连续剧、电视系列剧等),电视戏剧(电视小品、电视相声、电视戏曲、电视曲艺等),电视艺术片(电视风光艺术片、电视风情艺术片、电视民俗艺术片、电视音乐艺术片、电视歌舞艺术片、电视文献艺术片等),以及其它各类的电视文艺形态的节目。

狭义的"电视文艺节目"主要是特指那些运用先进的电子技术手段,对舞台上、演播室内演出的各种文艺作品形态,以及各类文艺活动进行二度创作。使得通过电视二度创作的艺术作品,既保留原有艺术形式的审美价值,同时又充分发挥电视特殊的艺术功能,成为有别于舞台上和演播室演出的各种艺术以及各类文艺活动的一种新的艺术品种。诸如,文艺汇演——电视文艺晚会,歌唱——音乐电视,散文与诗歌——电视诗歌散文,文艺活动、文艺人物、文艺现象、文艺动态和文艺热点——电视文艺专题等。

简而言之,所谓"电视文艺节目",主要是指那些运用先进的电子技术手段,对各种文艺样式进行电视艺术的二度创作,既保留原有文艺的艺术价值,又充分发挥电视的特殊艺术功能,给电视观众以新的文化娱乐和审美情趣享受的电视屏幕形态单元。它是通过电视传播媒介播出的各类文艺节目的总称。

电视剧的归属问题在电视文艺节目的概念范畴一直有个小争议。从广义概念的角度看,电视文艺是电视文学、艺术的统称,应该包括电视剧。但是,从

---

① 辞海(1989 年版缩印本),上海:辞书出版社,1990.

狭义的概念看,电视文艺又是电视剧之外的其他各类电视文艺节目的总称。不管这个争议属文字游戏,或是电视剧本就可以算作独立类型和门类,但其文艺性特点是客观存在的。文艺性节目是广播电视节目体系中一个最生动、最活跃的节目种群。当各种样式的文艺作品与电视媒介相结合时,便会产生新的艺术感染力;再加上电视受众多、传播面广的优势,文艺性节目在受众中极易产生"轰动效应"。同时,文艺的某些表现手法和形式,文艺中的音乐、曲艺等又可以渗透到其它各类节目中去,使其增光添彩,提高收听率、收视率,因此,文艺性节目是电视节目中很有特色的一个组成部分。

二、电视文艺节目的分类及标准

电视作为一个完整的系统,包含着电视节目、技术、传输等一系列的工种和内容。电视文艺节目,只是这个大系统中的一个组成部分,所以在探索电视文艺节目类别的时候,首先必须着眼于整体电视节目系统的分类,并以此作为依据和基础,才有可能使得电视文艺的分类更为合理、更为科学。回溯广播电视发展的历史,可以发现最初的节目均以内容题材粗略分类。世界上最早出现的广播媒体,如1919年美国威斯康辛大学实验台;1920年初俄国实验成功的无线电,都是以两类节目开始它的运动,显示它的传播功能的。这就是:新闻节目和文艺节目(主要是音乐)。电视也基本是这样的规律:1930年英国广播公司,更是以文艺节目(舞台剧)的转播出现的。世界各国广播电视媒体,也都是以新闻、文艺两种节目形态起手,然后才繁衍出多种电视节目的。

"电视分类学"虽已引起电视理论界的重视,然而仍处于刚起步的阶段。随着电视事业的飞速发展,依据广大电视观众对电视节目多样化的要求,电视节目的种类样式越来越多,层出不穷,几乎达到目不暇接的地步。这便给电视节目的分类,造成了一定的困难。为了解决这一分类的难题,我们可从不同的角度,运用不同的方法,对电视节目作分类。当前,学界和业界对电视节目的分类,也秉承了这种不同的标准和依据思路。

1.依据电视节目的内容、形态划分

对电视文艺节目依据其内容、形态划分的思路,主要是指艺术性、娱乐性强的诸多文艺表现形态作为主体,以核心内容为划分标准的节目类型。诸如音乐、戏剧、曲艺、舞蹈、杂技、绘画等,统归划分为"文艺类型"。当然,这些文艺类节目不再是指其原有的艺术形态,而是经过充分"电视化"叙事、表现的电视文艺新样式。这种类型划分也可以称为"按题材划分",是20世纪80年代以来一直通行的传统的节目划分观念和思路方法。

2.依据电视节目的外在形式划分

对电视文艺节目依据其外在形式来定义划分,源于 20 世纪 80 年代初期"春节联欢晚会"的出现。1983 年,中央电视台举办了第一届"电视春节联欢晚会",是这种"晚会"类型节目的滥觞。这一届"春晚"由黄一鹤担任总导演,采用了联欢晚会的架构节目模式,利用电视"直播"形式向全国播出。晚会中共设立了刘晓庆、姜昆、马季、王景愚等四位有特点、有个性的主持人,主持人的功能除了串接了相声、小品、戏曲、民歌、曲艺、杂技等不同文艺节目外,更重要的是承担了与现场观众与场外观众(通过"热线电话"接入现场)的互动。"春晚"模式一出现就引起观众的轰动,为其后"春晚"持续举行三十多年,一直到如今还在举办奠定了收视基础和导演模式。

"春晚"这种将包罗万象的综合性很强的艺术节目,集音乐、舞蹈、戏剧、猜谜、问答、笑话、故事、杂技、魔术、游戏于一体,又可以选择其中数项,根据内容需要,加以自由灵活的编排、组合的节目,被学界与业界定名为"电视综艺晚会"。"电视晚会"综艺节目模式类型,是中国电视从业者在实践中探索,其后依照观众需求变化不断调整改进形成的样式,某种程度上可以说是独立研发的一种文艺节目类型。其后,在电视观念调整,娱乐观念和商品化观念介入电视过程中,"电视综艺晚会"又逐步衍生发展成为"电视综艺节目"。电视综艺节目可以讲是当下最为火爆的,尤其是近五年来,电视综艺节目的内容、形式和电视的手段再进一步地创新与拓宽。主要表现在以下七种模式类栏目的热播:(1)相亲节目。如《非诚勿扰》、《爱情连连看》、《我们约会吧》。(2)选秀节目。如《快乐男声》、《星光大道》、《我是歌手》。(3)真人秀节目。如《天生我才》、《创智赢家》、《壹周立波秀》。(4)职场节目。如《非你莫属》、《职来职往》、《脱颖而出》。(5)歌唱节目。如《中国好声音》、《最美和声》、《中国星力量》。(6)益智节目。如《开心辞典》、《幸运 52》、《谁敢站出来》。(7)闯关节目。如《冲关我最棒》、《智勇大冲关》、《闯关》,新的节目形式的出现,大大扩展了电视文艺节目的受众范围,让不同的观众在不同的节目中得到不同需要的满足,极大地丰富了老百姓的精神生活。

3.依据电视节目的实用性功能划分

依据电视节目的实用性或者本身功能划分,可将节目宏观地划分为四种明确类型:①一般型:电视节目不以特定观众为对象,同时也没有特定事实上的内容规范,它为广泛的社会、人群服务。如一般性的新闻节目,资讯类节目等。②综合型:这是一种"杂志型"的电视节目,它既可以是文艺节目种群的综合,也可以是新闻节目种群的综合,更可以是既有文艺性也有新闻性的综合。

它具有广泛的"适应性"的特点。如央视的《东方时空》,湖南卫视的《快乐大本营》、《天天向上》等。③专题型:具有特定内容范畴的电视节目。如央视的《走近科学》,凤凰资讯台的《风云对话》栏目等。④对象型:以某一部分观众为对象的电视节目。如凤凰卫视中文台的《倾倾百老汇》等。

文艺性节目是电视节目体系中一个最生动、最活跃的节目种群。当各种样式的文艺作品与电视媒介相结合时,便会产生新的艺术感染力;再加上电视受众多、传播面广的优势,文艺性节目在受众中极易产生"轰动效应"。同时,文艺的某些表现手法和形式,文艺中的音乐、曲艺等又可以渗透到其它各类节目中去,使其增光添彩,提高收听率、收视率,因此,文艺性节目是电视节目中独具特色的一个重要组成部分。事实上,电视文艺在电视屏幕上已经自成体系,形成了一个色彩缤纷的电视文艺世界,也的确到了按照其内部构成规律,予以科学分类的时候了。依据目前电视屏幕上已经涌现的电视文艺节目的客观实际,依据制作、播出方式分,电视文艺节目可以分为十类:

第一类,电视综合文艺节目。它打破体裁、栏目、品种的界限,大体有主题或宣传"主旋律"①,根据总体构思需要组合、编排的杂志型、综合型、晚会型、比赛型的节目。如一年一度的电视春节联欢晚会、节日纪念晚会、行业性文艺晚会等"晚会"类型的栏目,以及上面提到的七类电视综艺节目:(1)相亲节目。如《非诚勿扰》、《爱情连连看》、《我们约会吧》。(2)选秀节目。如《快乐男声》、《星光大道》、《我是歌手》。(3)真人秀节目。如《天生我才》、《创智赢家》、《壹周立波秀》。(4)职场节目。如《非你莫属》、《职来职往》、《脱颖而出》。(5)歌唱节目。如《中国好声音》、《最美和声》、《中国星力量》。(6)益智节目。如《开心辞典》、《幸运52》、《谁敢站出来》。(7)闯关节目等。

第二类,是运用电视化手段创作、加工、编辑、播出的各类文学节目。如电视小说、电视散文、电视诗、电视散文诗、电视报告文学等。

第三类,是电视文艺专题片。电视文艺专题是目前电视文艺节目中优势正在日益显现出来的一类节目。所谓电视文艺专题节目,是指以文艺活动、文艺人物、文艺现象、文艺动态和文艺热点为中心题材围绕一个统一的主题而进行的电视专题节目,它带有鲜明的目的性、思想性、欣赏性和知识性。电视文艺专题片的种类风格是多种多样的,表现手法丰富多彩,因此,我们把电视音乐艺术片、电视歌舞艺术片、电视风光艺术片、电视风情艺术片、电视民俗艺术

---

① 主旋律原意指一部音乐作品或乐章的旋律主题。在中国的影视作品生产中主要指符合建设有中国特色社会主义的理论和党的基本路线,有利于改革开放和现代化建设的思想和精神,有利于民族团结、社会进步、人民幸福的思想和精神的电影与电视剧及电视节目。

片等归属于电视文艺专题片之中。

第四类，是电视戏曲节目，就是用电视手段编排、制作的戏曲节目。中国戏曲是包含文学、音乐、舞蹈、美术、武术、杂技以及人物扮演等各种因素的综合性艺术，是中国特有的戏剧形式。戏曲节目播送京剧、昆曲以及各地方剧种的传统戏、新编历史剧和现代戏，介绍戏曲知识，评介剧目、音乐唱腔和演员。其主要内容包括：①电视戏曲剧目——将完整的戏曲剧目，通过电视的景别切换"叙事"加工处理，使戏曲的主题、人物和表演更为集中突出；或打破舞台时空的限制，强化真实场景与戏曲表演的统一，然后运用电视转播和录像的方式制作而成的电视戏曲节目；②电视戏曲晚会——由"戏曲清唱"或"戏曲折子戏"为主要形式，经过电视技术手段的加工制作，由电视屏幕播出，则构成了电视戏曲晚会；③电视戏曲集萃——将深受海内外观众欢迎的戏曲名家所演唱的戏曲精华集中起来，以"唱段"、"片段"、"折子戏"的艺术形式，在电视屏幕上播出的电视戏曲形态；④电视专题戏曲——围绕某一中心主题，或某一统一形式而组成的戏曲演唱，经过电视的拍摄制作，而构成的电视戏曲样式。

第五类，是电视曲艺、杂技节目。以曲艺和杂技表演为基本素材，运用电视技术和传播方式，通过电视技术的特殊艺术处理所构成的电视文艺节目。曲艺是各种说唱艺术的总称，包括大鼓、弹词、琴书、道情、牌子曲、快板、评书、相声、好来宝、山东快书、天津快板等等。电视曲艺节目，主要是指通过电视的技术和艺术手段，将带有表演动作的说唱艺术形式搬上电视屏幕。电视杂技节目，主要是指通过电视的技术和艺术手段，将具有健美有力的形体动作，灵巧迅速的手法表演，多种高难动作的技艺所构成的杂技表演，搬上电视屏幕，则构成了电视杂技节目。

第六类，是电视音乐节目，包含音乐电视（MV）类型。电视音乐是电视与音乐结合而成的文艺样式，即以音乐为基础，利用电视化手段配以画面而成的电视音乐节目，其主要特点是既可看也可听。音乐电视是一种音乐节目形态，用著名的词作家乔羽的话说："音乐电视，就是将一首歌的演唱用电视的手段制作出来，使之有声有色，成为一种新的艺术整体。"《宣传舆论学大辞典》对电视音乐艺术片的解释是：运用电视技术手段，以音乐语言为抒情表意方式，以画面、语言为烘托的辅助表现形态，给观众以音乐审美感的电视艺术片种。虽然电视音乐艺术片的概念较大，但其形态与音乐电视并无两样。所以，音乐电视是电视音乐艺术片的一种独特的表现形式。

第七类，是电视舞蹈节目。电视舞蹈是电视与舞蹈相结合的电视文艺样式。电视是舞蹈的载体和媒体，担负着舞蹈的传播和二度创作。舞蹈有自身的美学特征、动作语汇。只有完整地理解舞蹈的语汇、类型、审美特征等，才能用电视完整地表现舞蹈,并运用电视的手段对舞蹈进行二度创作,创作出各种样式的电视舞蹈。

第八类,是电视竞技娱乐节目。所谓"电视文艺竞技节目",主要是指具有文艺表演和技艺竞赛双重性质,由电视节目主持人、竞技演员、评委、特邀观众所组成,具有竞赛性、欣赏性和娱乐性,一般采用电视直播形式的电视文艺特殊样式。电视竞技娱乐节目,是近年来发展起来的构成了电视屏幕上一种特殊节目样式,甚或已成为独特的节目类别。目前,各种类型的电视竞相涌现,并且日益体现出独特的审美特征和鲜明的社会作用。"知识型"、"生活型"、"文化型"的电视竞技节目,比比皆是。电视文艺竞技节目方兴未艾,越来越受到电视观众的欢迎。它丰富了电视屏幕,使传统的电视文艺节目,得到了横向的拓展和纵向的开掘,因而受到广大电视观众的喜爱。这类全国性的文艺竞技类节目,影响范围广,参加人数多,各地在选播时往往也在本地电视台里播出比赛实况,因此对各地有关文艺的发展也是一个促进。此外,这类节目在普及、提高人们的审美水平方面的作用不可低估。

第九类,是集锦性、选粹性的编辑类节目。是对已有的或已经播出过的各类文艺节目集萃式的选编、串编,整合在一个相对浓缩的节目时间段内,给观众集中的回顾、重温的一种电视文艺节目类型。比如《艺海星河》从名称上已经反映出其核心内容是选编文艺明星们的作品及其成名、求艺的历程。《广告文艺大观》、《优秀小品集锦》也是这类节目常用的名称。

第十类,是影视戏剧类电视节目。依据戏剧或电影的结构形式,通过电视的传播方式和艺术手段,独立制作的、充分电视化的屏幕艺术作品。比如戏剧的电视呈现,需要考虑剧情、场、幕关系,并用电视的叙事习惯呈现。综合看,这类节目包括五种主要类型和形式:①电视电影,②戏曲电视剧,③电视单本剧,④电视连续剧,⑤电视系列剧。

电视文艺节目是电视艺术中综合性最强的艺术样式,这便对它的编导者提出了更高的艺术要求。电视文艺节目编导者,既是电视文艺节目的设计者和组合者,同时又是多种电视技术手段的具体实践者,这样,则需要具备较高的文学修养,以及广泛的社会知识;他需要了解歌唱、舞蹈、戏剧、曲艺、杂技等多种艺术门类的艺术特征及其艺术规律;熟悉电视摄录像设备的功能和组织工作能力;善于兼收并蓄各类艺术的长处,调动各方面的积极因素。只有这样,才能创造出优秀的电视文艺节目,满足广大电视观众的审美要求。

第二节　电视文艺节目的特征

电视因为其具有内容选择的"现实性"特点,在当下社会背景下,成了娱乐文化天然的营地。可以不讳言地说,没有哪个时期像现在这样一切都在屈就娱乐世俗要求和感官享受。在 20 世纪 50、60 年代的欧、美等国家,电视曾经居于家庭起居室(客厅)的中心位置,暗示着电视在当时家庭生活中的"权威"地位。在很多反映那个时代的好莱坞电影或者电视剧集里,依然能够看到那种沙发半环绕着电视的客厅布局。但是,随着 20 世纪 70、80 年代经济的大发展,以及人们对 60 年代社会急剧变化的反思,甚至怀疑,电视那种"老大哥"①式的所谓权威正在逐步被消解,尤其是在乔布斯初创"苹果"公司时推出的"1984 年版的'麦金托什'(Mackintosh)苹果电脑广告"中,那种对电视权威性的"蔑视"和"挑战"的意味更加突出②。电视的地位和角色逐步地弱化,进而偏向为观众提供娱乐和消遣的内容。由此,电视由处于起居室(客厅)中心的位置,逐步向不重要的角落偏移,这个变化在一些反映 20 世纪 70、80 年代生活背景的影视作品中可以找到明确的实际例证。

电视变成了更多强调娱乐的媒介,让观众通过娱乐获得新奇和喜悦。随着信息时代的快速发展,电视以"轻松愉悦"的图像"符号"向社会传达信息,其与观众的生活越来越密切,观众对电视的认识逐渐变为可依赖的信息来源。因此,随着观众心态的成熟与收视意识的提高,对电视文艺提出了新的要求,也影响着电视文艺节目在其审美与传播方面的观念变化。

一、电视文艺节目的审美特征

当前的电视文艺节目,从内容到表现形式,甚至基本的制作、传播观念都发生了一系列的改变。大同小异的游戏节目,娱乐性在节目中越来越强化,招数类似的且造型花哨的主持人,犹如"克隆"一般相似的节目样式,加上以耍弄

---

① Big Brother,英语专有名词,象征着极权统治的不容置疑的权威地位,还有对公民无处不在的监控。典故出自乔治·奥威尔 1949 年出版的科幻小说《1984》,该书描述的是小说中的主人公温斯顿·史密斯在"未来的"1984 年生活在一个叫欧什尼亚的极权专制国家,有一个无处不在的"党"和"老大哥"形象:时刻监视着所有人,吃饭、睡觉、工作或者走在街上、躲进洞穴,甚至包括思想活动。

② 该广告借用小说《1984》的象征性,用姑娘冲进很多人听"电视演讲"的大厅,将手中的铁锤扔向并打碎电视屏幕,充满了叛逆的激情方式,强调了"苹果"(麦金托什)电脑的出现将打破"乏味的电视"对人们生活、思想的"权威"性的控制。

明星为统一标记的嘉宾参与形式,以及无处不在的"游戏"环节设置,都不断提醒观众一点,现在是感官享受的时代,"消费"潮流的趋势不可阻挡。但是,感官享受不是时代所必需的全部,嘈杂喧闹不会永远成为人们的必需品,在眼花缭乱的 MV 随处可见,综艺娱乐晚会的"视觉冲击"已让观众显出倦态的时候,刺激性的感官享受追求就会走到末路。事实上,人们决不会流连于感官刺激太久,当理性的思维占据上风时,文化趣味的要求也会变得客观而清醒。

电视节目的泛娱乐化,尤其电视文艺节目的泛娱乐化和多重因素相关,比如急功近利的表现形态。其中包括电视传媒愈来愈看重的"收视率"[①],这已是无可争辩的事实。收视率当然是衡量节目的刚性指标,有多大的收视率意味着吸引力的大小,所以,把收视的高低作为节目的衡量尺度是有一定道理的。但是,为了收视率,就上演了节目撞车,以至于某一个时段 20 余家同时播出一个电视剧的奇观现象。在激烈竞争的时代,抓取观众肯定是对的,但没有个性的创造,永远不会创造出自己的品牌与天地。一般而言,即便娱乐节目都有较好的收视率,却未必就有较好的收视"效果"。当代人的需求是多方面的,欣赏口味的多样化使"一统合一"的传统大大改变。所以,传媒需要戒除急功近利的弊端,认真研究获取观众芳心的秘诀。应当冷静地思考什么才是电视应有的品性,什么才是电视文艺节目赢得观众好感的本质特征。客观来看,电视文艺的审美特征与电视的本质特征是分不开的。

1. 电视文艺节目具有丰富的艺术性

文艺节目不同于新闻节目,其基本特征是艺术性。新闻节目要真实、客观、及时地反映现实生活,而文艺节目可以适当地创造、虚构,艺术地去再现人物、事件和生活。正像真实性是新闻节目的灵魂一样,艺术性是文艺节目的灵魂。文艺节目的艺术性体现在它的形象上。电视文艺是用画面和声音结合塑造形象,通过艺术形象,生动、逼真地描述大千世界五光十色、千奇百怪的变化,反映社会生活多姿多彩的各个方面。2008 年举行的中国广播电视领域政府最高奖,"中国广播影视大奖·广播电视节目奖",即第二十届电视文艺"星光奖"颁奖礼上,上海文广传媒集团(SMG)获得了七项大奖,包括"优秀电视歌舞节目"奖:《和谐礼赞——庆祝上海合作组织成立五周年文艺晚会》,"优秀电视综艺节目"奖:《舞林盛典》,"优秀电视音乐节目"奖:《2006 魅力东方——

---

① 收视率调查是商业行为的一环。一般由第三方数据调研公司通过电话、问卷调查、数字机顶盒或其它方式,对观众人群抽样调查得出。主要是指在某个时段收看某个电视节目的目标观众人数占总目标人群的比重,以百分比表示。收视率数据对电视节目提供商是一个质量参考,对广告投放者是一个效果参考。因此,某种程度上看,电视机构、收视调查公司、广告投放商三者构成了一个商业链。

维也纳·中国新春音乐会》，"优秀电视戏曲节目"奖：《越女争锋——青年越剧演员电视挑战赛》，"优秀电视文学节目"奖：《把心交给读者——纪念巴金逝世一周年文学晚会》，"优秀电视戏曲节目"奖：《龙腾盛世贺新年——2006年16省市元旦戏曲晚会》，"优秀电视文艺栏目"奖："《可凡倾听》等。在文艺节目的各门类奖项上都有斩获，位居各省级电视台之首，凸显了上海文广传媒集团的电视文化思想内涵、创新能力和审美引领能力。

这些节目之所以能问鼎"星光奖"，就整体而言，因其都具有积极的时代精神取向和艺术原创审美效应，以及先进的文化追求意义。电视文艺节目的审美特征，主要体现在它的鼓动性和感染力上。从电视的传播本质来看，电视节目，或者电视文艺节目的感染力和对观众的鼓动性，都是通过声音和画面制造形象的典型特征和感情因素，去撞击观众的情感与心扉，并使之产生某种艺术共鸣，达到审美、娱乐和潜移默化的认同作用。

从现代传播媒介学的角度来看，电视媒体具有强势传播的属性，因而其电视文艺节目也具有主流文化的属性和公共文化的特征。因此，必须确立的实践理念和责任意识，就是应当充分展示电视文化的价值取向，为电视娱乐注入真、善、美的内核，从而集结视听之娱，显示价值诉求。正是以此为参照，社会学家认为现代媒体的作用对现代社会的形态、特别是人的生存环境、精神质量有着不可低估的影响，而电视文艺节目的价值取向对此有着至关重要的引导作用和坐标意义。上海文广传媒的电视从业者，正是认识并实践着这样的观念，才使电视文艺节目具有了鲜明的思想和文化厚度。比如《2006魅力东方——维也纳·中国新春音乐会》，首次将多个中国戏曲剧种带进维也纳金色大厅，在古老的西方音乐圣殿中展示了古老的东方戏曲的亮丽风韵和华丽风采，在高亢的京剧唱段和柔美的越剧曲调中，折射出的是一种文化价值的弘扬和传统艺术的魅力。

2.电视文艺节目具有近距离现实性和文化性

电视文艺节目不同于一般的文艺形式。它不是文学艺术在电视媒介上的简单再现，而是通过电视化思维和电视的技术手段加工、选择和重新创作，以崭新的面貌展现在观众面前，并赋予它新的现实意义。

和其它文艺样式相比，电视文艺节目无疑具有社会覆盖面广泛、观看人数众多的优势。因此，一个无法回避的现实是：电视文艺的生态情况，直接影响到受众情趣的高低、娱乐资源的优劣、视觉构成的良莠及社会效果的好坏。为此，著名的传播媒介理论家麦克卢汉在《媒介通论：人体的延伸》一书中开宗明义地指出："广播是耳朵的延伸，电视是耳朵和眼睛的同时延伸。每一项新媒介的出现，每一项新的延伸都会使人的各种感官的平衡状态产生变动，某一感官凌驾于其他感官之上,造成心理上和社会上的影响。"①正是基于这种"媒介延伸影响说",要求电视文艺节目应努力提高受众群体的审美能力,以现实的艺术感染激扬观众精神,关怀每个个体普通人真实的审美需求。

电视文艺的现实性首先集中体现在它的题材上。电视文艺的一个重要功能是通过艺术形象传播舆论、影响公众舆论。电视文艺节目的内容要反映时代的主旋律、讴歌时代大潮中的英雄人物和先进典型。即使是历史题材和外国文艺题材的文艺节目,也是"古为今用,洋为中用":这些题材的文艺作品对现实有启迪、警世或借鉴作用,能为现实服务,为现实的政治、经济和社会生活服务。此外,电视文艺节目还要配合各种活动,如各种节日庆典活动、宣传活动,乃至国事活动、外交活动等,具有强烈的时代感和时间性。电视文艺节目的现实性体现为突出显示和强调文艺的思想性和教育作用。由于电视媒介具有极大的社会影响力,文艺节目创作要选择文艺作品即以选择精品为主,并弘扬本民族的优秀文化传统。此外,电视文艺节目的现实性还体现在它的"创新"方面。节目内容新,形式也要新,节目的表演者也要新。往往是一台新节目,造就一群明星,发现一批新人,给文艺界带来新的气象、新的风格和新的思路。

3. 电视文艺节目具有的广泛娱乐性

电视文艺节目的另一个极其重要的特征是娱乐性。同其他文艺形式一样,它要用丰富多彩的内容、生动活泼的形式去吸引观众,使人赏心悦目,并产生愉悦感。这也是电视文艺节目的重要的社会功能之一。电视文艺节目作为一种公共媒体形态,是以受众为主要欣赏载体的。因此,其文化传播的社会内涵和对受众的文化影响的效果也相当丰富而多元。

电视娱乐文化的物化存在和发展,离不开电视文艺节目的日常支撑。而电视文化的精神引领,也离不开电视文艺节目的演绎展示。这也是公共社会文化主体所确立、或所确认的一种文艺规范和认知逻辑。唯其如此,电视文艺节目创作者应自觉远离和坚决杜绝"恶搞与恶俗"的文艺思维观念,以理性和客观的思维观念与表现手段处理文艺节目,从而体现公共媒体的文化追求。比如,文艺访谈栏目《可凡倾听》,一直坚持的核心宗旨是传播人文、弘扬传统文化、关注文艺热点、彰显品质文化,体现了电视文艺工作者的文化操守和人文守望精神,产生了值得珍视和关注的文化影响力和文化辐射力。从社会学的意义上来看,任何竞争,归根到底是文化的竞争,这也是最基本和最高端的竞争。

---

① [加拿大]马歇尔·麦克卢汉.理解媒介:论人的延伸(增订评注本)[M].何道宽译,南京:译林出版社,2011.

二、电视文艺节目的传播特征

电视文艺性节目,是文艺与电视相结合的产物。与一般文艺相比较,它的传播手段和传播方式的不同,又会使受众的审美环境、审美方式乃至审美心理发生变化。20世纪80年代后期,关于电视是否为"艺术"的争论,恰恰厘清了电视本质特征和电视传播特征的关系。否定电视为艺术的观点提出,"从本体来说,电视是一种最有效的文化信息传播媒介。这一本性决定电视最主要的功能是社会文化的交流——接受者从电视荧光屏屏幕中建立自我个体与社会群体的认同;而略具艺术性的低度娱乐只是电视的一个附属功能。"[1]而肯定电视艺术性的观点认为,"电视是艺术,而且是很纯的艺术。电视中有艺术,而且还有许多艺术! 当然,并非所有电视节目都是艺术节目,如新闻、专题、服务等节目,但也不能否认他们都具有一定程度的艺术性。"[2]从现在的观念中来看,电视本质是一种信息传播媒介,电视艺术则指电视传播的那种艺术形态。

1.从形态构成角度考察电视文艺节目的传播特征

首先,电视文艺是一种表现形态。即遵照审美的规律,以艺术虚构的形式,创造出"幻想的生活",从而给以特殊的"生活补充"的电视节目。其意旨不止于对现实事物的"艺术性表现",而在于以"独立自足的形象",重新构筑起一个新的"艺术世界"。依靠艺术的思维,讲究大胆的想象,奇妙的构思。在结构方法上,以构建鲜活、有机的艺术整体为其生命力所在。在制作方法上讲究剧作艺术、表演艺术,以及高度的电视艺术技巧的运用,以塑造鲜明的艺术形象为己任。例如电视剧艺术、电视艺术片、电视文学等。

黑格尔认为美的要素可分为两种,"一种是内在,即内容;另一种是外在,即内容借以表现出意蕴的特性的东西——形式。"[3]"电视节目形态指的就是与电视节目内容相对应的电视节目表现形式,它是电视节目制作方式的核心,提供着适用于不同内容的电视处理方法。"[4]综观中国当下电视文艺节目形态,呈现多个种类,既有文娱访谈对话形态,杂志类文艺节目形态,综艺娱乐节目形态,又有益智游戏节目形态,以及情节剧形态等。

电视文艺节目的形态传播特征,还表现在镜头与画面的艺术处理方面。摄影师通过充分运用和调度镜头进入艺术创造境界。比如,远景、全景、中景、

---

① 钱海毅.电视不是艺术[J].当代电视,1987(4).
② 谢文.问题成堆:读《电视不是艺术》一文有感[J].当代电视,1988(4).
③ [德]黑格尔.美学[M].朱光潜译,北京:商务印书馆,1986.
④ 王彩平.电视节目形态研究[M].北京:中国广播电视出版社,2004.

近景、特写等"标准五段式"景别的合理组接,不仅可构成不同的蒙太奇句式参与"叙事"和"表现",而且也可以搭建一个节目的结构;此外,摄影角度的选择,即摄像机与被摄物之间的几何关系。角度是摄像机代替了观众的眼睛或画面中人物的眼睛所呈现的客观视角与主观视角,合理的设计也会为电视文艺节目形态带来个性化特点;再有,合理的运动,即摄像机的移动和焦距的变化方式。通过推、拉、摇、移、跟、甩、升、降等不同运动方式,可以制造特定的节奏感。这些都可以充分为电视文艺节目的形态和传播制造感染效果。

其次,电视文艺又表现为一种混合形态。既不以"幻想生活"为创作动力,又不以传达客观性、实用性信息为目的,而是介乎两者之间,兼有传达和表现的双重功能。这类节目既能给人展现出一定的现实事物风貌、传达一定的现实信息,而其意旨却又是给人们以思想上的启迪、文化修养上的陶冶和审美意趣的愉悦作用。思维方法上追求"逻辑性——艺术性"的有机融合,结构方法上追求视听美感的完善,以及电视的"审美表现"①,例如舞台表演、综艺晚会等。

电视艺术作为一种综合艺术,它的吸纳性和兼容性极强,故而在电视艺术的创作中,除却调动电视本身的创作潜能:镜头、编辑、电子技术之外,更从传统艺术中借鉴了许多有价值的艺术方式,参与电视艺术的创作。如文学中的文学性,戏剧中的戏剧性,电影中的蒙太奇,音乐中的旋律性,舞蹈中的节奏性,绘画中的色彩性等。正是这些传统艺术的介入,催生出许多全新的电视艺术形式,如:充分体现其文学性的电视文学样式;充分体现戏剧性的电视剧艺术;充分体现蒙太奇艺术的电视电影;充分体现旋律性的电视音乐节目;充分体现节奏性的电视舞蹈艺术片;充分体现色彩性的电视综艺节目……当然,对电视艺术作品来说,还不只是这种单一的吸纳方式,更有些电视艺术样式是一种兼容的吸纳。譬如电视剧,它从文学、戏剧、电影、音乐、绘画诸多传统艺术中,吸收了大量的艺术元素,才形成了这种全新的电视艺术形态。如音乐电视(MV),同样从传统艺术中吸纳了文学、电影、音乐等许多艺术表现元素才完成了自己的创作。

2.从表现手段角度考察电视文艺节目的传播特征

电视文艺节目,是以电子技术为传播手段,以声画造型为传播方式,运用意识的审美思维把握和表现客观世界,通过塑造鲜明的屏幕形象,达到以情感人为目的的屏幕艺术形态。从其艺术表现来看,电视文艺节目是根据电视艺术创作的物质手段、传播媒介、传播方式、传播特征、欣赏环境和审美心理等多

---

① 李显杰.电视形态辨析.转引自,高鑫.电视艺术观念探索[J].北京社科规划,2005(06).

种因素,从观察体验生活到具体进行审美把握。文艺节目是感情型的电视样态,呈现过程中"包含着浓重的情感因素,特别是创作者的感情和情绪的容纳和爆发。它主要是通过节目中流溢的情感去控制观众、激发观众。"①无论电视文艺节目内容如何具备感染力,都要不断研究受众心理变化,不断适应其越来越多元化的收视需求。通过研究节目表现手段对观众的吸引因素,以保持节目的开放性和收视稳定性,从而保持自己的品牌优势。

电视屏幕展现的并不是物质的真实世界,而是被创作者重新编辑、重新组合的艺术的影像世界。人们看到的不是物质的现实本身,而是物质的影像,是一个"假定"的艺术的世界。它与所有的艺术形式一样,具有自己的假定形式。电视,是一种在空间里展现的时间艺术,也是在时间中延续的空间艺术。独特的屏幕时间结构,打破了现实空间的固有连续性,形成一种非连续的连续感,其表现形式有时间的压缩和省略,时间的延长和扩展,时间的现在和过去的自由组合,在时间延续中出现两个完全不同的时间层面,在近乎真实的时间结构中,闯入一个完全不现实的时间层面。

电视本质上具有独特的空间结构,主要是指屏幕画框内表现出来的物质现实的影像形式,它可以通过摄像机直接再现现实空间,更可以通过剪辑技巧重新构成空间,它摆脱了空间的物质性质,表现为一种经过创造和组织的美学空间。其表现形式,一为再现空间,通过摄像机的记录特征和运动特征再现物质的直观行为空间:有形的形态造型、有形的环境背景、有形的主体运动,从而使人产生真实的空间感。一为构成空间,不是真实空间在屏幕上的直接反映,而是将一系列记录着真实空间的片断,经过选择、取舍、重新组合的新的空间形态,也就是经过编辑"创造出的空间"。

电视文艺节目在某种程度上更加强化运用这种方法,把电视观众带入一个特殊的世界中去的。如通过电脑绘画特技,自由地进行电子画面的艺术创作,如绘画、制图、动画、静帧存储以及数字特技等,可以自由进行 3D 造型,亦即三维时空的造型;可以完成"自然现象"的造型技术,如一天中的时序状态,如雾、雨、雪、电等情景;还可以对图像进行任意修改,如剪贴和接景,使传统手段对文艺节目无法呈现的内容、情绪或情感得以变成现实。

3.电视文艺节目包容性和娱乐性传播特征

电视节目都具有一定的包容性,而电视文艺节目的包容性更强,也更富有特色。从艺术品种方面说,它可以包容音乐、舞蹈、绘画、文学、戏剧、电影、雕

---

① [美]阿瑟·阿萨·伯杰.通俗文化、媒介和日常生活中的叙事[M].姚媛译,南京:南京大学出版社,2002:181.

塑、建筑等一切艺术门类;从题材内容方面看,远至上古的神话传说,近至我们身边的琐事,乃至对于未来世界的幻想,可以说是古今中外、天上地下,无所不有,无所不包;从文化层次方面说,它既可以是精英的也可以是大众的,几乎所有层次的文艺都可以在电视文艺节目中找到自己恰当的位置。此外,文艺性节目的品种、样式也是十分丰富的。它既有欣赏性的、娱乐性的,也有知识教育性的、报道评介性的和社会服务性的。

文艺作为元素进入电视这个传播系统之后,经过交互作用和再度创作,都或多或少地具有了独自存在时所不曾有过的性质和功能,并成为电视文艺的一个部分。包容意味着兼收并蓄,意味着融合,意味着百花竞放和丰富多彩,意味着一个新的艺术品种——电视文艺的诞生。

文艺的社会功能或社会作用,是文学艺术家和文艺批评家长期谈论而又争论不休的问题。欧洲文坛关于"为艺术而艺术"同"为社会而艺术"的分歧,大约可以称得上是关于文艺社会功能的很有代表性的争论。自从马克思主义文艺学说在中国文坛占据主导地位以后,"为人民而艺术,为社会而艺术"的主张已经为多数人所接受;文艺的作用、教育作用和美感作用也已为多数人所认定。电视文艺是社会文艺的一个组成部分,它的社会功能和社会作用,总的来说和社会文艺自然也是一致的。

电视是一种娱乐性很强的传播媒介。电视观众对娱乐化的需求,催生了电视娱乐元素不断被强化的步伐。人们观看文艺节目的目的,首先是为了娱乐和消遣。如果文艺性节目不能满足人们的这个欲望,恐怕就很难吸引大多数人看下去。即使一档文艺节目再有"意义",如果观众不关注或没有兴趣,也很难发挥作用。电视作为一种传播载体,有着鲜明的文化传播特点,那就是具有通俗性、消费性和大众性等特点的大众文化。人们在紧张的工作之余,通过收看自己喜欢的电视节目获取信息,放松身心,可以说是观众对电视的明显的消费特点。正如弗洛伊德的"驱力理论"提到的,"人所有本能的目标都是降低自身的紧张感,人的本性遵循'唯乐原则'的,意即渴望'享受与放松'是人们行为的内在驱力。"①因此,娱乐成分不断被强化是电视作为大众文化的必然结果。

4.电视文艺节目的社会教育传播特征

文艺性节目的社会教育作用,多数人是承认的,看法比较一致,但其中有一些问题还值得进一步探讨。电视文艺性节目的社会教育作用,应当是多方

---

① [奥地利]西格蒙德·弗洛伊德. 弗洛伊德后期著作选[M].林尘等译,上海:译文出版社,2005:163.

面、多层次的,不是单一的,如政治方面、思想方面、道德方面、社会历史方面、科学文化方面以及文学艺术修养方面等等。就思想教育方面而言,又是多层次的,如集体主义、爱国主义、共产主义、国际主义以及在社会群体生活中应该提倡的某些思想、观念、精神等等。电视文艺应当充分发挥各个方面的教育作用,力求丰富多彩。不应当把"教育"理解为只是思想政治教育。思想政治教育肯定在电视文艺性节目中占重要地位,但是也要看到:我们的受众中还有相当多的人对于自己祖国的历史和现状不甚了了,对于现今世界政治、经济、科学、文化发展状况知之不多,甚至还有一部分人处于文盲或半文盲状态。

众所周知,新闻节目是通过所报道的事实给人以启发和教育;评论节目主要是讲清道理,依靠逻辑的力量说服人、教育人;因为形象和典型是文学艺术的特征,所以电视文艺节目是依靠艺术化的形象与典型来感染人的。电视文艺节目通过形象和典型发挥美感作用,又通过形象和典型发挥教育作用。比如,善良、美好的形象让人感到可敬、可亲、可爱,使人在感情上、精神上得到一种高尚的美的感受,同时也就给人以熏陶和教育;邪恶的形象让人感到可恨、可恶,同时也就可能激起人们与之斗争的力量。

优秀的电视文学艺术作品并不急于宣传什么、指出什么或者讲出多少大道理,或者教育人们怎么做。然而,当你看完、听完或读完以后,却会感到它的内涵十分丰富,从中受到启迪、鼓舞和教育。它所塑造的形象和典型常常可以使人久久不能忘怀,其蕴含的哲理能够触及人们灵魂的深处。正如苏联文学家高尔基所言,"文学以血型,深入地剖析社会各个阶级、阶层和集团,提示真理,帮助人们认识和把握历史发展的规律;可以帮助人们正确处理人际关系,培养高尚的道德情操;可以启发人们认识什么是美,培养出更多的感受形式美的眼睛和辨别音律的耳朵。"①也正是因为如此,许多文艺理论家都把文学艺术称作"生活的教科书"或"生活的百科全书"。

电视文艺节目并非不可以直接讲道理,只不过它的讲道理并不着眼于让人遵从,而是推进观众自身的思辨。它所讲的道理,不应是肤浅地重复那些尽人皆知的公式、概念,而应是能够促使人们思考的真知灼见。它讲道理不能离开形象和典型的塑造,也绝不是把"倾向特别的说出来"。因为枯燥、直白的说教不仅不能增强文学艺术的魅力,而且往往会使观众产生天然的反感。

① [苏联]高尔基.一九三四年和青年作家谈话[J].李玉祥译,北京:中央编译出版社,2010:22.

第三节　电视文艺节目的基本编创规律和编创原则

一、节目的"栏目化"优势及其结构特征

20世纪80年代,中国电视的主要"变革"的核心内容之一,就是依靠"春节电视联欢晚会"为代表的电视文艺节目的繁荣发展。与此同时,中国电视节目的"栏目化"发展也可以看成是这一阶段中国电视的特色。电视"栏目化"的发展与中国经济息息相关,经济起步较早的东南沿海"珠三角"之一的广东电视台,受毗邻的香港电视影响,在20世纪80年代初期多数节目已经呈现"栏目化"样态。尤其电视文艺节目的"栏目化"特征最为明显,当然,当时的"栏目化"观念和架构特征还相对简单,是指把一个节目完整的内容分成多个主题相对集中的小节目"板块"的编辑形式和播出方式。

当前,"电视栏目"的概念、架构及特征,与以前的观念相比已经发生很大的变化。所谓电视栏目,是指在大众传播过程中,基于电视商品化角度出发,为做到电视内容的有效传播,依据受众的欣赏习惯和消费心理,把节目内容按相关性分类整合或做适当的链接拓展,分成多个小单元专栏、节目或"板块儿"。再以固定的片头、名称、开场形式、主持人、架构与单元、时长,定期、定时段播出的节目模式。

电视栏目的主要特征也是它的传播优势,包括:①关注内容的持续、系统性;②固定性,如片头LOGO标识、开始曲、色彩、图形及变化方式、变化频率,时间、时长等;③关注现实的综合性;④互动性,包括与受众之间的互动;此外,互联网和新媒体的交互性特点也催生了电视互动的新形式。

电视栏目化,尤其是电视文艺节目的栏目化,体现了中国电视行业的逐步变革,更是中国社会整体思维、意识、观念变化的深层反映。电视栏目化的设置观念形成,第一,是中国电视观念变化的明确体现;第二,是管理者和从业者承认电视节目具有"文化商品"属性,并需要按一定市场规则要求,规范地去制作和生产;第三,也使得行业更加规范化,凸显特色优势。一方面,规范的栏目时间表的制定,给节目制作者提出了约束,同时也有利于培养受众去形成收视惯性。比如,栏目的时间长度依据内容差异和受众心理,分别设计成10分钟、15分钟、20分钟、25分钟、30分钟、45分钟、50分钟、60分钟、90分钟、120分钟等不同时间长度规格。台湾节目《康熙来了》时长50分钟,央视的《艺术人生》节目时长原来30分钟,改版后调整为50分钟等。另一方面,"栏目化"也

规范了节目的编排,使得电视台提前做出计划,决定具体的各种节目条数、播送时间、播送顺序和播送内容的结构等。

二、电视文艺节目的栏目化、类型化趋势

电视文艺节目的栏目化是按照内容的相关性整合的一种思路,而类型化则是指电视节目借鉴类型电影和类型小说的架构方式、方法,在栏目制作中采用的模式化、套路化的一些表现手段,并按照不同的内容类别进行系统的编排、呈现的一种电视文艺节目制作标准。比如题材内容、风格样式、主持人出镜的方式等等,都应该有相对稳定的样式,从相对稳定的样式中来体现栏目的个性特征。这既是对栏目的一种整体风格包装,也是对节目个性特点的一种塑造。近年来,中国各个电视台,无论是央视还是地方卫视对欧洲电视节目的模式引进,就是电视文艺、娱乐节目类型化的集中表现。2012 年 7 月,浙江卫视和"上海灿星文化公司"合作引进的《中国好声音》,在"暑期档"开始推出即取得了极高的收视率,并带动了其后以"声音"为核心的系列类型化文娱节目的陆续出现,而且关注度和总体广告收益均取得不错结果。2013 年上半年,湖南卫视推出的《我是歌手》收视率也很高。2013 年 5 月,浙江卫视《中国好声音》(第二季)开始做前期"预热"宣传,7 月,第一期刚刚播出,当天的收视率就超越其它节目。

虽然这些引进模式的"类型化"节目存在的问题,已经在"收视成绩"掩盖下逐渐显现,特别值得电视从业者或理论研究者注意并反思。但是,在目前中国电视业"以经济为中心"的发展思路下,理性与反思会被"资本"判定为缺乏气魄或者欠缺"国际化视野"。期望在《中国好声音》等引进模式的名牌类型栏目带动下,为观众提供文娱享受之余,也给电视文艺节目的管理者、制作者提供多视角、多见解、多层面的关于电视节目的思考,使其能够遵照电视媒体的本质特点,理性创意设计、研发中国自己的文艺节目类型化模式。

当然,也应该看到,如今的 21 世纪,中国电视已进入了新的发展阶段,频道专业化已经是个不争的事实,并且电视频道已经成为了电视栏目设置与编排的基础平台。从电视文艺栏目的现实看,央视现有的对国内播出的近 20 个频道中,有近三分之一的频道是承载文艺类节目的,如:综艺频道、音乐频道、电视剧频道、电影频道、戏曲频道、综合频道等。可以说,电视栏目与频道专业化的发展关联性越来越大。电视频道的专业化发展,是电视经营机构根据电视市场的内在规律和电视观众的特定需求,以频道为单位进行内容定位划分,使节目内容和频道风格能较集中地满足某些特定领域受众的需求。由于有了针对性,不同的目标观众向细分化方向转变,并对专业频道的定位和频道内部

相关栏目的设置提出了更高的要求。

频道专业化的特色主要体现在其内部品牌栏目的影响力。"品牌"是用来识别一个卖主的货物或劳务的名称、名词、符号、象征或设计,或其组合。它是一种质量和信誉的保证,代表这个产品。电视文艺栏目是文艺类频道的内核,频道的竞争直接体现为各电视节目间的优劣。频道品牌化一个重要的支撑点就是栏目品牌,央视90%以上的广告收入来自只占栏目总数10%左右的名牌栏目,如文艺、娱乐类的《星光大道》、《正大综艺·墙来啦!》,湖南卫视的影响力也是靠品牌文艺栏目《快乐大本营》、《天天向上》等成就的。

三、电视文艺栏目的编创策略

广播电视的"窄播化"趋势,是近年来频道和频率专业化的推动力。广播电视机构以频率和频道为单位进行内容划分,以满足特定的市场和受众需求。电视文艺栏目在这样的行业状态背景之下,其节目编创策略必然受到一定的触动和影响。但是,文艺也保有其经年积累的规律和艺术特点,在电视栏目化呈现过程中,尤其在文艺编导的编排、创作中,应尊重这些规律并坚守一些原则。

电视文艺栏目通常大都采用内容融合的形式,如文娱资讯、文艺演出、文艺人物动态等相互整合,利用主持人串联形式播出的大时段节目,具有编排集中,时间长度固定,节目内容具有多元性、多向性的特点,子栏目内容相互关联,"板块式"内容的组合模式。基于文艺栏目的这些构成特点,同时考虑当下专门频道的承载背景,对电视文艺栏目的编排、创作也要有足够的应对策略。

1. "匹配观众"(Matching the audience)的编排创作策略

这个编排策略是从"受众研究"的视角,逆向推演出的一个思路。简单地说,就是文艺编导在选择栏目题材内容,制定栏目制作、编排结构时,应该充分考虑栏目类型与可能收看的人们,在生活周期中各个阶段相匹配,如工作时间、兴趣倾向、地域文化、生活习惯、性别差异、年龄关系等等,从而有效地争取更多的观众。

2. "竞争性编排"(Counterprogramming)创作策略

Counterprogramming 一词也被称为"对抗性节目编排"。在美国是特指各个电视台或电视播出机构为了扩大收视率、争夺观众,在电视节目编排、制作上常用的一种商业竞争手段。即同一时段采取"差异化"做法,你提供音乐类内容,那么我提供"百老汇戏剧",通过提供完全不同于竞争方的节目内容,去吸引竞争方的部分观众。作为商业电视竞争策略,这种方式值得中国的电视文艺节目和娱乐节目借鉴,尤其中国各个卫视的"电视真人秀"竞争中更应该考虑。

3.沿袭效应(Inheritance Effect)编排创作策略

沿袭效应主要利用受众的持续关注心理,当观众特别关注或喜欢某类电视节目,他们在看完这个节目后,如果后面的一个节目仍然把他们作为主要的目标观众,内容符合他们的兴趣,那么他们会继续关注。文艺编导在电视文艺节目创作及编排过程中,可以利用这个策略处理一个栏目中的两个相邻小单元之间的组合关系。比如,利用主持人的串联词或者解说词提示和引导,串接的两个小单元节目既可以是相同、相似的文艺内容,也可以是完全不同的文艺内容,重要的是文艺编导要找准观众对两者可能感兴趣的共同关注点。

4."搭帐篷策略"(Tent-Poling Strategy)编排手段

指用一个强档、热门节目拉抬其前后节目的收视率,形成中间高、两端低的形态。这个编排策略和手段可以借鉴并应用于"串接式"电视文艺栏目。"串接式"栏目是一种体现电视文艺节目制作灵活特点的形式。各类文艺节目被分节,然后根据需要,由主持人出面将其串接起来。一位演员在不同时间演出的不同节目,可以组合在一起成为一个完整的节目。不同演员的节目也可以根据某一主题的需要串联在一起,构成一个新的栏目。在这类文艺节目中,主持人虽然只起"串接"的作用,但是其目的是通过将节目介绍给观众,引起观众的兴趣点,进而关注所介绍的节目。就像"搭帐篷策略"一样,这类串接节目恰恰对主持人的素养要求很高,观众可能在主持人的引导之下提高对两个节目的关注度。

5.导入策略(Lead-In)编排

导入策略是指把一个处于强势地位的节目安排在同类目标观众的弱势节目前。应用到电视文艺节目中,文艺编导要强化设计对观众兴趣点的引导。比如,在电视文艺节目中数量最庞大的电视文艺专题节目形式中,可以充分利用电视制作手段编排的文艺节目。这类节目手法多样,名称各异,主持人参与其中,起着组织和引导作用。尽管有主持人和其他人物的出现,但节目的宗旨还是要介绍文艺节目。在专题文艺节目中,主要涉及谈话、采访和表演三种形式。不同的节目,形式侧重不同。有的节目侧重于谈话和现场采访,节目中演出的时间并不太长,但谈话和采访的内容,都是偏重于表演者的艺术生涯。有些节目可能谈话不多,更多的是表演,意在使观众通过表演来了解表演者。利用语言进行引导是专题文艺节目的重要特点,而谈话是主持人擅长的,因此,主持人在文艺专题中的引导作用决定着节目的整体收视效果。

6."吊床策略"（Hammock Strategy）编排

指用两端的两个强势节目把中间一个弱势节目的收视率带动起来,拉高其平均收视效果的峰值。在电视文艺节目编排、制作过程中,可应用观众的收视期盼,在某个单元环节前后安排趣味性更强的文艺内容,由于观众喜欢"吊床"两端的趣味性强的节目,所以顺带"搭售",也就把中间这个节目欣赏了。比如,电视综艺节目的编排与制作即可应用这个策略和思路。由于综艺节目是一种由演员、现场观众和节目主持人共同参与的电视文艺形式。主持人的个性化参与,使得节目形式活泼、有趣,娱乐性增强,因此受到电视观众的普遍欢迎,收视率较高。综艺节目从内容上划分,可分为"表演类"和"游戏类"两种类型。表演类综艺节目虽然也掺杂观众的参与和节目主持人的即兴表达,但节目的主要传播目的还是演员的表演。这类节目带有文艺晚会的痕迹。游戏类节目是以竞赛为内容的综艺节目,可分为动作游戏和智力游戏两类。动作游戏以身体动作、表演等技能作为比赛手段。智力游戏以知识、思维判断和反应能力作为竞赛手段。游戏类节目为了满足电视观众对知名人士的好奇心,常常邀请演员和社会知名人士参加,有的节目还有丰厚奖品奖励。为了吸引观众,有时还在节目现场设有听众热线,鼓励一般电视观众参与节目。

电视综艺节目因为内容多样,编排上极具复杂性,因此对主持人的要求较高。这类节目主持人的功能作用是多方面的,也需要其多方面的素质,包括丰富的生活和文化知识、机敏的反应、灵活对答的语言能力、机智的幽默感、一定的表演能力等。文艺编导在这类节目制作过程中,除了利用主持人体现"吊床策略"的作用和效果外,还应该考虑把"吊床策略"的作用应用于内容本身,利用综艺节目中各个环节内容之间的转换编排关系,营造节目感染力效果。

四、电视文艺栏目应遵循的艺术创作规律

电视文艺的社会职能和作用可以归结为认识作用、思想教育作用和美感教育作用三个方面。即通过听觉、视觉欣赏电视文艺节目,帮助人们获得丰富的社会历史知识、文化知识和生活知识,提高观察生活、认识客观世界并改造客观世界的能力,提高思想觉悟水平,培养高尚的艺术趣味和健康的审美观点,鉴别真伪、善恶、美丑,并达到愉悦情怀和身心的目的。但是,电视文艺除了对创作者艺术训练和修养的基本要求之外,因其自身所具有的传播媒介性质,还具有一些独特的创作原则及要求。

1.积极地反映社会生活

电视文艺与其他社会文艺相同,它所表现的内容足以反映社会的经济、政

治、文化、科学等各方面生活面貌。文艺与社会生活是"泉"与"源"的关系:社会生活是文艺之源。文艺表现的内容来自社会生活,高于社会生活,是社会生活的集中反映。文艺和社会生活又是一种辩证的相互作用的关系。社会生活是文艺产生和发展的基础,文艺对社会生活又会产生反作用。积极的、进步的文艺会推动社会的发展进步;消极的、落后的文艺会阻碍社会的发展进步。文艺节目必须通过其宣传,对社会发展的进步起到积极的作用。

2. 紧密地依附形象思维

电视文艺节目或作品的思想内容是通过声音和画面所塑造的形象来表现的。文艺创作的任务就是创造鲜明的、生动的艺术形象,它的创作过程就是塑造艺术形象的过程。形象是创作者表达思想感情的手段。以声音和图像信息相结合的电视本身就是在塑造形象和传播形象特征。电视文艺对声画形象的塑造越生动鲜明,就越能表达思想感情,越能提高观众的思想觉悟和审美能力。电视文艺的创作实质上是声画形象塑造的过程。从生活中选取具有典型意义的现象,通过分析、判断加工、提炼创造形象。这一形象创造的思维过程,就是形象思维。

文艺创作者的形象思维活动的特点,一是创作者对现实生活素材进行集中、概括时,始终是形象和思想紧密地结合在一起。创作过程的思维活动始终伴随生动具体的形象,思维成果也用生动具体的形象来表现。二是在形象思维中,想象是具有最突出意义的能力。在形象思维中有了想象、联想和幻想,不仅可以补充实际经验和感受的不足,而且可以使创作形象更加丰富多彩。创造形象不完全依赖于现实,还常常借助于虚构。虚构是想象的必然结果,但是这种虚构也有生活依据,有生活的集中与概括。此外,在形象思维的艺术创作过程中,自始至终都伴随着强烈的感情活动,创作者在艺术形象塑造中常常体现出强烈的爱与憎。从对社会生活中具体事物的实感出发,产生和在形象中抒发创作者的真情。这种真情实感的紧密结合,是艺术思维、形象思维的自然规律。

3. 集中地运用典型形象

一切文艺作品对社会生活的反映都不可能是自然形态的照搬,因为社会生活是多变的。电视文艺通过创作者塑造的艺术形象反映生活,往往具有更鲜明、更广泛、更深远的意义。经过创作过程塑造的形象,实际上是创作者认识社会生活并对之加工提炼即分析、选择、集中、概括的结果。这种艺术形象一般具有概括某种典型人物或事物的广泛意义,以使人们通过这一形象举一反三,真实、全面地认识社会生活的本来面貌。这种形象称为具有典型性。创作者通过观察、判断和认识社会生活,把生活现象概括、集中起来,并进行由表及里的开掘和去芜存菁、去粗取精的提炼,然后在具有典型的形象中表现出来。在文艺创作中,典型化突出表现在形象塑造中的典型人物及所处的典型环境,这是大多数成功文艺节目或作品的魅力所在。文艺形象典型化的主要意义在于,它所表现的艺术的真实源于实际社会生活的真实面貌,又高于实际生活,并能体现出更深远的意义。典型化的基本规律则主要表现为典型性与鲜明个性的统一、普通性和特殊性的有机融合。电视文艺创作成功与否和水平高低如何,主要体现在形象塑造典型化的结果及方法和途径上。

4.巧妙灵活地寓教于乐

文艺创作用形象说话,通过形象表达创作者的思想、感情、观点、意见,从而体现文艺的认识作用、思想教育作用和美感教育作用,这是一切文艺的特殊性能。文艺的这三种作用不是通过说教的方式灌输给群众的,而是通过娱乐方式实现的。娱乐是文艺的最基本的性能,也是文艺实现其社会功能的最基本的手段、方式和途径。现代文艺观点认为,娱乐作用即是愉悦人的身心,也是文艺的功能之一。这一点和认识作用、思想教育作用、美感教育作用并不矛盾。

在现代生活中,电视文艺是人们娱乐生活不可缺少的组成部分。几乎所有的文艺节目或作品,都至少具有娱乐及三种教育作用中的某一种作用。优秀的文艺节目或作品,常常是有更多的甚至全部的作用,并使这些作用在节目或作品中得到美的、高品位的结合和体现。把教育意义和作用寓于娱乐方式之中,通过娱乐达到教育目的,这是成功的优秀的文艺节目或作品的鲜明特点。如春节文艺晚会、电视风光片、电视音乐和音乐电视以及电视戏曲等。

5.追求内容与形式的统一

所有的文艺节目或作品都有它的内容与形式。一般来说,内容和形式也是统一的。文艺节目或作品的内容包括着两个因素:一个是客观的因素是现实的社会生活;另一个是主观因素是创作者的思想和感情。文艺作品的内容是这两个因素的统一体。文艺节目或作品的内容在创作过程中表现出来的是它的题材和主题。题材和主题分别是作品内容客观因素和主观因素的体现。文艺作品的形式是指它的内容结构和表现手段。形式一般与作品的思想内容直接而紧密地结合在一起。作品的内容不是抽象地存在的,而是通过相应的形式表现出来的;作品的形式就是具体地表现作品的内容并为内容服务的。内容决定形式,形式为内容服务,这是文艺创作的基本规律。

形式与内容之间具有互动作用。其主要的表现是:一是适合于内容的完美形式不仅有利于内容的充分表现,而且可增强作品的艺术感染力;反之,低劣粗糙、不适合于内容的形式则会妨碍内容的表达,削弱作品的艺术感染力。二是形式对内容的表现具有的重要辅助意义。内容可以用不同的形式来表现,一个内容的素材,可用电影来表现,也可以用电视剧、戏曲或话剧来表现。各种丰富多彩的形式及其不同的表现手段、表现风格,既可以为创作者提供多样化表现内容的机会,也满足了不同层次、不同兴趣的观众的需要。

五、电视文艺节目应遵循的编创原则

1. 大众性原则

电视文艺的首要任务应当是满足广大观众的精神文化生活的需要,使他们在工作、学习和劳动之余能够得到美的享受和娱乐休闲。因此,制作电视文艺节目时,首先要从对广大观众对电视文艺节目的需要出发,充分运用电视的各种表现形式,制作出为观众所喜闻乐见、赏心悦目的电视文艺来。观众的层次、兴趣和欣赏水平是多样的,要得到广大观众的认可,绝非易事。这就要求我们的电视文艺创作者提高自己的创作水平,提高节目质量,抓好"三精"(即精品频道、精品栏目、精品节目)。精品的标准就是思想精神、艺术精湛,制作精良,可视性、可听性强,富有吸引力和艺术感染力,让广大观众在观看节目的同时得到美的享受和教育。

2. 民族性原则

民族性原则极其重要。电视文艺为弘扬中华民族的优秀传统文化而努力。民族文化是国家传统文化的精华、是最有特色和最有生命力的。电视文艺只有根植于深厚的民族文化,才能枝繁叶茂,丰富多彩。所以,电视文艺的一个重要任务是开掘中华民族的文化遗产,弘扬民族文化优秀传统和创造中华民族的新文化。我们在继承和弘扬民族文化的同时,要注意取其精华,去其糟粕。要以开放的态度,吸纳一切优秀的文化,增强民族文化的生命力。在继承民族文化的同时,要有所超越、有所创新、有所突破。

3. 有益无害的原则

随着社会主义文化的大发展和大繁荣,广大公众对文化艺术的需求也日益增长,在这个时代背景上,我国的电视媒体获得了前所未有的发展,规模空前、阵容强大、少长咸集、精英荟萃。正是这样一种鼎盛的局面和强盛的业态,也带来了竞争激烈、挑战严峻的电视媒体现状。所谓"有益原则"是指文艺作品对社会的稳定、精神文明建设等有促进作用,对提高人民群众的审美情趣和陶冶道德情操有益处。这种文艺作品是电视文艺节目的主流。无害原则是指

电视文艺节目作品只要是对人们的身心不造成不健康的影响和损害,不一定强调社会教育和思想教育作用及认识功能。这类文艺节目也是需要的,可以在电视文艺中占一席之地。因此,文艺节目制作原则归结起来就是:提倡有益,允许无害,反对有害。只有这样,我们的文艺节目才能丰富多彩。

★**本章课后思考与训练建议:**

- "电视文艺节目"的概念如何界定?

- 目前关于"电视文艺节目"如何分类,依据标准有哪些?

- 如何理解电视栏目的传播特征与收视率调查的关联?

- 阅读乔治·奥威尔的科幻小说《1984》,通过网络观看"苹果电脑1984年广告",然后分小组研究并思考:电视文艺节目的内容和形式搭配如何隐喻地表达深刻的思想和引导受众观念?

- 思考并研究"电视栏目"概念的形成及其背景。

- 任意选取一个"电视文艺节目",分析并讨论其类型特点。

- 建议课后阅读:[美]罗杰·菲德勒著,《媒介形态变化:认识新媒介》,华夏出版社。

第六章 电视综艺节目编导

电视综艺节目指的是既具有文艺形态,如把音乐、舞蹈、戏剧、戏曲、曲艺、杂技等,串接融合成一个节目的形式,给观众提供欣赏性,同时又具有娱乐形态,如主持人与嘉宾、观众之间互动调侃,或者利用问答、游戏、竞赛、竞猜等形式,给观众提供娱乐性和消遣性的综合性的文艺节目。电视综艺节目在具有广泛内容的同时,充分利用先进的电视技术手段和表现手法,如场景的声、光效果,画面的视觉造型,时间、空间的自由转换等,为观众制造强烈的感官刺激,以强化节目的情绪感染力。因此,概括起来讲,所谓电视综艺节目是指将音乐、舞蹈、戏曲、曲艺、竞技游戏和魔术等艺术形式融合电视化的技术手段加以再创作的节目样式。对于电视综艺节目而言,第一是节目元素的艺术性和娱乐性,第二是节目元素的多元性,其多元,既指节目样式的多元,也指呈现的技术手段多元。第三是整个节目是综合的产物,是合作的结晶。目前,电视综艺节目的主要形态呈现为:电视综艺晚会、电视综艺节目、电视真人秀等几个主要模式和类型。

虽然电视综艺节目最早产生自美国,但中国的电视综艺节目并非如当下的"电视真人秀",完全来源于美国的节目模式。中国电视综艺节目的形成存在两条内在线索:一是20世纪80年代初产生的"春节电视联欢晚会"形成的"聚众式联欢"模式,即"晚会"模式。在"联欢"的掩映之下,"春晚"有明确的政治性主题,是很中国化的一种节目模式;二是20世纪80年代的"第一次留学出国潮"进程中,中国的电视从业者"耳濡目染"带回来的一些基本形式观念,即把国外电视节目的样式,剔除意识形态上在中国无法实现的内容,融合中国文艺内容样态,"拿来主义","为我所用"。正是在这两个背景推动下,20世纪80年代后期,中国出现了明确的电视综艺节目类型,而且这种节目类型受到了观众极大的欢迎。

随着20世纪90年代中国社会的进一步"开放",商业意识带来的娱乐观念逐步融入,中国电视综艺节目的"娱乐化"倾向越发浓重。在"模仿"和"借鉴"国外、港台地区电视娱乐节目过程中,中国电视综艺节目在原有的类型基础上,先后衍生出不同的向"娱乐"和"流行文化"偏重的特点。进入 21 世纪,在 2001 年中国加入"WTO"之后,受宏观经济影响,中国电视的商业化运营步伐进一步加快。近十几年来,中国电视综艺节目在商业推动下,与世界各国,尤其是电视业发达的欧美国家接触频繁,对欧美国家的电视节目,以"购买模式"方式引进中国电视市场成为"潮流"。因为有商业上巨大的收益,因而这种买"模版"的潮流愈发的强大。中国电视综艺节目在国外"模版"的支撑下,呈现出形式多样的繁荣景象,但是,这繁荣背后也隐藏着自主节目研发能力不足,缺乏中国文化价值和创意的现实问题。尤其是近十年来,中国电视行业对欧美"电视真人秀"的大量"模式引进",极尽各种手段追求"收视率",甚至超出商业运营手段的推行方法,不能不说是存在于中国电视综艺节目发展中的一种隐忧。

第一节　电视综艺晚会编导

中国中央电视台在 1983 年的除夕之夜,电视直播了一场"春节联欢晚会",播出即引起全国轰动。从 1983 年开始,三十多年来"春晚"成为一个里程碑式的节目。"春节电视联欢晚会"持续地受到观众好评,中国的电视节目中逐渐衍生出"电视综艺晚会"这一类型。作为电视文艺节目的一种类型,"电视综艺晚会"自 20 世纪 80 年代产生以后,对中国电视文艺节目影响至深,如模拟剧场式的演播室空间设置,有台上和台下的区隔,设置大量现场观众,强调舞台上下的互动。舞台美术设计强调明确的主题性符号,灯光设计除配合文艺节目的艺术性外,也强化反映晚会主题的设计原则。虽然在 20 世纪 80 年代后期,受美国电视综艺节目影响,形式上有诸多的借鉴和调整,但是,从电视晚会的总体创作观念和表现形式来看,始终带有明确的"中国化"特点。

一、电视综艺晚会的源流发展及影响

1. 从"春节电视联欢晚会"到"电视综艺晚会"模式

中国的综艺节目起步较晚,在 20 世纪 50 年代中国电视的初创时期,还处于对某些官方庆典的片段转播状态。电视综艺节目真正开始于 19 世纪 80 年代初,1983 年"首届春节联欢晚会"播出,在社会生活中产生了巨大反响。在"文革"结束以后,饱受精神饥渴的中国人表现出对文化生活前所未有的热情,在当时的社会大背景下,春节联欢晚会以高质量的各类文艺节目极大地满足了群众的精神需求。在"春晚"的引领和带动之下,电视综艺类节目开始风行全国。这些综艺类节目都具有一个共通的特点,几乎都是或大或小的"春晚"模式,无论从演播室内场景的设计,主持人的功能和作用,还是文艺内容的选择和编排,甚至晚会的总体架构,都与春节电视联欢晚会如出一辙。包括1985年上海电视台推出了一档以家庭为单位的歌唱大赛,也是采用的电视晚会形式。20世纪80年代中后期,中国电视文艺进入了"电视综艺晚会"模式一统荧屏的时代。

电视文艺晚会在中国出现源于中国人的"新春团拜"文化传统的影响,也是中国人崇尚四世同堂"血亲文化"的一种客观反映。中国的电视综艺节目,以综艺晚会为主的阶段,始于1990年开播的《综艺大观》,这档由倪萍主持的电视综艺晚会节目当时收视率极高。这一阶段的综艺节目内容,仍旧以传统的专业歌舞和曲艺为主,明星表演、观众观看,节目形式比较固定。虽然有时也出现主持人向观众问话等环节,但观众基本不能主动参与到节目之中,与观众有较大的距离。表演类综艺节目运作模式基本采用"明星"加上"表演"形式,观众只是现场或电视机前的"看客",至于"舞台"和"话筒"则是电视观众可望而不可即的"圣地"和"圣物",传播学意义上与传者具有互动功能的受众,也在这里成为一个纯粹的"他者"。到2004年10月8日,《综艺大观》成为央视综艺频道改版播出后首批被淘汰的栏目之一,拥有14年历史的《综艺大观》被淘汰,改版为《欢乐中国行》,成为中国电视综艺节目发展史上的标志性事件。

此外,同期出现的还有《周末喜相逢》、《欢聚一堂》和《正大综艺》等电视综艺晚会模式的代表性节目。值得一提的是《正大综艺》,因其全新的主持人与观众互动形式,轻松随意的节目风格,以及对普通人无法到达的"奇妙世界"的讲述,赢得观众长久的追捧,直到2010年9月改版成为《正大综艺·墙来啦》,内容开始侧重娱乐游戏形式。

《综艺大观》和《正大综艺》之后,20世纪90年代中期,电视综艺晚会开始以"游戏节目形式"为主,1997年,湖南电视台模仿港台节目制作了《快乐大本营》和《玫瑰之约》;1999年,"欢乐传媒"出品,北京有线电视台播出的《欢乐总动员》,以及江苏卫视推出《非常周末》,福建东南台推出《开心一百》,安徽卫视制作了《超级大赢家》等。这一阶段综艺晚会节目的娱乐性增强,观众的参与性和互动性增强,现场观众甚至有直接参与节目的机会。各种各样的游戏,轻松活泼的氛围曾令观众耳目一新。但简单的游戏已难以满足观众的需求,其地位很快被以"益智类"知识问答闯关节目代替。中央电视台1998年推出的《幸运52》,2000年推出的《开心辞典》算是中国内地益智类节目的代表。益智类节目,不仅保留了游戏闯关等环节,出现了一些知识性与娱乐性兼备的题目,还增加了博彩、参与者与现场及场外观众的互动等环节,节目更具亲和力。同类节目还有,如贵州卫视的《世纪攻略》,上海卫视《财富大考场》,广东电视台《赢遍天下》,重庆卫视的《魅力 21》,江苏卫视的《夺标 800》等等。另外,较有影响的节目还有《中华情》、《同一首歌》、《智力快车》、《梦想剧场》、《文化视点》、《超级访问》等等。

  2.“电视综艺晚会”模式与“电视综艺节目”

  中国的“电视综艺晚会”模式虽然发端于自己独立创办的“春节电视联欢晚会”,但是它与美国的“电视综艺节目”有很多相似之处。这种形式上的相似在 20 世纪 80 年代后期,被中国电视从业者两相融合在一起。

  电视综艺节目形态最早起源于美国。第二次世界大战前的 20 世纪 30 年代,由于“经济大萧条”对美国经济、社会的影响,电视机构的制作经费预算频频削减。这种环境背景导致了技术设备的更新,制作人员培训及收入等均难予保证。美国几大电视网的日常节目质量尚且略显粗糙,更无法提供制作固定综艺节目的条件。因此,电视制作只针对游戏节目、竞赛节目和“杂耍表演”[①]等节目作了部分触及。第二次世界大战后,电视制作机构为解决经费难题,吸引广告商的注意力和最终获得收益,开始研发资金投入产出比较大、短期收益和关注度高的节目。美国的全国广播公司(NBC)、哥伦比亚广播公司(CBS)节目制作人率先发力,从开办后获利极大的广播娱乐节目制作经验中得到启发,开始大量网罗“百老汇”和“好莱坞”的娱乐明星们,将他们有特点的一些表演融入到电视中播放。于是,电视综艺节目在这种背景下应运而生。

  1948 年 6 月,美国《明星剧场》和《城中最受欢迎的人》(也译作《城中明星》)两个节目的诞生,标志了电视综艺节目的开始。《明星剧场》是全国广播公司(NBC)从旗下成功的广播节目中移植到电视中来的,《城中最受欢迎的人》是哥伦比亚广播公司(CBS)在电视上推出的固定播出的第一个综艺节目。这两档电视节目的推出都引起轰动,编导者利用电视的兼容性特点,把电影、戏剧、歌舞、魔术、口技、马戏、脱口秀表演等融为一体,邀请观众喜爱的明星来参加节目表演,极大地增强了综艺节目的娱乐性和可看性。“综艺节目为每一个人都能提供了一点什么东西。它的形式常常围绕一个或数个明星展开”。[②]邀请明星介入电视表演,又把多种文艺形态综合纳入电视节目的做法,既开辟

---

  ① 这里所指的是美国的“脱口秀”(Talk Show),通常在剧场演出,是单个人在台上与剧场观众互动,利用逗笑动作、自嘲笑话、涉及性玩笑的话题等形式进行的表演。类似中国的“单口相声”。
  ② 陈犀禾.当代美国电视[M].上海:复旦大学出版社,1998:158.

了节目制作的新思路,又为电视自身的商业性发展做出了推动性作用。

"电视综艺晚会"在中国作为一个类型,在 20 世纪 80 年代后期已经非常成熟,各地电视台几乎不分大小,一年之中总会制作推出几台成型的晚会。并且,这一时期的"电视综艺晚会"与各个厂矿企业合作,有了初步的与商业结合的运营意识,各种企业庆典型的晚会层出不穷。

也是在这一时期,中国中央电视台(CCTV)引进了当时的西德①电视台1970—1979 年制作的体育竞技游戏节目《夺标》(*Telematch*),播出后大受欢迎。加之中国电视行业从业者中,经历了 20 世纪 80 年代第一次留学热潮的回国者,也带回了一些欧美国家的电视新观念,尤其是美国电视综艺节目在第二次世界大战结束后的成功经验也对中国电视文艺节目创作者有所启发。

在中国"春节电视联欢晚会"与欧美电视综艺节目的"双重"影响下,1990年 4 月 25 日,中央电视台创办了《正大综艺》,标志着中国电视综艺节目得到进一步发展。《正大综艺》是专题类与文艺类相结合的综艺节目,这档两小时时长的节目,汇集了知识问答、滑稽录像片段、风光旅游短片和电视连续剧于一体,整体节目分成以《世界真奇妙》、《猜猜看》和《是真是假》等几个标题小单元的专题。每个小专题的时间都只有几分钟,内容却常常包罗万象,且结尾处必有设问。在当时极典型的是,每个小单元所配的音乐设计都很特殊,音乐给人的整体感觉非常符合栏目的内容情境和整体节奏,既陪衬出了节目自己的内在韵律,又给观众感官上带来了轻松、娱乐的心理感受。《正大综艺》在中国电视综艺节目还相对单一的 20 世纪 90 年代一出现,即引发了轰动效应。

《正大综艺》的出现具有非同一般的意义:它不仅开创了一个娱乐新形态,并且带动了当时各地方电视台一批同类型节目的问世,培养出了中国第一批电视综艺节目制作人员。《正大综艺》出现以后不到十年间,湖南卫视于 1998年推出了《快乐大本营》,由北京"欢乐传媒"于 1999 年出品的《欢乐总动员》在全国掀起了一股电视综艺热潮。同时,湖南卫视的《玫瑰之约》和上海电视台的《相约星期六》为代表的"婚恋速配"节目也吸引了大量观众。随后,中央电视台推出的《幸运 52》和《开心辞典》又引发"益智问答类节目"的盛行。2000年和 2001 年,广东电视台借鉴境外节目形式,先后制作、播出了《生存大挑战》

---

① 1945 年 5 月 8 日德国第二次世界大战失败投降后,根据雅尔塔会议和波茨坦公告,德国分别由美国、英国、法国、苏联四国占领,并由四国组成盟国管制委员会接管德国最高权力。柏林被划分成 4 个占领区。1948 年 6 月,美、英、法三国占领区合并。1949 年 5 月 23 日,西部占领区成立了"德意志联邦共和国",简称"联邦德国"、"西德"。同年 10 月 7 日,东部的苏占区成立了"德意志民主共和国",简称"民主德国"、"东德"。1961 年,为阻隔"东德"人逃亡"西德",民主德国在两区分界建造了"柏林墙",该墙以东为东德,以西为西德,1989 年才拆除,1990 年 10 月 3 日,"民主德国"并入"联邦德国"。

和《走入香格里拉》,当时被称为"特殊的大型生存竞技纪实电视节目",其实就是国外"电视真人秀"的类型。其后,国内各个电视台相继制作了《超级女声》、《莱卡·我型我秀》、《明星学院》等"选秀"节目,直到近几年开始的"模式引进"《中国达人秀》、《绝对唱响》、《中国好声音》、《我是歌手》、《星跳水立方》等等。作为中国电视综艺节目的衍生类型,这些"电视真人秀"逐渐成为当下电视文化的新奇观。在满足观众窥视欲望的同时,也让中国电视综艺节目的发展和商业紧紧地捆绑到一起。

二、电视综艺晚会的类型及审美特征

电视综合文艺节目,是指在电视制作中运用多种艺术手段而完成的节目。相对于电视文艺专题、电视戏曲、电视音乐及音乐电视(MV)、电视文学、电视舞蹈等较为单一的电视文艺节目而言,它具有多种文艺样式,是综合性最强的一种文艺节目。主要是将歌舞、音乐、舞蹈、杂技、戏曲、曲艺、新闻人物或事件等"综合"编排在一起,具有"集约化的信息传达方式",一般指各种样式、各种风格、各种主题的综艺晚会。

(一)电视综艺晚会节目的几个类型

1. 按播出方式界定

按照不同的分类方法和界定标准,综艺节目可以有许多不同的类型。按照播出方式的不同,有录播综艺晚会和直播综艺晚会之分:

(1)录播综艺晚会——即先录后播的综艺晚会。把准备就绪的综艺晚会提前录像,然后经过后期的编辑、制作、合成,诸如外拍资料的插入(包括广告)、特技的运用、字幕的添加等加工处理,根据确定的晚会长度要求,安排在既定的时间内播出。录播的综艺晚会可以弥补或删除录像过程中出现的差错,并充分利用特技手段精心进行后期加工和包装。

(2)直播综艺晚会——把准备就绪的综艺晚会根据排定的播出时间,直接录制播出。即在录像的同时,节目便已被同步播出,在"第一时间"和观众见面。直播的综艺晚会不存在"后期"问题,现场感较强,容易"造势"。它要求各环节必须充分准备,精心组织,精心实施,确保准点播出,万无一失。直播晚会中出现的纰漏和差错,也将"原生态"地暴露无遗,不像录播那样,可以"后期"加以弥补。另外,超时问题也是直播晚会的痼疾,有时直播中不得不删减压缩后面内容。

2. 按固定栏目界定

电视综艺晚会如果按照是否进入固定栏目来作为划分标准,可分为:

(1)栏目化综艺晚会——在专有的固定栏目内播出的综艺晚会,它的栏目长度是固定的,播出时间也是固定的。从中央电视台到省、市地方台,都有一批这类栏目化播出的综艺晚会。如中央台的《综艺大观》、《正大综艺》、《曲苑杂坛》等,地方台的《梨园春》(河南台)、《萝卜白菜》(河南台)、《星光50》(山东台)、《开心100》(福建东南台),这类栏目不论直播或录播,都有比较稳定的栏目形象,影响较大,受众广泛,大多是各台的名牌栏目。

(2)非栏目化的综艺晚会——即不进入正常综艺栏目,而是编导录制后另行安排播出的综艺晚会。它的播出时间和长度均不固定。这类综艺晚会多为指令性的时政晚会或行业晚会。

3. 按晚会特点界定

电视综艺晚会如果按照晚会的内容构成特点划分类别,大体可分为:

(1)节庆晚会——为节目或重大活动庆典以及重要纪念日而准备的晚会。如围绕每年的"五一"、"五四"、"六一"、"七一"、"八一"、"十一"、中秋节、老人节、元旦、春节、元宵节等所做的综艺晚会;为香港回归、澳门回归等所做的庆典晚会;为抗日战争胜利60周年、改革开放30周年而做的纪念晚会等。

(2)主题晚会——又称专题性综艺晚会。即有着较为单一的鲜明的专门主题表达,而非多主题并存的晚会。前述重大活动的庆典晚会、重要纪念日晚会以及行业宣传晚会(如"3·15消费者维权日晚会"、"环保日晚会")等,大多围绕某一既定主题展开,因此也称主题晚会。

(3)行业晚会——宣传行业特点、展示行业形象、普及行业法规、宣传行业重大活动的晚会。这类晚会不论长短,从内容到形式,有着突出的行业化宣传色彩和商业炒作成分,"三句话不离本行"是其基本追求和特点。这种晚会往往由行业承担全部或大部制作费用。总体上来看,艺术水准相对难把握一些。

上述电视综艺节目的分类,只是大而言之,是从不同的角度,以不同的标准试作的划分。实际上各地在实践中创办的不少综艺节目,都各有千秋,很难能简单地将它们归属为哪种类型。

(二)电视综艺类节目的审美价值

电视综艺节目是一种不同于其他电视艺术形式的节目,因而有着自己独有的审美价值。比如,它内容的丰富性、形式的多样性、受众的广泛性、艺术上的可视性与趣味性等,都是其他电视艺术门类所不具有或不能企及的。

1. 内容的丰富性

一台综艺节目,短则个把小时(多为栏目化的晚会),长达四、五个小时(如春节电视文艺晚会);各种形式的文艺节目应有尽有,或轻松,或幽默,或抒情,或昂扬,或轻歌曼舞,或大气磅礴;演员阵容或名家荟萃,或靓女酷男,无不各展奇艺,鲜衣丽服,满台生辉。随着时空转换,弦歌盈耳,让人眼花缭乱,大快朵颐,享受到多种艺术的美感。综艺晚会这种内容的丰富多样,没有任何一种电视艺术形式所可匹敌,这也是它作为一门综合艺术所独有的审美价值优势。

2. 形式的多样性

艺术形式的多样性,主要体现为一台综艺节目可以包括舞蹈、歌曲、相声、小品、戏曲、双簧、快板、杂技、故事等许多艺术形式。表现形式的多样性,指综艺节目可以时空转换、内外结合、声画并茂;可以通过服装、化妆、道具、舞美、音响、灯光等多种艺术手段强化艺术效果;可以运用特技手段进行外在形式的多样化包装。主持形式的多样性是指主持人可在台上也可在台下,可选用"报幕式"也可用"茶座式",可以一人主持也可以是两人或多人主持,可在演播室内主持也可在外景主持。再有就是播出形式的多样性,可以录播、直播,也可以插播,还可以两台对播或多台联动播出。

3. 受众的广泛性

收视调查表明,在电视艺术各门类中,综艺节目的受众人数最多,人群分布广泛。所谓雅俗共赏,老少咸宜,皆大欢喜。真正体现这一传播宗旨、实现这一艺术追求的,一定是非电视综艺节目莫属。

4. 艺术上的可视性与趣味性

综艺节目的欣赏性也即可视性是其重要的审美特征之一。它的整体艺术风格和每个节目的设定与处理,无不煞费苦心,大多用观众喜闻乐见的艺术形式和具有相当艺术才能的演员来表演。它很少进行沉闷的说教、冗长的叙事、高深的思辨、平庸的搞笑,而是短小精悍、脍炙人口、寓教于乐、妙趣横生,让人们在轻松、愉悦中领略到综艺节目的美轮美奂、多姿多彩、赏心悦目。除此之外,其它几类的综艺节目也有各自的审美取向。

(三)电视综艺节目的传播意义

电视综艺节目不同于其他舞台演出类综艺节目,它是通过电视这一现代传播工具,在有限时间内迅速向受众传递各类电视文艺信息的电视文艺形态。

电视综艺节目是收视率较高的几类节目之一。调查表明,许多地方的收视率排行在前四位,甚至名列榜首。它的受众异常广泛,它的内容街谈巷议,它的形式喜闻乐见,这些无不说明综艺节目已成为电视文艺中的主流文化。这种主体地位和收视强势,不仅要求编导者自觉地把向观众提供雅俗共赏、丰富多彩的各种文艺节目作为自己的主导思想和创作指向,传播健康益智、寓教于乐的精品节目,更应是创作者和编导们应该遵循的原则。

事实上,电视综艺节目已经承载着对受众的多项宣传使命和传播任务。首先是导向意识的传播——它的所有节目无不体现以优秀的作品教育人、以高尚的情操感染人的宗旨;第二是先进的文化思想和艺术成果的传播——综艺节目创意的时尚性、前瞻性,精品意识的追求,最新艺术形式的引入,对优秀艺术和先进文化的学习、借鉴,无不体现这一点;第三是大众文化的传播——综艺节目的"俗文化"类内容,说平民、演平民、平民演的节目;第四是对新观念、新思维的传播——它的许多创作节目和交流、移植、改造节目,往往注入了时代的人文意识、前卫的鲜活因子和思维的全新理念,给受众以新的启示和新的思考;第五是多种知识和信息的传播——这是综艺节目"综合"属性所具有的优势,不仅让受众欣赏各类文艺节目,同时也广泛传递知识和信息;第六是审美取向的传播——以健康向上、格调高雅的总体风格,多姿多彩、美不胜收的节目内容,以及光、电、色、声、画的综合艺术效应,给受众以美的享受和愉悦。

三、电视综艺晚会节目的策划

任何一台综艺晚会,不论主创人从中是否标有"策划"字样,实际上都有策划人员在工作,都有幕后的策划过程。没有策划,便没有晚会的总体架构;没有节目内容,综艺晚会便无从诞生。

1.策划的地位和作用

策划是综艺晚会的总体设计,构架出未来晚会的基本风貌和个性特色,决定晚会的主题风格和艺术取向。能否匠心独运、别具慧眼,策划出具有全新理念、全新思维,给人以全新感受,有几处"亮点"的方案,取决于策划者的水平。策划方案是综艺晚会的施工蓝图。

2.策划的必要前提

地域文化背景与现实的时事形势;可能拥有的制作经费和团队创作实力;可以调动的创作力量,包括技术力量和各个部门的构成;可以运用的演员阵容,演员的档期问题,酬劳问题等;竞争关系的影响,如是否有当地或外地曾经做过的同类节目。

3.策划的主要内容

策划所涉及的内容主要包括:主题宗旨;主要内容;创作素材取向;架构形式与艺术追求;演员阵容构成;场地与播出形式。

一般来说,策划可以分为整体方案和节目方案(又称局部方案)两类。总体方案包括对晚会主题思想、晚会基调、节目构成及编创队伍、演员阵容、风格样式、舞美灯光要求、经费预算、工作流程、主持人遴选等,全方位提出策划意见。局部方案即整体方案中的局部。节目方案的策划是最重要的局部方案的策划。在策划节目方案时,要考虑到整体方案的要求,诸如晚会总量、经济概算、主题风格的设定等。

4. 宏观策划的实施

策划固然是一种"务虚"的脑力活动,但作为标准的脑力激荡行为,纸上谈兵又是它最大的敌人。形成文案的笔力,进出火花的脑力,总结归纳的能力,以及把握策划局面的功力,对于一个策划者来说,都具有同等重要的地位。策划者在进行策划的过程中,应发挥在实践中培养起来的综合策划能力去完成策划。当然,这种综合能力并非与生俱来的,而是培养和锻炼的结果。对于策划的具体操作者来说,它建立在对策划步骤和程序的了解基础之上,正所谓"熟能生巧"。

作为电视综艺晚会节目的策划,不管是专业的还是临时"客串"的,都面临一个问题:不是策划者"可以"策划什么,而在于"想要"、"被要求"和"能够"策划什么。也就是说,策划活动从来都不应该是一厢情愿的,而应该是策划者、策划对象和策划实施者等几者之间在一定的环境和条件下,为了相同的目的而结合在一起的一种智力行为。忽略这个特性,任何的策划都只能是一种空想和盲目行为。

在宏观策划阶段,策划者主要任务是:描画策划的大致轮廓,设定策划目标,寻求最佳的切入点,激发策划灵感,产生策划创意。这里所谓的策划轮廓,并不是具体的创意或策划细节,而是一种整体上所期待的效果——策划者希望达到的策划目的和希望产生的效应。

设立策划目标,在策划的这一步骤里,就是给出策划的期望值。它已超越了描画轮廓阶段的只言片语式的"愿望"表达或"思想火花"闪现的层面,而进入到了建立在对策划对象的主客观条件的全面调查了解和分析研究基础上的关于策划要实现的目的的完整而精练的表述:策划方案。这是在策划全程中既考验策划者动脑能力,又考验策划者动笔能力的一个关键阶段。

在这个阶段里,策划者的主要任务是:整理策划成果,选出可行创意,形成策划方案,排列策划方案。在对五花八门、良莠混杂、参差不齐的"创意"和"点子"进行整理选择时,策划者有时要凭直觉凭经验进行直接判断,有时则是运用逻辑思维进行理性判断,但无论进行哪一种判断,都离不开三项基本原则,即著名策划人王志纲所归纳的"策划三性":

第一,唯一性原则。惟一性是电视节目策划中必须高度强调的一项原则。

这是由观众收视心理和电视节目市场规律所决定的。如果所策划的节目内容雷同、形式雷同、风格雷同,就会引起观众的逆反心理,降低收视率,因而在节目市场上也将前景黯淡。因此,电视节目策划者必须时时牢记这样四个字——人无我有,要敢于和善于引领电视节目发展的潮流,才有可能使自己的节目在形式和内容等许多方面具有惟一性。

第二,排他性原则。排他性是电视策划的一项重要的实用原则。所谓排他性,其本意是指一个事物不容许其他事物与自己在同一范围内并存的性质。但在电视节目策划中的排他性却没有"不容许"的特权。这一方面是使用同一媒介同一手段在表现同一题材时难免"英雄所见略同",另一方面则是因为属于知识产权范畴内的节目策划成果,目前尚难以得到切实有效的保护。实践证明,电视节目策划的排他性并非不可以做到,只是应该采取有效的方式和途径。通常实现这些想法的方式途径和思路主要包括:其一,增加高度,使他人难以企及;其二,加强力度,使自己的节目具有无法比拟的冲击力;其三,强化精度,使之具有迥然不同的节目品格。

第三,权威性原则。电视节目策划的权威性是其策划的惟一性和排他性所赋予的。但在实际操作中,它的作用往往比惟一性和排他性来得更直接更明显。一项策划是否具有独一无二的创意,是否最具有可行性,也就是它的权威性,这往往会成为能否被接受,接受后能否被实施,实施后能否成功的关键。

依据上述这样的原则,整理策划成果时,因时、因地、因事、因人,去粗取精,去伪存真,在大量的"创意"和"点子"中,归纳清晰的晚会结构线索,为策划方案的形成打基础。形成策划方案的过程,是动手又动脑的过程,也是信息整合、生成、转换和提高的过程。在这个过程里,策划者既要把策划成果转换成具体的《策划方案》或《策划阐述》,又要根据环境和策划实施者的主客观条件,对策划方案进行对比、分析和排序,为下一步骤的策划去做准备。

5.提报策划方案

提报方案是电视节目策划全程的最后一个步骤。在这个步骤里,策划者的主要任务是:向决策层提交策划方案,向决策者和具体实施者阐释策划方案,监督策划实施和总结策划得失,从而积累策划经验,以便今后把策划工作做得更好。

在电视节目策划的过程中,这一步骤的重要性常常被策划者所忽视。这一方面是因为电视节目策划尚未被完全推向市场,策划行为大多还是"卖方市场",还是"只此一家,别无分店";另一方面则是因为电视策划还没有从实践走向科学,还缺乏理性关照和理论意识。成熟的、负责任的电视节目策划者,在提交策划方案的过程中,不但要把提交行为上升到战略和战术的高度来完成,以便使策划成果能够得以顺利实现向"二度创作"即具体实施过程的转换,而且还要能够通过向不同对象进行阐释时,吸纳各种建议和意见使策划方案得以进一步完善。同时,也为自己以后的策划工作积淀能量。策划是一项十分艰苦而繁复的劳动,在策划过程中,可以按上述步骤进行,也可以各步骤重叠交叉进行。策划的价值和所有精神产品一样,并不是有形的物质所能完整体现和全面衡量的。

6. 电视综艺晚会策划方案写作

电视综艺晚会策划方案的写作是一项综合性的"劳动"。它要求写作者既要熟悉电视综艺晚会的生产和运作的技术性和艺术性环节,又要熟悉策划过程,掌握策划要点;同时,还要有提炼思想、升华创意和较强的文字表达、话语煽动能力。若想写出、写好电视综艺晚会策划方案,写作者首先必须加入到策划过程的所有活动中来,而且,在策划活动中,策划者还不能仅仅满足于做一名"听众"、"记者",他必须全身心投入其中,去听、去记、去提问、去思考、去表达、去调动,"道听途说"是很难写出优秀的、高命中率的策划方案的。

其次,策划方案的写作者应清楚方案是写给谁看的。方案审定者直接关乎策划方案的命中率问题。比如,写给高层决策者的方案就应与写给编导、广告客户的策划方案有所区别。就是写给编导和广告客户的策划方案也不应一样,编导可能关心节目的内容、风格、形式、氛围,而广告客户除了那些文艺界出身的客户外,恐怕他们关心得更多的只有晚会的热点与活动或节目的卖点,也就是最后的收视率问题。因此,策划书的表述重点和表述方式都会有所不同。

最后,策划方案的写作者更应该清楚一个完整的方案应包括哪些主要内容。迄今为止对于方案的主要内容,还没有统一的规定,《公文写作教程》中甚至连策划方案的范本都找不到,一些商业策划,道理虽然与晚会策划大同小异,但文本却无法直接借鉴。因此,目前的电视综艺晚会的策划方案写作者都是在摸着石头过河。在此,根据以往的实践,总结一个大体的思路与格式。

(1)首先是"确定主题"。撰写策划方案,撰稿人首先要为晚会确定一个明确的主题。在这个主题的统帅下用富有艺术感染力的节目设计和展现形式。实践证明:凡是能充分体现主题的就成功,凡是跑了题的就失败,表现不充分的就显得平淡,主题就是晚会的基调和灵魂,它的确定不是个人的随意性,而是要经过广泛地听取观众和专家的意见,既要有独特的艺术追求,又要把晚会放在宏观的时代背景上去立意深化。比如,在中国共产党成立 70 周年之际,中央电视台举办的庆祝"七一"文艺晚会,定名为《拥抱太阳》。这台文艺晚会的创意是庆祝党的诞辰 70 周年,回顾党的历程、缅怀英灵先烈、讴歌党的丰功伟绩。表达在当前国际共产主义运动遭受挫折、社会主义洪波出现逆流和漩涡的情况下，我国人民珍惜安定团结的大好形势，坚定地跟着共产党走，建设有中国特色社会主义的共同愿望和信念。这台节目的中心主题是"没有共产党就没有新中国"。总之，在策划创作综艺节目时，首先要考虑的是确定明确的主题。只有确定了这台晚会的主题之后，才能考虑整台节目的构思。

（2）把握总体构思。电视晚会的总体构思是在创意的指导下进行的，着眼于选用的主体形象和艺术风格上的追求。比如《纪念抗日战争和反法西斯战争胜利五十周年大型文艺晚会》的总体构思，是这样表述的：（1）晚会从表现世界和平民主力量和人类进步事业的高度，将中国抗日战争与世界反法西斯战争有机结合起来，以大写意的笔触，反映中国抗日战争胜利与世界反法西斯战争胜利的伟大历史意义。（2）晚会采用"音诗"形式。总标题为《光明赞》，总体结构为《记忆》、《血印》、《丰碑》、《光明》四个乐章。（3）从表现主题思想的需要出发，晚会选用部分在民众中有影响的抗战歌曲和当代创作的，被列为"二十世纪的经典"的舞蹈，并选用世界反法西斯战争时期有代表意义的音乐作品为素材，进行加工、创作，以保证晚会的高品位、高水平。同时，力求雅俗共赏。（4）为展示中国抗日战争的宏伟气势、增强纪念气氛，晚会将以强大的演员阵容，充分调动音乐、舞蹈、杂技、武术、舞美、灯光、音响等艺术表现手段，同时邀请抗战时期老战士、有代表性的老艺术家、三军仪仗队和百名少先队员联袂登台，并在关键场次的重要部位设置画外音串场和现场朗诵，以深入揭露日本帝国主义的侵略罪行，扩展主题思想的内涵，加强感染力。

由上述案例可以看出，策划台本的撰写应包括如下基本内容：（1）明确叙述举办这台晚会的意义，这与指导思想相辅相成；（2）确定节目的内容和形式以及艺术风格上的构思追求和把握思路；（3）陈述清楚对灯光、音响、舞美和主持人的串联要求以及特殊情况的处理方法；（4）表述明白，通过节目的构成、演出的气氛、演员的表演来体现晚会的基调和格调。

（3）撰写文案台本必须抓住的要点。编导在构思一台综合文艺晚会时，要注意晚会整体形象的魅力和价值。对构成晚会整体形象的各个节目的选择必须符合这样双重标准：一是要具有有机整体性。所谓有机整体性，指不但在风格和样式上与整体的节目相谐调，在内容上也要为塑造晚会的整体形象服务，因为它是一个具有内在联系和不可缺少的环节；二是要显示出节目独特的风采。所谓节目的独特风采，则是要求它的内容与形式相统一，并以其新鲜、活泼的特点确立自身的艺术价值。策划文案一要写清楚创作这台综艺晚会的指导思想是什么；二要写清楚晚会的艺术构思是什么。包括：晚会的基调或格调、艺术风格和美学上的追求。三是要以简要的文字说清楚晚会采用的结构形式,并概括晚会的内容。

（4）策划方案的审定。策划人员殚思竭虑,煞费苦心,几经研讨,反复修改而形成的方案,只是个草案,需经有关领导或上级部门认可,方能作为正式方案实施。策划人员的方案如果比较切合上级的要求,则无大的改动,但有时会变动较大,甚至推倒重来。最后审定通过的方案,在实施过程中一般无大的变化,也不得任意改动。否则,就是违背了宣传纪律。倘在施行中确有不尽完善处或需要作较大调改时,也要按程序报经有关领导同意。

四、电视综艺晚会的创作流程及编导职责

作为文艺节目编导,在综艺晚会节目制作过程中,所负责或者亲历亲为的主要工作包括:总体设计,组织节目素材创作,前期导演,撰写串连稿,现场导演,后期编辑等六大项。

1.总体设计

电视综艺晚会的总体设计主要包括舞美、灯光、服装和具体节目等四项,前三项各有专门艺术和技术人员操作,但需编导提出指向性明确、操作性很强的具体要求,并要按部就班地参与讨论、修改和检查、验收;最后一项具体节目设计,则需要编导亲自主持。节目设计从哪里入手呢？

（1）确定基调和设计具体节目。综艺晚会的基调是由整台节目的总体设计、布局、风格、环境气氛所决定,宗旨和主题也影响其风格倾向。中央电视台的春节联欢晚会历年都以"团结、欢乐、向上"作为基调,为什么？这是因为春节晚会不单单是艺术性晚会,而是集政治性、思想性、艺术性为一体的,面向全国、全世界的大型文艺晚会。它的总体设计等均要体现出"团结、欢乐"的主题并把健康和向上作为基调。春节期间对绝大多数的观众来说,他们要求春节晚会无非是赏心悦目、益智畅怀、皆大欢喜。因此,创作和安排晚会节目的标准应该是思想性、艺术性、娱乐性、趣味性和知识性相结合,寓教于乐,以"格调高尚、雅俗共赏"为宗旨。例如文化部举办的春节晚会,他们选择的基调不同于中央电视台的春节晚会。而以展现改革开放以来,我国文化战线百花齐放、异彩纷呈的繁荣景象和新秀辈出、人才济济的生动活泼、赏心悦耳、欢娱明快为基调,在格调上以"雅俗共赏"、"多姿多彩"为宗旨,在大年初一晚上的喜庆氛围中向全国人民播放,以此突出文化部春节电视晚会的风格与特色。

（2）把握节目形态。关于设计一台综合文艺晚会的节目形态,我们可以借用古人在传授写文章技巧时的一句要诀——"豹头、熊腰、凤尾"。中央电视台春节联欢晚会和文化部春节电视晚会都非常重视开头点题的节目,并精心设计舞美形象进行营造,借以达到"先声夺人"的目的。在结尾节目的设计里,力

争"要有一定的气势和深度,给观众留下美好的记忆和无穷的回味"。在1993年春节晚会的结尾节目是交响合唱《亮起来中国》,给观众留下了深刻的印象。"中国亮起来,奔涌的大潮,豪迈的气概,催动着壮丽的时代;辽阔的神州,浩瀚的灯海,迎接着光辉的未来! 中国亮起来!"

开头节目、结尾节目设计好,其余就是中间的部分。这部分的节目要扎实、丰富,饱满得像粗壮有力的熊腰一样。在节目安排上有如"连环套"一环套一环地往下进行。在一台文艺晚会节目的搭配上,应从观众的爱好出发,在观众中大多数人喜欢歌曲、舞蹈、小品,这三类节目被列为晚会的"三大支柱"。因此,它们是晚会最重要的组成部分。编导应该予以特别重视。

观看春节综艺晚会的观众,有一批爱好戏曲的观众,为满足戏曲爱好者的需要,应安排一定数量的戏曲名家表演的戏曲节目。这样一方面可以满足戏曲爱好者的欣赏要求,另一方面可以培养新的戏曲艺术的爱好者,使青年观众感受民族戏曲艺术的巨大魅力。此外,根据晚会的主题需要还应该选择一些非文艺性的内容或话题,扩展晚会的信息量,满足观众的好奇感。比如:中央电视台1995年春节晚会上有一个节目叫《看看母亲河》,这个节目就是通过黄河水的故事和采集黄河水样的人与台湾青年学生的亲切对话等,形成一幅感人至深的画面,达到其他节目所达不到的效果。

2. 组织节目素材创作

当整场晚会被看作一个"节目"的时候,其中的每一个歌曲、舞蹈、小品等具体节目,通常称为"节目素材"。组织节目素材创作,是晚会编导最重要的工作之一,因为这个环节是晚会质量的基础。节目素材中,最重要的是歌词、曲艺和小品脚本的创作,编导最好能亲自参与,即便你不会写,也要会看,会欣赏,会挑毛病,会指导修改。综艺晚会节目素材的主体,是歌曲和小品。

3. 前期导演

电视综艺晚会的前期导演工作包括:音乐节目录音;外景插播片的采录、编辑;片头、片花的设计制作;字幕稿准备;舞蹈、小品等单个节目排练,陆续进演播现场走台,带主持人全场连排,试装、合光等工作。这个环节需要周密的计划性和很强的机动性。

4. 撰写晚会串联脚本

与"前期导演"同步,晚会编导应该安排晚会文学台本(串联脚本)的创作。一般来说,综艺晚会撰稿人需阅历广泛,文字功夫和文学功底较深厚。因为综艺晚会的文学台本,是表明创作意图、交待晚会背景和性质、强化晚会艺术效果的一种语言形态。它用文学的笔法和形象的思维渲染情绪,深化主题,表达节目画面难以表达的主旨和意境,引领观众理解与欣赏,并沉浸到节目的艺术氛围中,获得更高的愉悦和审美享受。文学台本不是一般的文字解说或诠释,它是一种充满激情的文学创作,有着特定要求的文学样式,文字简约,要言不繁,既有思想容量在内,又有文学形象色彩。串联脚本是晚会的重要组成部分,它不但能起提纲挈领、画龙点睛的作用,而且能完善导演无法用具体的节目去体现的内容,使得晚会主题更完整,效果更强烈。脚本要求具有艺术性、音乐性,口语化。不可长篇大论、面面俱到,要尽可能与画面、节目相协调。忌用长句子,力求简洁明快,平实晓畅,富有一定的文化内涵和文学品位。

5.现场导演

现场导演从"带机彩排"开始,要求全体演员、主持人、舞美、灯光、音响、视频、服装、化妆、道具、摄像员、导播全部到位,完全按照正式演出要求,进行最后一次协调、配合、演练。此环节,要做好这样几件事:一是给剧组工作人员明确分工,舞台监督、话筒,配合字幕、放音、录像等等。二是候播区张贴大幅节目流程通告单。三是把标有对灯光、音响、道具等部门明确要求的"现场流程表"发送到位。观众入场之后、正式演出之前,"训练现场观众"也是现场导演的任务。演出开始,现场导演要把握主持人上、下场时机,表达尺度和节奏,控制音乐的配合尺度,调度演员候场,安排调度道具上下场,发布升、压观众席灯光指令,带动现场观众的场间鼓掌、呼应等等,最后组织全体演员谢幕。如果是"现场直播",晚会编导的任务到此结束。如果采用的是"录播"形式,他的工作还有下一项。

6.后期编辑

后期编辑,无非是将录好的现场素材进行精致的剪辑处理,理顺"叙事"逻辑,保证流程顺畅,剔除杂画面,插入必要的外景镜头或短片片段,制作特技、特效,完善字幕,包装片头、片花等,直到最终合成。

五、电视综艺晚会节目的舞美、灯光设计要求

综艺晚会的演播形式大致有茶座式、剧场式、外景式及三者混合式。除纯外景式外,其余几种形式,都离不开一个固定的演播室;至于对舞美、灯光的要求,除外景式演出白天不考虑灯光外,都与演播室一样需考虑如何设计问题。

1.舞台美术设计

综艺晚会舞美的设计,也是晚会作为综合艺术的具体体现,舞美设计给晚会造就一个虚拟的表演空间。虽然它不像戏曲舞美的要求那样针对故事情节,但也要根据每台晚会的不同性质、主题、规模阵容和舞台位置,有的放矢,

充分考虑到晚会的风格特点、导演的舞台调度、灯光处理等因素。另外,还要从制作经费的实际情况出发,量体裁衣,不可贪大求全,追求奢华;力求简洁、匀称,突出主题形象,不可过分堆砌、零乱、琐屑,符号太多。每台晚会的舞美设计,都要有自己的独到风格,与晚会总的基调相谐和,使之成为晚会的一个组成部分。设计人员经过艺术构思,画出草图后,应先与晚会导演或策划人员沟通,征询他们对草案的意见,修改后再提交比较成型的方案,报请负责人审定。方案审定后,可按比例先行制作出模型,再画制作图(气氛图),将材料颜色、尺寸定位后,即开始购料制作。最后是装景。装配布景时,舞美设计人员要亲临现场指挥搭建,以免因场景失误影响设计的效果。事实上,在舞台美术设计的每个具体环节上,随时都会有调整和修改。

2.灯光设计

在电视节目中,最能体现灯光作用与价值的莫过于综艺晚会。随着电视综艺晚会的兴起与发展,特别是随着电脑灯的普遍应用,灯光的作用变得越来越重要,已经逐步成为综艺晚会不可或缺的主要艺术手段之一。灯光的效果,直接影响晚会的总体效果。在电影、电视剧和专题类电视节目当中,灯光的主要作用是摹拟、再造、还原自然光,基本上是写实的。电视综艺晚会则不然,它的灯光主要是写意的,夸张的,不受光源理念局限的,可以无限张扬的艺术手段。

在综艺晚会中,灯光的任务是:①普遍的景物、人物照明;②突出要点,强化审美取向;③夸张地摹拟时空环境;④外化情绪,营造氛围;⑤外化想象,创造意境。在综艺晚会制作中,对灯光的要求都遵循"三项基本原则"。

第一,电视综艺晚会灯光设计须具备鲜明的主题性。晚会开场,观众最先看到的节目因素不是演员,不是主持人,而是舞台。舞台是由舞美和灯光效果构成的,当前,因技术的进步,使得舞美设计多依赖于电脑灯光效果,舞台美术的设计基本针对表演区域平台、"舞台航架"、标志物等三部分视觉效果设计。不存在多层次布景,"舞台航架"也多是专门为布光而设置,标志物大多用透光材料甚至干脆做成灯箱,表演平台必有光边、光带,甚至表演区的地面也采用LED显示屏铺设,观众获取的第一印象基本就是由灯光构成的。灯光是晚会的轮廓,晚会的门面。因此,它必须展示晚会的性质,体现晚会的基调。

第二,电视综艺晚会灯光设计须具备充分的可变性。在电视综艺晚会演出过程中,主持人与表演者频繁上下舞台,具体节目也会不断变换。灯光设计要充分考虑主持人上下场、串联节目的关系,节目变换的关系,更重要的要在不同的情境变换中使得灯光造型、情绪情感的营造符合整体的变化节奏。更重要的,灯光设计还要充分考虑摄像机的调度与画面呈现的问题。

第三,电视综艺晚会灯光设计须具备生动的创造性。电视综艺晚会舞台上的灯光不是案头的台灯,不是街边的路灯,不是简单的照明工具,它是一种用技术创造艺术的特殊手段。灯光设计既要突出晚会的主题性,又要考虑现场复杂的可变性,还要考虑节目的效果强化设计的创造性。

电视综艺晚会的灯光设计是一个复杂的系统工程,按照综艺晚会制作的进程,创作过程文艺编导与灯光设计师要充分考虑四个问题。

(1)先期布光要周密考虑各区域的功能划分。按照应用区域和主要功能划分,演播室内的灯光基本要求大致需要 14 组灯光效果,分别是:①天幕光;②景光;③非表演区(天幕与表演区之间、表演区两侧)气氛光;④特殊效果光(频闪,星空回转等);⑤背景及台面的图案电脑光;⑥足以覆盖整个表演区的意境彩光;⑦歌舞全景用光;⑧小品中景用光;⑨独唱近景用光;⑩主持特写用光;⑪人物移动用光;⑫观众席前排或指定位置访谈、表演用光;⑬观众席照明光;⑭观众席两侧及背景定位彩光。灯光设计师要根据导演构思和意图达到的效果,根据舞台实际场景、各区域的状况进行初步的灯光构思设计,并有初步方案或灯光设计草图。

(2)具体的用光设计。晚会的具体节目有了雏形之后,灯光部门应当根据导演的要求,小品的脚本,歌舞的音乐及分镜头本(没有分镜头本的应问清出场人数、服装颜色、手持道具、有否特殊要求等情况),主持人的位置,台下有否表演或采访,节目的顺序编排等等。根据实际情况和节目台本及节目进程单,逐个逐步地设计用光,并画出灯光设计的详细设计图纸。

(3)随着节目排练适当调整光效或设计。电视综艺晚会节目是个多部门合作、参与人员众多的类型。编导或导演团队,以及各个部门的工作人员,无论预先设计多么细致、充分,到了节目上场的时候都不可能完全吻合,灯光设计效果更不能例外。因此,灯光设计师及团队成员必须在节目进行"彩排"、"走台"的阶段,再根据每个具体节目的调度、造型、情绪、气氛来调整灯位、色温和调度细节,然后根据调整后的情况确定灯光最终方案。并开始对电脑灯进行效果程序编订,完成灯光效果方案台本并下发团队,以明确不同人员的工作职能。

(4)临场即兴创作。电视综艺晚会不可能像电影、电视剧那样由头至尾全有分镜头本,加之制作时间紧张,从"彩排、走台"到直播或现场录像多则三、五天,少则一、两天,况且节目一直在改动,所以灯光的临场即兴创作几乎是不可避免的。因此,灯光设计部门的所有人员,要有能够根据实际或有突发情况时"即兴发挥"的能力。当然,所有的能力都是靠不断实践经验累积的,当前灯光效果的技术、设备层出不穷,需不断学习才能有所创新,导演如此,灯光设计部门更是如此。

(5)综艺晚会灯光设计需注意的难点问题。①光比控制的问题。灯光师要考虑现场观众的人眼效果和摄像机呈现的画面效果差异,灵活设计光比,既要保证现场氛围的营造,又要保证电视拍摄画面的视觉美感。②照度与色彩的冲突。白光吃彩光,彩光要求压白光,在剧场录晚会这种矛盾最为突出。③"动与静"之间的矛盾。晚会演出,演员前动后不动,后动前不动;而灯光却很难同时体现"动"与"静",顾此失彼。④景别交叉造成的困难。不同景别的照度和色温不可能相同,而综艺晚会的节奏变化需要不同景别交叉,这种交叉造成了画面明暗色彩的不统一。⑤逆光与辅助光的运用短缺。正因为晚会演出不同于播音、访谈,对象始终在移动,故此勾勒背部和侧面轮廓的光源很难解决。⑥灯光对小品"无能为力"的问题。一到演小品,便是"大白光亮堂堂",还是当前的"通病"。⑦扩张与收缩的尺度。有些音乐节目,灯光可以扩张到淹没舞台轮廓;有些语言节目,灯光则应该将背景推远涂虚,将观众的视野缩小,注意力更集中。⑧灯光创造性的强化问题。灯光除辅助、配合、渲染之外,是可以在瞬间出彩的,比如歌曲的前奏与间奏时,这需要灯光师临场发挥魄力与能力。

六、电视综艺晚会节目的结构形式

综艺节目的结构,指的是以各种手段或方式,将丰富多样、色彩各异的节目,有机地贯穿连接起来。时下晚会创作者的倾向是"重节目而轻结构"。在策划、创意和实施中,编导注重的是节目的选择和编排,至于对晚会整体结构与节目的艺术整合、有序搭建以及如何实行"贯穿",则较少顾及。但结构问题毕竟是回避不了的,任何一台综艺晚会事实上都有一个结构样式问题。

1.串联式结构

这是综艺晚会最早采用的一种结构方式。即主持人通过撰稿人写就的串联词,将不同题材、体裁、内容、风格的节目连接起来,形成一台完整的节目体系。这种结构尤如穿针引线,上挂下连,虽失之于简单,却能通过串联词承上启下,连贯一气,具有一定的结构效力。因为每个节目间都有"话"要说,主持人频繁上场,故而还能为演员赢得少许休息时间和场景转换时间。但这种结构方式,也遭致一些批评。主要原因是:综艺节目在艺术上呈多元态势,单一的串联难免力不从心,结构能力有限。尽管如此,由于历史的原因,操作起来驾轻就熟,串联式结构在各地并不减少的晚会中,仍在被广泛地采用。

2.段落组合结构

电视综艺节目,尤其是电视综艺晚会,是由若干个相对独立的小节目组成的。导演在编排这些节目时,有很强的主观意识即编导思想在内。或按节目类型,呈跌宕起伏的马鞍形设计;或依照出情、出彩、出趣、出味等高潮点设计;或考虑演员知名度的高低,将其出场顺序错开,或为了情绪、情景、情节的需要而转换。总之,有意将整个晚会节目分割成若干段落或单元、板块,每个段落或单元间才有主持人及串联词的出现。每个段落间都会设计有一个高潮点。这样,主持人上场次数和对节目的品评大为淡化,只有在节目过渡困难,或需要升华、转换主题时才出场。这种"少啰嗦"既可体现对观众的信任与尊重,又可让观众根据自己对节目的理解和想象去鉴赏:高潮迭起,好戏连台,也许是这种结构试图追求的艺术效果。如中央台 2001 年春节戏曲晚会《世纪春华》就采用了段落组合结构:整台晚会分为《闹春宵》、《赏文章》、《满庭芳》、《重回眸》、《储新篇》、《会群英》、《传薪火》七大板块,晚会节目虽长,但人们却看得津津有味。

3. 篇章组合结构

庆典类、纪念类综艺晚会或大型文艺演出,场面宏大,隆重热烈,规格较高,在结构处理上往往采用篇章组合式。即将整台晚会根据内容和风格的不同,分别组合,设若干个篇章。每篇内组合若干个节目,形成相对独立的单元。如上、中、下篇或上、下篇,或直接设篇名,用以表明或强化晚会的立意及主题。中央电视台的《欢庆香港回归文艺晚会》,其结构就是篇章组合式:①序曲——天涯共此时;②火篇——血火百年祭;③水篇——归帆踏浪来;④土篇——真情满中华;⑤尾声——世纪钟声。这样的结构,更加突出了历史与现实的对照,更能体现普天同庆、大气磅礴的总体风格,自然也传达出了编导对晚会史诗品格和庄严凝重效果的刻意追求。

4. 组合回旋结构

将同类型或风格相近的节目,分别组合、编排在一起,在不同场地演出,还可以插入即时性的采访报道,再通过回旋方式将它们随时导入屏幕。这样的结构可以使不同口味的观众相对集中地欣赏自己喜欢的节目,同时又有身临其境的亲切感。例如公益性晚会《生命交响曲》,倡导人文传统与环保意识,其结构形态即是将主题分解为"生命的诞生"、"生命环境的破坏"、"生命与东方文化"、"生命与未来"四个相关主题,统率各类节目,形成回旋变奏式的四个"乐章",加以光色、舞蹈、音乐、景物等多种表现因素,以组合整台晚会。

5. 多元综合结构

不是刻意将节目按某种主题或意念分割成若干单元,而是顺其自然;主题并不那么集中,而是主题多义或"无主题"。这种多元并存的结构,实际上着眼于大领域、大视野、大参与、大舞台，最后综合归结成一个大主题。如北京台的《走向春天》，就采用了这种结构方式。这台晚会景点多、节目多、民俗多、年味浓，编导将整个京城当作舞台，派出"欢乐"、"吉祥"、"美满"、"幸福"四个采编队伍奔向四面八方，把京城百姓和海外华人如何过年、春满乾坤的动人场景同步播出，使观众觉得和晚会很贴近，从而大大增加了对晚会的关注感。晚会看似散点四射，而主会场则是欢乐汇集的海洋。这样的结构，不是漫无边际，实则突出并强化了晚会"喜迎灿烂春天"的总体气氛。此外，还有一些其它的结构方式，如编年史诗结构、教点式结构、平行并进式等。

第二节　电视综艺节目的衍生模式类型

中国当前的电视综艺节目越来越倾向于"娱乐化"发展的思路。如果纵向来看，从 20 世纪 80 年代的"春节电视联欢晚会"到当下引进模式的"电视真人秀"，电视综艺节目的类型模式发生了很大的变化。这种现象的产生并非如某些人所论，是受单纯的"山寨文化"思维导致的，而是受到了内、外两个因素交互影响的结果。究其外因，中国社会自进入"新时期"①以来推行的经济改革带动了社会的急速发展，经济的繁荣促使社会阶层结构和人们的思想观念都发生了前所未有的新变化。检视内因，近年来不断膨胀的社会娱乐和消费观念开始在中国盛行，使电视行业以及从业者主动或被动地被裹挟到市场化运营的潮流中。正如英国学者尼古拉斯·阿伯克龙比（Nicholas Abercrombie）在其专著《电视与社会》中所指出的："电视主要是一种娱乐媒体，在电视上亮相的一切都具有娱乐性。"②从世界电视发展史来看，"娱乐化"与"商品化"几乎是电视节目贯穿始终的两股动力。但是，中国电视由于发展路径和指导思想上受意识形态影响，一直敏感地关注传媒的特殊性，一味强调教育和宣传而远离甚至拒绝娱乐消遣，直接导致在很长的时间阶段内电视本体功能的缺失和错位。

随着 20 世纪 90 年代中国社会经济的大发展，媒介传播文化表现出了大繁荣的景象，公众对文化艺术的多元需求也日益增长。在这个时代背景上，中国的电视文艺也获得了前所未有的发展。电视综艺节目规模越来越趋向"大

---

①　这里的新时期所指是以 1978 年中国政府推行改革开放政策为起点的时间概念。

②　［英］尼古拉斯·阿伯克龙比. 电视与社会［M］. 张永喜，鲍贵等译，南京：南京大学出版社，2001：6.

型化",参与的人员阵容越来越强大,可以说是"少长咸集"、"精英荟萃"。正是这样一种鼎盛的局面和强盛的业态,也给电视综艺节目带来了竞争激烈、挑战严峻的发展现状。在激烈的竞争过程中,各个电视台和电视节目制作机构都使出了浑身解数,借鉴、模仿、境外电视模式引进,这些已经成为节目研发部门的常态工作的关键性词汇。也正是在这样的背景之下,中国电视综艺节目在新世纪以来短短的十几年间,经过了几个明确的发展阶段,并形成了几个倾向性类型。

一、电视综艺节目类型的分化发展现状

中国的电视综艺节目在进入新世纪以来不再呈现单一化的模式,开始出现内容题材的分化和新类型模式探索的发展思路。一方面是因为市场化运营观念已经在电视节目制作过程中成为共识,而且带来了巨大的广告收益。另一方面,市场化运营带来的激烈竞争也促使电视节目制作结构不断强化节目个性特色,目的是为保持自身节目的竞争力和强化自身的品牌。还有一个更重要的原因,政府的意识形态管制逐步向新闻节目的集中,对新闻以外的电视节目,尤其是电视综艺节目逐步的放松,也给电视综艺节目的多元化发展带来契机。电视的本质属性之一是娱乐,正如美国学者尼尔·波兹曼(Neil Postman)在其专著《娱乐至死》中所论述的:"电视本是无足轻重的,所以如果它强加于自己很高的使命,把自己表现成重要文化对话的载体,那么危险就出现了……"[①]尽管其宣扬的观点是基于完全的市场经济下美国电视所表现的特征,并非完全适应中国电视传媒的现状,但有一点是客观存在的,那就是无论中国电视受多少客观条件限制,电视娱乐功能的客观性和电视娱乐化的必然性已经被中国业界和学界普遍认同。从世界电视发展史来看,娱乐化也是电视节目的一个主要构成部分。

客观地看,中国电视综艺节目类型分化发展的现状还处在不完善阶段,开始注重类型模式的使用,但节目的类型模式基本以从国外购买引进为主。因此,中国电视综艺节目的多元化,与其说是节目类型的多元,不如说是节目制作者对电视综艺的"构成元素"认识和"类型模式"选择的多元。

1. 从构成元素的视角看电视综艺节目类型的泛化

美国传播学者卡特赖特(D. Cartwright)在继承了传播学四位主要创始人之一的保罗·拉扎斯菲尔德(Paul F. Lzarsfeld,1901—1976)的思想基础上,

---

① [美]尼尔·波兹曼.娱乐至死[M].章艳译,桂林:广西师范大学出版社,2004.

更是明确指出:"娱乐功能是大众媒介传播功能中最为显露的一种功能。"①电视诞生伊始,其传播观念和主要的内容就是以消遣性和趣味性为主的娱乐节目。而这种娱乐观念对今天的中国电视综艺节目而言,首先是突破旧有的思维定势,在电视娱乐构成元素上下功夫,强化节目的叙事和感染力以吸引观众。从构成元素的视角看,当下中国电视综艺节目类型的泛化,其众多所谓类型其实是对既有电视构成元素的综合运用。

(1)强化观赏与刺激视觉的元素应用。如《非常静距离》、《鲁豫有约》等文艺访谈类节目,大部分内容是关注和还原文艺名人们生活本来的状态,利用观众对其作品、角色和本人之间的差异性来制造关注度。但是,也有一些时候,本来是理性的交流,但节目进程中常利用被访者生活、工作中被关注的负面新闻内容剪辑成短片作为切入话题的角度。这些元素的应用可以直接满足各种各样对观众的感觉刺激,可以悦目、悦耳。电视本身具有"拟态真实"的特性,可以把各种艺术形态直接传达给观众。歌舞、杂技、小品等通过观赏与视觉刺激这种审美元素的展现,可以给观众一种感官的审美满足。电视综艺节目基本上都是利用观众的这种审美心理,强化视觉听觉元素效果作为节目的支撑。

这种传统的综艺元素构成形态几乎在所有国家的节目中,基本上都出现在电视发展的早期。如美国,电视综艺节目最发达时期是 20 世纪四五十年代,在中国是 20 世纪 80 年代。随着电视频道的不断增加和频道间竞争加剧,单纯的观赏元素很难以独立的角色来完成电视娱乐功能。因此,在当下电视综艺节目中,观赏性和刺激性元素渐渐只作为叙事或营造节目"狂欢"气氛的陪衬来起作用。这似乎也可以成为解释"春晚"曾经很受欢迎,而现在却让观众觉得总是不过瘾的直接原因。单纯审美元素只起陪衬作用已成事实,而感染力往往通过"游戏"、"比赛晋级"(PK 环节的设置)、专家票选等环节完成,如湖南卫视的《快乐大本营》和《天天向上》,浙江卫视的《我爱记歌词》,以及近两年暑期很火爆的《中国好声音》都呈现出这样的特点。

(2)窥视心理作为电视综艺节目元素。从传播心理学角度看,视觉媒介都有满足人们窥视欲的功能。传播学者麦克卢汉有"照片是妓院"的说法,虽然说法耸人听闻,但是其实质却说明了人类共有的那种窥视欲望。法国新浪潮电影的代表人物弗朗索瓦·特吕弗(法语:François Truffaut)评价"电影《后窗》是关于电影的电影",也是强调其故事本身就在直接表现人类的窥视欲望。1998 年,好莱坞电影《楚门的世界》更是用一种寓言的方式反思了电视真人秀的娱乐性问题。的确,电视综艺节目,尤其当下的电视真人秀类型,给观众提

---

① 转引自李苓.传播学理论与实务[M].成都:四川大学出版社,2002.

供了可以非常安全的,细致入微的全景式方式对参加节目的人进行"窥视",极大地满足了观众的窥视欲。从荷兰《老大哥》这个节目刚开始推出的时候,就是窥视加游戏这种模式。除此以外,中国电视综艺节目把这种"窥视"泛化应用到明星、名人访谈比较多,其实对于明星、名人的窥视本来就是窥视的重要组成部分。八卦信息和明星访谈直指名人的非公共生活,在一些无奖励明星游戏节目环节,明星们被置身于一个非常环境中,因而暴露出光环下的另一面,叙事性较弱,窥视性却很强。在日本、韩国、以及中国的香港和台湾地区,这类明星游戏节目,明星基本是被戏谑和"恶搞"的对象。这类节目核心机制是窥视,就是把明星带到一种非常态下的情境中,在明星不知所措中给观众制造乐趣。

(3)"两难游戏"元素制造的冲突叙事。叙事是文学和电影中常用的一个概念,就是讲故事。在当下的电视综艺节目中,叙事所指的是由节目内容、环节、主持人串联等等诸元素构成的一个相对完整的事件过程。其中有突出的参与人物形象,有冲突和悬念,最后还要有明确的结果。电视综艺节目的叙事,主要是基于人类爱听故事的共有心理而形成的电视传播观念。以丰富的叙事来吸引观众,是当下中外电视综艺节目的基本手段,"游戏化"和"故事化"的情节越来越多地在节目中出现。比如近年来的电视选秀节目,《中国达人秀》《我是歌手》《中国好声音》等,除了展现个性特长和唱歌之外,几乎所有参与者都要讲述自己对音乐爱好的"凄惨历程"和"催人泪下"的个人故事。

叙事的核心是冲突与悬念,这一元素是叙事打动人并令人关注的核心。现在的很多电视综艺节目或者电视真人秀都有"竞争晋级"的环节,正是这种规则的设置,让参加者在"可能晋级"与"失败淘汰"这种"两难游戏"中显出能力与个性,既使这些人物的形象丰满了起来,又给观众营造了为自己欣赏的参与者高兴与惋惜的情感氛围。如中央电视台举办的"全国青年歌手大奖赛"最吸引人的就是知识文化问答,虽然说这个环节不是比赛的核心,但是,正因为这个环节具有明确的对错悬念,所以对拉高比赛的收视率起到了很大作用。

2. 传播模式与电视综艺节目的类型走向

近年来,中国电视娱乐节目开始从国外电视机构借鉴、购买和引进节目模式,一些引进模式的节目也在国内取得了很好的收视率。电视节目模式的出现是基于传播规律,受众心理,商业运营,以及电视媒介特征等多方面融合的结果。传播模式最初是指研究传播过程、性质、效果的公式。1966 年,卡尔·多伊奇在《政府的神经》一书中曾论述过在社会科学中"模式"的主要优点。首先是模式具有构造功能,能揭示各系统之间的次序及其相互关系,能使我们对事物有一个很难从其他方法中获得的整体形象。其次是模式具有解释的功能,它能用间接的方式提供用其他方法可能相当复杂或含糊的信息。

从传播学发展历史看,具有代表性的传播模式有:①拉斯韦尔的"5W"传播模式。所谓的"5W"模式也被称为传播的政治模式,于 1948 年由美国政治学家 H. D. 拉斯韦尔提出,其后被学界和业界广为引用。很多学者认为"5W"模式概括性极强,对大众传播的研究起了很大的推动作用。其中的五个"W"指的分别是,谁(who)、说什么(says what)、通过什么渠道(in which channel)、对谁说(to whom)、产生什么效果(with what effect)。②香农—韦弗传播模式。又称直线性单向传播模式或者传播的数学模式。1948 年由美国数学家 C. E. 香农和 W. 韦弗提出,特点是将人际传播过程看作单向的机械系统。③两级传播模式。20 世纪 40 年代由美国社会学家 P. F. 拉扎斯菲尔德提出,将受众截然分为主动和被动、活跃和不活跃两部分,强调"舆论领袖"对受众的引导作用。④施拉姆传播模式。由美国传播学者 W. 施拉姆于 20 世纪 50 年代提出,强调传者和受传者在处理信息过程的同一性,揭示了符号互动在传播中的作用,表明传播是一个双向循环的过程,是较为流行的人际传播模式。⑤德弗勒传播模式。又称大众传播双循环模式。由美国社会学家 M. L. 德弗勒于 20 世纪 50 年代后期提出。此模式突出双向性,强调在闭路循环传播系统中,受传者既是信息的接收者,也是信息的传送者,被认为是描绘大众传播过程的一个比较完整的模式。⑥韦斯特利—麦克莱恩传播模式。由美国传播学者 B. 韦斯特利和 M. 麦克莱恩提出。此模式在突出信息的同时,特别强调"把关人"在大众传播中的作用。⑦波纹中心传播模式。由美国传播学者 R. E. 希伯特等在 20 世纪 70 年代中期提出。其核心观点认为,大众传播过程犹如投石于水池中产生的现象,石子击起波纹向外扩展,到了池边时又朝水池中心反向波动;在扩展和回弹的过程中,波纹(即信息)受到许多因素的影响。此模式强调大众传播同社会、文化等的关系,显示了传播过程的复杂性和动态性。⑧一致性传播模式。也称为传播效果的心理模式,这一模式源于认识心理学理论。主要由美国心理学家 T. M. 纽科姆、L. 费斯丁格和卡特赖特等提出。其核心观点认为,传播效果往往取决于传播内容对受传者固有信仰、观点、态度的威胁或强化程度。

传播学研究中使用模式方法建构的传播模式,实际上就是科学、抽象地在理论上把握传播的基本结构与过程,描述其中的要素、环节及相关变量的关系。传播是一个从传播者到受传者的信息流通过程。在传播学发展的不同阶段、不同模式中,可以体现出从传播者到受传者之间关系所发生的变化。在传播学简短的历史中,传播学者构想和提出了许多的传播模式,从早期的传播模式建立直至网络传播模式出现以前的传播模式,虽数量不下百余种,但是都未摆脱线性传播的基本特征,即传播学的基本模式——拉斯韦尔公式。实际上,所有对传播模式的表述可以归为两大类,即表征传播过程及结构的模式和表征传播要素关系的模式。传播学基本模式就是以此为基础而建立的。所以,拉斯韦尔公式即成为认识、研究传播的核心框架。

电视节目模式的设计与研发虽然与传播模式不是同一个概念,但其核心都是以一个公式或模型为参照。不同的是,"节目模式"方便商品化操作和运营,可复制和批量生产的节目构成样态。它既包含固有的、统一不变的元素,又包含每期节目中的特定元素,是一个可以在异地、多次"再实现"的配方。而"模式节目"则是在这种配方基础上制作播出的节目。

二、电视综艺节目衍生的几个类型

如上文所述,进入新世纪以来,由于对国外电视模式的购买、引进和借鉴影响,加之原有的电视综艺"晚会型"节目在激烈的竞争中不断调整,中国电视综艺节目在发展中不断出现分化,逐步衍生出几个新的"栏目型"的节目类型。分别是,文娱谈话类型、益智竞技类型、游戏竞技类型。虽然当前也有论者把益智竞技类型与游戏竞技类型统归为电视真人秀,但从节目的结构、参加者以及规则设置等角度看,这两个类型的重点是对智力和协调统筹能力的挑战,与"电视真人秀"存在着本质上的差异。

1. 文娱谈话类型

谈话节目,又叫"脱口秀",原是港台媒体对英文 Talk Show 的意译,意为"谈话节目"。该类节目往往以一个主持人和一个或多个嘉宾聊天的方式进行。可以分为"以人物为中心"和"以话题为中心"两种类型。二者的区别在于前者围绕人物组织话题,而后者则根据话题选择谈话人。在欧美等国,电视谈话节目已成为电视节目的主体样式,占总量的 60％～70％。其中娱乐谈话节目具有很高的收视率。美国 NBC 的《杰·雷诺今夜秀》和 CBS 的《大卫·莱特曼夜间秀》、《艾伦秀》等等都算是这一类型节目的成功代表。这类节目不局限于单纯的"说",而是注重各种手段并用,从形态上看,它结合了"谈话"和"综艺"两种节目的特质。节目通常在晚上 11:00～1:00 播出,使忙碌了一天的人们得到放松。谈话内容多为成人话题,内容广泛、庞杂,主持人风趣、幽默,时常庸俗地开些玩笑,做些噱头提供观众以笑料。

美国谈话节目的兴起和火爆,使其他国家和地区纷纷仿效。欧洲、日本、以及中国台湾地区的谈话节目已经具有了美国谈话节目的各种形态。从 20 世纪 90 年代开始,这种节目形态也被借鉴到中国大陆。特别是进入新世纪之后,这种类型的节目得到了空前的发展。1996 年 3 月,中央电视台新闻评论部推出了《实话实说》，开创了中国内地谈话节目的先河。节目形式为群体现场交谈，通过主持人、嘉宾、观众的共同参与和直接对话，在生动活泼的气氛中，展开社会生活或人生体验的某一话题。经过叙述、讨论或辩论，达到各抒己见、增进参与者之间交流和理解的目的。2000年前后，央视相继推出《对话》和《艺术人生》，在全国各地引起巨大反响。尤其是《艺术人生》在2013年依然保持着相对较好的收视率。此外，各个地方电视台也推出了不同特色的"文娱谈话"节目。目前，安徽卫视的《非常静距离》，凤凰卫视的《锵锵三人行》、《鲁豫有约》，湖北卫视的《大王，小王》等节目，发展已经比较成熟，尤其是在嘉宾选择、节目分工、节目制作、主持人选择等方面积累了许多可资借鉴的经验。

2.益智竞技节目类型

益智博采类节目一出现就受到观众的狂热追捧。这类节目最早兴起于美国，塞拉多制片公司为美国独立电视台制作的《谁能成为百万富翁》节目，在1998年开播后，迅速风靡世界各地，成为不同国别、不同人种和电视观众的收视灵药。在中国，1998年央视《幸运52》的创办，标志着电视益智类节目的开始，这档从英国引进的节目在开播两年后火爆全国。央视在其后又推出了一档模仿英美《谁想成为百万富翁》的节目《开心辞典》，也取得了成功。于是，以《幸运52》、《开心辞典》为代表的，集传播知识、娱乐游戏、有奖问答于一身的益智性娱乐节目迅速在荧屏走俏，收视率节节攀升。国内各地方电视台纷纷推出类似节目。

如今，《幸运52》和《开心辞典》已经陆续停播。但是，作为这个类型的升级版本，2012年江苏卫视推出的《一站到底》在中国的同类益智竞技类型节目中，依然有很高的收视率和稳定的观众群。其优势表现为：①气氛的营造。由于以竞争性和物质刺激行为主要特征，所以益智类节目最适合刻意营造紧张气氛，在快节奏中通过持续不断的刺激抓住观众。美国很多益智类节目较为注重制造紧张气氛，对选手施加心理压力。比如，通过演播室的设置和灯光、音乐的使用，在选手答题时，使气氛从轻松逐渐转为紧张，节奏控制极为讲究。在最紧张的时候，连观众也会跟着屏住呼吸。《一站到底》在施压的设计上则更进一步，除了通过主持人的加重语气提醒，不断地向参加者施加压力外，还设置了答错失败，参与者脚下的地板会脱落，使选手掉入舞台下的水池中，进一步为选手和观众制造紧张和惊险的气氛。②竞争与刺激性。益智节目的竞争性即两人或多人之间的比赛，或单一参赛者面对规定问题的自我挑战。而构成竞争性的，则是专门设置的比赛规则。由于一环扣一环的悬念似的环节设置、高额奖金的刺激，竞争性是这类节目的突出特点。用金钱带来刺激性是这类节目一个不可少的特点。③参与性。观众的参与性也是益智节目的一个特点。与其他类型的节目相比,益智节目有着天然的参与性。首先,参加益智节目的选手都是从普通观众中选拔出来的,电视机前的观众完全可以将这些选手与自己等同起来。其次,益智节目中通常会设置的求救方法也是观众参与的一种形式。再次,全体收看该节目的观众的参与才是益智节目参与性的最大体现。收看节目的观众通常在选手回答问题之前先自我作答,而自己的回答是否正确,则要等主持人公布答案。正是这样由一个接一个的问题回答所形成的悬念,构成了观众最大程度的参与。

3.综艺游戏类型

美国的游戏节目样式繁多,五花八门,其中一些艺术表演类节目最受欢迎。这种节目表现形式一般采取现场实况转播、剪接、集锦、演播室直播、户外表演等方式。其风格由不同内容、形式及主持人个性融合而成,当中有全国一流的表演艺术家。尤其以《埃德·沙利文节目》最有代表性,其新颖的内容和独特的风格连续多年跻身于全美"二十大节目"行列,在全国持续了23年。

中国的综艺游戏节目的代表莫过于《快乐大本营》和《欢乐总动员》。1997年7月10日,湖南卫视推出一档综艺节目《快乐大本营》,由于卫星电视的覆盖率,一年以后,这个栏目已经名满神州,并掀起中国电视快乐浪潮:如浙江卫视的《假日总动员》、央视的《城市之间》、安徽卫视的《超级大赢家》、云南卫视的《快乐周末》等等。这些节目给电视综艺形态带来了两点新内涵:动作游戏和观众参与。《快乐大本营》,不再以智力游戏为主,如猜谜、辨别正误之类,而是推崇一种体位文化,让嘉宾上台唱歌、参与表演、玩游戏。在央视的《城市之间》中,爬墙、推啤酒杯、搬运、提水等更直接的体力劳动,让嘉宾、观众或主持人在动作中暂时忘记身份、地位、风度,投入一种亢奋的情绪状态,焕发出被文明遮蔽的人性本真——尤其是主持人不失时机地煽风点火、火上浇油,观众情绪易于同化到现场情绪,于是在动作中忘记也来不及思想,沉醉在"快乐"之中。同时,观众参与也成为这类节目的重要特点。参与节目的现场观众不仅在保持鼓掌权利的同时,也可局部参与到节目中去,如上台与嘉宾一起做游戏,给嘉宾或参赛者打分等等,显示了对观众的尊重,也明显增强了观众的参与性。

如今,该类型节目也陆续衍生出一些新的模式,如央视2010年9月18日推出的《正大综艺·墙来啦》,作为《正大综艺》改版后的大型游戏类娱乐节目,播出以来收视率很高。另一档电视综艺节目《谢天谢地,你来啦》也是从《正大综艺》改版调整衍生的,原名是《正大综艺·谢天谢地,你来啦》,是央视于2012年4月新推出的一档大型明星戏剧表演节目,借鉴并结合了电视真人秀的一些特点。该节目版权来自国外，以明星作为嘉宾，明星们没有剧本、没有台词，都会通过一扇门进入到一个自己之前完全未知的特定主题场景，场景的人物角色见到参与嘉宾的第一句话就是："谢天谢地，你终于来啦！"迅速将参与嘉宾、观众带入到设置的场景当中。在扮演某个特定角色的过程中，明星面对各种未知挑战表现出的机智反应将给本节目带来不间断的笑点。《谢天谢地，你来啦》由崔永元主持，主持搭档是王雪纯，她的主要任务是在节目表演进行中会适时按响终止红灯对演员做点评。

4. 模式类综艺节目类型

在近几年里，随着相亲交友、歌舞、益智和才艺竞秀等一批真人秀节目的热播，一方面，在节目创作上使这类节目更加强调戏剧化的情节叙述、突出个性化的人物、强调空间的疏离感等策划编导技巧的运用，使得这一类节目越来越红，各台和各有实力的频道纷至沓来地推出此类节目；另一方面，也能明显看到我国电视台对引进模式类电视综艺节目的依赖，出现普遍借鉴国外节目模式，这类综艺节目的模式化特征十分的明显，形成了特定的模式化的一类节目。当然我们也应该看到本阶段的模式类节目比前几年歌舞、益智和才艺竞秀的真人秀节目已有显然不同，具有与以往不同的许多创新元素，此类模式类节目在普遍借鉴国外节目模式的同时，也结合本土化元素，在创作播出的过程中不断融合基于中国文化、国人情感和视觉习惯等本土化素材，使节目创新意识大大增强。另外，公益元素以及情感代际关系已成为2013年第一季度上星频道的模式类节目改造出新节目中的突显元素。为逐渐摆脱单纯模仿欧美模式的套路，如第一季度中央电视台的《开门大吉》和浙江卫视的《王牌谍中谍》都在借鉴的基础上进行了成功的本土化改良。如中央台三套的《开门大吉》同时加入歌星模仿秀，首期播出就得到观众好评，并在2013年第一秀度呈现出良好的成长性。又如浙江卫视借鉴英国火爆全球的益智类竞赛节目 POKER FACE 推出《王牌谍中谍》，并对节目进行了成功的本土化改良，节目则同时加入游戏、赢取奖品环节；再如浙江卫视引进美国原版 The Choice 制作的高档交友节目《转身遇到 TA》，4 位优质 80 后型男坐上爱的转椅，交友不看外表而凭谈吐"盲选"决定是否转身，在保留原版节目的流程和"听声音决定是否转身"的节目精髓之外，为了更符合中国观众的口味，原版节目中 4 名男嘉宾的定位，则由单纯男明星变成了各行业的精英，版权引进的影响加上本土化改造接观众地气，使得该节目在短时间内引起较高的市场关注。然而，不论我们如何进行本地化的改造，这类节目的形式和节目结构内核的模式化是不容人们所否定的。下表列举了2013年主要频道的部分节目，从中我们能很清楚看到模式类综艺节目已经成为当下电视文艺节目中一类不可或缺的节目类型了。

2013 年第一季度上星频道部分模式借鉴或版权引进播出的节目一览表

节目名称	播出频道	节目模式/版权概况
开门大吉	中央台三套	借鉴欧洲模式
猜的就是你	广西卫视	原版模式 *Identity* 在美英等 16 个国家和地区播出
超级猜猜猜	优漫卡通卫视	德国最新益智节目模式
王牌谍中谍	浙江卫视	借鉴英国火爆全球的益智类竞赛节目 *POKER FACE*（中文名《扑克脸》），已在 14 个国家播出
妈妈咪呀 做女人就这样	上海东方卫视	韩国创造收视奇迹的王牌节目 *Super Diva*
我是歌手	湖南卫视	引进韩国 MBC 电视台正版版权的顶级明星音乐体验节目，源于韩国节目《我是歌手》
转身遇到 TA	浙江卫视	美国原版 *The Choice*
全家游戏王	上海炫动卡通	节目模式引进自孩之宝旗下最著名的家庭游戏综艺节目 *Family Game Night*
舞林争霸	上海东方卫视	美国真人秀 *So You Think You Can Dance*
男左 VS 女右	深圳卫视	引进荷兰公司 *Battle of the Sexs* 版权

综上，中国的电视综艺节目在不断地变化中发展，在调整中形成了晚会、文娱访谈、益智问答、游戏表演和模式类综艺节目等几种衍生类型，既有适时借鉴国外和独特改造创新的节目特点，又有借鉴引进国外的电视节目模式的节目特征。但是不论是借鉴还是引进国外的模式，我们编导的创新能力是大大地提升的，对此，我们有理由相信在未来的电视文艺节目发展过程中，在编导制作等电视从业者的共同努力下，一定还会有更多更好看的电视综艺衍生类型节目出现。

★ 课后研究、思考与训练建议：

- 如何理解电视综艺节目的概念？
- 中国的电视综艺晚会模式形成与 1983 年的"春晚"有何关联？
- 中国电视综艺晚会节目主要有几个类型，分类依据是什么？
- 电视综艺晚会的场景、光效的设计应考虑哪些原则？
- 从构成元素的视角来看，电视综艺节目类型的泛化有哪些具体表现？
- 试梳理中国电视综艺节目的新类型借鉴了哪些国外节目的特点？
- 思考并研究"中国电视综艺节目"的发展及类型变化。
- 任意选取一个"电视综艺节目"，分析并讨论其"叙事"思路设计特点。

第七章　电视真人秀节目编导

　　"电视真人秀"作为一种电视节目类型,在国外的电视行业中,其内容范围几乎涉及各个方面,既有文艺、体育、求职、婚恋,也有游戏、娱乐、竞技、冒险。但是,在中国的电视行业发展过程中,真人秀节目却是作为电视综艺娱乐节目的一个衍生新类型出现的。20 世纪 90 年代以来,中国的电视综艺节目在"娱乐化"观念和"产业化"竞争的双重压力作用下,为适应观众和管理者的共同需求,节目形式和表现手段不断调整变化。电视综艺与竞赛形式的逐步结合在90 年代中期就已经开始,在借鉴了国外电视真人秀的某些形式基础上,中国最初的真人秀也还带着"综艺加竞赛"的痕迹。虽然中国当前电视真人秀已开始进入对国外节目"原版模式引进"的阶段,但是就整体收视效果和商业收益来看,取得较好商业效果和观众追捧的依然是涉及文艺、娱乐的内容。

　　电视真人秀(Reality TV)最早出现在美国。1973 年,美国公艺广播公司制作的电视节目《一个美国家庭》,内容是纪录性拍摄一个美国家庭在整整一年之内的真实生活。这大概算是最早的电视真人秀节目了。而在 1992 年,美国有线音乐电视台也推出一个叫《真实世界》的节目,内容是有七名 20 多岁的男女合住在一个公寓,镜头 24 小时追踪拍摄他们的起居生活。通过关注别人隐私,对别人生活、工作等进行偷窥来获得自身精神的极大愉悦,既反映了现代社会人们的某种心理状态,也是大部分现代都市人的现实。在欧美国家,电视真人秀节目也引发了褒贬不一的争论。比如法国的真人秀节目"同居故事"虽给电视台和参赛者带来了巨大的收益,却在法国社会引起空前的文化大辩论。

　　这种满足人们偷窥心理并且真正风靡全球的节目,首先产生自欧洲的荷兰。由荷兰的埃恩德莫(Endemol)公司研发的《老大哥》(*Big Brother*)节目,1999 年 9 月 16 日首播就引起了轰动,观众约有 2400 万人。因此,《老大哥》也被认为是当前电视"真人秀"类型的发端之作。从 20 世纪 90 年代末期开始,《老大哥》节目从荷兰被陆续移植到澳大利亚、德国、丹麦、美国等近 20 个国家,电视"真人秀"掀起了在欧洲、澳大利亚、美洲大陆的热潮。随着这类节目的经济回报攀升,参与嘉宾的迅速"明星化",电视"真人秀"热潮开始在全球范围内兴起和蔓延。进入 21 世纪以来,电视"真人秀"被引入中国,经过了十多年的探索和发展,中国观众对它的追捧热度依然不减。电视从业者不断地调改"真人秀"的模式和呈现手段,以不断变化的多种呈现手段将真人推上屏幕进行表演和展示,让观众去观看、窥视、消费和娱乐。某种程度上看,"真人秀"已经逐渐演绎为当下不容忽视的世界性的电视文化奇观。

第一节　电视真人秀的概念及分类

纵观电视"真人秀"的发展历史,可以通过其传播路径发现它的一些设计观念和类型化规律。荷兰的《老大哥》陆续被欧、美等国引进并持续热播的过程中,美国哥伦比亚广播公司(CBS)推出的《幸存者》(*Survivor*)也在美国引起了轰动。此后,美国福克斯电视公司(Fox)的《诱惑岛》(*Temptation Island*),法国 M6 电视台播出的《阁楼故事》(*Loft Story*),德国电视机构推出的《硬汉》(*Tough Guy*),瑞典电视中出现的《求婚》(*Marry Me*),以及后来美国广播公司(NBC)推出的《学徒》(*Apprentice*)等,掀起了电视"真人秀"的全球热潮,这些节目也成为"电视节目排行榜"①上的常客。在美国,从 2000 年《幸存者》节目创造收视奇迹开始,几乎每年都有"真人秀"成为收视新宠。美国地产大亨唐纳德·特朗普(*Donald Trump*)投资制作并主持的《学徒》(也译为《飞黄腾达》),播出时创下了 2000 万观众的美国"真人秀"收视率最高纪录。与《老友记》(也译《六人行》)(*Friends*),《欲望城市》(*Sex and the City*)等名牌电视剧的收视份额持平。福克斯公司(Fox)推出的《美国偶像》(*American Idol*)曾经连续十三周夺得美国电视排行榜的收视率冠军。此外,《百万富翁》(*The Millionaire*),《粉雄救兵》(*Queer Eye for the Straight Guy*)等也都有很高的收视率。

中国的"电视真人秀"某种程度上可以看作是电视综艺节目的衍生类型。

---

① 排行榜最初的发明、起源于欧、美等市场经济发达国家,是由商家与消费者之外的第三方建立,借由人性的共趋性来制造商机目的,对带有相互之间比较性质的某种商品的评价体系。排行榜通常是对某一相关同类事物的客观实力的反映。唱片、音乐专辑、电视节目、电影等文化商品的排行榜也是基于此目的而设,是一种商业竞争结果,为将来的竞争提供参照系。因为有资本渗入的"买榜贿赂",所以排行榜也经常引来各种批评。

在电视综艺节目发展过程中,一方面社会开放程度越来越高,中外经济、文化等交流频繁,中国电视行业在交流中开始学习、借鉴和模仿国外节目。另一方面,20世纪90年代后期,伴随着互联网的兴起,中国电视观众通过网络更多地接触了国外、境外的电视节目,开阔了视野的同时,也对国内电视综艺节目的现状不再感到满足。第三个方面,也是最重要的一个原因,在中国电视逐步纳入市场化运营过程中,节目的竞争愈发激烈,但与之配套的"行业自律原则"因为中国电视行业的特殊权属无法由行业协调提出。而政府着力"意识形态"的管控,对电视作为文化商品的"产权保护法律法规"的制定阙如,依然用传统的行政管理手段来承担应由市场完成的工作。由此,在20世纪90年代后期开始,中国电视综艺节目大发展阶段,也同时存在一个各个电视台研发节目过程"互相抄袭"的"恶意竞争"现象。结果"劣币驱逐良币"①,一个电视台花了大量人力物力财力研发推出一档节目,几天之后就有改头换面的模仿之作在其它电视台播出。于是,曾经的参考、借鉴国外节目制作观念,变成了花钱购买国外"节目模式"。对国外节目的"模式引进"由于有复杂的协议限制,既保证了节目"版权"的完整独立,又保证了节目的个性特色。从2004年湖南卫视推出的《超级女声》开始,到如今的《我是歌手》、《中国好声音》(第二季),在近十年的时间里,中国电视真人秀的发展也经历了一个渐进发展的过程。

一、电视真人秀的概念界定及构成元素

虽然被称为"真人秀"的这些电视节目吸引了众多观众,成为了当下中国电视娱乐节目的一种流行趋势。但是,如果将那些被称为真人秀的电视节目放在一起进行比较,就会发现它们的内容选择范围非常之大,几乎涉猎了社会生活中的多个方面。同时,这些电视真人秀的表现形式也多种多样,结构与规则设置各有千秋,似乎很难进行概念上的明确界定,也很难确定一种形态作为其节目类型的统一标准。如果仔细地对比研究国内外这些电视真人秀节目,还是会发现它们存在着一定的"共性"和构成规律。

1. 电视真人秀的概念界定及形态特征

纵观国内外这些所谓"电视真人秀",其突出的构成规律主要有三方面的共性。首先,从节目的空间设计角度来看,这些节目既有把环境空间主要设置

---

① 劣币驱逐良币(Bad money drives out good)也称"格雷欣法则"(Gresham's Law),最初由16世纪英国的伊丽莎白铸币局长提出,他发现消费者总是保留、储存成色高的货币,而先使用成色低的货币进行市场交易。引申到生活各领域中,通常指两个事物在没有更好的办法评判优劣时,做同样的事情往往花费最少资源的被判为优。这也是浮躁和不规范的环境中才会产生的结果论反映。

在室内进行的,如《老大哥》(荷兰恩德莫公司出品)、《完美假期》(湖南经视),也有把环境空间主要设置在野外进行的真人秀,如《幸存者》(CBS)、《生存大挑战》(广东卫视);既有以演播室空间为核心场景的,如《谁想成为百万富翁》(ABC)、《幸运52》(CCTV),也有以自然实景为主要表现空间的,如《诱惑岛》(Fox)、《星期四大挑战》(贵州电视台)。其次,从节目的播出方式来看,既有栏目化的单期形态——每期相对独立构成有明确结果或结局,如《绝对挑战》(CCTV)、《非常6+1》(CCTV),也有连续和系列的栏目化形态——每期之间有明确的线索、因果和逻辑关联,如《学徒》(国内也译为《飞黄腾达》,NBC)、《欢乐英雄》(CCTV)。第三,从节目的架构模式、呈现手段看,既有展现人们社会竞技性的故事架构形态,如《急速前进》(AXN)、《勇者总动员》(欢乐传媒),也有选秀、选美为主的形态,如《美国偶像》(Fox)、《超级女声》(湖南卫视)、《中国好声音》(浙江卫视、上海灿星文化传媒);既有生活纪录方式,呈现"故事化"形态的,如《阁楼故事》(法国M6)、《简单生活》(Fox),也有现场表演类的形态,如《粉雄救兵》(BRAVO)、《梦想中国》(CCTV)、《中国达人秀》(东方卫视)等。

可以说,这些节目的元素、构成、模型、规则设计等都有程度不同的差异,但是将这些面貌不同的节目以上述三点为主要依据考察,则很容易得出一些界定性的概念结论:"真人秀"作为一种电视节目,是对自愿参与者在"规定情境"①中,为了达到或者完成节目预先设定的目的,按照特定的规则所进行的竞争行为的记录和加工。自愿参与、规定情境、给定的目的、特定的规则、竞争行为、记录和加工七个基本元素构成了真人秀节目的共同点。基于上述七个方面的共同点来理解电视真人秀,其在内容呈现上凸显的是真实与虚构的结合。在表现形式与手段上,采用的是记录性与戏剧性的一种融合。在传播方式上,则是既有观看的趣味性同时也强调参与的互动性效果。由此可以发现,"电视真人秀"作为一种节目形态,其类型是介于虚构和非虚构节目之间,某种程度上说,这种节目形式模糊了传统电视节目分类的标准和界限。

"真实"和"虚拟"这两个在电视节目中通常相互对立的概念,在电视真人秀中似乎实现了某种融合。一方面,"电视真人秀"在构成元素上具有非虚构性。其节目中参与的人物并不是专业的影视演员,而是自愿参与节目的普通人。其节目的核心内容是参加一次"游戏"过程,但参与者在参加之前除被告

① 规定情境是苏联著名导演、演员斯坦尼斯拉夫斯基提出的"戏剧表演体系"倡导的核心观念。就是要求演员在表演时把角色还原到真实生活的心理状态,以让观众感同身受。如演小偷要体会小偷的心理。

知"目标"和"游戏规则"之外,没有任何规定好的的台词、行动细节和结局。因为节目参与者在"游戏"进程中具有较大主动性,因而事件的进程也是开放的,节目中的情节、事件均在参与者完成"游戏目标"的过程中随机产生,事件的结果也是无法预知的。另一方面,"电视真人秀"又具有虚构类节目的明显特征。一是它不完全是对真实的原生态事件和人物的"不介入"记录,编导者在节目的最终剪辑中特别强化"秀"(show)的意图,即在纪录"游戏进程"的同时还刻意展现参与者的独特个性。而参加者也会在节目进程中为赢得观众的支持度,在一定程度上刻意地强化炫耀、展示、夸张扮演等意图。

2.电视真人秀的构成元素及其设置观念

"电视真人秀"作为一种新的节目类型,在悬念的设置上强化的是"结果的非确定性与目标的确定性的融合"。[①] 几乎所有的真人秀节目都会给予参与者一个明确而清晰的"游戏目标",或者是通过竞争获得胜利,或者是在特定时期内,赢得其他参与者或者观众喜爱,最后的获胜者可以得到事先预定的奖励。因此,真人秀的目标始终是确定的。但是,究竟谁是成功者,谁是失败者,由于什么原因胜利或者失败,如何胜利和失败,则都是未确定的,是不能被观众控制甚至也不能被节目制作者所控制的。

在人物设置上,"电视真人秀"采用的是非角色性与限定行为的融合。真人秀节目一般并不像影视剧等虚构叙事类作品那样,按剧作法去设计或规定参与者的角色。比如故事中人物关系通常呈现为:"好人"、"坏人"、助手、变节者、权威、异性对象等等。在电视真人秀节目中,所有的"人物",即参与者,都是以"自己"的方式进入节目,自己决定行为以及呈现给其他人的形象。他们扮演的是自己,是一种本色表现,而且越是本色表现,他们的个性才能够被观众所喜欢。但是,这些参与者与在现实生活中又不可能是完全一样的,因为他们被放置到一个特定的场景中,被要求完成特定的任务,他们不仅知道摄像机时刻在纪录他们的生活,而且也知道这是一个被安排的"游戏",所以,实际上他们受到这种"游戏"的假定性和规则所影响,行为必然是受到限定的。他们不仅表现自己,而且也表演自己。

在情节的安排上,"电视真人秀"是以非预定性的开放结构与情境规定性的固定模式相融合的方式完成。真人秀节目通常都是规定好了游戏的时间、空间、环节和规则,但是并不规定每一个参与者的行动方式。而是在一个大致限定的范围内,最大限度地让参与者自己去对各种预先设计的或者突然爆发

---

① 尹鸿,冉儒学,陆虹.娱乐旋风——认识电视真人秀[M].北京:中国广播电视出版社,2006.

的事件做出反应,进行判断和采取行动。谁也不知道这些参与者究竟会怎样行动,行动的后果会是如何。例如,在《幸存者》(第一季)的最后一集大结局中,竞赛的最后环节是三位仅存的选手:一位男性老年人、一位青年女性和一位叫里查(Rychart)的中年强健男性进行最后的竞争。内容是:在烈日下手扶一根图腾柱,最后松开的人将获得投票权,从另外两名选手中淘汰一位。谁也没有想到,恰恰是里查(Rychart)选择了最早退出竞争。更让人没有想到的是,获得投票权的女士却选择淘汰了那位男性老年人。而最让人意想不到的是在节目最后,其他选手投票选择了里查(Rychart)成为最后的幸存者。整个情节可以说曲折跌宕,将开放性和规定性结合得具有强烈魅力。

在表现手法和呈现手段上,"电视真人秀"将纪录"游戏进程"的真实性与"进程细节"的戏剧性结合在一起。"电视真人秀"往往记录了参与者在特定环境中的各种生活细节,各种微妙的人物关系,各种行为的过程。但是,在后期的制作和编辑过程中,则往往又将这些记录素材进行戏剧性加工,突出胜利者的艰难,失败者的悲伤,参与者的竞争,观看者的好恶等。甚至刻意地采用对比、交叉、平行等剪辑手法,以及正反拍和闪回等蒙太奇手段来增加纪录的戏剧性,再配合各种音乐、动效和特技等,在不破坏真实情感的前提下,暗示、强化、渲染各种戏剧性情感。这种"真实的戏剧性",往往是"电视真人秀"比一般虚构作品具有更大吸引力的重要原因。

综上,"电视真人秀"诸元素的设计及其秉承的观念,不仅保证了节目的趣味性,而且凸显了其独特的感受性魅力。真人秀既有生活的日常性,节目中的人物就生活在我们身边,甚至就是我们自己;同时它又有节目的非常态性,这些普通人被放置在一个被设计出来的时空环境中,为了一个目标而相互竞争、合作,或者胜利或者失败。从节目的过程来说,我们既能够通过观察、窥视,体验那些和我们一样的普通人在自由行动和选择中所体现出来的与我们相似的个性、生活方式、价值观念,同时又能够让我们对这些真实人物在虚构环境中的表现进行感性、理性,甚至潜意识的认同、选择、排斥和移情。正因为真人秀节目具有这种真实和虚构的双重美学特征,所以,一般来说,真人秀节目的规则可以移植,但是内容却在不同的地方会呈现不同的本土性。

二、中国电视真人秀的"模式引进"及主要类型

中国电视真人秀是在电视综艺节目的发展过程中逐渐衍生出来的类型,是对国外真人秀节目部分内容和形式的借鉴与模仿。纵观21世纪以来的十几年间,中国内地的多数真人秀节目,几乎都借鉴或照搬了国外各种"电视真人秀"的规则,再选择本土的嘉宾、本地的普通人参与节目,以此来维持与观众

生活的接近性，给观众营造"似曾相识"的非虚构性。

1. 中国电视真人秀：从借鉴模仿到"模式引进"

如果相对细分地看待中国的电视真人秀，其发展过程明显经历三个阶段的观念调整——即先是在内容、形式、手段上的借鉴和模仿；其次是购买、引进原版节目在国内播出；最后是购买国外成功的节目模式，以"模式引进"加上"本土内容"的制作方式推出。

中国最早的电视真人秀节目是 1996 年广东电视台推出的，在其《青春热浪》这档节目中，编导们制作了一个叫《生存大挑战》的小单元环节，从内容形式到呈现手段都是标准的电视真人秀形态。节目的内容是跟踪拍摄几个随身只有十块钱的大学生，从广州到佛山两天一夜的生存经历。虽然在当时的观念来看，这档节目是更倾向于"用纪录片的手法展现励志"的"青年节目"，与央视的青年节目《12 演播室》和北京台青年节目《我们》并无本质差别，但是《生存大挑战》具备的"利用真人去挑战一个预设目标"和"纪录"这两项特征，足以让其成为中国电视真人秀节目的最初萌芽标志。此后，2000 年 6 月到 12 月，广东电视台正式推出了第一届《生存大挑战》，在全国产生了极大的影响。在《生存大挑战》之后，央视以及湖南、贵州、四川等省级电视台也纷纷开办真人秀节目，而且真人秀节目虽然看似种类繁多，但都没有脱离广东台《生存大挑战》的模式，大都以"野外生存"或所谓"挑战极限"为核心目标，如贵州电视台的《峡谷生存营》，湖南经视的室内"真人秀"《完美假期》等。

同样是在 2000 年，美国哥伦比亚广播公司（CBS）推出电视真人秀《幸存者》（第一季），引起很大轰动。2002 年中国中央电视台（CCTV）购买引进了《幸存者》（第一季）原版，"按中国电视观众的审美和价值观的要求"经过剪辑播出，也取得了不错的整体收视率效果。但是，这种直接从国外引进原版节目播放的方式，往往也呈现出很大的传播效果折扣和消耗，不能达到在原国家或地区达到的收视效果收益。即便如《幸存者》（第一季），故事化设计观念很强，可无论是由凤凰卫视购买、引进香港播放，还是由中央电视台引入中国内地播放，与其在美国所引起的反响相比，都完全不能相提并论。因此，电视真人秀节目不管是借鉴形式，还是引进原版播放，或者是在本土制作，如果参与者缺乏身份识别性，缺乏与观众的认同机制，也可能达不到理想的效果。对于电视真人秀节目来说，重要的不仅是选手，也包括"选手"与观众的关联性。

从 20 世纪 90 年代后期开始，湖南卫视就一直引领了国内电视综艺或娱乐节目的风潮。在国内其他电视台处在"引进国外原版节目"播出阶段时，湖南卫视就已经开始了节目"模式引进"的实践操作。2005 年，可以视为中国"电视真人秀"逐步"类型化"的"转折之年"。其中，以"海选"、"全民娱乐"、"民间造星"为主要特征的"表演选秀类"节目成为最大赢家。这一年,湖南卫视在前一年的基础上调整并继续推出了《超级女声》,上海东方卫视推出了《莱卡·我型我秀》,中央电视台也推出了《梦想中国》,这几档"表演真人秀"都取得了不俗的收视率成绩,也使得"电视真人秀"这一电视节目形式,从单纯的节目样态发展成为相对成熟的"选秀经济"①电视产业类型。其后的几年,"表演选秀类型"的电视真人秀成为一种风潮,先后出现了"舞蹈类"的,如上海文化广播新闻传媒集团(SMG)于2006年2月12日推出的"明星舞蹈竞技"真人秀《舞林大会》,该节目的第一期在上海新娱乐频道播放后即引发关注。其后,《舞林大会》以每年一季的方式陆续推出,仍有很稳定的观众群体。2007年,湖南卫视推出的《舞动奇迹》,更是继《名声大震》(*Just the two of us*)之后,引进英国广播公司(BBC)收视率极高的电视节目"strictly come dancing"的模式,进行本土化改造的创新节目,也是中国内地电视台"第一次购买引进"英国舞蹈节目版权。《舞动奇迹》的整体收视率很高,因为有"庆祝香港回归十周年"主题,很多香港明星参与,所以节目呈现的视觉效果和感染力也很强烈。尤其值得一提的是,作为省会城市台,杭州文化广播电视集团参考上海东方卫视的《舞林大会》,于2007年也推出了杭州文化广播电视集团版的主持人参加的真人秀节目《舞林门》,也取得了相当高的关注度和收视率效果。

近几年,电视真人秀节目"模式引进"几乎成了必然环节,无论是以单身男女交友为主的"相亲类真人秀",如湖南卫视的《我们约会吧》、江苏卫视的《非诚勿扰》、山东卫视的《爱情来敲门》、浙江卫视的《为爱向前冲》等,还是以解决家庭纠纷,促进亲人情感交流为核心的"情感交流类真人秀",如湖南娱乐频道的《为她而战》,安徽卫视的《第12夜》,以及上海生活时尚频道的《心灵花园》等,也或多或少借鉴了欧美各国的制作观念和"节目模式"。

2012年几乎成了电视真人秀"模式引进"年。当年7月初,浙江卫视播出的"音乐类电视真人秀"《中国好声音》引起全国轰动,其"节目模式"来源于《荷兰之声》(*The Voice of Holland*),由浙江卫视购买版权和作为播出平台,联合星空传媒旗下的灿星文化传播公司共同制作运营。在《中国好声音》播出之前,"音乐类真人秀"还有山东卫视的《天籁之声》,东方卫视的《声动亚洲》等。从2013年的节目走向看,"音乐类电视真人秀"几乎成了全国各地电视台的主流。虽然2013年的第一季度,在同类节目无竞争对手的情况下,《我是歌手》取得了较高的收视率和观众口碑。但是,从2013年4月起,一系列的"音乐类

---

① 2005年第二届《超级女声》获得成功后,在湖南卫视组织的研讨会上,有业界专家认为该节目的经济评估价值约为5亿人民币,从海选到总决赛过程几乎可以看成是一个完美的商品化产业链。

真人秀"节目陆续推出,如湖南卫视的《中国最强音》,东方卫视的《中国梦之声》,安徽卫视的《我为歌狂》等。2013 年 7 月开始,湖南卫视推出《快乐男声》,浙江卫视的《中国好声音》(第二季)也开始播映。像中国电视不同类型节目发展的规律一样,"音乐类真人秀"与"模式引进"的电视制作观念也开始出现"激烈竞争"的态势。以广告收益和收视率结果为终极目标,缺乏对节目内核与价值观的深入研究,几乎是中国电视行业的"通病",这既是一直以来的存在性事实,又仿佛是国人无法"割舍"的文化宿命,世代罔替,众人泰然视之。

2.中国电视真人秀的主要类型

目前,中国电视真人秀的分类方法有各种不同的参照依据。但如果把"电视真人秀"作为单纯的"节目类型"来看,似乎对其分类会相对简单一些。类型节目的明确特征一方面体现在内容题材的范围,另一方面是其呈现思路、方法和表现手段,在真人秀节目中主要表现为,"规则设置"和参与者在节目中的状态。若按"内容题材的范围"和"规则设置"以及"参与者在节目中的状态"等三个标准来判定,中国电视真人秀的主要类型有如下几类:

(1)挑战生存能力与情感意志类型。这类真人秀节目主要展示人类的原始生存能力与情感意志的耐受能力。这类电视真人秀通常有两种环境的困境设计,一种是野外的自然环境,即野外生存型;另一种是室内人为设计的环境困境,即室内情感耐受型。中国的最初真人秀节目就是从"野外生存真人秀"开始的。野外生存型真人秀的主要特点就是将参与者设置在一个特殊的艰苦环境中,借助有限的苛刻的条件去完成各种难以完成的使命,在不断的淘汰之后,最后决出胜利者。在节目中,将野外生存竞技、奇观化环境作为核心元素;在环境的选择方面,多为远离日常环境的荒岛、森林等原始地域或封闭的内部空间,与日常工作和生活保持距离,强化节目与现实生活的错位;在规则的设计上,很少有核心事件贯穿整个节目,主要依靠游戏和淘汰来维系。

"野外生存型"电视真人秀节目包含各种形式的竞技、冒险或者针对人类情绪、情感耐受极限的游戏。目前,野外生存型电视真人秀中有代表性的栏目中,除去中国先后引进播出的《幸存者》和《古堡探险》,最有特点的就是 2006 年至 2012 年由美国探索频道(Discovery)制作的《荒野求生》(*Man vs. Wild*)。这档由英国冒险家贝尔·格里尔斯(Bear Grylls)主持的节目,他会在每一集模拟极为恶劣的环境,如沙漠、沼泽、森林、峡谷等不适合人类生存的地方,展示为脱离险境,设法寻找回到文明社会路径的方法和技巧。中国各个地方电视台也曾利用地域环境特色,在 2000 年之后陆续推出这种"野外生存型"电视真人秀节目。例如,贵州卫视 2003 年推出的《峡谷生存营》节目中,12名现代"鲁宾逊"在与世隔绝的贵州南江大峡谷里,真实体验 24 天野外求生的

"另类生存",经历斗智斗勇的游戏,如救援比赛、屏息比赛等。

野外真人秀节目也可以是一次寻宝探险的历程,制作方预先在某地放置某物,选手按照此物提供的线索进行探险,最先找到宝物者获胜。如浙江卫视2003年推出的《夺宝奇兵》,就号称集探险、极限竞技、荒岛生存、夺宝谋略等元素于一身,该节目在东海某荒岛设计了大型宫殿闯关游戏及海上真人生存等场景,采取淘汰赛形式,最终胜出者夺得万元奖金。央视2002年改版成"真人秀"的《金苹果》栏目,就是以"金苹果"为最终目标来串接、结构整个竞赛过程。此外,野外真人秀节目中还不乏许多极限冒险的体验,如欢乐传媒制作的《勇者总动员》节目,选手不仅要完成马拉活人、穿越火海等高难度项目,还要吃活蝎子、活蚯蚓等,几乎是中国版的《荒野求生》。

野外真人秀展现的是人在非日常化环境中的生存转态,室内真人秀则用隐私、情感吸引观众。室内真人秀节目的特点,是将人物放置在一种封闭的环境中,记录他们的生活状态和人物关系的变化,让观众能够看到参与者的日常生活特别是隐私内容,并在逐渐淘汰那些不喜爱的人或者不太喜爱的人的过程中,最后选择人们最喜爱的胜利者。这类节目以满足观众的窥视欲和好奇心为切入点,更多地把焦点停留在人身上,关注人的外表、言行、能力、思想,关注人与人交往中的矛盾。2002年夏天,国内仿自法国室内真人秀《阁楼故事》的《完美假期》在湖南经视播出。它精心挑选了12名男女选手,让他们在长沙市内一幢三层别墅中共同生活70天,每天24小时被60台监视器全程拍摄,度过70天的"完美假期"。每周两次做实时纪录性播出,30台摄制机不分昼夜监控一样拍摄记录着他们的一举一动。并从第三周起,每周都要求选手之间互相投票进行淘汰,观众还可投出支持票,赢得观众最高关注度的选手在当周内可免遭被踢出局。当剩下3名选手时,他们共同生活一周,最后由观众一次投票淘汰两名,优胜者将获取50万元的房产。

(2)文艺技能表演展示(选秀)类型。文艺技能的表演与展示,或者说选秀类型的电视真人秀,主要特点是让具有一定"文艺表演"能力,如唱歌、跳舞、戏剧、戏曲等的参与者,按照预先设置的竞赛规则进行才艺表演,而专家和观众则对这些参与者进行淘汰和选拔,最后的优胜者将获得成为"明星"的机会。因其符合媒介发展的平民化和互动性趋势受到观众的欢迎,在繁多的娱乐"真人秀"节目,这类节目渐成亮点,产生了广泛反响。2004年,湖南卫视、上海东方卫视和中央电视台分别推出同类型节目《超级女声》、《莱卡我型我秀》和《梦想中国》,使中国电视娱乐表演真人秀节目建立了明显的固定观众群,也促使中国文艺表演类型电视真人秀节目覆盖了多个文艺形态,其发展和影响至今不衰。例如北京电视台曾推出一档真人秀节目《生活秀》,对参与表演的人不设任何门槛,不论年龄、不限职业、不分语言、不讲国籍,每个人都可以来"移动演播室"展示才华,完成电视与观众零距离的接触。海南的旅游卫视推出的《灰姑娘》也是一档挖掘乡村姑娘之美,创造平等际遇发掘顶尖模特的大型真人秀。近几年,采用"模式引进"制作手法的《中国好声音》一、二季,《我是歌手》等真人秀,也似乎在不断地证明这一现象的存在。

(3)互动娱乐与戏剧表演类型。这一类的电视真人秀节目通常吸取了欧美热门娱乐类节目的精髓,借鉴了港台、日本、韩国游戏类节目的娱乐元素,加大了互动娱乐的"戏份",让"真人秀"成为普通人的舞台。尤其值得关注的是,主持人承担的功能被放大,既要担任主持串接节目,控制节目进程,同时还要参与表演和与节目参与者的互动。在韩国电视娱乐真人秀节目中,被直接简称为英文"MC"①的此类节目主持人,在某种程度上正是对其参与表演,互动功能扩展的一种强调和定位。除湖南卫视的《快乐大本营》和《天天向上》外,互动娱乐与戏剧表演类真人秀的代表节目,还包括东方卫视《天才爱美丽》。该节目通过轻松娱乐的方式,经过层层淘汰,选出最聪明的人和最有魅力的人,以此来展示"聪明与美丽并重"的华人风采。广东卫视的《赢遍天下》,则由牡丹、杜鹃、玫瑰、茉莉、百合等"五朵金花"主持,传递只要自信和努力,人人都能成为"天才与美女"的新风潮。

(4)精神与情感体验类型。所谓"精神与情感体验类型"真人秀,主要是指对人类个体精神、情绪、感受等内在情感关注的节目类型,其包括的节目范围相对较广泛,有常见的旅游真人秀,如央视在 2005 年 9 月 26 日"世界旅游日"推出《完美假期》大型旅游真人秀节目。在节目中,四对背景不同、性格各异的情侣在 48 小时内对"浙江千岛湖景区"进行了一次全新的"深度旅游"体验。他们被要求分组完成各种富于挑战性的旅行任务,考验他们对旅游景区的了解、旅游理念的认知和团队间的协作能力。旅游真人秀是把竞赛与当地文化、风俗有机地联系起来,既考虑观赏效果,也强调竞技、体能和智力的多种比拼。此外,"精神与情感体验类型"还包括美食寻访真人秀,如香港无线台推出的《台湾好味道》;甚至装修真人秀,如央视的《交换空间》;角色互换真人秀,如湖南卫视先后推出的《变形记》等等。

(5)心灵与肉体体验类型。这一类型主要以"整容真人秀"和"心理诊疗真

---

① MC 是 Master of Ceremonies 的缩写,原是指英文 emcee,即主持人。因为 emcee 的读音为 [em'si:],音标读音与 MC 有完全相同的谐音,所以在日常口语表达的过程中人们用 MC 这样的缩略方式代替 emcee 的意思。MC 在英文里有两种意思,一种指"控制麦克风"的人,即大型活动的主持人。另一种意思是指说唱歌手。

人秀"为主。"整容类真人秀"就像纪录片，不仅见证手术的全过程，还有选手恢复、展现术后容貌等环节。电视直播能够让人们目睹整容的真实过程，指导人们如何正确地对待整容，避免盲目整容的发生。但是，由于节目中出现了真实的、血淋淋的场面，这类节目一直备受争议。湖南经视 2006 年推出的《天使爱美丽》是国内首个整容电视真人秀节目。节目组从 1000 多的报名申请者中选出 14 位进行手术。选手在镜头前接受了丰胸、双眼皮切割、垫鼻、削骨、牙齿整容、抽脂等 14 项手术。除了丰胸等敏感环节被遮盖处理外，手术器具在人体器官上的操作过程全部真实可见。因为节目对手术过程进行了全角度、零距离、零剪辑播出，真实但充满血气的镜头使得它的支持者和反对者都不少。2006 年天津卫视推出的整容类真人秀《化蝶》节目舍弃了血淋淋的整容镜头，着力打造中国女性特有的气质美，讲述灰姑娘如何变成白天鹅的动人故事。节目为每一位选手量身定制一套"美丽"计划，从中让所有的女性都呈现出自己独有的魅力，在此基础上，展现中国女性独有的智慧和才华。

至于"心理诊疗真人秀"从一出现就引发争议，除了涉及一些法律、民生或婚姻题材的内容外，纯粹"心理诊疗"的真人秀节目几乎不存在，就这些节目的总体现状而言，观众收视和口碑评价也都大打折扣，甚至有些节目招致观众更为激烈的批评。如江苏卫视的"'心理诊断真人秀'《密室疗伤》，该节目被批'用恐怖场景摧残人的心理底线'，节目播出仅仅两期后就'搁浅'停播。英国《金融时报》中文网上发表了特约撰稿人吴迪的文章《中国电视真人秀挑战底线》指出，节目打着'心理治疗'的幌子，行'贩卖隐私'之实，靠迎合部分观众的窥视欲，刺激观众的眼球与心理，博取高收视率"[①]。

(6)社会生活与职场服务类型。职业场上求职就业等真人秀节目，其特点是参与者被指定完成规定的需要一定专业技能的任务，由评判者根据参与者的完成情况做出淘汰和选拔决定。"职场类真人秀"节目由于有与日常工作和生活密切相关的核心事件，因此节目的重心自然转向志愿者在核心事件中的个性、行为和感受，这就有效地减低了节目制作者对志愿者个人隐私和相互关系的渲染和强化。应该说，展示出色才能，满足观众好奇，提供成功梦想，是"职场类真人秀"节目的最大魅力。如东方卫视 2005 年 7 月推出《创智赢家——全国青年创业精英大赛》，这是中国第一个采用现场直播的才智创业真人秀节目。《创智赢家》也以"海选"和"PK"为噱头，吸引电视观众眼球。经过为期三个月共 13 个环节的考验，23 岁的天津青年陈曦终于战胜了来自四川的选手彭震，赢得了百万风险创业资金。《创智赢家》从开播到大结局，在上海

---

① 徐洁.心事，还真不能被娱乐[N].杭州：钱江晚报，D4(人文·娱乐)版，2010 年 5 月 26 日.

地区的收视率一路攀升。该节目还率先采取全程直播的播出形式,最后一期在节目时长达 2 小时的前提下,平均收视率达到了 2.5％,收视峰值超过 4％。同年,浙江卫视也推出职场真人秀节目《天生我才》,通过一系列的商业项目竞赛,决出一名商业奇才奖,获得 10 万元的创业基金和 200—300 万元的风险投资。

(7)教育与公益真人秀。教育真人秀节目中所展示的一些问题都是广大青少年在成长过程中的"共性"的问题,具有极强的示范效应。旨在促成家长和老师的理性思考,唤起社会各界对青少年成长的关注。2005 年北京电视台青少频道推出的《相约新家庭》就是一档家庭真人秀节目。在这个节目中两个家庭互换孩子,让孩子有机会在全新的环境中生活一周,并体验新家庭不同的教育方式。由于引入孟子"易子而教"的概念,这个节目具有了本土化色彩,同时它在运作过程中也大打青少年教育牌,宣称的就是"对城市孩子进行国情教育、励志教育、进行艰苦朴素、勤俭节约的传统教育"以及加强他们的"责任感和承受力"。天津卫视推出的《成龙计划》是全国首部以中学生为教育对象的真人秀节目。该节目借鉴韩国节目形式和成功因素,以初三年级成绩不好的所谓"学困生"为主角,由教育专家针对个人特点对他们进行帮助辅导,跟踪记录他们的学习成绩提高的每一个阶段,将学生由成绩提高到实现学习目标,到最终改变一生成长的细节完全真实地展现在全国观众的面前。

公益类真人秀兼具实用性、教育性和故事性。首先它具有实际的功用,为求助者提供的帮助切实有效;同时它还具有明显的教化作用,在帮助过程中每一步都传达着乐善好施、助人为乐的人生观和价值观;同时它还保持了"真人秀"节目所固有的戏剧化因素,具有很强的故事性。《民星大行动》是东方卫视2006 年结合上海这个城市的特色而策划的一档慈善公益类真人秀节目。周华健、周迅、袁鸣、胡兵、瞿颖、黄晓明、任泉、黄奕等明星乔装成三轮车夫、挤奶工、菜场小贩,从事最艰辛的工作。他们的劳动所得,加上观众支持的短信投票收入,将用来帮助受助对象完成心愿。《民星大行动》节目的魅力都来自于置换带来的反差,因而置换的对比性越强,反差就越大,戏剧性也就越强,可视性也更明显,产生了良好的社会效果。

(8)婚恋与情感交流类型。爱情、婚姻、家庭是生活的主题,也是人类永恒的话题。海外有很多流行的婚恋真人秀节目,如美国的《男才女貌》,日本的《恋爱巴士》等。2003 年,湖南卫视《玫瑰之约》节目在收视率下滑之后,推出全新纪实版《玫瑰之约·红丝带》。但是,推出后虽然收视率一度攀升,却受到了很多批评,认为他们把爱情当成了游戏和娱乐。上海电视台生活时尚频道推出的婚恋真人秀节目《丘比特之箭》。这档节目只有一位才貌双全的女子,却有五位深情款款的男士,经过两周的竞争与淘汰,展开一段现代"追女 6 人行"。2010 年 1 月江苏卫视推出大型婚恋类节目《非诚勿扰》,虽然几年来节目中一直自我宣传为"生活服务类节目",但从其参与者的选择,节目的结构单元,规则设置等诸多方面看,这个节目是典型的婚恋与情感交流类型电视真人秀。

第二节　电视真人秀的编创原则

电视真人秀的形式特征是对电视的两个本质属性的融合。这两个本质属性,一个是纪实性,一个是戏剧性。由于制定了相应游戏规则,规定了相应的时空环境,参与者只能在特定空间的某一时段进行规定的游戏,因而带来了真人秀的虚构性和戏剧性。但是,电视真人秀节目又区别于电视剧的虚构形式,其人物的行为、命运,甚至对话、细节等都不是被编导规定的,编导只是制定了一个戏剧游戏规则,而过程则是由普通人去自由发挥而形成的。由于电视真人秀节目有一个自由活动的空间,因此具备了一些纪录片的特点。也可以这样说,纪录片与剧情片的特点融合,构成了电视真人秀的核心的艺术美学元素。

一、电视真人秀的内容及规则设计

电视真人秀节目的内容选择范围很广,既有文艺各个门类的表现与表演内容,也有强化故事与戏剧性的"游戏",挑战"模拟真实"环境与生活对人类限制的内容,甚至还有明确的晋级式的比赛内容。总之,电视真人秀节目一个恒定的前提就是以"游戏和竞赛"作为节目主体,是以人的智力和能力比赛为主要内容的节目样式。这种节目样式符合人类的本能心理,适应人类普遍存在的求知欲望。而且,作为节目能够将知识性、趣味性和娱乐性融为一体,具有极强的参与感、现场感、紧张感。但是,不能否认的是电视真人秀发端于欧洲和美国,并且在这些国家发展很好,有很高的收视率和稳定的观众群,同时还为电视机构带来很好的市场回报。反观电视真人秀引入中国电视行业以来,短短十年左右的时间,表面繁荣掩盖着的却是无限的隐忧。

1. 电视真人秀节目需遵循"规则恒定"的设置原则

中国电视真人秀节目目前存在的所谓"隐忧"主要表现在两个方面:一方面,中国电视真人秀节目在这十多年时间里,已经发生了几次大的"发展方向"上的调整,对一个节目或栏目固定观众群的养成不利;另一方面,恐怕也是最致命的,中国电视真人秀节目在"规则意识"上缺乏明确的关注,节目制作者更多把着眼点放在"情绪的营造"上,甚至有时候电视真人秀节目第一期订立并已执行的"规则",进行到第四、五期的时候,原有的"规则"可能就被推翻和改掉,理由有时简单到只是为了触动观众或现场的"情绪效果"。比如,湖南卫视早几年的《超级女声》、《快乐男声》都曾经出现过已淘汰的选手因观众"人气"高而"复活",再次回到现场继续参加后续赛事的情况。这种"规则"的不恒定,既对其他参与者不公平,也会让观众产生抵触"情绪"。事实上,《超级女声》和《快乐男声》都曾因为"规则"改动,引发观众对此节目产生"质疑",而栏目组通常都会适时地"辩解",加上"娱乐化"的各方媒介积极参与,最终一定会演变成多方各说各话的"八卦口水战"。这似乎成了中国电视真人秀的一个必然的流程,也是中国电视营销中常用的吸引观众的"注意力经济"手段。

如果从深层宏观的角度看这种现象产生的根源,主要是中国继承的"华夏农业文明"作为一种"土地文明"与欧美秉承的城邦"海洋文明"之间差异造成的。"土地文明"的稼穑农桑和春种与秋收之间的收益,因为受自然风雨旱涝的诸多影响,个人无法对抗的不确定性,只有仓廪充溢才算一年劳作付出的"成功"。因而,秉承的"实用主义"和"成王败寇"的"唯结果论"思维观念,在几千年的农业文明延续中"深入骨髓",成了一种基因式的遗传。欧美的"海洋文明"曾经也有类似的思维文化观念,但是14—16世纪欧洲"文艺复兴"的启蒙影响,不仅改变了欧洲文化思维观念,而且也改变了其文明发展的方向格局。从曾经的"君权神授"到"天赋人权",也恰恰是"契约法则"与现代商业的根本。

回到电视真人秀节目本身来看,中国与欧美电视从业者在节目"规则意识"与"节目营销"过程采用的思路、手段,也正反映了东西方观念的差异。中国的电视真人秀"规则可变","节目营销"手段短期内对提高节目收视率有效果,但这两个做法对一档节目的长期市场化运营来说,恰恰是一种急功近利的"短视"行为。欧美国家的电视真人秀通常有契约规则意识,每一季的节目都坚持"规则恒定",营销手段更是以"核心价值观"为切入点。如美国哥伦比亚广播公司(CBS)2013年的真人秀《极速前进》(*The Amazing Race*)第二十二季第一集,在太平洋东南部的波拉波拉岛(Bora Bora)挖沙、堆筑沙堡找下一站线索时,消防队员Matt和Daniel,新婚夫妇Max和Katie等相对落后,但是编导在处理每组队员的交流过程时,都是鼓励、理解、劝慰等细节,即使带有一定情绪也是针对比赛进程或对自身的抱怨,比较少见一些非理性的内容。更主要的,所有队员都是针对已定好的"规则"在做着各种策略的调整。

如果更具体地分析目前电视真人秀的内容,就会发现表面千差万别的真人秀,如果按"规则恒定"原则判定,有三个主要模式。①故事类,这类节目很像 1998 年的电影《楚门的世界》(*The Truman Show*),设定一个终极目标,以真实或仿真环境下真人的生存竞争为主要内容,以故事片或纪录片形式呈现过程,如哥伦比亚广播公司(CBS)制作的《幸存者》、《学徒》等;②竞赛类,以复合的规则为难题,由真人个体或团队靠自身条件或学识经验来解决,通关最快者获得经济奖励,如江苏卫视的《一站到底》;③游戏类,以现场进行简单比赛形式作为限制,真人靠自身特长晋级,如江苏卫视和德国 71 公司共同研发的《老公,看你的》,深圳卫视的《年代秀》等。

作为娱乐节目的一种类型,真人秀规则设置采用游戏和竞赛的形式较多,主要产生于人们作为观众对于快乐的追求。电视真人秀为观众提供了一种成年人的游戏,而游戏自古就有,是对于生活的模仿和准备。游戏竞争跟生活本身是相似的,其本质特征是,参与者的广泛性、进行过程中的竞赛性,内容的巨大包容性。一个游戏一般都有着明确的规则,按照这个事前的约定,参与者进行竞赛以争取最后的胜利,进行的过程包含着困难、悬念和刺激。尤其是游戏节目广泛的参与性使人人都有置身其中的机会,享受放手一搏的乐趣,还有获胜后的满足感,游戏这种方式天生就有满足人们各种娱乐心理的特点。

电视真人秀的"规则恒定"设计,除了给参加节目者制造"困境"和"冲突",以强化电视节目效果之外,更重要的是制造感染力以吸引观众。电视观众在一定程度上是通过参与者或节目现场气氛来参与节目的,这些参与者被选中的随机性使得电视机前观众对他们有一种投射的认同感。同时,电视真人秀本身也不是针对少数游戏者而设计的,而是开放的。比如,《极速前进》通过游戏时间、地点的差异化选择,为节目创造出不同却又相似于日常世界的另一个时空。与人们日常讲故事的格局相似,尤其是故事的开头,用陈述句形式。时间、地点都是遥远的,但是又很熟悉,完全有可能有这样一个时间和地点。而且时间和地点被当作是预设的前提,一旦进入正文,就被忽略而变得不再重要了。这与真人秀节目的"游戏"开头相似,后者重复游戏规则、介绍选手,而游戏规则早已经为观众所熟知,随机性选出来的选手是哪一个并不那么重要了。

2. 价值观呈现:电视真人秀内容与叙事的核心

电视真人秀的内容与叙事核心意图,在近几年中国的节目中呈现的差异越来越小,一个主要的原因是中国现在电视产业化受体制、机制的限制,还不能算完全的市场化状态。因此,当一个节目取得较好的收视率,各个电视台、频道马上推出"跟风之作",短期内电视上就会充斥大量"同质化"节目。用电视观众调侃的话说,就是"除了台标和主持人长得不一样,其它都一样"。

2012 年浙江卫视推出的《中国好声音》(第一季)的模式引入区别于以往,在内容与叙事关系处理上有了一定的新观念。所谓"新观念"首先体现在其三段式的主要架构上：一个周期(季)的节目进程分为三阶段。第一阶段，声音为主的"盲选"。在节目进程中"导师背对舞台而坐，学员用歌声来征服导师，直到他们拍下按钮，转过来看学员的庐山真面目，这种形式在国内非常有新意，使得导师们更关注声音本身。'学员制'使得导师不再一直高高在上，导师之间争抢优秀学员时的相互'拆台'也成为值得关注的看点。"①第二阶段，每个导师团队内部在导师的辅导下竞争比赛，角逐留队名额。第三阶段，四个团队相互竞争比赛，赢得最终胜利。节目的核心是比选手的声音条件和歌唱水平，"模式方提供的二百多页方案中花了十多页强调'声音是节目的唯一要素'：这档节目只和声音有关，不考虑外貌；只有优秀人才中最优秀的佼佼者才能参加；最好的声音结合最好的方法，这才是节目唯一关注的，不能有任何让步。"②规则的确定性是电视真人秀的首要前提，从这一点看，《中国好声音》只是对引入模式的规则做到了"规则恒定"，除"盲听"阶段的形式感外并无所谓"新观念"可言。

再看《中国好声音》的模式引入。电视节目模式(模板)究竟可以引进些什么？通俗的观点认为：电视节目"买模板好比购置一个漂亮包装盒，里而放什么自己决定，但外壳包装是既定的，没办法改变。版权方会提供几百页的节目'圣经'——随版权附赠的'产品说明书'，从情节设计、台词脚本、灯光、音乐、流程，甚至连邀请函和报名表的写法都有详细说明；同时，模板提供方还会派出专人进行现场指导，参与节目的制作、执行、营销等各个环节。"③国内很多知名的电视制作人都坦承，国外很多成功的节目，不是模仿就能达到预期效果的，大量的操作细节和技术技巧其实隐藏在幕后，这些细节构成的叙事方式，即使完全照着模仿抄袭也无法完全深入其精髓。

从《中国好声音》推出前所发布的信息来看，其尊奉的宗旨是摒弃以炒作、毒舌评委和利用参与者绯闻为卖点，侧重表现选手们的真实唱功为主。但是，从《中国好声音》的实际播出过程看，尤其是前两期节目，几乎延续了以往中国电视音乐真人秀的传统煽情叙事方式。在节目中几乎每一个选手都很善于"讲故事"，展现了很多自己的悲情生活和坎坷经历的桥段，如哈尼小王子的形象弱势给他带来的压力，让现场观众和导师落泪感动之余，我们却无法在其音乐和歌唱过程中感受到其情感体验性的音乐表达。音乐选秀不仅仅是模仿和唱高音的技巧，突出个性和独特风格才是关键。《中国好声音》中的参赛选手

---

①　闻光凯、高燕萍.《中国好声音》：综艺大片时代的先声[J].中国广播电视学刊,2012(8):53.

②　王寅.声音是第一生产力[N].南方周末,2012-8-2(E21).

③　白朝阳."好声音"唱火了节目版权生意[J].中国经济周刊,2012(33):64.

个人经历、声音的个性和情感表达之间存在不可思议的割裂。阿尔都塞的"症候式阅读"批评理论认为,"空白"与"沉默"是文本意义的有力支撑。只有找到文本中意义矛盾和断裂之处,才能够使"沉默"说话,从而"'看见、感觉或体验到'某些'指涉现实的东西'"①,由此才可能获得现实的真相。《中国好声音》中参赛者个人经历、声音的个性和情感表达之间的割裂,在荷兰原版节目模式中没有出现,在欧美其它国家的模式引进中也没有存在,这说明《中国好声音》在模式引进后的叙事方式和意义表达过程中出现了问题。

《中国好声音》的原版模式以及在欧美其它国家成功的范例,是模式引入与本土价值观相契合的结果,即节目内容与"包装盒"搭配适当,是围绕价值观选择合理叙事方式的成功。究其原因,首要在于天然成熟的市场化背景,其次则更多源于其节目意义的传达侧重对本土文化内涵所体现的价值观的挖掘与呈现。比如欧洲多个国家的《好声音》重点凸显个性自由与情绪情感的释放,有着承袭已久的基于海洋文明而形成的宏观价值取向。到了美国则变为达成"美国梦"和践行"成功学"的标准价值观范本,激情、职业、梦想几乎贯穿在每个选手和导师的言行表现中,普通人只要有实力和勇气就可圆一个标准美国式的成功梦。基于此,这些国家的《好声音》采用的叙事方式和细节手段均与其设定意义相契合,也能够赢得观众的认同和喜爱。

反观《中国好声音》,在模式引入和价值观叙事方式的契合点上存在着天然的环境约束和障碍。一方面,受中国不完备的市场化环境和电视产业化发展的各种制约,社会相对主流的价值观体系没有完全成型,观众对电视节目的欣赏心理还处在比较浅层的围观和追捧状态。另一方面,受东方土地文明具有的含蓄自谦的处事哲学影响,中国人自我表现力不像欧美国家那样张扬。即便近年来改革开放带来多元价值观,中国人在自我表现力上越发显得开放,但这种东西文化二元游离的表现,恰恰成为《中国好声音》在模式引入后叙事方式和意义表达的问题所在。我们不否认该节目商业上的成功,但也不应该忽略节目后半程观众的反映和评价。后半程节目的赛制和各环节的规则设置,越来越多表现出有些学者说的"外来模式,中国表达"②倾向。从常识判断,如果用肯德基场地店面的装潢样式去售卖中国包子,除了噱头外还有什么意义呢?

---

① 李夫生."症候阅读"的"科学批评"如何可能?——兼论阿尔都塞意识形态批评的一个理论悖谬[J].湖南师范大学学报(社会科学版)2005(1):107.

② 张春蔚."好声音"今迎总决选,专家解读该节目为何掀起热浪[EB/OL].中国广播网,2012-9-28,13:05:00.

二、电视真人秀节目的制作设计原则

现代电视节目的制作观念,非常注重为观众营造情绪化效果,通过对现实生活的解构,对现实秩序的突破使观众体会到狂欢性,以此让观众的压力得到宣泄。如果日常的压力能够从电视中得到释放,电视节目成为一种社会的减压阀,对于建立和谐社会有很好的促进作用。比如,美国的《周六夜直播》等综艺节目,其主要的看点即是依托于狂欢性的营造,这类节目在美国被认为是很高雅的节目,在大学生族群里很受欢迎。英国的《天才》节目,将科学发明与狂欢性联系在一起,体现一种英国式的幽默,是对科学发明以轻松好玩的方式呈现给电视观众。还有一档节目《婚姻裁判》则是突出日常生活中的非常规性。2012年4月央视推出的真人秀《谢天谢地你来啦》,让嘉宾无准备下进行表演的规则设计,同样是在运用电视的狂欢特性来表现。所以,在现代电视节目里面利用娱乐观念、狂欢元素是非常重要的,尤其是兼有纪实和戏剧性的电视真人秀。

电视真人秀节目的制作设计,应遵循以下几个基本原则:

1. 时间、环境及"规则"的设置

电视真人秀都有规定的时间,如比赛时间、游戏时间、参加时间,而且空间也都是固定的,无论是野外或是室内,就像一场足球比赛一样,上下半场的时间、场地的大小都是固定的,时间和空间的封闭性也就形成了一种戏剧性的情景。真人秀的环境是不同参加者现实生活环境的虚拟环境。

电视真人秀都有一定的"人为设定"规则,其逻辑规则是戏剧性的虚构逻辑。真人秀节目的虚构主要体现在游戏规则的制定,如晋级与淘汰规则的设定,节目中一些游戏的设置等。无论是《幸存者》中的几十个"原始部落"游戏,还是《中国好声音》中的"学员选择"方式,都是编导团队预先设计好的固定环节。这种规则主要体现在两个方面,一方面是竞赛规则,规定参与者如何参加比赛,如何晋级或失败;另一方面是淘汰规则,即任何参加者只有"是与否"的二元对立可能,要么是胜利者,否则只是失败者。这些"恒定规则"不但增加了节目的悬念,而且规则也成了一种虚构手段,使节目具有更强的戏剧性。

2. 矛盾、悬念与虚构的艺术感染力设计

电视真人秀节目在制作上通常运用影视剧的表现手段,进行明显的戏剧矛盾、悬念设计。节目的拍摄、剪辑都会采用影视剧的叙事方法,用以增强节目的感染力。比如美国真人秀《学徒》(亦称《飞黄腾达》)和《极速前进》中,对经过严格"初选"的参加者介绍时,总是有好莱坞类型电影的风格,要么是选手

在本职工作中状态细节加个人旁白,要么就是选手在一段激烈的情节中忽然转向镜头,画面定格,然后字幕介绍。在每一季开始时,通常也是利用电影化的开头,先是一个大的地域环境全景镜头,紧接着是城市与街景的镜头,然后是选手的行进状态,运用交替快速切换的方式,把时间、地点、人物、环境分别进行了表现,为激烈竞赛开始进行铺垫同时也形成了较强的视觉冲击力。

在真人秀中,编导者为了给观众带来戏剧化效果,往往会通过镜头来"制造"或强化人物之间的冲突与联系,通过一些技术手段的运用来干涉、影响、操控参与者的行为和竞争的结果。作为电视节目,真人秀人为因素的存在既能够保证在有限的时间内的节目矛盾冲突与张力,同时也降低了节目的生产成本。更为重要的是,电视真人秀的本质是一种娱乐节目,节目中的一切首先是为娱乐服务的。当然,真人秀电视节目的参加者是普通人而非职业演员,他们在节目中表演的是他们自己而非虚构的角色;电视真人秀没有完整的剧本,只有游戏规则,每一个情节都不是预设的,而是参加者活动的真实记录。所以,规则是真人秀电视节目中的重要元素。节目的进程和内容的戏剧性都由规则的设置得以实现,规则设置的成功与否直接关系到节目的成败。

3.互动、衍生效果与商业营销

从 20 世纪 90 年代开始,中国电视商品化观念和娱乐观念兴起后,电视节目制作者就一直试图扩展节目与观众的互动性。如接受观众通过信件、短信、邮件和电话表达的意见和建议,不少节目经常邀请普通人作嘉宾或现场观众,并通过收视调查了解节目的收视情况。在电视真人秀节目中,观众的参与程度又是目前各类电视节目中最高的。观众不仅能够借助各种交流手段来表达意见,更重要的是他们可以直接参与节目或者通过各种方式影响节目的进程和结果,观众成为了这类节目的有机组成部分。

当前,电子和数字通讯业的发展为电视真人秀节目提供了新的与观众互动交流工具。比如利用互联网、手机短信、QQ 即时聊天软件,以及近几年兴起的微博、微信、智能手机等"新媒体"工具实现互动,有效地将电视、网络、报刊、出版,甚至新出现的"数字新媒体"整合到一起。这种整合几乎表现在电视真人秀节目的制作和播出的所有环节中。以节目拍摄前期电视、网络、报刊的宣传为引子,以节目的制作和播出为核心,以中后期的短信和出版为支持,形成一种强大的传播攻势。因而,真人秀所呈现的人物和故事不是"外在"与观众的,不是与观众无关的完成时态的东西,相反,它是与观众互动的,观众可以参与、影响节目,观众本身是节目的组成部分。电视那种被动的观看行为,由于互动因素的增加变成了一种主动的参与行为。

观众通过多种传播渠道与参与者保持日常联系。比如,在真人秀电视节目中,观众不仅是节目的接受者,也是节目的参与者,他们的投票具有决定性的作用,甚至可以改变节目的整个进程。另外,随着近年来"三网融合"的趋势,电视真人秀率先成为跨媒介传播的节目类型,在网络电视、手机电视上播出,既形成了衍生效益和营销效果,又逐渐形成了一种吸引年轻人的新的媒介形态。从媒介功能上说,它打破了媒介之间的壁垒,实现了媒介之间的横向整合。国内外的大多数真人秀电视节目不仅通过电视台播出,而且把节目放到自己的官网上。如《幸存者》、《老大哥》、《急速前进》等都有自己的网站,《老大哥》的观众可以登陆到该节目的网站,通过特定的五部摄像机追踪屋里的实时情况。中国的各个电视台也大都建立了自己的网站,很多网站不仅提供节目直播、点播、回放等服务功能,还同时提供免费下载等功能。

★**本章课后研究、思考与训练建议:**

- "电视真人秀"的概念如何界定?
- 梳理"电视真人秀"的模式及其内容分类依据。
- 如何理解"规则"对"电视真人秀"传播效果的影响?
- 选择一档中国电视真人秀,分析其存在的问题与"本土化"观念的关联因素。
- 如何看待2005年到2014年中国电视选秀节目内容多以"唱歌"形式为主?
- 思考并研究"中国电视真人秀"的发展及类型,写一篇5000字的研究报告。
- 任意选取一个"引进模式"的电视真人秀,分析其模式引进中存在的问题。

第八章　音乐电视节目编导

20 世纪 90 年代初期,音乐电视作为一种电视音乐节目的特殊形态和节目类型被引入中国电视行业。音乐电视最初是作为一个小的节目单元,在 1993 年 3 月 25 日中央电视台实验性地播放推出第一个音乐电视(MV)栏目《东西南北中》,这种视觉美歌声悦耳的音乐电视节目很快受到了青少年群体的关注和喜爱。其后不久,在 5 月推出的电视杂志型栏目《东方时空》中也设置了一个"东方时空金曲榜"的单元,主要介绍香港、台湾的经典流行音乐,与此同时该推广栏目组也饶有兴趣地自己拍摄一些中国内地抒情性音乐电视作品。其后"东方时空金曲榜"单元的音乐电视节目从《东方时空》退出,在央视的《东西南北中》专门栏目中迅速发展,紧接着官方也开始筹备第一次的音乐电视全国性比赛,伴随着央视三套的推出,音乐电视节目占据了三套的一半电视频道资源。这一切都说明,音乐电视这种电视文艺的新类型已经在中国电视行业逐步兴起,并在其后迅速成为传播中国优秀民族音乐的音乐载体和推广音乐作品和歌手的重要手段,大大推进了中国的电视声像产业和文化演艺市场的蓬勃发展,在这同时音乐电视的发展也极大催生电视音乐节目的发展和电视艺术的成长,培养和造就了拍摄和创作音乐电视节目和作品的导演和摄像,从而也使音乐电视作为一种电视文艺节目的样式而驻留在电视文艺节目的类型之中。

音乐电视能作为一种电视音乐节目特殊样式而驻留在电视文艺节目的类型之中,是因为音乐电视的艺术表现手法的确与之前那些电视文艺节目和电视音乐节目有着不同的影像特色,具有它一些前所未有的特征。比如,画面依赖于声音而存在;画面具有广阔的艺术时空;画面讲究创意;画面表现音乐多采用"意画对位"方式。同时,音乐电视的空间形态的处理也有多重变化,比如现实空间,虚化朦胧空间,抽象的超现实的空间,歌手的主体空间。音乐电视的运动也有很多新尝试和新思维,比如人物的运动、自然界生活中的运动、摄像机的运动、特技,等等。这些动态结构与音乐相结合,将听觉的美转化为视觉的美。音乐电视这种运用电视技术手段,以音乐语言为抒情表意方式,以画面语言为烘托的辅助表现形态,给观众以音乐和形象的美感,为广大观众所喜闻乐见,尤其是青年人,更把它当作一种时尚、一种潮流、一种文化。

第一节　音乐电视的产生及发展

从 20 世纪 90 年代以来,音乐电视(Music Video)以崭新的形式出现在中国的电视屏幕上,也逐步地成为电视观众喜欢的,特别是受青年观众青睐的一种电视节目类型。音乐电视之所以具有强大的生命力,一是因为音乐电视它赋予音乐新的意境、新的形象、新的美学特征,使演员和观赏者对音乐的理解得到了更为生动和形象的艺术发展。二是因为它为歌唱家艺术形象的永久性保留和艺术声誉的宣传提供了快捷的新手段。三是因为它开掘了人们欣赏事物美的两大器官,实现了音乐艺术(听觉艺术)和电视艺术(视听觉艺术)的完美的结合,给观众带来了美的视听享受,因而深得各个阶层、各个年龄阶段观众的欢迎和喜爱。音乐电视具有各个阶层、各个年龄阶段观众欢迎和喜爱的广泛的群众基础,是一种很富有生命力的电视文艺形式。四是因为它具有广泛的群众基础,成为老百姓日常生活娱乐和欣赏便捷的陶冶方式,带有很强的商业卖点价值,融资较为方便,营销渠道广泛,具有很强的经济和市场效应。

音乐电视(Music Video)形态自 20 世纪 90 年代引进中国,因为与国内一直存在的电视音乐艺术片形式相似,所以在定义、形式特征以及美学表现等方面引起了很大的争论。直到 2000 年前后,电视实践者和电视理论界才对音乐电视(Music Video)有了相对统一的定论。综合学界和业界对音乐电视的争论结果,其定义概念并不难厘清。

所谓音乐电视,就是充分调动电视的手段,根据音乐或歌曲的内涵与节奏,以丰富、跳跃的画面节奏,多维度的时空转换,设计出包括演唱者在内的,具有情绪化又互相联系的艺术形象,同时利用多线索多画面的叙事,展现音乐核心主题的一种电视节目形式。

一、音乐电视在国内外的形成及发展

音乐电视作为一种相对特殊的电视音乐节目的形式,在欧美国家产生之初,它所确指的概念应该是"为传播音乐而制作的电视歌曲录像",即"The songs in video form transmitted by the music"。在这个概念中明确可以看出其形态构成特征,一是该形态必须经由电视媒介传播;二是该形态必须以特定录像片(即 Music Video)形式传播;三是该形态对音乐歌曲没有明确限制,可承载任何题材、体裁和风格的歌曲。

1.唱片推介广告:音乐电视在欧美国家的发展

产生的大背景主要源于欧、美国家摇滚乐(Rock)的商品化进程。第二次世界大战后期,受美国的"欧洲复兴计划"①影响,西欧各国的经济迅速崛起,商业的繁荣带动了各个行业的快速发展。20 世纪 60—70 年代,音乐唱片业在欧洲国家,尤其是英国兴起,继而在美国被完全纳入商品化运营模式。这一时期欧美摇滚乐(Rock)的商品化,与国外"音乐电视"的有着直接的因果关系。20 世纪 50 年代中叶,英国首先出现了在电视台播放的"摇滚歌曲"电视录像片(Music Video),实质上就是为了向消费者推介摇滚乐唱片的电视广告。这一特殊广告形式出现的重大意义,在于它弥合(或混淆)了商品广告与艺术品之间在历史上存在的性质区别,并成为所谓"后工业时代"的一个显著的、商品性质与艺术性质合一的标志性现象。

"音乐电视"作为独立电视节目类型产生之前,音乐唱片的电视广告早在 20 世纪 50 年代就已经出现。这种唱片广告与传统的电视商品广告形态,并没有什么区别。如同我们今天能够在电视上看到的任何商品广告一样,它也是出品商对唱片商品进行的信息不完整的自我吹嘘。因此,这种广告的播出,并未如音像商一厢情愿设想的那样,能够使唱片的销量大增,因为电视广告的传统叫卖声没有多少能打动人心的优雅魅力。音乐商品的电视广告虽有一定的促销作用,但因其与一般商品广告共有的天生缺陷——时间短,信息残缺,缺乏叙述过程完整性等等。因而难以如真正的艺术品那样,使电视观众移情于其中,亦因此无法使之对广告信息留下深刻持久的印象。

能否将市侩庸俗的叫卖腔调唱得优雅动人一些呢?崇尚优雅的英国人想到了这个问题,并将其付诸了具体的实施。英国的电视导演们所采用的手段,在今天看来,就是利用"观念广告"和"商业植入广告"的方法,借用生物学的"共栖现象"概念让观众接受并喜爱音乐电视。所谓生物学的"共栖现象"是指

---

① 美国的欧洲复兴计划(European Recovery Program),也被称为马歇尔计划(The Marshall Plan),是第二次世界大战后美国对西欧各国进行的经济援助和协助重建,同时为抗衡苏联在欧洲的扩张而提出的战略决策。因时任美国国务卿乔治·马歇尔而得名,该计划 1947 年 7 月正式启动,持续了 4 个财政年度。西欧各国通过参加经济合作发展组织(OECD)接受美国包括金融、技术、设备等各种形式的援助。当该计划临近结束时,西欧国家中除了德国外,多数参与国的国民经济都已恢复到了战前水平。此后 20 余年时间里,整个西欧经历了高速发展期,社会经济繁荣,该计划也被认为是促成欧洲一体化的重要因素之一。

两种生物生活在一起,对一方有利,对另一方也无害,或者对双方都有利,互相帮助中各取所需。例如,有些附生植物附着在大树上,借以得到充足的光照,但是并不吸收大树体内的营养。海葵常常固着在寄居蟹的外壳上,海葵靠刺细胞防御敌害,能对寄居蟹间接地起到保护作用,而寄居蟹到处爬动,可以使海葵得到更多的食物,但是,它们分开以后仍能各自独立生活。

"音乐电视"恰恰是把广告与其载体融为一体,具有了在传播上的"共栖现象",即广告与广告载体相依共生。电视广告依赖其载体(电视音乐)节目获得观众,从而实现其传播目的;载体则依赖广告而获得广告费(金钱收益),以供养电视让其得以继续生存。

1975年,第一部真正意义、具有唱片广告性质的音乐电视(MV)作品诞生于伦敦。由四个男孩组成的"女王"(Queen)摇滚乐队出版的第三张专辑《歌剧院的一夜》(*A Night In The Opera*);为促销这张专辑,其中的一首歌曲《波西米亚狂想曲》被制作成音乐录像片(Music Video),作为广告在电视上播放。这个专辑唱片推介广告的播出,使音乐商品获得了威力无穷的新式促销利器。《波西米亚狂想曲》录像片的电视促销,使这支歌曲创造了连续9周占据了"英国流行音乐排行榜"第一名的纪录,并使这首歌曲成为英国有史以来销量最大的单曲之一。纵观英国乐坛能与之匹敌的纪录,仅有1966年汤姆·琼斯(Tom Jones)演唱的《家乡绿草地》(*Green*, *Grass of Home*),取得了同样成绩。电视音乐录像片,即"音乐电视"(MV)由此开始大规模的商业制作和应用,成为一种新型电视节目体裁,或者说是一种特殊的电视广告。毫无疑问,MV仍然是广告,但由于其完整的音乐和精美的制作体现的艺术性,再加上精良的电影式画面的应用,使得原本市侩庸俗的传统广告叫卖,变成极具特色的艺术形态。

2.美国MTV频道:世界第一个商业的音乐电视频道

英国导演创作的"音乐电视"(Music Video)形态在电视传播过程中确立了自己的独特地位,也刺激了美国摇滚乐录像片创作的发展,带动了美国流行音乐走出了从20世纪80年代初的衰落态势,逐步走向其后的高度繁荣,并为之注入了欧洲流行乐的朋克精神和新浪潮风格。

1981年8月1日,随着世界上第一个音乐电视频道(Music Television)在美国开播,MTV这个名词开始变得家喻户晓。"音乐电视"这一类型从1993年引进中国,直到2000年前后,中国人对其的简称通常都用"MTV"。中国的学界、业界之所以把英国人创造的"音乐电视"(Music Video)称作"MTV",一方面是由于引进过程中的不科学的误译;另一方面由于音乐电视频道在美国的出现,真正把音乐录像片这一崭新的电视音乐广告体裁,最强有力地推向了全世界。由于这个频道对音乐录像片需求量大，当时美国制作此类片子的技术还不太成熟，致使英国制作的音乐录像片大量涌进美国电视，由此导致英国流行歌曲全面霸占美国流行音乐榜。对此现象，有美国评论人甚至说这是继1964年"甲壳虫"乐队登陆纽约以来的"第二次英国入侵"。

音乐电视频道（MTV）不仅是销售唱片的载体，也是他们在整个电视新网络上自我表达的载体。在美国电视的30秒插播音乐广告和电台的一分钟插播音乐广告中，美国当时最著名的摇滚乐明星和乐队，都义务地以其摇滚明星身份，对观众煽动道："我想要我的MTV……拿起你的电话，打给你们当地的有线电视负责人，向他要你们的MTV。"到MTV频道开播一周年之际，其对电视业和唱片业的最后胜利已经奠定。由于摇滚乐、电子技术和受众群体三者合一构成的雄厚基础，加上音像企业大量资本源源不断地注入，使"音乐电视"（MV）这种形式在其诞生仅仅数年之后，就成为一种初具成熟风格的电视节目体裁。

MTV的发展推动了音乐明星"天皇巨星"的出现。作为MV体裁成熟的标志，迈克·杰克逊的《恐怖之夜》（又译《颤栗者》）与以往的MV在风格上显著不同。1982年，迈克·杰克逊为摆脱其"少年歌星"形象，也作为美国唱片业大力推广灵歌（Soul Music，起源于美国底特律黑人音乐）和流行音乐计划的一部分，在唱片公司的策划下，推出《恐怖之夜》专辑。为了对唱片进行电视广告促销，斥资百万美元，邀请曾导演过《在伦敦的美国人狼》的好莱坞恐怖片大师约翰·兰迪斯担任《恐怖之夜》的导演。这部MV作品沿袭了恐怖电影的叙事思路和表演风格，但它对"梦境"的营造、心理蒙太奇手段的着重应用、歌唱者的多重角色快速转换、电影特技对离奇恍惚意境的营造、"碎片"式的情景拼贴等等叙述手法，比较完整地奠定了后来MV的基本特征，并使MV这一崭新的音像复合体裁，与影视剧及电视节目在风格上拉开了距离。

音乐电视频道（MTV）和音乐电视（MV）形态出现以后，其经济收益效果非常显著。由于适应了音像业的广告需求，MTV频道在不长的时间之后发展到相当惊人的规模。在美国，20世纪80年代初期，仅1983年音乐电视频道（MTV）就已经进入1890万户家庭[①]。在该频道设立最初的18个月，广告收入约为700万美元，到1985一年广告额已经达到9600万美元。到1983年，MTV类型频道不仅在美国各个电视网被纷纷开通，音乐电视（MV）形态在英国、法国、德国、日本、澳大利亚的收视人群，远远超出了其创始人的想象。

---

① 美国是收费电视，其频道用户数即已签署付费合同协议，在一定时间段内作为其固定用户存在。

至 1984 年,美国共制作、播出音乐电视(MV)作品近 2000 部,其次是英国约 800 多部,法国和德国各约 100 多部。除非洲之外的所有大陆,音乐电视的受众群体(也是其促销商品的消费群)已经数以亿计。至 20 世纪 80 年代后期,音乐电视(MV)已基本完成了其产业化、规模化和国际化进程。中国内地也已经成为了一个最大的消费市场。据 1993 年的一份统计资料显示,音乐电视频道在这一年经卫星转播,已覆盖了全世界 80 多个国家的 2.5 亿个家庭,为自己和音像工业带来数以亿计的广告收入和唱片销售收入。其后,音乐电视(MV)更深入全世界 82 个国家的 3.3 亿户家庭,成为了一种极具影响力的大众文化兼音像商品的宣传媒介。至 2001 年,美国的 MTV 频道建立 20 周年,其广告一项的年收入已经达到 7 亿美元。到 2012 年,其广告年收益更已超过 20 亿美元。

3. 引进与本土化:音乐电视(MV)在中国的发展

20 世纪 80 年代之于中国是激情伴随着深邃的思想,是困顿伴随着自由乐观的精神;那个时代在社会生活各个方面都充满着向上的能量,大胆求新,尝试突破,展现个性化的思考与各种可能几乎是时代的写照。在"文学热"、"文艺热"和"文化热"的大背景下,中国电视文艺也处在大发展时期。在大多数从事电视理论研究的学者的文字论述中,常提"电视综艺晚会"是这个时代的电视文艺代表样式。从宏观的史论角度看这一提法并没有错误,因为任何大时代的走向中,形式发生变化或未形成主流的事物很容易被忽略,被遗忘。"中国电视音乐艺术片"作为一种电视文艺形态或者说一个类型,就存在这样的情况。

在《宣传舆论学大辞典》上关于"电视音乐艺术片"的词条,其定义为"运用电视技术和艺术手段,以音乐语言为抒情表意方式,以画面语言为烘托的辅助表现形态,给观众以音乐审美感的电视艺术片种。"电视音乐艺术片在 20 世纪 80 年代的中国本土电视文艺节目发展中,成为一种独特的艺术形态。电视音乐艺术片指的是以电视技术和电视艺术元素为手段,以音乐生活为题材,以音乐语言为表情达意及传播信息媒介的电视艺术片种。其主要类型有专题音乐艺术片、电视音乐风光片、电视片音乐。它的主要特征是以一首歌曲的形式出现,利用抒情性和艺术化的画面表现手法呈现歌曲的主题和内涵。像当时的山西电视台拍摄的电视音乐艺术片《走西口》,原本是地方歌剧,但其拍摄手法则和后来的"音乐电视"表现手段并无两样。所以,可以这样来概括,电视音乐艺术片是中国 20 世纪 80 年代电视文艺繁荣发展中的一个重要产物,作为一种独创的电视文艺节目形式,其特征深受当时"文学电视"追求思想性和艺术性影响。甚至可以说,在音乐电视这种电视形态引进中国之前的十几年时间里,电视音乐艺术片就是中国本土的"音乐电视"。

国外的"音乐电视"(MV)引进中国以及其在中国的发展,和中国的"新时期经济改革"路径很相似,都是在北京这个政治文化中心与东南沿海的"珠三角"经济特区的互动中完成的。

中国的音乐电视频道(MTV)是得到国家广电总局批准在广东落地的第一家国际品牌的电视媒体。20 世纪 90 年代开始,音乐电视形式开始进入中国。如果说 1993 年央视的《东西南北中》开始播出 MV 节目形式,到 1993 年5 月 1 日开播的《东方时空·金曲榜》的设立,还只是节目类型的一种探索的话,那么 1994 年的"全国音乐电视大赛",1995 年音乐电视频道 MTV 开始进入中国,以及其后的"MTV 全球音乐电视台"成为第一批获得国家广电总局批准的,国际电视媒体在全国的三星级酒店及涉外小区落地,则已经是中国电视行业接纳音乐电视走向商业运营的开始。2003 年 5 月 7 日,全球最大的传媒集团之一的美国维亚康母公司(Viacom Inc.)与中国国际电视公司正式签约,其旗下的 MTV 全球音乐电视台正式通过广东省有线电视网落地中国,进入广东有线电视网,24 小时全天候播出的 MTV 音乐电视频道现在可以 24小时播出 MV 音乐节目。

音乐电视(MV)在商业上产生的影响力,让其迅速进入到电影业、服装业、化妆品业等各个商业领域。电影为了其市场发行的成功,往往将演唱电影中插曲的电视录像片(即 MV)作为促销电影的有效广告;时装业,向社会宣传自己的式样品牌,给追求时尚的消费者提供导购取向,往往让 MV 中的歌星或表演者穿上其免费提供的前卫服装来引领风潮;政治领域,由于 MV 而生意红火的音乐电视频道,也有了发言权——政治家对选票的贪婪,使他们不敢轻视数千万青少年狂热宠爱的音乐电视频道。譬如,在 1992 年的美国总统选举中,包括比尔·克林顿在内的主要候选人,就曾欣然接受了音乐电视频道的采访。2009 年正式当选美国第一位黑人总统的奥巴马,在其 2008 年的选举中多次接受音乐电视频道采访,以此来赢得年轻选民的支持。

音乐电视具有艺术和商业的双重属性,要想取得好的推广效果,一是要具备良好的创意和特色的艺术构思及影像呈现,用画面充分地表现音乐或歌曲的内涵;另一方面,要考虑观众的地域文化和接受心理,即适应"本土化"的需求。

在"本土化"的推广方面,特别值得一提的是微软公司利用音乐电视形式对"Windows95"在亚洲"大中华区"的推广。1995 年,微软斥资 2 亿美元在全世界促销"Windows95"电脑视窗系统软件。在台湾、东南亚等"大中华地区"的促销方式,就是推出童安格演唱的《看未来有什么不一样》歌曲 MV 作品。

这首歌曲中,童安格唱道:看未来有什么不一样?看我们世界有什么不一样?原本世界有美丽的轮廓,也许我们从没有用心触摸;就算这世界充满了灰色,期待的心,别轻易退缩。这首歌曲用"劝诱"的口吻暗示我们:未来与过去的"不一样",其实是通过微软的"Windows95"电子软件技术,我们就会看到一个前所未见的精彩世界,人类的生活方式就将因此而被彻底改变。所以,为了体验"这种不一样",请尽快来购买"Windows95"电脑系统吧。

为了演示这个软件的神奇功能,宣传微软用高科技改变人类视野和生活的企业形象,这部 MV 利用电脑三维画面,编织了一个非现实的都市街景。在 MV 里,荒诞无序的表象拼贴组合出流畅的非现实景观。这些异化的表象经过数码编剪合成的画面情境,极度渲染了歌曲出于商业动机的蛊惑性歌词内涵。这支 MV 歌曲曾在台湾和大陆风靡一时,当人们将其作为艺术作品来欣赏时,却中了商战时代比尔·盖茨钓取金钱的诱饵。自 20 世纪 90 年代中期以来,用 MV 促销商品这一商战的招式,在中国大陆逐渐得到了广泛的应用。中央电视台也在 2000 年初,开辟了一个"著名企业形象片——企业音乐电视"广告时段。截至 2013 年,中国内地很多大型企事业单位几乎都有自己的"形象歌曲"和 MV 宣传片,作为"企业文化"的一个代表元素。

二、音乐电视的表现特征

音乐是心灵的呼唤,是流动的情绪,是感情的宣泄。确切地说,它是一门体察和表达人们内心情感世界的时间艺术。雕塑、绘画、摄影是空间艺术,电视是时空相结合的综合艺术,电视音乐是通过音乐和意蕴化了的画面的组合完成审美体验的,音乐电视隶属于电视创作范畴,它是电视文艺节目创作形式中的一种,音乐电视正是通过音乐(歌曲)和优美画面的两度虚拟,以意蕴化的音画组合,使观赏者和审美者来完成审美的体验。音乐电视的美和它的功力是在音乐与画面的"虚拟"的融合中。从美学上讲,艺术的作为,在于朱光潜先生讲的"虚拟",越是虚拟的越见其艺术功力,否则也不会出现印象派、抽象派的音乐和绘画了。虚拟的手段,亦即音乐电视艺术创作的手段,没有艺术手段的,也就没有音乐电视的艺术作为。

1. 依赖于声音而存在的画面

一般的影视片的声画关系,声音处于依附画面的地位,即声音是次要的,画面是主要的;画面是吸引观众的兴趣所在,声音只是烘托或帮助画面更清楚地表现主题。而在音乐电视中,声音是画面赖以存在的条件和基础。

在音乐电视节目中,音乐起到叙事抒情以及说明和阐释的作用。通过一首音乐曲或歌曲的旋律和节奏组合,引起观众的情感,从而产生一种由联想到幻觉的审美愉悦,让观众在这种审美的愉悦过程中体味生活、了解人生,起到感化人的作用。所以一部成功的 MV 作品,首先应该有一首好的乐曲或歌曲,然后有精美的电视画面烘托包装,才成为一部好的 MV 作品。画面在音乐电视中是创作者对音乐意境的感悟的具象表现。在音乐电视中,它与音乐互为补充、相互协调,完整统一地表现同一个主题。两者关系是和谐的,相得益彰的。音乐旋律和歌词所提供的意境,要通过画面的进一步阐释和再塑,才能得到延伸和准确表达。

2. 艺术化的时空转换与音画叙事关系

一般的电视音乐在舞台或演播室或实景拍摄完成,其时空特征较为现实;而音乐电视的时空表现更具艺术特征。在时间表现上,可从远古到现在再到未来;在空间表现上,可以是现实空间、幻想空间、特技的空间的艺术化多维处理。因为其时空特征多为表意性的,故而更能体现出音乐电视的电视艺术特征。

音乐和画面相对独立地表现各自内容,音乐的听觉内容与视觉内容并不一致;但是两者又是一个统一的艺术体中两个不可分割的侧面,它们互相补充、协调,通过组合,升华为一个共同的主题。如 2008 年北京奥运会的主题歌《我和你》,其音乐歌词内容找不到一点与"奥运会"内容有直接关联的含义,但是在其 MV 中,当具有"奥运会"内容的相关画面一出现,尤其是现代奥运精神的表现性画面与歌曲两相结合,使其起到了对观众传达的主题感染效果。

也有采用"音画统一"方式的,即音乐歌词内容与画面内容的统一。如广东电视台制作的音乐电视作品《海阔天高》,通过歌词表现"青春飞翔"的内容。画面是身着泳装的青春丽人、在天空飞翔的飞机以及 3 个在蓝天映衬下做飞翔造型的美少女歌手。这里采用了平实的表现手法,将歌词与画面统一起来,共同表现"青春飞翔"的主题。

3. 音乐与画面的创意性关联是 MV 创作的核心

音乐电视有别于一般的电视演唱歌曲。它是在创作者充分理解音乐作品的前提下,充分利用电视手段,设计创作与音乐作品相适应的画面,将音乐与画面相结合而成的电视屏幕艺术。在这里,电视的画面是为表现音乐目的而出现的,而一般的电视歌曲,其画面仅是一种为传播歌曲而出现。往往在屏幕上看到的仅是演唱者和简单的背景,画面并没有刻意为音乐而作。而音乐电视要求画面一定要按照音乐的结构、意境,采用更多的电视手段来创作。从音乐电视的特征中来看,一部成功的 MV 作品,必须有一曲好的乐曲或一首好歌曲,同时还应配上表现音乐意境的、具有创意的电视画面。因为其画面创意不仅能够很好地诠释音乐的情绪和情感,更能体现出电视屏幕艺术的魅力。

第二节　音乐电视的创意与构思

创意是指具有丰富想象、独特新颖的创作构思。音乐电视的创意是指给音乐电视中的音乐形象系统和歌词表意系统创作构思一个视觉形象系统。音乐电视创意由叙事与写意两个部分组合而成。音乐电视的创作依据首先是音乐,因此其创意的核心主要是构思和创作画面的结构与表现形式。音乐电视独立的叙事系统由歌词所指构成;其独立的表意系统由镜头画面视觉所指构成。由音乐所产生的韵律、情感将两者结合在一起,形成完整的视听感觉和视听效果。所以,音乐电视导演要清楚地明白,创意的目的不在于表现什么,而是怎样去表现,怎样将抽象的音乐旋律转化为具体形象的视觉画面。在导演构思创作中,画面主要强调其写意功能。音乐中的歌词大都为叙事,如果画面中再强调叙事,则画面就变为图解歌词。寻找歌词所描绘的气氛、意境、感觉、情绪,并将其镜头化是画面创意的根本。创意的创作就是要在歌词与画面中找到一种结构形式。

一、音乐电视的创意美学与社会文化制约

音乐电视的美学特征是通过音乐电视创作者在创意上的艺术追求来体现的。也就是说,不同的创作者,其创意是不同的,因而其美学特征也有差别。但既然同属音乐电视这个文艺样式,总有其共同的美学特征及创意规律。东西方音乐电视创意的基本美学基础,都是以人为本作为音乐电视的基本的美学基础。以这一特征为美学基础创作出的音乐电视,尽管千姿百态,多姿多彩,但其美学的基础都是一样的。以人为本就是以听众和观众为本位,强调创作者与听众观众的交流,缩短两者之间的距离感。

以人为本作为音乐电视的美学基础,与音乐的美学观念有关,因为"音乐的意义存在于音乐的参加者(作者、演奏者)与欣赏者的关系之中"[1]。在这样的美学观念下,多数音乐电视在创意上都努力创造一种演唱者与欣赏者密切交流的气氛,强化这种亲密关系。如有些音乐电视,其场面直接就是演唱者与群众的场面,歌迷在歌手亢奋情绪的鼓动下,狂热奔放,直接参与了演唱的活

---

① ［英］斯坦利·萨迪(Stanley Sadie),约翰·泰瑞尔(John Tyrrell).新格罗夫音乐与音乐家辞典(第2版)(*The New Grove Dictionary of Music and Musicians*)[M].长沙:湖南文艺出版社,2012.

动,这种交流是最直接的。但更多的音乐电视在以人为本的原则下,在创意上更强调人的意识的复苏以及自我的反思,呼唤自我的复归及自我心理的调整,其创意更具电视的艺术特质。

例如广东电视台制作的音乐电视《海阔天高》,其创意就是展开青春理想的翅膀,在海阔天高的空间里遨游、飞翔,实现自己美好的理想,在画面创意上安排了一个个充满青春活力的泳装丽人作为美好青春的象征,而在天空飞翔的模型飞机则是理想飞翔的象征。再比如国外的一部音乐电视《美丽的孩子》的创意则是对自我童年梦的追寻。这部音乐电视在现在和过去的两个时空中交替进行,而且在画面创意中用了一个外国小女孩作为过去童年生活的符号象征。歌手在追忆中讲述了我童年对世界的认识。画面中,小时候在庄严的教堂里奔跑,暗喻对宗教的模糊理解;而随风飘动的窗纱则是对儿时美好的渴望。作品最后以一座旷野上孤独的小屋作结束,表示歌手孤独的心灵。

从以上的几个案例能够清楚地理解,音乐电视是以符号美学为特征的创意。在音乐电视中的画面和人物以及各种字符的组合,都是某种意义的象征。这些模糊的人物及文字概念没有特定的指向和含义,但都能调动观众巨大的想象力,使观众在观赏音乐作品后能自觉或不自觉地对作品进行定位,体味艺术化的声画融合效果,进而理解音乐内涵并得到美的愉悦。音乐电视的创意美学基础,既是音乐电视创意的品位区别,也是创意者世界观及价值尺度的反映。

音乐电视的创意虽然具有共同的美学基础,但是不同的社会文化背景会产生不同的思维观念。因此,不同地域文化下的导演在创作构思音乐电视时,其创意的美学取向也会表现出完全的不同。这也就形成了不同历史传统、地域特征、文化环境具有不同的创意。

中国的音乐电视分为大陆、香港、台湾三个地区。港台的音乐电视创意基本是沿袭欧美方式。其主题大都是风花雪月、爱情的悲欢离合。其中也不乏民族色彩或古香古色的传统韵味,但创意的格局基本控制在城市文化的范畴,缺乏忧患意识与凝重感。近些年,港台的音乐电视更加欧美化。其光影的变化、影调的处理、镜头的运动等各个环节都力图表现得更前卫。

中国大陆的音乐电视则注重历史感和民族性。其主题有农村题材的,也有城市中的人与社会的关系等这样的题材。在创意上,中国大陆的音乐电视一是突出乐感文化,太平盛世与幸福感是最重要的主题,其色彩多为暖色调;二是创意比较强调叙事性结构,寓教于乐,重说理、讲故事的创意结构较多。中国大陆的音乐电视创意为主题服务,这是其显著的特征。中国大陆的社会文化背景决定了其音乐电视突出民族性的美学风格。首先是具有宣教功能,倡导为大众服务的观念；其次是秉承宏大的主题意义，具有抽象的抒情性特点。既不是对国外音乐电视模式的照搬，也不是离开了民族审美习惯的标榜。它所展示的是中国的音乐，是中国人渴望的美的享受。

二、中国音乐电视的创意构思及其风格类型

1.中国的音乐电视(MV)通常以"民族化"为首要标志

从形式到内容，从歌曲到画面都凸显"民族化"或"中国化"符号。如早期的MV《黄河源头》，歌词题材超脱了港台MV以异性情爱为主的"窄视野、小情调"内容局限，通过"黄河的源头在哪里"这一古老问题，引申出对中国五千年文明历程的重新审视。其音乐风格，远离了欧美国家的摇滚乐风格，且与港台的轻俏绵软，中、西"混搭"的音乐风格拉开了距离，选择了诞生传承于中国西北黄土高原之上，自古以来以粗犷中夹杂几分苦涩而著称的"秦声"的风格，作为其音乐风格的基调。在画面形式上，以"对华夏文明历程的追溯"创意为依据，从人类始祖"女娲"形象入手，展现巨大的时空跨度；画面上出现的视觉表象——如多重角色化的歌手，配合了陶埙、脸谱、编钟、四大发明等极具文化与时代特征的景物，苍茫沉厚的影调，都被作为中华文明历程的象征来使用。在题材与体裁方面，相对西方侧重"性、暴力、苦闷和反叛"的题材选择和摇滚乐风格(体裁)选择，中国大陆的选择范围要广泛得多。

2.本土化的特点：歌曲题材多样化与风格民族化

在历年的"中国音乐电视大赛"获奖作品中，几乎都包含有：传统爱情题材，民族与民俗题材，乡情题材，时代题材，历史和怀旧题材，贺岁题材，文化题材，政治题材等。同时，音乐体裁也兼容了中国传统民歌和民族风格的创作歌曲、欧洲风格的抒情歌、港台风格的通俗歌及摇滚风格的歌曲等多种样式；在演唱方法上，兼容了民族、美声和通俗这三种风格。由于主流意识形态的介入，大陆MV得以跳出欧美、港台的单纯商业的束缚；与此同时，国内拍摄MV资金来源的多渠道化(电视台、歌手个人、音像公司和企业多渠道的投资)，也一定程度上影响和形成了各种类型和风格的音乐电视，这也是中国国内与港澳台MV不同的原因之一，形成了具有一定"中国特色"又与国际影像的MV接轨的音乐电视作品。

在文化功能方面，相对于以"音像商品广告"为基本属性的西方和港台MV而言，中国大陆MV基本实现了其文化功能的多样化改造。在传统文化审美心理定势的制约下，中国大陆MV歌曲比较偏爱较慢的拍速和重音不明显的节奏型。这一特点投射到中国音乐电视的画面上，即形成较慢的、律动不

明显的镜头节奏,如在镜头剪辑上叠化手法的大量使用即是其例。由于受传统文化精神中"和谐"美的影响,中国音乐电视的造型手段,多在写实与夸张之间寻找平衡点,画面构图也多偏向稳定。在 MV 的作品时间长度方面,中国大陆 MV 中民族音乐风格的作品,其片长要明显短于西方(以摇滚乐为主的)作品和中国的摇滚乐作品。对 MV 片长较明显的制约因素是音乐体裁这一要素。

　　3. 画面节奏与叙事空间的设计

　　镜头节奏的快慢,也是中、西方 MV 在形态风格上一个显著差别。音乐节奏差异导致与听觉节奏同构的对应镜头节奏差异。在同等片长的前提下,西方 MV 镜头量大。大陆 MV 受传统音乐心理定势制约,节奏相对慢而柔和,与之同构的镜头节奏也慢,镜头量相对较少。随着当代中国文化心理(包括音乐心理)对欧美音乐节奏模式的认同程度增大,快节奏在中国音乐及 MV 中日益增多。如新世纪以来,受韩国和欧美音乐的影响,中国内地、香港、台湾、马来西亚、新加坡等地涌现了一批"说唱乐"(Rap)华人歌手,如周杰伦、陶喆、王力宏、潘玮柏等,他们的部分音乐借鉴了西方节奏感很强的"黑人说唱音乐"风格,歌唱部分音乐拍速每分钟 120 拍,节奏均分且强劲,使其 MV 的镜头节奏高达每分钟 40 个左右的频率律动,镜头量远远大于其他中国 MV 作品,近似于欧美风格。MV 的镜头节奏快慢和镜头量多少,直接取决于音乐节奏的快慢,并通过音乐节奏与音乐体裁间接相关。地域文化心理对 MV 镜头量的选择有一定制约,因而只能通过音乐的节奏变化因素得以实现。

　　中国音乐电视的画面空间设计上,注重叙事空间和表演空间的关系控制。MV 的叙事在结构上不同于一般的影视作品故事要有头有尾,力求完整的叙事。其在画面叙事上,往往只表现故事的片断,特别是往往表现歌曲中最有代表性的叙事情节,而对另外一些情节,则利用歌曲特别是表意的歌词去将故事"完形",具有"完形心理学",亦称格式塔心理学的表现特点。德国心理学家鲁道夫·爱因汉姆(Rudolf Arnheim)在《电影作为艺术》(1932 年版)一书中,根据格式塔心理学提出了"局部幻象论",他认为由于心理活动的参与,影片只要再现现实最需要的部分,观众的感知活动就可以对各感觉器官提供的素材进行创造性组织,就会获得一个完整的印象。格式塔的"整体构成"的原理正是MV 结构画面的一种有效的叙事原则。

　　在演员的表演空间与音乐的关系处理上,主要是动作(包括舞蹈)的设计。导演的任务就是要充分理解音乐,要力图用画面中的造型语汇去体现它。如韩国女子组合 wonder girls 的歌曲"nobody"的音乐电视作品,其表演动作是将生活化的情节故事用舞台化、舞蹈化进行夸张的表演,其中有男歌手受困在洗手间的情节,采用夸张的表情和造型姿态。这既非舞蹈动作,但具有舞蹈元素的节奏化特征,上下镜头又不是互相关联的叙事结构,采用电影切分句或称为主题蒙太奇的手法,同样营造了演员的表演空间,达到了预期的效果。

4.表演造型空间与画面构成的设计

音乐电视(MV)在表演造型上常以三种形式出现:①在叙事类作品中,歌唱演员以剧中人身份出现,这要求演员具有形象和表演两方面的才能;②在抒情类作品中,演员仅仅是以歌唱者身份出现的,相对淡化了对歌唱者的表演要求;③演唱者和剧中人可以是一个人,也可以分开,演唱者和扮演者是两个演员。画面为演员提供了一个不再是一个舞台,而是歌曲语境的幻想空间,即虚拟空间。在中国的音乐电视作品中,从以往的叙事空间和表演空间走出来,开始利用现代技术为表演加上想象的翅膀,这主要表现为早期的"抠像"或"虚拟演播室"技术,近几年,更多采用"数码合成特效"或"3D特效"。这些数字特技与特效的使用,让歌曲创造的环境从古至今、从天到地、从高山到大海,无所不包,无所不在,而故事的叙事空间和演员的表演空间都是有一定限制的,包括有些地方难以到达,也不需要歌词唱到哪里,演员和导演必须带摄制组跑到哪里,这就通过电子特技这个桥将演员与环境组合在一个并不是真实场面的时空环境之中,为演员营造一个叙事空间或表演空间。

音乐电视的画面构成设计,也是导演创意构思的一项重要工作。其主要考虑的内容包括:①彩色构成——表现时空。冷暖交替,用冷调,主要是蓝色调来表现一种空间,如叙事空间,而用正常色调表现另一种空间,如歌唱演员的表演空间。②均衡与不均衡。在画面构图上,MV中表现严肃的主题或一部分旋律比较平稳的主题,一般为均衡构图。但多数MV更多表现为不均衡。不少充满激情、热烈的MV大多数采用超常规构图,以有节奏的动态、倾斜、晃动来表现。在MV中不均衡反而可以表现出一种强烈的节奏。③动态构图与静态构图。音乐有一个特征,即必须在时间中流动,音乐除了有在时间中的短暂休止以外,这时现实世界的物理时间却不会静止,音乐本身也永远不会静止。这种特征,使MV的画面必须具备动态构图的特征。④长短镜头的搭配。镜头合理的搭配,一是配合音乐节奏合理的叙事。二是配合音乐节奏或旋律,营造必要的情绪和情感氛围。有些MV甚至可以使用长镜头以求达到某种特别效果,比如英国的女子组合"辣妹"(Spice Girls)的经典歌曲"Wannabe"的MV就采用了单镜头结构,利用长镜头"一镜到底"完成了整首歌曲的画面呈现。⑤画面写实与写意。歌曲要有意境,在画面上要注意写实与写虚相结合。事实上,许多MV在叙事过程中,画面处理常常采用快速摇动影像不实的虚幻画面。

三、音乐电视的几个常用创意类型

1.叙事情节型

这种创意是以现实主义的风格为主,在生活中选择一定的场景、一定结构的情节,来阐释音乐电视歌词的内涵。这种创意方式在我国的音乐电视中用得较多。其生活气息很浓,为我国电视观众所喜闻乐见。这种创意要求环境的选择要简洁、典型;形象的选择要宜于概括且非常准确;空间的选择要多一些流动性,让气韵能够升华;其情节是一根既虚化又实在的线,时断时续,情节点到为止。其情节实际上用来传神造事,创造音乐的境界。如孙悦演唱的音乐电视《祝你平安》表达美好祝愿和一种深情的爱,意义深广;创作者设计了一个教师和她的聋哑学生之间的情节故事,以此作为感情的载体。许多场景既实在又虚幻,既有叙事的情节,又大气开阔,是叙事、抒情类的优秀作品。

这种情节型的创意不是戏剧化的,更不是图解式的。要求环境形象高度地简洁和典型,而且空灵而富有诗意。与其说是生活的场景,还不如说是生活整体的象征。音乐电视《祝你平安》中,以暖黄色为基调的温馨的教室,教室这个空间一时出现老师和孩子们,一时出现飞落在宽阔教室里的鸽子。这空间既符合歌词内容,也显得灵秀自然且富有典型的诗意。

值得指出的是,有的情节叙事型的音乐电视过分地戏剧化。往往创意很实,却把音乐电视的境界限制在非常狭小的空间里;还有的只是把一些生活场景和歌词内容进行简单的对位,也失去了音乐电视应用的意境和诗意。

2.情绪感受型的创意

情绪感受型不追求情节性和故事性。它是选择一些与主题有关的富有象征意义的视觉元素进行组合排列,形成一种形象的视觉流,利用形象的积累和冲击直接作用于人的情感。它比较注重象征和情感的外化。如音乐电视《我们的大中国》是一部情绪感受型的音乐电视作品,它利用很多富有概括力的视觉元素(如音乐电视里的京戏、大鼓、红绸、东方舞蹈以及天坛、黄河、长江、喜马拉雅山等具有中国特色的形象元素)形成了一定情绪的流动,并将它们有机地结合在一起形成视觉的流动,用情绪的冲击来完成主题思想的表达。

情绪感受型的视觉元素一定要有概括性和象征意义,含义要非常准确。另外,要容易为观众所解读,容易取得共识。其形象虽然不要求连贯,但形象之间要有内在的逻辑联系。有的情绪感受型音乐电视其形象组合含义不很明确,让观众看起来感到莫名其妙,这样就达不到阐释音乐、表达主题的目的了。

3.抽象变奏型的创意

这种类型的创意,主要是强调一种纯形式的美感。将生活中或自然界中那种具有形式美感的形象元素中的线条、光线、色彩加以提炼、抽象,用以构建具有音乐美感的形式结构;或利用创造性的手法,如搭景、制景等方法来构建具有形式美感的时空,传达音乐的节奏和韵律。抽象变奏型的这些线条、形状、光线、色彩等,虽然是来自具体形象的元素,但由于经过提炼和任意的组合,因而具有全新的视觉感受。

4.超现实虚构型创意

这种类型的创意直接诉情于人的思维时空的思维意象。给人以一种远离现实、超然物外的感觉。它的形象大多是通过一种创造性的手段,如绘图、搭景、电子特技、电脑绘画、屏幕合成等方式,来创造超现实的时空,创造一种天国、海底任凭想象力驰骋的境界。这种类型的创意需要有大胆去开拓电子特技所赋予的潜力,创造出奇特的视觉样式,给人的心灵以巨大的冲击。如由那英演唱的音乐电视《雾里看花》,主要是利用电子特技进行制作。它有很多非现实的时空和一些神奇的变化,如水里的鱼、会走的花、玻璃窗的雨水、乌云、手指发出的划过天际的闪电、洁白的室内升腾的色彩缤纷的纸片等等。

这类创意在西方的音乐电视中是很常见的,在中国这类音乐电视作品中不多见。一是创作者对这类创意的思维还不太习惯;二是这类创意的实现需要好的技术条件和经济实力,现阶段还难以达到。但是只要导演有大胆的幻想和开拓的思维,一旦条件成熟就能制作更加富有创意的音乐电视。

以上几种不同的创意类型,是根据创作者对音乐主题不同的思维方式来进行划分的。在实际的音乐电视创作中,创意是变化无穷,不断推陈出新的。

第三节　音乐电视的特征及编创原则

音乐是一种时间的艺术,而电视画面是一种空间形式。音乐电视的创作,就是将音乐的时间容纳到电视的画面空间之中。空间思维是音乐电视创作过程中的重要一环,音乐电视中的环境空间是音乐歌曲的容器,编导在编创过程中要选择或创造典型的、富有表现力的空间,来容纳歌曲的情绪氛围。也就是通过感性的构思创意,逐步通过理性的取舍和斟酌,处理好音乐或歌曲与画面的关系,真正使音乐电视的叙事呈现做到寓情于景,最终达到情景交融的效果。

一、音乐歌曲与画面的关系

1.歌曲情绪与画面空间的选择

雄浑高亢的歌曲要求大空间、大气势与之相匹配,而柔美、抒情性的歌曲要求狭小、曲折、低暗的空间与之相匹配。一些民歌也要求有与之相配的地域化的空间环境。如《黄河源头》这部音乐电视作品展现了黄河雄伟的河岸、广袤的原野、飞奔的骏马、奔腾的河流等壮丽的地域空间特色。黄河是中国人民的母亲河,展现她的空间美,使中华儿女更感自豪。这些空间与歌曲的气势相结合,使歌曲更加气势磅礴。个人情感的浅吟低唱,需要个人化的空间,画面里低沉狭小的空间形象,合乎人物特定的心境,也体现了音乐自身的形象。

音乐电视的空间形式,无论是从现实中去选择,还是人工的创造,都要十分地简洁和富有特征,要根据歌曲含义所赋予的时代特征、地域特征、季节特征、个性特征来选择和创造空间。如《今夜的寂寞让我如此美丽》这部音乐电视作品,其所选择的空间是非常个性化的,非常具有个人所处的时代、职业和个性的特征;而《同桌的你》这部音乐电视作品,具有非常现代的校园空间特色。

2.多重空间形式的组合

音乐电视的空间形式不讲究空间的同一性,而要求空间具有跳跃性。所以,在空间的选取时,场景要多一些、变化要大一些,以便进行多重空间的交叉组接,使之具有视觉的丰富性和音乐的节奏感。如经典音乐电视作品《同一首歌》,就是采用多重空间的组合。它主要由三个时空组成:一个是现代时空,一群年轻活跃的女提琴手在琴房和旷野之间挥洒着活力;二是过去的历史时空,硝烟弥漫的战场;三是歌手的主体时空,体现歌手的演唱和情绪。

3.音乐电视的几种画面空间形态

(1)现实空间。现实空间是来自于现实生活的环境空间,包括室外和室内的空间环境。它要求根据歌曲内容选择不同的地理条件、季节气候、早晚阴晴光线变化、建筑物的时代特征和人文个性特点。现实空间不是固定不变的、呆板的空间,而是一个包括时间在内的充满活力的整体。它应该具有歌曲情绪传达所需要的那种气氛。如《巴山夜雨》这部音乐电视作品的主要画面空间,就是用了三峡这个真实的空间。创作者精心地选择了三峡的雨、雾、云等真实的空间氛围,来帮助表达歌曲所特有的那种情调。《但愿》这部音乐电视作品,以充满温情的现实生活空间作为其主要的空间形象,如小溪、玉米地、旷野中的火车、长城等现实的空间。而长城则是歌手所在的空间。它以独特的空间个性,来使歌曲产生一种概括和象征的意义。

(2)虚化朦胧的空间。音乐电视的空间形态不能太实。无论哪种风格样式,都要让它有一种空灵的、虚化的、朦胧的空间存在。这是由音乐的个性特征所决定的。音乐是趋向于人的心灵的,而心灵的意象总有一种飘忽不定、琢磨不透的感觉。所以,现实生活中那些飘忽不定、游移变化的具体形象,就有一种模拟人的心理意象的功能。即便是在一种现实时空里,如果穿插一些空灵的虚化朦胧的空间,也使生活中的具象有一种升华的可能,使观众的心灵能欣赏音乐的时空。如《一梦千年》是一部具有古典画意美的音乐电视作品,其中隐约的竹影、飘渺的烟雾、虚幻的倒映,形成了一种空灵秀美的、具有音乐美感的时空,来容纳主人公那委婉动人的情思,具有诗化的意境。在《一千零一夜》这部音乐电视作品中,有烟、雾、倒影、水波的叠画等等,形成了一种虚化朦胧的空间形象,创造了歌曲所需要的一种童话境界。

(3)抽象的超现实的空间。抽象的超现实的时空出自人的主观的心理状态。它的目的就是远离现实空间,塑造出一种陌生感、神奇感,在空间上给予心灵以震撼。抽象的超现实的时空都来自于人工的创造,如搭景、置景,还有光学的变形、电子特技、电脑绘画等等。例如《看未来有什么不一样》这部音乐电视作品,用电子特技形成多重空间、多种形象的奇特组合,在视觉上给予观众一种新奇感,以传达音乐潜在的内涵,如往上冒的小泡、在空中旋转游移的扇叶、白云、歌手组成一个奇特的多重空间。在《为你朝思暮想》这部音乐电视作品中,用置景、绘景而形成一种抽象化的空间形态,造成一种与现实生活隔离的陌生的空间感,与音乐形象相匹配。

(4)歌手的主体空间。歌手的主体空间就是展现歌手本体特征的空间。如舞台上歌唱现场、录音棚里、麦克风前,这些都是歌手的主体空间。音乐电视一个重要的目的就是要推出歌手,因此非常重视歌手的主体空间,要给歌手一种自我抒发自我表现的空间,以展示他们自身的素质,以给观众留下深刻的印象。如《朋友》这部音乐电视作品,就始终贯穿歌手在录音棚里唱歌的主体空间,其中也穿插了其他的空间,有些空间还利用了歌手在录音棚里唱歌的叠画。

歌手的主体空间在拍摄时,常常是一气呵成,成为线索核心画面,以便剪辑时歌手的歌声气势连贯流畅。欧美的音乐电视创作,非常重视歌手演唱的主体空间,它们总是不时穿插在整首歌的各个时代流程之中。无论空间如何地变幻、流转,凡是到了歌手演唱的近景、特写时,歌手的演唱无论是口型还是情绪的力度,总是一气呵成贯穿始终。空间形式的多样性、空间视觉的鲜明性、空间效果的意象性、空间组合的多重性、空间变化的丰富性、跳跃性、空间信息的多义性、空间定位的超越性,都是创作中所必须严格把握的。

二、画面的拍摄与整体效果的设计

在音乐电视的画面拍摄过程中,首先要处理好运动和音乐之间的关系。音乐电视的运动,是释放音乐情绪的一个重要手段。音乐电视运动的设计与拍摄,不在于其运动的目的,而在于运动的本身。运动所产生的时空流动感,最能体现人们对音乐的感受。

1.音乐电视画面动态的拍摄与表现

音乐电视的画面要具备动态感,以配合或更好诠释音乐的内涵。动态感的体现就是对运动的合理拍摄,音乐电视的运动与处理包括多个层面有机的组合。在音乐电视创作中,要关注两个层面,一是人物的运动(动作、位移);二是自然界中、生活中各种物体和运动体的运动,包括摄像机的运动、特技的运动。这几种运动方式的有机组合,就有如舞蹈里的动作变化和队列的变化那样,会形成一种有机的流畅的动态结构,来与音乐的旋律相对应,将听觉的美转化为视觉的美。如《少年梦》就是通过人物自身优美的运动设计,以及剪辑时运动速度的变速、摄像机角度变化等,形成了完整的与音乐相和谐的运动旋律。

(1)人物运动。人物自身的运动(包括歌手、角色)是指人物在电视画面中的运动。音乐电视中的运动应该跟着音乐走,这很像舞蹈演员和戏剧演员的某些特点。在中景中人物的动态主要由人的表情和视线的方向,由头部的转动和手势动作所组成。要注意让演员的运动和谐一致,其运动要和音乐的节拍相和谐。另外,在音乐电视中有许多不同的中近景,要注意设计他们不同的方向和轨迹。如演员不同方向的出画入画,上、下两个中近景就要设计不同的方向入画出画。还有一些不同轨迹的变化,这样中近景组接在一起才有一种流动感,富有动律的美,不至于单调重复。如在《我的新中国》这部音乐电视中,演员的中近景就富有运动性。摄像机的运动配合歌手的视线、朝向、动作、手势和行进的路线而出现不同的变化,组接起来富有视觉的动感,使歌曲产生流动的韵律。

在拍摄全景时,就要注意人的姿态语言,注意人物姿态和周围环境的关系,使他们和谐一致。歌曲的那种高雅、凝重、欢快以及轻柔等,都应该体现在演员的姿态语言中。在拍摄全景时,同样要注意轨迹和方向的问题。现在经常有这样的情况,就是在相同的全景里,演员都采用了最合适的姿态和动作,而导演在拍摄方向上却没处理好他的变化,所以后期剪辑时就显得运动过于单调,缺少姿态语言的丰富变化。

(2)景物(自然界)的运动与变化。景物既是环境也是影视作品处理细节的一种元素和手段,景物的适时运动或变化,具有比喻、象征的意义,或者具有怡情的作用。所以,借助自然景物的动律来抒发音乐的情感,是艺术创作上的一种通用法则。如风吹杨柳、叶子飘落、雨的涟漪、水的流动、鸟的飞翔、浪打岩石、火的舞动、光的跳跃、马的奔腾等,这些自然界物体的动态都具有一种动律的美感。当导演对这些景物的处理吻合音乐的情感、节奏时,观众就能将听觉和视觉合二为一,从而让音乐电视作品产生形式美感。如在苏打绿的《小情歌》这部音乐电视作品中,导演将飘动的树影与城市的快节奏的动态美作为一个重要的形象,将婉转的歌声变为一种视觉的流动语言,歌声随着环境的动态在空中飞扬,给观众传达一种淡淡的感伤。

任何情感的思绪,都可以在自然界和生活中找到一种动律来与之相对应。音乐电视创作者要善于用音乐的心灵去感受并发现这种动律,进行视觉上的创作。音乐电视的诗情画意由此而来。

(3)摄像机的运动。摄像机的运动在音乐电视中最具有实际意义。它是创作者主观情感介入的一种重要方式。摄像机的推、拉、摇、移、跟,极具空间的穿透力。摄像机运动节奏的快、慢、停、顿,能够模拟音乐的节奏。摄像机还有抖动、翻滚、倾斜等等各种主观情绪的模拟特色。

音乐电视的摄像,应将音乐韵律融合到运动摄像中,同时要以摄像机身的运动,给演员创造一种流畅自如的演唱和表演的空间。如2012年韩国火爆全球的"鸟叔"(Psy)的单曲《江南 Style》音乐电视,用低角度的跟拍镜头,以及快速的摇摄镜头,通过配合音乐节奏的快速切换与特效,为观众创造出了一种非常欢快的节奏。再如音乐电视《飞天》、《我留下来陪你》,它们共同特点是具有很好的摄像运动设计。创作者虽然只拥有简单的升降运动设备,但能将升降的运动和歌曲的旋律很好地结合起来。摄像机的运动流畅、婉转,而且富于变化,摄像机运动的节律和歌声的韵律完全吻合、和谐。

(4)特技运动。特技运动是利用电子设备创作的一种运动。特技给音乐电视的运动带来了全新的感受,如画面立体形态的运动,画面整体的位移,以及多重空间的组合,形成新的运动形态等等。特技运动和实景拍摄的运动相结合还会产生许多新的运动形态。如《就是喜欢你》是一部活泼、诙谐的音乐电视,其中运用了多种特技,形成了跳跃变化的动态形式,与歌曲的轻快活泼的形式相匹配。运用特技图像的裂变、爆放、抽帧、加速等等特技手段,形成了一种快速多变的动态结构,使这首歌具有鲜明的视觉节奏。

新颖的动态结构需要有新颖的手段。因此,在音乐电视的拍摄中,各种运动工具必是不可少的,如移动轨、升降车、新型的移动肩架,甚至飞行工具等。

要学会运用一些出其不意的角度和出其不意的动态方式,用自己身心的动律来实现音乐的旋律,创造完美的动态结构。

2.音乐电视画面形象的拍摄与表现

歌手的形象是音乐电视的主要画面形象,所以应该是导演处理画面形象设计的重点。制作音乐电视的一个重要目的之一,就是通过电视媒介推出歌手,以歌手的演唱魅力来取得社会效益和经济效益。

(1)歌手形象。在设计歌手的形象时,首先要处理好歌曲和歌手之间的关系。歌手的气质、音色、音域都应与歌曲所要求的风格相匹配。无论从歌手的角度来选择歌曲,还是从歌曲的角度来选择歌手,导演都应遵循使两者达到完美契合的原则。歌手的形象不单指其外在的形象,更重要的是歌手的声音形象。不同的歌手有不同的声音形象,有的雄浑、厚重,有的甜美、圆润;有的善唱民歌,有的善唱美声或通俗歌曲。导演要根据不同的情况来选择歌手的形象。如音乐电视《好大一棵树》,歌曲的格调雄浑、厚重,而田震声音比较纯朴、纯厚,她的演唱使得歌曲与歌手声音形象相匹配,整个音乐形象大气开阔。有的歌手即便音域很宽,表演戏路广,但一般也会去寻找自己最佳的演唱和表演状态,寻找与自己形象相契合的歌曲来制作音乐电视。

在音乐电视的制作中,有所谓包装歌手的说法。这种包装是为迎合社会某些群体的审美趣味,塑造一个公众的形象,以求得一定的商业效应。这当然是可行的。但这种包装应该适应歌手自身的特点,能够加强和促进歌手的风格发展。如果包装只是出于一种商业的需要,去迎合某种趣味,对歌手进行硬性的包装,扭曲歌手自身的特质,这对于歌手来说是很大的不幸。在音乐电视中,演员的服饰应尽量接近于现实生活,不一定像舞台上那样浓妆艳抹。在电视中,可以采用中景、近景和特写的镜头来表现演员的形象,使观众有一种与演员面对面的感觉。所以,歌手的服饰应当尽可能生活化,化妆要清淡一点,这样就显得亲切自然,为广大观众所接受。总之,演员的服饰、化妆应当崇尚真实自然,以显示歌手本身的自然本色和演唱的魅力。

在音乐电视的拍摄中,场景都是不断地变化,由于录音条件的限制,歌手的表演和演唱常常是分开的,也就是说歌手在现场不是真正的演唱,而是跟着事先录好的录音带唱,这样就形成了一种对口形的表演。这种形式常常使歌手演唱的那种感觉和他声音的那种力度不合,再加上后期制作的口形对不准,这就使得观众在欣赏时出现一定的障碍,有损歌手的形象。所以,歌手应练就一种表演的力度和歌唱力度协调统一的魅力。无论一部音乐电视分几天拍摄,分多少个场景,都应有一种连贯的激情和统一的力度。舞台的表演和屏幕的表演不同,舞台演唱一气呵成,而屏幕是电视化的,需要分场景、分时间进行表演。因此，要求歌手具有一种控制能力，真正做到在任何时候都能发之于内，形之于外，把自己真正融入音乐形象之中。

（2）角色形象。角色形象指的是歌曲情节中的人物形象。在一些情节型的音乐电视创意中，除了歌手担任一定的角色外，还有一些情节需要其他人物担任一定的角色，特别有些音乐电视歌手不在其中担任角色，更是如此。音乐电视中的表演要求从简，不要使情节太剧情化。演员表演的时间可不必太长，要具有一种雕塑感。音乐电视中演员的表演不是一种完整的表演，而是一种对角色的塑造。要有准确鲜明的服饰外表，以及具有概括力和雕塑感的表演，淡化戏剧的表演意识。这是因为，一部音乐电视作品一般只有不到5分钟的时间，容不下过于细腻的表演；同时，过分细腻冗长的表演会分散观众视觉的注意力，使视觉负载过重，没有欣赏音乐的空间。

演唱者和情节中的角色可以是一个人，也可以分开。许多有名的歌手往往具备表演才能，两者合一有时效果更好。如由艾静演唱的音乐电视《流浪的燕子》中，艾静就一人充当了多重的角色，村姑、学生、流浪艺人等；其场面也很多，每一个场面就像闪电一样，稍纵即逝。但观众却能在每个场面的流动中，把它连接成情节，构成故事。

角色的形象除了服饰典型准确外，还要配以一些小道具、小动物。它们常在点明时代、传递情感、渲染地域风情、增添生活情趣方面起到一种视觉的联想作用。音乐电视中形象的含义较为宽泛。如用一些动物、物体的形象进行象征和比喻，以展示歌手的一些个性特征。美国的杰克逊就用黑豹来自喻，以表示其表演风格和歌唱特点。总之，一个好的音乐电视作品，就是要力求用创作的形象来体现歌曲、内容和总体风格。

3.音乐电视的画面色彩构成及其表现

在音乐电视画面的构成中，色彩在构图设计中主要用于表现时空。色彩与音乐有着非常奇妙的契合。音乐是听得见的色彩，色彩是看得见的音乐。音乐与色彩化合形成了一种声色合一的视听形式。音乐有音调，色彩也有色调。在音乐电视的色彩设计中，首先要根据歌曲的主题情绪的要求，确定一种色彩作为它的基调，以形成一种整体上的先声夺人的印象。

（1）色彩基调设计。在构图上，色彩的设计要与歌曲的风格相匹配。根据歌曲的不同风格，与之相应的色彩基调一般有如下几种：

a.暖色明朗的基调。一般欢快的、温馨的歌曲，都用暖色调作为色彩基调。如音乐电视《飞旋》中，服饰与暖色光线形成了喜庆的明朗的暖色调。

b.清新淡雅的基调。一些清新淡雅的歌曲、青春型的歌曲，一般用清新淡雅的色彩来做基调，如白色、绿色、蓝色等等。如《海阔天空》基调采用的是明朗的白色。白色的天空、白色的大海,白色贯穿音乐电视始终,体现了青春、理想的飞翔的主题。而在《绿色城市》这部音乐电视中,为了体现绿色城市的主题,用清新淡雅的绿色作为基调,如绿色的田野、绿色的道路、绿色的山、绿色的树木及碧水蓝天,烘托出了绿色城市的意境。

c. 深沉悲凉的基调。深沉、厚重的歌曲一般用黑色调,表达一种深沉的情绪。一些悲凉的歌曲一般用冷灰的色调。总之,色彩的基调予人以一种情绪的感染。如音乐电视《今夜的寂寞让我如此美丽》和《远方的孩子》,用低沉的暗色调为基调,非常适合于歌曲中的悲凉的情感色彩。色彩的基调可以通过控制背景色、服装以及环境的色彩来达到;也可以通过控制光线的色温,来获得色彩的基调效果;再就是利用特技的着色获得。色调的谱写和编排需要有丰富的色彩知识和丰富的情感。色彩的色相、饱和度、明度,有如声音中的音色、轻重、刚柔,它们可以互相匹配,也可以相互变换。

(2)色彩的对比和谐关系。色彩的美不在于它的自身,而在于它的相互关系之中。色彩的对比关系,是突出全体、获得色彩美的重要手段。红、绿、蓝三基色之间以及原色和补色之间对比是较为强烈的,其视觉冲击力较大,如强音给人一种铿锵有力的印象;而相邻色和同类色之间其对比较弱,视觉冲击力小,就像柔和、厚重的声音一样。如音乐电视《旧梦里重圆》中,其色彩多是红色和黄色调。红色和黄色是一种相邻的色彩,所以对比不是很强烈,显得柔和厚重,与这首歌的情绪非常吻合。

(3)几种不同色彩的运用效果。

a. 真实自然的色彩效果。这种色彩是从自然中、生活中选取的。大自然中的色彩变化是非常丰富的,春天的嫩绿、夏天的浓郁、秋天的金黄以及冬天的雪白与纯净、早晚和阴晴等有不同的色温变化。导演可以在大自然中选取那些最美丽的色彩,建立起色彩的秩序。另外,在生活中选取那些最美丽的色彩,如建筑物的色彩、室内装修的色彩、服装的色彩等,建立一种真实自然的色调。

b. 色彩的变奏效果。色彩的变奏效果是一种情绪性的用色,是根据人的心理状态来运用色彩。如对于同样的红色和绿色,人的心情好时红是怡红,绿是快绿,对其色彩感觉明快、温暖;而心情不好时,红就变成了愁红,绿就变成了惨绿,对其色彩感觉偏冷。心情好时感觉色彩非常灿烂,而情绪低落时感觉色彩暗淡或全无。还有一种情况是用一种色彩笼罩整个环境,形成一种情绪氛围,或者是偏蓝,或者是偏绿,或用一种棕色的色调来表现一种怀旧的思绪。如音乐电视《梅娘曲》,是表达主人公在孤寂的心境中回忆温馨往事的一首歌曲。画面以冷、暖不同的色调来区别今与昔、现实与回忆的不同空间。孤寂时用的是蓝色调,回忆往事时用的是偏暖(淡黄色)的色调。这属于情绪性的用色效果。

c.纯色的装饰效果。纯色的装饰效果用色的原则,主要是从形式的美感出发,不讲究色彩的自然性与情绪性。它主要是用色彩来形成一种图案的美感来感染人。如用大块的有色彩的布景,或者用电脑制作的那种大块的色彩图案,中间间以黑白的线条,很像中国的年画或西方印象派的绘画效果。如在音乐电视《我和他》中,使用电脑制作的那种色彩效果,用色构图很平,形成了一种平面绘画的效果。随着音乐,还不断发生色彩的变化,起到一种装饰性的用色效果。音乐电视《醒时做梦》是以大块的画布来做背景,从墙壁到地面,大块的色彩加上黑色的线条,也是属于装饰性的用色效果。

d.色彩与节奏。有些音乐电视,其色彩并非始终是一种色调或两种对比的色调,而是存在动态的变化,以形成一种动态节奏。色彩的色相有红、橙、黄、绿、青、蓝、紫;黑白的阶调有白、浅白、灰、中灰、深灰到黑。在创作时,把色彩的色相、明暗、浓淡、面积等有机地组合和变化,形成一种有序的节奏和韵律去与音乐的美感相匹配,从而形成一种富有观赏美感的视听结构。

色彩与节奏主要有四种形态:第一,冷暖交替。用冷调,主要是蓝色调来表现一种空间(如叙事空间),而用正常色表现另一种空间(如歌手的主体演唱空间)。如音乐电视《笑傲江湖》就是用冷暖两种色调交替出现,表现了剧中人的两种叙事空间:用青蓝色的冷调处理变幻莫测的江湖空间,用偏暖的中间调处理在冷酷的江湖中的儿女情长。第二,彩色黑白交替。这种表现手法借鉴故事片中两种色彩,表现不同时代的故事。如音乐电视《第一次》中现实部分用彩色色调,表现现实生活的母子亲情;黑白部分则表现主人公从幼儿到少年时代母亲对儿子的哺育。第三,彩色黑色的渐变。这种变化喻示两种时空概念的转变。第四,黑白画面中有彩色的趣味中心,主要用来突出表现的主体。总之,音乐电视的构图中,色彩运用得当,能提高音乐电视的视觉对音乐的阐释力。

4.音乐电视的画面构图设计及表现

(1)均衡与不均衡。在画面构图上,音乐电视表现严肃的主题或一部分旋律比较平稳的主题,一般为均衡构图。但大多数音乐电视更多表现不均衡。不少充满激情、热烈的音乐电视大多数采用超常规构图,以有节奏的动态、倾斜、晃动来表现。在音乐电视中,不均衡反而表现出强烈的节奏。

(2)动态构图与静态构图。音乐的特征是在时间中流动。音乐除了有在时间中的短暂休止外(这时时间却不会静止),永远不会静止。这种特征,使音乐电视的画面必须具备动态构图的特征。所以音乐电视的构图应该是动态的,以表现音乐流动的特征。在迈克尔·杰克逊的音乐电视《拯救地球》中,无数蜡烛宛若流萤般地构成整个星空般的世界,它们配合着带有宗教性的音乐旋律,创造了构图的动态之美。但音乐电视并不是完全拒绝静态构图。有些宁静的充满韵味的构图可以为流动的音乐带来片刻的凝思,使人产生充满遐想和回味的意境。

(3)画面写实与写意。歌曲要有意境,在画面上注意写实与写虚相结合。事实上,许多音乐电视在叙事过程中,画面处理常常采用快速摇动影像不实的虚幻画面。画面的虚使观众产生丰富的联想,从而构成美的意境。要避免两种倾向,如完全叙事,太实,使人感到一览无余;又要避免太虚。只有虚实结合,画面与歌词内容有分有合,才会产生联想。

三、音乐电视的整体风格控制

导演们前期的策划、创意、构思或者拍摄与表演处理得再好,对于音乐电视的整体风格来说只是完成了一半的工作。后期的剪辑作为音乐电视制作的最后一道工序,通过运用各种剪辑技巧对拍摄的素材进行画面组接、配乐,不仅是成就一部完整的音乐电视作品,而且直接会反映出该作品的整体风格。除了后期的剪辑之外,一部音乐电视作品的最终整体风格,也与后期剪辑合成过程中的特技与特效的综合水准息息相关。

1. 歌曲的内涵、节奏与后期剪辑风格

剪辑风格的形成由剪接率、剪接方式和节奏段落的整体效果形成。剪接率主要是指剪接点之间间隔的长短以及整首歌曲中剪接点的多少。一般抒情、优美的歌曲间隔长一些,总体的画面数量少一些;即剪接率较低,节奏较平缓。而一些激昂的歌曲、进行曲,其剪接点的间距就短一些,总体的画面数量就多一些,即剪接率较高,节奏较快。如音乐电视《晚安,我的爱》是一首抒情歌曲,其节奏较为平缓,镜头间隔较长,剪接率低,剪接方式采用柔和的叠画。而音乐电视《锣鼓》是一首欢快有力的歌曲,它的剪接率高,画面间隔短,而且用的是直切的剪接方式,形成了短促有力的视觉节奏。

剪接方式主要是指剪接点变化时所使用的技巧,即上、下两个画面连接处采用什么样的技巧,如叠画、淡入淡出、切等等。一般抒情柔美的歌曲,剪接用的技巧方式要柔和一些,平缓一些,有一种舒缓的时空过渡;而激昂的歌曲,使用干净利索的剪接方式,如切、快速划过等,形成较为短促的时空变换。如音乐电视《回家》中,其画面间的组接主要是利用前景的遮挡,不动声色地转换场景。前景利用了人的视觉惯性平稳地进行了时空转换。在这里,前景起到了一种剪接方式的作用。而且在视觉上起到了一种打节拍的作用。

2.剪接(辑)点与画面的方向性

音乐电视剪接的目的就是创造视觉的节奏。它和电视剧及其他电视节目的剪接不同。它剪接的依据就是音乐本身。剪接点一般都应确定在音乐节拍上,是在音乐的第一拍上还是音乐的最后一拍,或一个音节一个剪接点,也可以根据音乐的长音采拖长剪接点。剪接方式不一定一贯到底,可以有变化,如前后段落用叠画,中间用切;前面用慢动作的叠,中间用明暗变化等等。总之,既要有重复,也要有变化。重复产生节奏,变化产生韵律,这样才能用剪接点或剪接的方式来创造整体音乐的视觉节奏。

此外,音乐电视的画面剪辑与组接,还要注意动体的不同方向和不同轨迹的美感。音乐电视的实质不在于动体的方向是否同一、是否跳轴、是否合理,而在于用不同的运动轨迹和运动方向来有机地组合。形成一个美好的动态结构。如音乐电视《爬山》有许多运动的镜头,其剪接基本是在运动中转换场面。用前景的遮拍,或者黑起加黑落,直接切换等多种方式,将这些不同轨迹的运动镜头组接成流动的、具有舞蹈般旋律的动态结构,其场景好像是随着歌声在流动。

3.利用电子特技、电脑合成剪接

(1)运用特技组接。电子特技在一般的组接方式之外加入了许多新的组接手段,如推进、翻开、飞人、彩色的变换,都可以成为一种新的剪接方式,以加强情绪的感染力,形成新的剪接风格。如音乐电视《锣鼓》中的一段,用了许多特技的手段作为剪接的过度方式,如旋转、划过、马赛克、闪出等等,都成了一个镜头转换到另一个镜头的组接方式。歌曲显得十分活泼。再如国外的一部音乐电视,剪接点与色彩相配合,以色彩来加强剪接的节奏,并且在一个画面之内也随着节奏的变化而变换色彩,这就是依靠特技获得的效果。而音乐电视《和平之梦》则巧妙地运用了运动中进行组接的方式,一点不留剪接的痕迹,使整首歌曲非常流畅。这也是一种剪接的风格。

(2)电脑合成的特殊效果。近些年,数字特技、计算机动画三维特技、多媒体技术等为电视的视觉空间开创了一个新奇的世界。在音乐电视中,电子特技的运用较为普遍。电视音乐的画面就好像时装一样,总是求新、求异、求变。所以,在电视音乐里,运用特技是一种趋势、一种时尚。这在世界各国的音乐电视制作中都是一样的。利用电脑或数码合成技术,可以给音乐电视创造新的剪接风格。如一个画面内部,用电脑合成技术将多个形象元素合成于画面中,形成画内新的节奏。如一个歌手在演唱,采用多机位拍摄,不同机位、不同景别的镜头可以同时组合在一个画面中,形成画面内部的多声部及和声的效果。特技画面的运动也要注意轨迹的设计。无论是画面的飘进还是翻出,都要有一种完美的动态结构,犹如利用画面在空中作画。

4.音乐电视整体风格与特技、特效的关系

(1)特技与音乐情绪内涵的关联。特技仅是一种技术手段,选择特技的形式要合乎音乐的情感需要。处理特技与音乐情感的关系,就是要使特技具有音乐情感的内涵。只要能很好地表现音乐的情感和韵律,不管特技是简单的还是复杂的、是平淡的还是新奇的,都无关紧要。例如慢动作、抽帧,只不过是一种简单的编辑特技,但如果使其具有音乐的情感色彩,就会有非常好的视觉效果。如《牵手》这部音乐电视作品,表达的是对亲人的爱与关怀。在画面中,只是用了简单的慢动作特技,却很好地表达了歌曲内在的情感,外化了人物内心的情感。对于一些结构比较复杂的特技,更应该慎重而目的明确地选择,做到符合音乐节奏和情绪的需要。

(2)特技与结构的关联。在音乐电视创作时,应从音乐电视的整体出发,选用一种或几种特技作为整个节目的形式构架。这些特技在画面中必须是连贯的,以形成一种整体的形式美感。在运用特技时,切忌孤立零碎、眼花缭乱地为炫耀特技而盲目添加使用。如音乐电视《我送你的花你能接受吗》,其特技的运用非常统一完整。它运用抠像的技巧,好像抠出了很多扇女孩子心灵上的窗户。无论女孩走到哪,画面总会出现调皮男孩的笑容。有些音乐电视采用三维动画形式贯穿始终,有些音乐电视运用旋转、叠画作为贯穿始终的特技形式,将多重空间组成一个旋转的流动体,用这一旋转的特技方式形成音乐电视的统一形式。

(3)电子特技与多重组合的时空。三维电子特技能创造出超现实的时空,也可以把抽象的时空和具体的时空组合在一个画面里,也可以把多个时空进行并列。这就为人们潜意识里的心理时空和思维时空提供一个非常好的视觉样式,直接诉诸人的感情心路。如音乐电视《我的眼中只有你》就是利用抠像电脑合成进行多重空间的组合,有的画面多到五重空间,实现了一种新的时空方式。画面中,水中的鱼、草地、天空、人物等组合在一起,形成了一个多重空间的组合。音乐电视《夏日里最后的一朵玫瑰》中,利用电脑合成的特技手段,将多个形象、空间进行合成,使形象的内部变化以及各种景别融于一个画面之中,给观众创造了全新的视觉感受。如音乐电视中,某一空间由沙漠、远山、天空及空中飞旋的人物照片组成一个空间,而天空、树与脚踩着时钟、石块的歌手全景,以及歌手脸部的特写组成了另一个跳跃多元素的时空。

(4)特技可与剪辑新样式、动态新结构的关联。电子特技的介入使剪接有了许多的样式,也逐步替代了过去的一般都是以切、叠画、淡出淡入等进行剪接的形式。新的特技如翻转、掀页、一个画面推出另一个画面、马赛克、图像分裂、正负像转化以及电脑合成等,都可以用来组接画面,形成新的剪接样式。运用电子特技,可以使整个物体甚至整个画面变成一个自由的运动体。画面可以从屏幕的深处像河水一样地流淌出来;也可旋转升腾、飘逸,整个运动发生无穷的变化,形成一种新的动态结构方式。电子特技使音乐电视的时空创作无所不能。只要我们大胆想象,积极开拓潜意识中的各种意象,并运用特技来实现,一定能够创作出既符合歌曲情感需要又具有个性风格的音乐电视作品。

★本章课后思考与训练建议:

● "音乐电视"的概念如何界定?

● 思考并整理"音乐电视"在国外产生、发展的过程,如何引入中国并形成中国"音乐电视"的审美模式?

● "音乐电视"的表现特征表现为哪些具体内容?

● 常用的"音乐电视"创意类型有哪些?

● 思考并研究:近年来音乐唱片业不景气,新歌手越来越少,且很多人开始制作单曲或者 EP(迷你小专辑)在网络上推广。你认为这会对音乐电视(MV)的创作有什么影响吗?

● 任意选取欧洲国家、美国、韩国、日本、香港、台湾和中国内地的"情歌类型"音乐电视作品,对比分析其表现手段所反映的地域文化特点。

第九章　电视文学节目编导

目前为止,人类的符号化传播历史经历了四个阶段,即口头语言→文字→印刷媒介→电子和网络传播。电视是电子传播的高级形式,声像兼备的符号语汇特点,使得电视的镜头运动、构图、光效等,这些本来的技术手段具有了艺术表现的能力。电视文学在屏幕的出现,给电视文艺这个大家族增加了一位文化底蕴深厚的成员,因为电视文学本身就是电视与文学的结合体,是电视化的文学作品。当他们在一定的审美目的的要求下,就成为了艺术创造的手段。所以,在电视屏幕上,我们也可以追求文学的诗情画意。电视手段的巧妙应用,开拓了文学文本的审美层次,让观众获得不同于阅读时的艺术享受。

另外,从 20 世纪 90 年代以来,越来越喧闹的电视屏幕上,游戏娱乐节目、"爱情速配"节目等大行其道。新世纪以来,电视真人秀的"模式引进"导致现在选秀节目"一统"荧屏。再加上电视剧里的打打闹闹、恩怨情仇,更是让电视屏幕上充斥着太多的喧哗和浮躁。在紧张忙碌的现代生活中疲于奔命的人们希望电视能提供一个可以让心灵宁静、灵魂安谧的空间。文学作为一种承载思想,抚慰心灵,引导人们反思生之意义的文艺形式,同时作为电视节目的基本构成元素,其艺术形态通过电视化呈现,无疑也是为时下的浮躁社会投入一丝清凉,让人们适当放慢匆忙的脚步,有空闲检视一下自己最初的理想。

第一节　电视文学节目及其类型

随着电视技术的发展、电视制作手段的多样化和电视传递信息的高速化,文学这一古老而厚重的文艺形式搭载上电视这辆高速列车,电视文学由此逐渐形成,并登堂入室,成为电视的又一个风景,也赢得了观众的认可。电视文学类型较多,包括电视小说、电视散文、电视诗、电视报告文学以及综合性电视文学节目。每一种类型的电视文学节目,都具有其独特的艺术魅力。

从广播电视的发展史可以看出,任何一种节目形式的出现都绝非偶然,总会有它存在的内在本质。一部优秀的文学作品,永远散发着诱人的魅力。它以往只靠文字的传播,读者面很有限。电视技术为电视文学插上了翅膀,使其飞进了千家万户,成为人们关注的电视节目。这种文学的传播形态,把文学的文字表述形态转换成视觉表现形态,从想象艺术转换成视听综合艺术,这是一种审美体系的转换。观众们也迫切需要格调高雅、具有高品位的文学节目。

一、电视文学节目的概念及发展历程

1.电视文学节目的概念界定

电视文学节目作为文学形态与电视媒介的"交叉"和"嫁接",是一个非常宽泛的概念。广义上的电视文学不仅包容电视屏幕上的一切文学形式,甚至应该包括电视专题片等样式内部构成中的文学部分。当然也包括电视文学剧本。狭义上的电视文学节目,也是当今电视理论界和一线电视工作者在创作实践中约定俗成的称谓,即文学的电视化,主要是指依据文学的创作规律、文学的审美特征,通过电视艺术手段表现出来的文学,充满了强烈的文学氛围,给观众以文学审美情趣的电视艺术作品。

在寻找自我本体的过程中,电视艺术曾经一度远离了文学。然而事实证明,文学作为人类智慧的宝库,同样是电视艺术的重要来源和基础。当前,在电视节目的制作过程中,重新找回了对文学的合理运用方法——即电视的文学化处理。它对于借鉴文学的创作经验、吮吸文学的丰富营养、提升电视文化的品格,都起到十分重要的作用。电视文学兼收并蓄了电视与文学各自的特点,在话语符号上结合了文学的文字维度和影视的其它五个维度,即时间、空间、画面、色彩、声音等,结合了文学的文化特质以及电视的传播手段。

电视文学是指具有较浓厚的文学色彩的作品,经过电视化的处理,形成电视小说、电视散文、电视诗歌、电视报告文学等。它们都是以介绍文学作品为主,通过电视中多种处理手段来介绍文学作品,以提高文学的观赏性的电视文学节目。在外延上看,它包含着电视屏幕上的所有文学形式,甚至包括电视专题片和纪录片。电视艺术片中的文学部分,其中还应包括根据文学的创作规律和文学的审美特征制作的电视作品。如电视小说《故乡》、《孔乙己》、《落花生》,电视诗歌《父亲》、《古诗三首》、《海的向往》,电视报告文学《大路发光》、《专业户外传》,电视小品《眼睛》、《小编辑》等。此外,还有电视文学片《梦故乡》、《月是故乡明》等。以上这些不同类型的节目形式都是以文学作为基础的。

电视文学从本质上说,不同于戏剧文学,不同于电影文学,也不同于电视剧文学。有的专门登载电视剧剧本及电视剧理论的刊物冠以《电视文学》的名称,有的探讨电视剧理论的著作也称之为电视文学。这其实是一种名称雷同的概念,其本质上是不相同的。

2. 电视文学的发展历程

很多电视观众了解的电视文学节目,大概都是从中央电视台的《地方文艺》开始的,并且以为这是一种新兴的电视艺术样式。而实际上,电视文学节目的产生及发展要早得多。

早在 20 世纪 50 年代,苏联就拍摄了电视小说《契诃夫人物系列》。这是一组由苏联著名演员伊·伊里因斯基自己担任解说,并扮演了全部小说角色的方式拍摄的《契诃夫短篇小说选集》系列电视文学节目。日本国家电视台(NHK)从建台开始就设立了"电视小说"专栏。在我国引起巨大轰动效应的电视连续剧《阿信》,在日本就是以"清晨电视小说"播出的。由于体裁的改变,当然也就改变了观众的审美要求。以"剧"的要求觉得节奏太慢,以"说"的要求觉得太多;而"电视小说"声画俱有,给人的感觉好多了。

1964 年,中央电视台就将小说《小英雄雨来》搬上屏幕,为中国的电视小说勾勒了一个发展雏形。其后,几十年的电视发展,以央视为先导,众多的地方电视台都推出了文学类的电视文艺栏目。电视文学这一新的文艺节目样式在 20 世纪 80 年代出现在中国的电视屏幕上时,确实让人心动,让人欣喜。中央电视台少儿部为孩子们拍摄了《文学宝库》共 10 部,其中有鲁迅先生的《故乡》、《孔乙己》,安徒生的《卖火柴的小女孩》等。江苏电视台编译制作了电视小说《最后一片叶子》、诗体小说《零点归来》、诗体报告文学《生·爱·死》、电视散文《街声》、电视小品文《梦故乡》和《月是故乡明》等等。

此外,中央电视台还拍摄了"人物画廊"式的电视报告文学《雕塑家刘焕章》,中国电视剧作中心拍摄了与"电视报告文学"类似的电视剧《小木屋》。广东电视台和江苏电视台分别拍摄了散文诗式的电视剧《雾失楼台》和《遗落在湖畔》,这两部作品介于电视小说和电视剧之间。江苏电视台于 1992 年开辟了全国第一个电视文学栏目《文学与欣赏》。同样是 1992 年,上海东方电视台举办了"全国电视散文大赛",电视散文以其独特的审美形式引起了广大观众的注意与喝彩。1998 年春节,中央电视台《地方文艺》推出"98 全国首届电视诗歌散文展播",也赢得了观众的追捧,电视诗歌散文的展播和创作,又一次点燃了全国电视文学爱好者对电视文学节目的追求。

本世纪以来的十几年间,电视文学的发展虽然不如电视真人秀,但是在中国电视发展史上也算一个另类的花朵。电视文学的出现,满足了不同层次、不同文艺爱好、不同欣赏要求的观众,使他们从电视节目中得到知识,欣赏到从未领悟过的文艺作品,熟知心目中的艺术形象,明白了以往不太明白的道理。这样的审美过程,让观众获得了极大的精神满足。电视文学作为一种文艺节目的构成分支引起观众的广泛关注,电视诗歌散文等电视文学也逐步成为一种曾经出现和盛行一定时期的电视节目类型。然而,电视诗歌散文这种曾被广大电视观众视为"阳春白雪"的电视节目,一方面是电视荧屏"喧闹"之后的宁静的文学思考,从这类文学节目中,我们会不时地呼吸到电视作品飘逸出来淡淡的文化"清香",是"昙花一现"的"喧闹"后的"甘露";另一方面,电视诗歌散文是编导实践创作电视作品,最理想的练手电视节目类型之一,也是了解、熟悉和掌握影像叙事的规律,最容易练习的作品形式。同时,对电视诗歌散文的叙事和拍摄把握得好很容易过渡到纪录片或微电影的创作,因此,今天我们学习和实践电视诗歌散文的编导还是有积极意义和实际价值的。

二、电视文学的类型及其审美特征

电视文学的类型一般有电视小说、电视散文、电视诗歌、电视报告文学、电视文学片等。电视技术把文学的文字表现形态转化为以画面为主的视听形态。文学载体的变化带来文学审美特征的变化,形成了电视文学独特的审美特征。

电视文学所展现的面很大,它包括自然现象、社会现象、社会的前进与变革、人的精神生活及其情感世界的变化等方面。在电视文学制作过程中,创作者们运用一切现代制作手段及技巧以及丰富的审美感知能力,采用各种方式叙述、展现作品中的情节、细节、事件、人物的内心世界和事件发生的背景环境。同时,精心地雕刻,细腻地描述,充分展现人物内心世界,以写意的方式勾勒场景,展示大千世界的变化,给人以情的感染和形式美的享受。

1. 电视文学所体现的社会性

(1)电视文学创作素材的社会性。电视文学大都是选自经典的文学与"社会文艺"文本,通过电视的手法进行形象化的呈现。例如,电视小说《故乡》、《孔乙己》等都是选自有很大社会影响的优秀文学作品。这里所说的"社会文艺"所指的是文学作品及电影、舞台表演艺术、造型艺术、音像制品等。所以,电视文学创作者必须积极关注和熟识社会文艺,去发现和选择更优秀、更合适的文学作品制作成既有文学性又有电视特点的文艺作品,使其更贴近社会、贴近生活、贴近观众,以满足他们的精神需要。

虽然电视文学作品的创作源泉是社会文艺,但也有例外。如日本电视小说《阿信》,苏联电视故事片《沙丘路漫漫》,都是因为在国内播出产生了强烈的反响,才由电视改编成小说出版的。北京电视剧制作中心创作的长篇室内电视连续剧《渴望》,也是播出后在观众中产生了强烈反响后,由电视改写成小说的。

(2)电视文学与社会文艺的关联。电视文学与社会文艺相互制约、相互作用。电视文学绝大部分来自于社会文艺的改编,特别是来自于优秀文学的改编。如小说、散文、小品、报告文学等,其中还包括古今中外的名著名篇。所以,电视文学的优劣也就受到这些被选之作的影响。电视文学虽然受到文学作品的影响,但另一方面,文学作品被搬上屏幕,对自身也有积极的影响和推动的作用。文学作品凭借电视的大覆盖面和高收视率,对文学作品的传播有着积极的推动作用,同时又促使文学创作者创作出更优秀的文学作品。电视文学是一种社会意识形态,是运用电视的审美特征和文学的审美特征去抒写人生,表现社会生活,展现一般人的精神风貌,表现他们的喜怒哀乐。这符合广大观众的审美需要,也深受电视观众的喜爱。

2.电视文学的审美特征

电视文学应该说是一种电视式的写作。它是把文学作品转化为电视艺术,把文字的表述形态转化成视听综合的表现形态,是一种审美体系的转换。这种转换,只是一种载体和表现形式的转换,其文学特征还是最大限度地保留下来,即美学的语言美感和结构美应保留下来。改编后的电视文学,故事梗概基本保留原作的整体性,人物对话描述性的语言也是原汁原味。创作者要做的是,用电视化方式升华原作,把对原作的感悟用独特的时空语言及声音诠释出来,让观众在满足视觉的同时,还能欣赏到文学作品的原汁原味。

电视文学既有电视的叙述审美特征,又有文学的叙述审美特征。

(1)电视文学的美学特征。如果把同一篇文学作品改成电视剧或制作成电视文学,它们会有很大的差别。区别在于,电视剧必须有强烈的戏剧性,故事情节明确,人物塑造讲究,剧中人物的语言、行动都由人表演完成,而不依靠解说完成。而电视文学则注意原作的风貌,语言方面则通过解说(旁白或独白)的形式来表现,因而具有很浓的文学气氛。电视文学的叙述保持着原作中强烈的文学特点。这种文学特点是必须要保持的,否则就不能称其为电视文学了。另一方面,是用电视画面进行叙述,制作者利用电视艺术的各种表现手段,根据自己对原作的理解、把握和审美需求进行艺术构思。

一般来说,电视文学包括电视小说、电视散文、电视诗歌、电视报告文学,在表现的形式上都严格按照原作的内部构成因素,忠于原作。如电视小说《孔乙己》从头到尾保持着鲁迅先生小说的原有风格,体现了坚实的文学性。同样,电视小说《最后一片叶子》自始至终以"画外音"的方式朗读小说的原文。根据小说的需要配上有代表性、有阐释力、寓意丰富、讲究别致的画面作品,人物的对白也还是原作的文学语言。还有电视小说《故乡》,它开始的叙述语言是:"我冒着严寒,回到相隔二千余里,别了二十余年的故乡。"它的结尾也是如此:"这正如地上的路;其实地上本没有路,走的人多了,也便成了路。"这种语言绝对不是电视剧中的对白,它是一种非常生活化的语言,富于深情,观众易于接受。这种叙述语言的方式,深刻体现出了文学的本体审美特征。

电视文学除了保留了文学的原作的文学语言外,同时还保留了文学原作的结构方式,如电视散文《日》(巴金)、《荷塘月色》(朱自清)等与原作的艺术构思相同。这种结构的方式明显地区别于电视剧,使观众能够在满足画面感观的情况下,更真实地了解、欣赏和学习文学作品,更能体会文学作品的涵义。

(2)电视文学的屏幕审美特征。文学与电视依据电视化思维及手段相结合,变成了电视化的文学,也就是声画的艺术。一方面,电视文学的声音部分用原作的文字语言表述;另一方面,电视文学用电视画面来叙述。电视文学的屏幕画面,是按照文学作品的人物形象、故事情节、时代背景、人物所处环境,以及作者所抒发的情怀而拍摄和结构的。电视文学的画面、叙述和组接,应体现出编导匠心独运审美感知和构思,以便准确地阐释原作。

正因为电视文学审美的双重性,要求电视文学的画外音就是文学原作中文字叙述部分的"直接声音化"。这种"直接声音化"的结果,恰恰是约束和限制了屏幕画面的表现力。如果电视画面缺乏创意,缺乏深刻体现原作的思想及审美情趣,那么画面可能会沦落为文字的图解。本来,文学也是一种充满想象力的形象艺术,由于其文字语言与电视画面同行,画面的出现从某种意义上来说,已对文学所描述的形象具像化,从而缩小了文学这种想象的空间。同时,这种对文学"具像化"处理不好也会削弱原作的审美效果。所以,在思考屏幕画面时,既要求符合电视化的思维,又要求忠实于原作,完美地阐释原作。

第二节　电视文学节目的类型与编创原则

电视文学节目在中国的发展,除了受到国外电视文学节目,尤其是苏联电视文学节目影响之外,更重要的影响是,中国的"文革"结束后,"十一届三中全会"和"邓小平在第四次文代会上的讲话"[①],给中国"新时期"的文学注入了活

---

① 中国共产党于1978年召开的十一届三中全会提出了"改革开放"政策,开始了中国社会的"新时期",经济活动开始逐步活跃;而1979年"第四次文学艺术界代表大会"则为"新时期"的文艺发展解除了思想上的禁锢。

力。20 世纪 80 年代,随着经济的逐步活跃,中国文学艺术的发展也迎来了明媚的春天。在文学方面,伤痕文学、反思文学等种种文学浪潮一浪紧跟一浪,这样的大潮同样也冲击着社会、工厂、校园、农村,一股"文学热潮"在社会各个行业涌现,并席卷全国。

纵观人类的文化传播发展之路,从动作、图形壁画、语言到文字的发展,经历了极其漫长的时间跨度。印刷机发明以后,文字逻辑逐渐占据统治地位,人类的文化遗产也主要呈现为文字形态。20 世纪中后期,电视的普及宣告了"读图时代"的再次来临。也许因为低门槛、生动形象的影像语言具备的轻松和愉快,让人喜闻乐见、欲罢不能,所以电视的发展正在逐步地改写"文字中心论"的人类文化史。电视文学把文字的表现形态转化为视听综合表现形态的过程中,必须牢牢把握的是文学的魅力、文化的魅力。语言、文字擅长于抽象表达,而画面正可以诉诸形象呈现,二者相互生成。如果说,电视主要是"看"的——(因此)创作者应该依照画面的蒙太奇去构建作品,那么,电视文学中的"听"——声音不再只是附庸,遵循的是文字、影像有机合成的综合性逻辑。语言,作为人类信息传播的媒介和载体,经历了文字传播、声音广播传播、电视影像传播三次变革。而电视语言,真正构成了多元化的"全能语言"形态,实现了人类视觉、听觉的极大延伸。从文字传播到电视传播,标志着传播技能的巨大进步;从阅读文学作品到观赏电视文学,也是文学发展的历史必然。

一、电视文学节目的类型样式及构成依据

1. 文学电视与电视文学节目

探讨中国电视文学节目"类型样式"的发展,离不开 20 世纪 80 年代的"文学热",更重要的是深受中国电视建立之初所受的"新闻宣传"观念的影响,20世纪 60—90 年代初期的三十年间,中国电视与"文学"融合而形成"文学电视"阶段。这个阶段从 1958 年,北京电视台(即国家台中央电视台的前身)建立之初就已经开始了。社会大环境正处在政府主导的"加速建设阶段",即社会氛围空前狂热的"大跃进"建设时期。因为没有电视先例可循,所以"中国电视是从向纪录电影学习开始起步的。由于当时中国新闻纪录电影的发达及其在政治宣传上的主导地位,早期电视人理所当然地以中央新闻纪录片厂的作品为楷模而走上中国电视之路。'新影'作品是一种以画外音为纲的模式,电视对其的模仿自然就是解说词统领一切。从这时起一直到(20 世纪)80 年代末,中

国电视节目创作就被文字（文学）主导着。"①直到 20 世纪 90 年代初期（1993年），《东方时空》栏目出现，这种状况才有所改变。

所谓的"文学电视"主要是指在电视节目制作过程中，编导以文字作为核心的创作元素而不是画面，用文学构思的方式、方法设置结构和铺陈内容，文字节目台本可行，一切电视制作的工种和部门，如摄像、录音、灯光照明、配音、制作、特技特效、合成等，均是围绕文字台本，为体现台本的文学性效果而工作。甚至业内也存有一种观念，认为编导的核心能力就是"一支笔"，只要有较强的文学素养和文字表达能力，做节目就不会太差。当然，不论"文学电视"优劣，就能力要求而言，这一点作为编导的基本素养是必须具备的。

文学与电视的结缘以及融合，还与 20 世纪 80 年代中国的"文学热"有极大关联。在 80 年代中期，有黄子平、陈平原、钱理群提出的"20 世纪中国文学"观。另外，在思想史、文化史研究领域出现的"救亡压倒启蒙"的命题，其影响也波及现代文学史研究。"20 世纪中国文学"观的提出，对现代文学史的研究起了促进作用。一是把视线前伸后延，贯串一百年，扩大了人们的视野。在更长些的时段里，审视、考察新文学的脉络，就更清晰、更深入了。二是对现代文学研究视角的单一、狭窄的缺陷，有所匡正。让人们看到除了政治的视角，还可以有思想、文化等多种视角。由此，也为现代文学史的研究揭示了一个比较宽阔的前景。此外，80 年代中后期正适 20 世纪行将结束。世纪末引发的"末世"情结和系列新命题，自然让人们对此感兴趣并产生影响。

在当前中国电视一味追求"娱乐"的大背景下，电视文学节目逐步淡出主流节目体系。但是，电视小说、电视报告文学、电视散文、电视诗等电视文学作为一种边缘艺术，一种嫁接手段。它们既注重语言文字的魅力，也注重影视"蒙太奇"所体现的复合表现手法，以展现文学作品的内在意蕴。许多名篇佳作拍成电视小说、电视报告文学、电视散文、电视诗等电视文学作品后魅力不减，画面、音乐丰富和补充了原作意境，使纯想象艺术向视听艺术与想象艺术相结合的方向扩展。如较早出现的电视小说《最后一片叶子》、《看不见的收藏》等就是较为成功的作品。这些作品含有平凡人生兴味和深沉的人道主义理想。语言始终贯穿推动情节的发展，画面又浓缩强化了语言的力量，并且做到了"藏而不露"、"曲而不直"，给受众留下了很好的艺术赏析空间。反响较好的电视散文包括了朱自清的《荷塘月色》、史铁生的《地坛祭》等，代表性的电视诗是根据刘墉《生之港》拍摄的作品。由于电视创作者把散文与诗歌的灵性美溶入画面直观抒情的叙事之中，用情用意去构想那些比较抽象又同原作风格

---

① 李幸.告别弱智——点击中国电视[M].南京:江苏文艺出版社,2000:55.

相适合的场景,引发了受众的欣赏联想,因此再现或升华了文学作品本身的内在意蕴。

2.电视文学节目的主要样式及类型

并不是所有的文学作品都能搬上电视荧屏,用电视这一手段去表现。如那些含有浓厚哲理的长篇巨著和历史小说,以及那些有较强分析透视能力的报告文学等作品就不太好用电视画面完整表现。

综合来看,历年来在中国电视屏幕上已经出现的电视文学节目,其主要的样式可以概括为三大类:作品式、节目式、栏目式。从样式类型来看,主要还是依照文学样式类型,包括:电视散文、电视小说、电视诗歌等几类。

(1)作品式。这是中国电视文学节目的发展初期(20世纪80年代)所常用的形式,即一个作品作为一个节目,占用一个单独时段。受20世纪80年代的社会氛围影响,这一时期的电视文学作品通常具有深刻的思想性,创作所选择的文学素材多是咏叹人生、理想、积极向上主题的作品。在节目的前后不加主持人的介绍或评论分析,完全按电视文学作品本身样态呈现。直到20世纪90年代中期,这样作品式的节目样态基本上依然被作为创作主流。比较有代表性的作品有很多,诸如《小巷通向大街》、《最后一片叶子》等,在当时都曾引起很大反响。

(2)节目式。这是中国电视文学节目的发展中期(20世纪80年代后至90年代初)常用形式,即以一档固定节目的形式呈现电视文学作品。节目中设置固定的主持人,并由主持人参与带动或解读文学作品。比如《壶王》由主持人与演员对作品的介绍、电视小说、文学评论组成,文学评论主要由大学中文系的学者和专家、教授介绍不同文学体例和类型的概念及其写作特点等,既有利于普及文学基础知识,又便于观众对电视文学作品的理解和欣赏;例如《系于一发》就由"电视小说"、"译者短语"、"演员絮言"等几个部分组成。其编导的目的是希望突出电视化的特色,并有利于观众的接受。

(3)栏目式。这是中国电视文学节目发展到成熟期(20世纪90年代中)常用的形式,一是受电视节目逐步栏目化的影响,电视文学节目也逐步以栏目化样式呈现;二是随着策划观念意识在中国电视业被不断强化,电视文学节目的编导们也开始不断探索,在节目创作中陆续加入了一些新的电视化呈现手段。更重要的是,这一时期"电视散文全国展播"的推出,用奖励推动的方式促进了电视文学栏目的繁荣发展,各个地方电视台几乎都设立或参与制作电视文学节目,并踊跃参加全国评奖,以争取荣誉。在这样的背景下,电视文学节目的整体制作水准进一步得到了提高,电视表现形式和手段也不断推陈出新。比如《梦故乡》由作家介绍、作品展现、专家评论、读者感受等四个小单元环节组成。在"作家介绍"里,请来了作家汪曾祺先生直接出镜,由其本人介绍自己的生平、作品和创作意图。在"作品展现"里,采用电视文学作品的形式,重点介绍了散文《我的故乡》、《异秉》,小说《受戒》和《大淖纪事》。在"专家评论"里,由文学史家陈辽、作家艾煊、文集主编陆建华、评论家王干,对汪曾祺的人品和文品给予了热情和崇高的评价。在"读者感受"里,由研究生章红、干部张原、演员马军勤讲述了阅读汪曾祺作品的感受。在不长的时间里,使观众对作家汪曾祺有了一个较为全面的认识,并初步领略了他独特的丰采。创造了一种独特的文学氛围,给观众以独特的审美享受。

综上,电视文学节目无论采用哪种样式呈现,都要应用整体的、历史的、动态的观点去追寻整个社会文化发展的方向。电视小说、电视报告文学、电视散文、电视诗等电视文学作品在单元艺术向复合艺术发展中既保留了文学作品的特色,同时又具有独特的视听艺术效果,要在反映现代生活、展示人生意义和人文理想方面发挥自己独特的作用。比如电视散文《记忆中的一个女孩》、《笛缘》、《盲女琴韵》、《土蛋蛋》等作品,编导者都是把理念美、情感美、文字美融入到电视画面之中,较好地反映了时代精神以及社会文化思潮。使受众能从中认识生活,感悟人生,陶冶情操,并且获得审美愉悦。

进入 21 世纪以来,随着"读图"、"娱乐化"、"商业消费"等观念对电视的轮番冲击,电视文学节目逐渐处于弱势地位。曾经具有很高收视率的电视文学节目,逐渐在很多电视台的节目单上消失了,即使存在,播出时间段也往往是放在午夜之后,观众也只能是"卧向巴山落月时,两乡千里梦相思"[①]。很多论者也认为文学不适于电视,并必为电视形态所替代。文学以及印刷体文化所能奉献给人与社会的是包括电视艺术在内的其它文化形态所不能代替的。当然,印刷体文化更不可能取代电视文化,电视事业的发展是时代潮流使然,"砸烂电视"只不过是少数文化精英的偏激之词,而且统统地把印刷文化视为精英文化,电视文化视为消费文化,也失之简单、片面。事实是,两者正在互相渗透,如中央台的《读书时间》和北京台的《多媒体广角》,以及凤凰卫视中文台的《开卷八分钟》等栏目就是直接的例证。

文学通过电视媒介达到大众化,普及化,电视媒介也借助着文学的内容和样态在不断提高文化水准和艺术品位。关键是作家、学者、电视人都应该摒弃各自的偏见和门户观念,相互取长补短,让电视参与精英文化,让精英文化走向电视,并保持各自的独立品位和独立发展,满足不同层次和不同精英文化的

---

① [唐代]严武.《巴岭答杜二见忆》,此诗是诗人思念老朋友杜甫而写。此处只引用表面诗意,想形容某些电视节目播放时段,观众已经在梦乡了。

需求,或者满足同一层次的多种文化需求。随着当前被称为"第四媒体"的网络电视新媒介的出现,其承载着电视文化与印刷体文化的双重特点,电视文学化和文学电视化已走进人们的生活,并引领媒体行业的潮流。

二、电视文学节目的类型特征及编创方法

1. 电视散文

电视散文可以看成是中国电视文学节目繁荣期的代表。它是继早期中国电视发展时既已存在的电视小说、电视诗歌、电视报告文学之后,又一新的电视文学样式。它真正起步的标志是 1994 年在上海举行的全国电视散文评奖、展播、研讨会。电视散文是在电视小说、电视报告文学、电视诗歌、电视小品等几种文学样式有了一定发展,积累了一定经验的情况下兴起的。

电视文学节目的促进性发展首先源于地方电视台,其次源于国家级电视台央视的推进。纵观来看中国的电视文学节目,其样式的发展极为不平衡。从历年电视文学节目展播中可以发现,其中电视散文这一类型一直占据多数,份额可达到全部作品的近 90%。一方面,从 1998 年中央电视台推出了"首届全国电视诗歌散文展播作品",以后每年一届,获奖作品通常以"电视散文"居多;另一方面,从文学的角度看,每种文学体裁都有其主要的特点和功能。记叙文通常用于叙述故事,说明文主要讲一个事物的构造、陈述一个过程等,议论文是摆事实讲道理,散文则是抒发情绪和情感。电视散文采用电视艺术手法重现散文那种"形散神聚"、"以小见大"、"情景交融"的艺术特色,尤其是散文的抒情性与电视画面的表意功能相结合,通常能够给观众制造出视觉和情感的双重触动。因此,电视散文作为一个以抒情写意为主的电视文学样式,一旦选好那些脍炙人口的名篇佳作,只要编导者拍摄时用画面与声音尽量突出原作的文字魅力,那么最终的电视散文作品一定会赢得观众的赞许。

(1)散文的审美特征。要了解电视散文的审美特征,首先应该了解散文的本体特征。散文无论是在古代还是现代,都是一个内涵非常宽泛的概念,一般泛指除去讲究韵律以外的各种文学体裁。现代散文则是指与小说、诗歌、戏剧等不同的一类文字体裁,主要包括叙事散文、抒情散文、杂文、游记等。从字面上看,散文似乎是一种极随意的文体,但事实上,古今中外的学者文人都以"形散神不散"作为散文创作的重要标准。

此外,散文还要力图创造一种意境,以给读者营造情绪感染力。所谓意境,就是指散文中所描绘的生活图景与其所表现的思想感情融为一体,从而形成的一种艺术境界,用这种意境表现深刻的思想、深邃的哲理和强烈的情感。

第一,散文取材广泛,结构自由,不强调人物事件的完整性。因为散文取

材大多来自现实生活,可以是生活中一些零星片断,也可以是社会发展的重要事件。它不仅能叙写社会生活,更可以展现自然风光,抒发作者的内心感悟与情感。一般来说,散文不强求人物与事件的完整性,而且也不像诗歌那样讲究语言的格律,篇幅可长可短,形式不拘一格。

第二,散文通常是综合地运用各种表现手法,抒情说理相融,意味深长。小说中的第一人称"我"不一定直接与作者本人联系起来,而散文中的"我"往往与作者本人有一定的联系,因而可看到作者本人的心情与处世为人的哲学。散文中的情是指直接抒写作家对生活的感受,而理则是指作家对生活深刻思考之后的高度概括。情与理在散文中有机地交融在一起,形成了散文内容的一大特点。散文以情明理,以理寓情,读来耐人寻味。

第三,散文的语言及其行文方法讲究清丽优美,重视语言锤炼。优秀的散文作品,语言大多简洁而潇洒,朴素且优美,自然中显现着韵味。有时虽然无华丽浓艳之词,却有非常强的感染力。

(2)散文的主要种类及表现手法。散文按其表达方式及表现内容,具体可分为三大类:叙事(记叙)性散文、抒情性散文、议论性散文。

第一,叙事性散文。其表达方式以记叙为主,其中又可分为写人、叙事、写景、状物等几种。如《火刑》、《背影》、《范爱农》等,均是集中主要笔墨于一人或几人,以人的事迹为线索,称为"写人散文"。而《狱中杂论》、《土地》、《登泰山记》、《为了忘却的纪念》等,以写事为主,集中地去写一件事情或者写几件事情,这样的散文称叙事散文。还有一些散文以写景为主,如《荷塘月色》、《海滨仲夏夜》、《济南的冬天》等,称写景散文。另外还有一种是状物的散文,如《云艇》、《小麻雀》、《猫》等。需要注意的是,写人和叙事两种手法经常并用,不一定都是截然分开的。

第二,抒情性散文。这类散文是最能够充分体现散文的文学特点的文体。它有浓郁的抒情格调,真挚而坦诚,善于将感情与现实结合在一起。这类散文以抒发作者主观感受为主,常常通过抒写性灵,托物寓意,在情景交融中创造出充满情思的意境。如朱自清的《荷塘月色》,峻青的《雄关赋》,宗璞的《西湖漫笔》等。然而抒情散文中也断然少不了写人叙事、写景状物等,因为任何感情都来自对个体人物事件景致的感受,否则便成为无源之水,无木之本。比如《白杨礼赞》,主要抒发了作者对北方抗战军民的赞赏之情,而这种感情绝不能凭空而来,它是作者看到黄土高原上巍然屹立的白杨树,进而通过对白杨树的赞颂抒发了作者对抗战军民的赞叹之情。

第三,议论性散文。这类散文侧重于对事理的议论,从而表明作者的观点与态度,例如高尔基的《时钟》,陶铸的《太阳的光辉》、邹韬奋的《呆气》等。这类散文也是议论文,因而也具备议论文的三要素,也有论点、论据,也要运用论据对论点进行论证。然而这类议论文更具备散文的特点,文笔优美、语言形象、生动,不像一般的议论文而恪守提出问题(引论)→分析问题(本论)→解决问题(结论)等三段论的刻板套数,而是运用灵活的笔触,新颖的构思、鲜明形象的语言而巧妙地阐明事理,甚至可以采用通常议论文不用的委婉细腻的描写或抒情。总之,议论性散文就是具有较浓的文学色彩的议论文。

尽管我们将散文大致分为了记叙性的、抒情性的、议论性的三类,但必须清楚,这三类之间并不存在十分明显的界限。事实上,在写作的过程中,记叙、抒情、议论、说明等几种表达方式总在互渗参杂运用,以求最佳表达效果,而不强调应运用那种表达方式,也就是通常说的方法、形式为内容服务。

(3)电视散文的审美及创作特征。电视散文的创作者对文学散文原作要有深刻的体验,对原作的"境"和"意"有自己的理解,然后才能在电视上用画面创造散文中的"境",将"境"和"意"相融合、统一,完成散文的电视化。散文的构思是意境的创造的过程。构思就是对生活素材的选择、剪裁、提炼、概括,并寻找独特的表现角度、优美而新颖的布局,再用优美、抒情的语言表现出来。电视散文用电视手段表现散文的"意"与"境"。这是散文体裁的转换,但其"意"与"境"并无变化。

在电视散文中,"意"是作者的思想感情,是原作的文字语言本身所固有的情感和意念。在电视散文中,这份情感和意念是通过旁白的朗诵来表现的。其文字语言的旁白是原汁原味的原作。而电视散文的"境",就是具体事物所构成的画面,与音响、音乐所传达出的那部分视听形象。这是电视散文创作者最能发挥想象的那部分,也是散文电视化的过程。如电视散文《扬州城标》中,摄影师运用各种角度和各种光线条件,恰当地掌握了运动的方式和节奏,将街中的银杏树的姿态、树的生命、树的美感都展现在观众面前。在电视散文《平山堂石级》中,画面是一眼望不到头的石级,显得那么幽静、肃穆,富有浓厚的情感和寓意。"境"来源于"意",意与境的完美统一融和就是编导所追求的意境。

电视散文提供的画面是很有限的,这与电视小说可以尽情地铺排电视画面完全不同。电视散文的画面重在营造散文中要求的氛围、意境,要深含着某种韵味。通过画面的意境调动观众的想象力,用心去体味、去品读其中的寓意,以拨动观众的心弦,引发出他们的强烈共鸣。在处理电视画面时,画面不要太实。画面处理太实,会使观众失去想象的空间,缺乏追求意境的美。画面要有景深控制,给观众的神游、幻想、遐思留出广阔的空间。电视散文的画面要注意光、色彩、各种剪辑手法、特技、蒙太奇语言的运用,将这画面与旁白和音响有机地结合起来,产生散文特有的艺术魅力。如《街声》中,声音是稚嫩的朗朗的读书声,画面是现实中的闹市,在一片闪烁不定的虚虚实实的光点之中,那小街被装扮得像一个待嫁的新娘"浓妆艳抹"、"珠光宝气"、"令人神荡目摇"。这组画面蒙太奇极富意蕴,声音与画面的对比,使观众产生许多联想,用心体会创作者所创作的意境,从中欣赏散文文字语言的优美、电视画面中的那种意境。

近些年,中国电视散文作品的拍摄不断以有价值的自然风光和人文景观为主,如《世界自然文化遗产·中国系列》、《名家名作》系列、《古代名人》、《当代名家》系列、《魂系泸沽湖》系列、《井冈山》系列、《CHINA·景德镇·瓷器》系列、《皖风·皖韵》系列、《马背日记》系列、《星光奖获奖作品系列》等。由于采取"主题系列组合,精品与新作捆绑"的策略,栏目风格呈现集约式和规模式效应。电视散文的文学性和艺术性要求较高,创作队伍以国内专业作家和电影学院、中国传媒大学、浙江传媒学院等专业院校的学生及文化公司、地方电视台的实力派导演为主,以达到文学语言和电视语言的完美结合。

(4)电视散文的视觉构成。

第一,避实就虚的视觉情景。电视散文创作者需要更突出主观表现的功能,创造一种开放的时空和避实就虚的视觉情景,即创作者必须把现实的视觉形象从现实的时空中脱离出来,与现实的时空环境保持若即若离的距离,既能入乎其内,又能超乎其外,创造一种"能藏会露"的结构。这就要求创作者更多地运用写意的手法,只要保持同原文相近的情绪和整体意向,而不必完全规定具体的情节和环境。这就给了创作者更大的自由,给了观众更开阔的想象空间。

第二,视觉形象的非对应性。散文注意意境的营造,在语言上追求优美动人,诗意盎然。在视觉形象上,电视散文应追求形象的非对应性。即指电视散文不必拘泥于文字所描绘的形象事物,依葫芦画样,要以自己独特的视觉元素和丰富多变的影像手段来重新建构电视散文的视觉形象,更追求画面的造型性,通过画面的造型结构拓宽散文的意境。尤其要运用"视觉通感"的手法,营造一种"花非花,雾非雾"的虚拟形象。

第三,寻找抒情载体。以抒情见长的电视散文也需要独有的视觉元素作为传情达意的契合点,作为抒情载体。散文重在写情,而不长于形象塑造,这就给创作者更加抽象的情感意义和更加广阔的想象空间,可以充分地创造抒情节奏。散文的文体自由,显得流动、变化。这种流动变化的节奏由作者的情绪决定,抑扬顿挫全在情绪的铺垫、积累和释放。电视散文的节奏是视听两方面的结合,听觉与视觉都应由节奏,视觉画面应为抒情创造一种节奏。画面的节奏感体现在三个方面,画面剪接率,摄像机运动,画面内部表现出的节奏感。电视画面中的视觉元素,光影、色彩都在不断重复变化中。"重复产生节奏,重复的变化产生韵律",利用这种重复和变化产生抒情的节奏。最后,作为编导,在拍摄制作电视散文作品时,还不要忘记给观众留有足够的想象空间。散文表达与电视的视听语言表达,都需要想象和体会的空间,没有想象的余地也就缺乏了情感的触动。

2. 电视小说

(1)电视小说概念。所谓电视小说,是将以文字为传播手段的小说,通过电视化的处理,将文字小说转化为声画相结合的电视作品。其声音部分均为小说原作文字叙述的声化,具有浓厚的文学氛围。电视小说保留原小说创作风貌,是一种新的具有电视与小说审美特点的电视文学类型。电视小说的概念既可用于文学名著移植、介绍,也可用于新的创作。其主要的特征是:首先,按照文学的审美要求,保持原作的风格、韵味、结构、意蕴。避免按照戏剧的审美要求,即"戏剧性"的要求改变原作面貌。其次,视听手段的介入,要有利于诱发观众的想象力,使观众获得与读小说相类似的审美感。第三,除了小说本身以外,发挥电视兼容特性,给小说增添了附加值,如作者介绍、作品介绍、背景介绍、作品评价、著名演员的参与等。

(2)小说的审美特征。电视小说由声画组成。文字的解说叙述和电视画面,是构成电视小说的两大因素。电视小说本体上应该是电视化了的小说,而小说的本质仍未改变。一般小说的主要种类有通俗小说、性格小说、心理小说、纪实小说等。小说的类型与发展与其起源及审美特征息息相关。

小说是一种兴起较晚的文学体裁。在漫长的发展过程中,小说从一种起自街头巷尾闲谈的文体逐渐变成文学百花园中一朵瑰丽的奇葩。小说渊源可上溯至远古的神话传说,到后来的魏晋南北朝的"志怪"和"志人",唐宋传奇、宋话本、明清拟话本和文人加工创作的章回小说。唐宋传奇是我国出现了真正符合小说要求的作品的重要标志。所谓传奇,就是说明这些故事的情节含有某种神奇的色彩,其写作是有意识的,而且篇幅较长,所描写的细节也比较曲折。到了宋元明清,话本小说和章回小说使小说的发展达到了高峰。四大名著《水浒传》、《三国演义》、《红楼梦》、《西游记》便诞生于这个时期。

"五·四"新文学运动以来,出现了大量不同于古典小说的新小说,人们称之为"现代小说"。它受西方小说的影响较大,西方小说在文艺复兴运动后蓬勃发展。到了19世纪,小说创作空前地繁荣,出现了一大批著名的小说和作品,奠定了小说文学艺术中的重要地位。"五·四"新文学运动后的中国"现代小说",全部采用了白话文写作,并逐步放弃了中国传统古典小说的"章回体"

形式,注重塑造人物形象,强化心理和情绪描写,扩大了社会表现的广度和人物塑造的深度。因此,"现代小说"应是我们探究小说特点的主要对象。

"现代小说"作为文学的主要样式,它以独特的叙事方式,具体地描写人物在一定环境中的相互关系,行动和事件,以及相应的心理状态与意识流动等,从不同的角度反映社会生活。小说的叙事角度灵活多样,描写、抒情、叙述、议论等多种多样的手法包容并蓄,并可以有所侧重。

第一,小说一般以塑造各种人物形象作为其反映生活基本手段。小说的叙述中心主要是人物,通过对人物形象作多角度、多层次、全方位的塑造,将人放置在一定的环境中,细致地刻画人物的肖像、语言、行动以及人物之间错综复杂的关系,由内及外地展现人物的情感、意识乃至潜意识。

第二,小说叙述的基本构架的情节化。人物性格的展现离不开一定的故事情节。正如鲁迅先生所言,小说起源于人们彼此之间谈论的故事,所以脱于故事的小说永远无法摆脱故事情节。小说的故事情节线索交错、情节繁多、丰富多彩、曲折生动,这是小说区别于戏剧的一大特征。精心设计故事情节,塑造人物形象,出色表达思想情感,是一部优秀小说应该具有的基本特征。

第三,小说的叙述方式灵活多变,手法多样。小说的各种叙事方式都能产生不同的表达效果。小说在叙述上具有不受人称限制的优越性。一般说来,第一人称的叙述会让作品显得亲切真挚;第三人称则可以达到展现客观真实的效果;有的作品同时使用多种人称,借此打破时空的界限,全方位地描写人物与环境。小说中的环境描写,也是小说重要的表现手段。环境是人物活动和事件发生的场所,所以人物的塑造和事件的发展,都离不开具体的环境描写。环境分为自然环境和社会环境等。自然环境主要可以表示小说展开的时空、节气和自然氛围等客观特征。当然,在具体的自然环境的描绘中,有时候也带有鲜明的主观情感。社会环境主要用来揭示人物或事件发生的大背景,优秀的小说都极重视人物活动的社会历史背景,使其作品具有深厚的思想和历史厚度。

(3)电视小说的审美特征。电视小说是小说与电视的联姻结果。所以,小说语言文字的叙述和电视画面构成了电视小说。电视小说的审美特征也就具有了小说及电视的特征。

第一,电视小说叙述具有文学语言的美。电视小说从其构成因素看,其叙述部分具有浓郁的文学色彩。其依据是来自作品中叙述的声音(这里的声音是通过文字的"声化"来完成的)部分,而这种声音的叙述基本保持原有的文学特征,具有鲜明的文学审美特征。电视小说不是用画面来讲述故事的,而是直接用原作中的语言来叙述、来描绘的,包括对故事发生时代背景、环境、人物、情节发展的过程和人物的心理等的叙述和描写。例如,根据美国同名小说改编的电视小说《最后一片叶子》,自始至终由画外音朗读小说的原文。作品的开头用了将近两分钟的时间对主人公所处的时代背景、自然环境作了绘影绘声的描述,发展的顺序按原作的结构顺序推进。与开头相配的画面,是一幅静止的油画,一支画笔在画面上作着画龙点睛的修饰。这幅油画充满了整个画框,是个全景,显示着主人公的爱好与职业特点。

在影视剧中,人物在画面中的出现总是由远及近,用画中人物走近观众,或用推镜头接近人物,使观众认识人物的面貌及所处环境,通过画面语言及人物的言行了解人物。但是,电视小说却完全不同,它对人物、环境的介绍往往由文字的叙述来完成。如在电视小说《最后一片叶子》中,它是由文字叙述引出主人公的。文字叙述是:"苏娣和琼西,是那种兜里掏不出半个铜板,但却虔诚地崇拜缪斯的穷画家。"这样富有极大同情心的语言,加之有异国特色的画面,使观众一目了然。

电视小说在揭示人的内心世界时,也是通过富有文学气息的语言缓缓说来。如电视小说《零点归来》是一个典型的例子。这部作品是采用"文学札记"的方式叙述故事,人物内心的独白充满了文学的韵味。例如"等待"这篇是这样独白的:"你从这条路走向远方,又从远方走这条路回来。你寻找花朵,谁知找到了果实;你寻找源泉,谁知找到了大海;你寻找遗忘,谁知找到了记忆,那么顽强地萦绕着你的心怀。"这样的语言如果用在电视剧、广播剧里,就给人以矫揉造作的感觉。因为电视剧、广播剧是"再现"的方式,要求生活化的再现。从这一点看,电视小说语言要富有文学性,富有诗歌的意境。

从以上的几个例子可以看出,电视小说中的语言能迅速地直接地唤起观众的想象,迅速地集中观众的审美指向,最大限度地调动观众的联想。由此看来,电视小说中的语言描述功能和写作特点,既是一种艺术的手法,也是一种审美的追求,是作为电视小说本体叙述(声音)美学基础的重要因素的一个方面。

同样应该强调的是,电视小说本体叙述(声音)并不是电视画面的补充说明。它具有独立性和欣赏性。这一点不同于电视中的解说。一般电视新闻、电视专题片等解说词的地位次于电视画面,解说词起到对画面的补充、连贯等作用。电视新闻、电视专题片的解说词不是文学性的语言,而是采用一种独特的生活化的为听而写的语言。这种电视片一旦离开解说,其电视画面就会支离破碎,观众看了不知所云。而电视小说的语言叙述却是重要的完整的、富有文学性的。

第二,电视小说具有画面的意境美。电视小说画面是构成电视小说的主体部分。电视画面是由人、物、声、景、色、光和动作设计、镜头运用、蒙太奇的衔接等规律和约定规范组合起来的画面。电视小说画面是电视编导人员根据小说原作联想的结果，是叙述所营造的想象空间的意境和氛围。电视小说的画面，规定了观众思维的取向，不同程度地激发观众想象的延伸，给人以美的享受。

（4）电视小说的画面特征及其结构方法。电视小说画面不同于电视新闻、电视专题片、电视剧的画面。电视小说有其独特的画面特征：

第一，电视小说画面连环画式的结构。在电影和电视剧中，画面担负着交代人物、交代环境、展示情节、铺设故事的任务，电视小说的画面的选择，是按照有声语言蒙太奇结构的需要选取最有表现力、最能撼人心弦的画面。这些画面的组接不像影视剧的画面衔接那样缜密，具有一定的独立性和较大的跳跃性。这些看起来不太连贯的画面，却具有极强的概括力和艺术张力，对观众具有极强的视觉冲击力。

第二，电视小说画面效果与情绪的营造。电视画面主要包括写实画面和写意画面。电视编导要将小说原作所描绘的形象用画面形象来描绘，才能将文学的小说，转化成电视小说。例如，电视小说《最后一片叶子》中，描写贫穷的年轻女画家在生命垂危之时还怀着对事业的追求，顽强地与病魔斗争，渴望美好的未来。电视画面出现的是流泪的蜡烛、昏暗的小屋和油画，再配以沉重的祈祷晚钟的声音。流泪的蜡烛暗喻了画家生命之火的弱小和孤立无援，却又那么顽强；而沉重的钟声像是在风中飘散的安魂曲。这些意境完全是由画面营造的。这种意境可由观众任意地延伸和扩散。

第三，电视小说画面的另一独特之处，是以局部代替整体，即画面中用被表现主体的局部特写，最大限度地调动激发观众的联想。例如，电视小说《最后一片叶子》中，在表现苏娣病势沉重时，编导没有用戏剧化的方法去拍摄她病入膏肓、奄奄一息的样子，而是拍摄了医生向琼西说明苏娣的病情时，琼西在不停地走来走去的脚的特写，以此来显示她心中的不安和烦躁。当医生说到病情的严重性时，这双脚就停在那一动不动了。观众虽看不见她那惊呆的脸，但从她突然定在那儿的姿式，足以表明她为同伴病的担心、焦急和恐惧的心理。在这部片子里，编导把握的画面拍摄很有独特性，很多画面只拍了人和物的局部特写，含蓄而引发观众联想。再比如，当琼西百般无奈地走向地下室向老画家贝尔曼求援时，画面上出现的只是一双脚在漆黑的楼梯上向下摸索着，显得那么沉重，那么不情愿，仿佛一切都没有了希望。这种无声的画面给人的艺术冲击力胜似千钧，让你无法抵挡。在这里，编导运用电视画面的意境和画外空间，大大渲染了作品的文学氛围，对观众产生巨大的感染力。

第四,电视小说的结构创作方法。电视小说将文字小说的叙述方法,把文学这种想象的艺术通过电视手段的处理,转化成声画的艺术。电视小说也是对原文字小说的电视化加工,要让观众欣赏原小说的故事,体会认识原小说的人物形象,感受含在原作中的情趣、思想。电视小说的拍摄与剪辑要保持原作的文学性。通过电视小说,引导观众接受、理解原作的风格、韵味、浓重的文学色彩,要尽力传神、传情、有丰富的感染力。电视小说画面的选择和意境的营造都体现了编导的主观感受。因此,电视小说既是对原小说的传播,又是对编导者的主观感受的传播。电视编导将自己对原作的主观感受,以画面的形象生动地在屏幕上再现出来,以感染观众。

3. 电视诗歌

电视诗歌是一种抒情的电视文艺,是诗与电视艺术的结合。利用电视画面及组接,表达一种情景交融,虚实相生的艺术境界。只有深刻了解诗的本体特征,才能真正去理解电视诗歌的特征。

(1)诗的审美特征。在诸种文学形态中,诗歌是最早出现的一种文学样式。最初的时候,诗歌、音乐、舞蹈融合在一起。后来,随着社会生活的不断发展与丰富,诗歌便分离出来,成为一种独立的文学样式。诗歌是文学的主要式样之一,称不合乐的为诗,合乐的为歌,现在则统称为诗歌。它按照一定的音节、声调和韵律的要求,用凝炼的语言、充沛的情感、丰富的想像,高度集中地表现社会生活和人们的精神世界。强烈的表情、活跃的意象创造以及具有多义性、跳跃性和音乐性的诗歌语言,是诗歌的基本特征。

第一,诗歌具有强烈的表情特征。俄罗斯的著名哲学家、文学评论家维萨里昂·格里戈里耶维奇·别林斯基(Виссарио нГриго рьевичБели нский)在其论文学的著作中提出:"情感是诗的天性中一个主要的活动因素,没有情感就没有诗人,也没有诗。"[①]可见,诗歌的表情使感情在诗歌中占据了无可替代的重要地位。诗歌中也描写景物和人物,但一切物象都是抒发、渲染情感的寄托。在诗歌中,生活常常被创作者提炼成心中汹涌的情感。当然,我们说诗歌都具有强烈的表情性,但绝对不是说这种情感主观凭空而生,优秀的诗歌作品流露的情感都与生活现实密切相关。

第二,诗歌具有活跃的意象创造。诗歌的创造,究其本质是在诗人理智与情感的共同作用下,不断创造新意象的过程。各种意象超乎常规的组合联接,形成了激起艺术家联想的艺术空间。在中国传统的诗歌创作中,意象创造更

---

① [俄]维萨里昂·格里戈里耶维奇·别林斯基.别林斯基论文学[M]. 梁真译.上海:新文艺出版社,1958:14.

多地表现为一种意境的创造。而在现代诗歌创作中,这种意象更多地表现为具有鲜明或朦胧的象征意味的形象。诗歌创作要用形象思维,创造艺术形象,所以诗歌的情感表达,一般都要借助意象。鉴赏诗歌的情感,可从分析诗中意象入手,才能深入而全面。新诗中的意象虽然不如古诗中的意象那样集中、鲜明,意蕴丰富,广为欣赏者所关注与接受,但仍然是欣赏中不可忽视的内容。要区分新诗中的描述性意象和比喻性意象(又称为现实生活意象和象征性意象)。描述性意象或现实生活意象,在《再别康桥》这首诗中用得较多,如诗中的"云彩""金柳""波光""水草""星辉""夏虫"等。而像《雨巷》中的"丁香""姑娘"、《有赠》中的"旅客""行囊"、《风雨》中的"风雨""舵手"等,则为比喻性意象或象征性意象,它们表达了诗人思想情感丰富深刻,因而更值得揣摩、品味。

第三,诗歌语言具有的多重美感。诗歌是最能体现语言美感的文学样式。欣赏诗歌最后获得的"诗美"指诗歌文本指称的内容美、诗歌文体呈现的语言形式的美两大部分,两者美感的多少取决于欣赏者对诗歌文本和客观世界的感受性的强弱。好的欣赏者不仅需要诗歌知识,还需要自然、社会、文化等多方面的知识。欣赏者正是在重构诗美的创造性活动中才获得了美的享受。

诗歌语言具有韵律性。同时,诗歌的语言还具有多义性。这种多义性来自于大多数诗歌表层意义下所具有的更深层的意蕴。因此,象征、暗示、双关都是形成诗歌语言多义性的常用技法。以卞之琳《断章》为例:你站在桥上看风景,看风景的人在楼上看你。明月装饰了你的窗子,你装饰了别人的梦!这首小诗问世后很多人都费尽心思破译过,但结果大都是"望诗"兴叹,不得要领。原因是它是虚幻的艺术,它的诗美是动态的。这种动态诗美由诗人和欣赏者的审美自调节功能决定,所以众论不一。

(2)电视诗歌的审美特征及其制作原则。

第一,寻找诗歌情感与画面的关联。电视诗歌体现诗歌原作的语言美和情感的升华。因此,电视诗歌创作者首先要准确理解诗人的意图和情怀。只有准确地理解诗人内心深处的真情,才能在屏幕上给予准确细腻的表达。

第二,构思电视诗歌画面的意境美。构成电视诗歌的另一因素是画面,而追求意境是诗歌形象化的重要途径。所谓意境,是贯注了诗人喜怒哀乐之情的生活图画,这种画面重在写意传神。例如,根据舒婷的同名诗作《双桅船》创作的电视诗中,富有南方特点的江河、石板铺就的小码头、水上的行船、岸上的榕树、徘徊的女性身影,营造出爱情主题和朦胧思念的优美意境。

第三,电视诗歌的画面拍摄与剪辑依据。诗的语言是跳跃的、多义的。电视诗歌的画面既不能跟着诗歌语言进行图解,也不能拍成一幅幅的呆板的"新闻镜头"。诗的语言有诗意,所以编导处理画面也要具有诗意。电视诗歌较多地采用现代化的、较朦胧抽象的拍摄方法。创作者讲究画面的空间造型,注意光的运用,以增强画面的艺术张力。这渗透着创作者的文学修养、审美情趣。画面设计与拍摄是关系到作品的成功的关键。在电视诗《双桅船》中,创作者没有正面表现这条远航的船,而是去着重表现岸上的人。女人置身于一个石板的小码头上,一个离别的特定环境之中。她满眼忧郁和盼望,手里的丝巾被不停地抚弄着,表现了人物内心的极度不安和幽幽思念之情。在画面结构上,创作人员有意识追求视觉美与画面力度的和谐统一。剪接中,大全景与特写镜头交替衔接,增强了视觉的冲击力,给观众留下了"诗中有画,画中有诗"的美好印象,创造了极佳的意境,完成了创作者抒发真情的使命。

(3)电视散文与电视诗歌的共性创作手段。从电视散文、电视诗歌的审美特征来看,电视散文、电视诗歌具有非常相同的审美特征,都是一种情的抒发。通过电视画面创造的境,配合诗和歌、散文的"意",完成了散文和诗歌抒发情感的目的。由此看来,散文和诗歌具有相近的创作特征与变现手段。

第一,电视散文与电视诗歌的导演要求。电视散文往往取材于真人真事,有的是在真人真事基础上加工的,有的是作家自我情感的抒发,这就为电视散文创作带来了新特点。有的作品的主人公是第一人称"我"——即作者本人,但由于种种原因,作者本人往往不能友情出演,这就必须用演员来扮演。于是,表演风格的确立就成了电视散文必须认真对待和处理的问题。

第二,拒绝"表演":电视散文与电视诗歌的表演要求。在表演与内容诠释上,电视散文的真情要求表演不能留有痕迹,不能有任何矫揉造作的表演特征。电视散文往往拒绝表演。过火的表演或过于强调表演,往往会使表演喧宾夺主,使观众过多地注意表演而忘记了电视散文的本体——文学。一些成功的作品常常选用一些名不见经传的非职业演员来担任,特别是和作品中的主人公气质相似的人来担任。尤其是一些孩子在一些电视散文中的真情流露和质朴的本色风格,让观众非常称道。这种表演风格非常接近意大利新现实主义那种没有表演痕迹的电影,即表演者本身是非职业性演员,他们表演的往往就是生活中的自己,所以他们表演的都是有最真挚的切身感受。

第三,虚实结合的叙事特征。电视散文诗歌的叙事特征,对不同的作品虚实比重很难划一个界限。抒情散文以写意为主,但我们看到的电视散文诗歌,大多为叙事的。由于是真人真事或有某些真人真事的影子,在拍摄风格上,单纯用"模糊造型"是不够的,这就必须有一个朴实清新的具体形象。这种叙事特征力求场面(它主要体现在表演上)以及叙事结构的真实,这种叙事结构的真实正是许多优秀叙事散文的特征。但是真实并非单纯强调实,而同时讲究意。电视散文中的叙事散文,在写意的同时,并非排斥叙事段落的记录特征。

这类叙事散文的叙事特点,导演相对容易驾驭,也容易引起喜欢文学的电视观众的认同;而抒情散文诗歌,风格飘逸,纵横驰骋,内涵丰富,缺少叙事情节,就像写意为主的水墨画,要有一定的"模糊造型",注重画面的朦胧美。

第四,电视散文诗歌的画面结构特征。电视叙事散文诗歌和抒情散文诗歌都有一定的情节,所以一般在用镜头语言叙事上,常常像故事片一样,注重镜头的章法。在某些连贯的情节中,类似电影和电视剧的拍摄手法。

一是在节奏上要舒缓而富有韵律。散文抒情叙事往往是娓娓道来。诗是歌的文学载体,散文是无韵的诗。诗讲究韵律,散文无韵,但也讲究韵味。散文与诗歌一样,具有音乐美,画面的韵律表现为节奏。从节奏中体味意境,既要注意画面的内部节奏,也要注意镜头与镜头组接的节奏和全片的节奏变化。但总体上讲,电视散文大多节奏舒缓而表现意味深长,摄影风格像一首抒情诗,画面节奏相对缓慢,平缓中寄予深情;语言言简意赅,画面凝重而情深。这一点和音乐电视(MV)形成明显的反差。

二是在构图上要讲究均衡性。电视散文诗歌在构图上不同于音乐电视(MV),音乐电视为配合歌曲的节奏和旋律多为动态构图,常常在节奏激烈的地方运用摇晃和倾斜的不平衡构图以表现动感。而电视散文诗歌在摄影构图上通常采用象征性意味,所以画面构图多表现为画框一般与地平线平行,特别注意黄金分割的传统美,力求精美均衡、和谐。电视散文诗歌的意境,往往是通过精美的构图和画面来获得,所以,采取舒缓的节奏、平稳的构图容易抒发情感。

三是在色彩造型上强调对比之美。电视散文与电视诗歌不像音乐电视(MV)那样色彩的跳跃性大,因而倾向于自然性色彩,少用夸张性色彩,从淡雅中见真情。在用色彩处理时空上,可通过高低调、彩色黑白影调的变化来实现。高低调要比正常色调富于朦胧感。高低调更容易表现意境,有利于处理"模糊造型"。因为高调常常把全体周围曝光过度,使真实的环境变得朦胧起来,有利于营造出画面的意境;而低调则使主体周围变暗,环境突出主体,有利于营造画面环境气氛,造成所谓的虚中有实,使得被表现的主体往往处于朦胧的状态,有利于营造出画面深层的意境。

四是注重意境的营造。电视散文与电视诗歌在后期制作中,往往追求古朴清新的风格,电子特技,尤其是音乐电视(MV)中那种使用的三维特技往往很少见到。一般用一些软切换(如淡进淡出、溶入溶出等)使镜头转换柔和,并力求表现画面的清新和淡雅。巴金说:"艺术的最高境界是无技巧。"对于电视散文诗歌的创作尤是如此。要多注意意境,少注重形式。另外,电视散文与诗歌在制作过程中,还应注重音乐音响的合理运用,通过合理的音乐烘托,既可以很好地营造画面意境,刻画人物的内心活动,又使电视散文诗歌更具综合韵味,也能够给观众更多的想象和感受空间。

4.电视报告文学

电视报告文学是电视新闻、报告文学相融合的产物。它直接选材于现实生活中的热点题材,表现真人真事,采用电视剧艺术手法,给人以感染与启迪。报告文学是一种纪实性的文学样式,所反映的是真人真事。由于事件人物的真实性,优秀的报告文学能震撼人心、感人肺腑。电视报告文学是报告文学走向屏幕的一种新型节目形式,是电视创作作者运用电视化思维与手段,运用文学的艺术表现形式,用纪实性或报道性处理新闻题材的一种文学样式。

(1)电视报告文学的审美特性。电视报告文学所表现的人和事是真人真事,通过真人真事反映社会的生活百态,属于新闻的范畴。电视报告文学往往以浓郁的文学语言叙述真人真事。在电视报告文学中,语言、声音部分采用文学语言来叙述,这是与新闻不同的基本特征。电视报告文学为观众所接受,除了真人真事的吸引之外,更重要的原因是浓郁的文学色彩,让观众从中得到陶冶和净化。

(2)电视报告文学的评论性。电视新闻一般不对事实作评论。电视报告文学表现的虽然是真人真事,却表露出了创作者的真情,对人和事的报道都是一边叙述一边评论。这种评论富有哲理性,对观众极有说服力。例如,《大路岁月》这部电视报告文学的评论:"他们将人生交给了这条高原之路,深深的车辙里镌刻着他们的艰辛,埋藏着他们的孤寂与思念。长长的黄土路上,流传他们非凡而又平凡的故事,记载着他们默默无闻的奉献。十九个春夏秋冬,他们削平了一个个山头,每一片沙粒和泥土中都倾注着他们深情的爱。他们没有惊天动地的伟绩,却把自己一生中最好的年华,全部奉献给了这九十八道弯公路上。"这种评论是创作者真情的流露,是被这平凡而伟大的事实所感动而发自内心的感叹。

随着近年来社会环境的变化,中国文学创作观念也发生了调整,报告文学在文学领域也已经逐渐地"销声匿迹"了。新世纪以来,中国电视观念也在不断进行新调整和新变化,电视报告文学已经淡出了电视荧屏。但是,电视报告文学真实地反映社会风貌的本质,与电视作为媒介的本质是相通的。电视报告文学的构成样式,以及它自身既向观众报道事实,又用饱含深情的文学语言议论事实,让观众引起共鸣的特点,值得电视人参考和借鉴。

★课后研究、思考与训练建议：

● 如何界定"电视文学节目"的概念？

● 电视文学节目"是中国独有的电视节目形态吗？试简单梳理中国"电视文学节目"的发展历程。

● 中国"电视文学节目"有哪些类型？请论述其所具有的审美特征。

● 如何理解中国电视发展过程中的"文学电视"阶段？

● 电视散文"作为电视文学节目的代表类型，其核心的优势是如何体现的？

● 思考并研究：如今的社会背景下，文学与电视的核心关联是什么？你认为电视文学节目在当前社会环境下还有发展的可能性吗？

● 任意选取两个香港、台湾或中国内地的"读书"节目，对比分析其表现手段，找出各自符合以及不符合电视发展规律的手段设计，说明你的依据和理由。

第十章 电视文艺专题节目编导

进入 21 世纪以来,中国电视行业整体发生了很大变化。一方面,在节目的制作上深受"娱乐化观念"影响,开始更多地强化以相对轻松的方式呈现内容、传达观点,为市场化运营争取更大的受众群体。另一个方面,因应观众和市场利益最大化原则,电视节目的形态也不断进行调整,研发和策划出了很多新节目类型,甚至借鉴欧美电视发达国家研发的,并经过市场和观众检验且经济收益较好的商业节目,通过"模式引进"的方式推出一系列的节目新类型。

从近些年"模式引进"的电视节目来看,基本上都是以"电视真人秀"的类型为主。从这些电视真人秀节目所呈现的主要内容来看,又多数侧重于一些文艺类形式,如音乐、舞蹈、个人文艺才能的展示等。某种程度上可以这样说,"模式引进"的真人秀节目基本倾向于电视文艺。因此,中国电视真人秀的异军突起更多表现为中国电视文艺节目的繁荣和发展。文艺专题作为电视文艺节目的一种形态和类型,也在这个大环境影响下有了很多新的改变。

第一节 电视文艺专题的概念涵义

目前,在中国的各级电视台的相关各类文艺频道内,一般都有以制作电视文艺专题为主的栏目。虽然其名称各异,制作的手段也不尽一致,但在框架结构上基本都有一些相同特征。自从中国电视业出现电视文艺专题片这种艺术形式以来,它为中国文化的传承,为民众生活娱乐方式的改变,以及为中国电视文艺的繁荣和发展,都做出了非常重要的贡献。观众们可以看到来自不同地方文艺界的详细而深入的报道,可以看到来自书画界、娱乐界、文学界等各种人物的介绍,还可以了解到很多对音乐、舞蹈、杂技等作品精美、有趣、深刻的阐释。这些节目一般都属于电视文艺专题片的范畴。近几年来,尽管出现了不少新的电视文艺形式,但实践证明,电视文艺专题节目依然是电视文艺中不可替代的并且非常重要的组成部分。电视文艺专题节目的种类、风格是多种多样的,表现手法丰富多彩,而且还在被中国电视人不断地创新、发展和完善。

对电视编导来说,理论与实践是应该并重的。了解什么是电视文艺专题节目(电视文艺专题片)?电视文艺专题片与纪录片,以及与其他类专题片有哪些不同?如何才能更好地掌握并且熟练地运用电视文艺专题片的一些制作手段?这些都是编导必须了解,也是本章所要阐述的主要问题。

一、电视文艺专题的概念由来及其发展

根据《中央电视台大事记》[①]记载:"1958 年 7 月,北京电视台拍我国第一部电视纪录片《英雄的信阳人民》。"中国广播电影电视部档案室的节目档案上有这样的记载:"1958 年 10 月 25 日,纪录片《最可爱的人回来了》。"1958 年 12 月 31 日除夕,北京电视台播出了一个影片剪辑《胜利的 1958 年》。这部片子把当年的新闻事件在年底做了一个总的回顾。这类节目被叫做"电视专题片"。电视专题片的出现几乎是与电视业的兴起同步的,而"电视文艺专题"这种称呼是对电视专题概念的一种直接移植和借用。

1.关于电视文艺专题的概念

"电视文艺专题"这个名词是中国**电视**行业独创的一个节目类型名称,在国外及港台地区的电视业界都没有这个类型和提法。从中国电视发展史来看,电视文艺专题节目是从 20 世纪 70 年代末与 80 年代初的"电视专题片"借鉴、脱胎而来的概念。电视专题的提法在中国电视学界一直存在着争议,其核心的焦点是该节目与纪录片是否是同一类型,具体的区别界限又是什么。几十年间,不同时期的学者提出了各自不同的观点。近些年来,也有论者认为这是一个无需关注的议题。其着眼点无非是针对当下电视娱乐化大潮侵袭之下,商业运营使电视节目内容选择趋于单一化,在满眼从国外"模式引进"的真人秀节目包围之下,探讨专题与纪录的关系纯属无意义。表面看持此论者也不无道理,但是,这种看法似乎过于从行业商业运营的单一角度出发,缺乏对行业整体发展的思量。

电视专题与纪录片之争,究其实质,是中国影视从业者对电视与电影的异同差异理解的一个更具体反映。众所周知,纪录片最初就是纪实性电影,20

---

① 于广华.中央电视台大事记[M].北京:人民出版社,1993.

世纪 50 年代美国电视商业化发展初期,纪录片开始在电视台播放。虽然纪录片是以真实生活为内容,但是它对真实的表现一直遵循电影"利用情节逻辑叙事"的原则,以展现人、事、物的故事化的真实状态为主,以引起观众不同的反思。而电视专题片则是遵循电视表现"拟态真实"的原则,由主持人参与其中并提出问题,集中对某一社会现象或人物的工作、生活观念,以明确的主题和宣传目的,进行深入的专门报道和反映的电视节目类型。编导往往带着明确的主题宗旨去"截取和重组"现实生活,以引导观众去关注这些问题。

电视文艺专题是文艺形态与电视专题片的一种结合。文艺专题节目也是电视文艺节目中数量较多的类型,这类节目的编排、制作手法多样,通过主持人的组织和引导,以谈话、采访、表演三种形式为观众提供精神愉悦或关注视点。从电视作为媒介的本质来看,其传播电视节目受社会文化观念变化以及技术发展的影响,一直处在不断变化、调整的过程,因此电视文艺专题的制作观念也不断引入新思路。随着人们对电视传播规律的认识与掌握,以及电视文艺创作特性的探求与把握,电视文艺节目从最初的简单"搬演"①传统艺术的节目,到形成门类众多的文艺节目类群,电视文艺专题也成为其中一个重要的品类。当前,外来的、民族的、传统的、现代的、不同地域、不同种族、不同信仰的各种文化不断在电视业发生碰撞、交流、剧变、融合。这些征象预示着中国电视文艺目前正处于一种从躁动走向平稳、从无序趋于理性的一个非常时期。电视文艺专题与综艺晚会、音乐电视、电视文学节目,以及电视戏曲、电视舞蹈节目等共同构成了中国电视文艺节目的主流。

2. 电视文艺专题的起源及发展

20 世纪 70 年代,电视专题片形式已经成为电视的一种主要创作手段,在当时制作的大量专题片中涌现出不少文艺类专题节目。20 世纪 70 年代末到 80 年代初,电视体裁上出现了各种艺术元素交差融合、生动活泼的改革创新浪潮,电视表现手法逐步实现了多样化。中央电视台开办了一档新栏目《文化生活》,在当时令人耳目一新,其中有很多文化类电视文艺专题节目。

电视专题与电视文艺专题两者可以说是母与子的关系。就像切分一块蛋糕那样,电视艺术创作者们把其中属于文艺的一块切出来,归属到电视文艺制作领域,借用音乐、舞蹈、文学等元素对专题片重新包装,也就形成了今天所称的"电视文艺专题"。对多数电视台来说,在 20 世纪 70 年代甚至在 80 年代,文艺部制作的节目以录制舞台戏为主。自 20 世纪 70 年代末开始,电视文化

---

① 搬演也称"情景再现",是一种介于现场纪录和虚构之间的影视表现方法。"搬演"常和演员"扮演"的表现互相结合,来还原一些也经消失或已不再存在的人物、事件或史实,多用于纪录片。

作为一种重要的社会意识成为社会文化的重要组成部分,随着社会的转型而发生变革。20世纪90年代初期,一部分节目和栏目开始了大众化转型。进入转型期后,以电视专题片、电视艺术片、电视音乐、电视小品等为主体构成的新样式——电视艺术节目,在电视与音乐、舞蹈、曲艺、杂技等许多艺术元素进行有机交流融合杂交中生成,出现了一批令人难忘的优秀节目。如电视专题艺术片《溯》、《无名的星座》、《青春的询问》等,以新颖的形式和深刻的内涵,为电视文艺类节目,尤其是为电视文艺专题片的发展奠定了坚实基础。经过十几年的探索发展,电视文艺专题逐渐从新闻、社教专题中剥离,形成为独特的新兴文艺节目种类。无论在内容还是在形式上,都真正具有了可称为电视文艺节目的特征。

二、电视文艺专题的界定及其审美特征

电视文艺专题的呈现形式及分类该如何界定?恐怕是大多数创作实践者面临的最大难题。按照黑格尔的看法,艺术的种类不是随便设立的,它们产生于一定的社会和历史状态的具体规定性之中并表现出特定社会历史阶段的本质特征。电视进入千家万户,进而影响人类的生活方式和思维方式。随着电视的繁荣,电视文艺专题也就应运而生。作为一种文艺审美手段,自身的文化特性决定了它的价值取向。有学者曾对电视文艺有过界定:"运用先进的电子技术手段,对各种文艺样式进行二度创作。既保留原有的艺术价值,又充分发挥电视特殊的艺术功能,主要给观众以文化娱乐和舞美享受的电视屏幕形态。"[①]这种阐述基本上涵盖了电视文艺专题的艺术特性。即便目前还不太适宜用一种成熟理论给电视文艺诸种形式界定一个框架,但多年的创作实践需要给电视文艺专题作一个有助于其良性发展的简单的界定。

1.电视文艺专题节目的界定依据

从电视文艺节目的近年来发展及走向来看,电视文艺专题节目在内容选材、制作手段、节目架构、主持人角色设计等方面,都具有一些明显的倾向化特点和构成形式。因此,从这些特点和形式上来分析,对其概念涵义的理解和定义也相对变得简单了。所谓"电视文艺专题节目",是指运用电视的手段对文艺活动、文艺人物、文艺现象、文艺动态和文艺热点为中心题材,围绕一个统一的主题而进行的电视专题节目,它带有鲜明的目的性、思想性、欣赏性和知识性。从明确的界定来看,电视文艺专题依然属于电视文艺节目的范畴。

---

① 高鑫.电视艺术学[M].北京:北京师范大学出版社,1998:11.

（1）节目的选材范围。电视文艺专题的选材范围应明确是文艺类题材及文化类题材。经过电视的二度创作，将社会活动中的文艺对象及文化对象重新提升到一个新的范畴。电视文艺专题之所以命题成立，是因为其综合性、兼容性非其他艺术可比。既然有电视文艺形式的存在，就不能否认电视文艺可以有一套自己的体系，并相对独立地发展完善。将属于文艺文化范围的多种艺术门类诸如舞蹈、文学、声乐、器乐、戏曲、曲艺、杂技等兼容在一起，有助于电视文艺增强娱乐性、大众性、欣赏性，走向更高层次。例如2011年，为庆祝中国共产党成立九十周年，中央电视台推出了十集电视文艺专题片《放歌九十年》中，如果编导仅仅用解说词按时间顺序叙述党史，再引出有代表性的时代歌曲，那这部片子也就只是一部普通的电视专题。显然这部片子的编导为了实现他的固有的审美价值，就寻找到了一个很好的框架，那就是"大题小做"以采访音乐家、歌唱者、时代亲历者，加上寻访党史上的重要会议、人物活动场所等，配合时代的歌曲架构节目。这样一来，编导就不局限于单纯的宣传，而是把情感的因素加诸更为广阔的背景中，为艺术表现留出了更大的空间。

（2）节目的制作手段。电视文艺专题节目对制作手段具有较高的艺术要求，艺术主体成为审美对象。创作活动的过程是通过对创作对象的了解运用适合于这个对象的创作手段而完成的。审美对象的艺术主体必须要求符合艺术规律的创作形式来完成一次提升。如2012年"第22届电视文艺星光奖"，获得"电视文艺专题片提名荣誉奖"的电视文艺专题片《萨顶顶·万物生歌》（福建省广播影视集团），选取了歌唱明星萨顶顶为审美对象，通过对她艺术道路的回顾与介绍，向观众展示出一个富于理想、专业努力的女歌者的风采。创作者采用白描的手法，平铺直叙，娓娓道来。画面优美感人，萨顶顶的舞台表演、观众的反映，以及生活中的状态等，都围绕着"尊重与敬畏"做文章，音响选用萨顶顶的音乐和现场同期声。全片以歌者的成长及音乐观念作为主线，片中音乐表演、人物动作处理准确，用艺术化手法深刻地展现了歌者独特的音乐与其音乐思想。

（3）节目构思观念。电视文艺专题片写意强于写实，抒情强于叙事，感性强于理性。"文艺"是一种具有艺术技巧的，经过艺术家构思的精神产品，它具有浓缩、简练和升华的属性。电视文艺专题出于"文艺"和"机械"标准的双重考虑，必须强调有别于电视新闻的纪事与再现色彩。比如同一题材，电视记录片或电视专题片采用的是"写实"、"叙事"手法，而文艺专题用的是"抒情"、"写意"手法，尽可能把握总体效果而不太重视细节真实。电视文艺专题的音乐、场地、画面、解说词等的选择处理必须具有浓重的"艺术"色彩，追求美的效果。浙江电视台录制的《文化公园》介绍了大量文化人物和文化现象，片子制作风格采用散文体的写意手法,深沉悠长。画面像一幅幅画,音乐从容不迫,令人看到一种清新的浙江地域文化色彩。

(4)节目的时空结构。电视文艺专题的时空跳跃比较自由。在文艺专题片中艺术手段的运用多体现于现实时空、心理时空的交叉跳跃上。它可以从六千年前仰韶文化时期跳到现在;可以从法国凡尔赛宫和卢浮宫油画跳到中国美术馆的国画;也可以从舞蹈艺术跳到书法艺术。这一点是同电视文艺专题的着重"写意"性分不开的,近似中国的水墨画,飘逸洒脱,不拘小节。《中华百年祭》记录了青年画家蔡玉水耗费十年时间制作巨型水墨组画《中华百年祭》的历程。该片以当代青年人的视角,审视了中华民族从鸦片战争到侵华日军制造南京大屠杀的长达百年的屈辱史,倾吐了画家对历史的深沉反思,以浓郁的悲剧意识警示人们:历史的经验教训永远不能忘记。该片编导没有就画拍画。他们不仅仅拍摄了画家创作画展览画的过程,还追寻广阔的历史背景,选拍了百年历史中最具代表性的历史遗迹、遗址、图片、文物。片中的两条时间线撑起了作品的全部框架:一条是以资料形式出现的历史纵线;一条是以纪实画面展现的现实纵线。该片给人以深沉的历史意蕴和浓厚的悲剧意识,显得大气磅礴。

综上所述,理论上的电视文艺专题界定问题与艺术创作过程密不可分。电视文艺专题是用电视技术制作的以艺术主体为对象的文艺类及文化类节目。它以写意、抒情及自由的时空跳跃为主要创作手段,为电视观众呈现出比较特殊的审美愉悦。可以确定的是,"每一种艺术品,都只能属于某一特定种类的艺术,而不同种类的艺术作品又很不容易被简单地混合为一体。然而,当不同种类的艺术品结合为一体之后,除了其中的某一种个别艺术品之外,其余的艺术品都会失去原来的独立性,不再保留原来的样子。"①当某一种艺术形式的外在物质环境和文化环境存在时,这种文化形式便应运而生。电视文艺专题片的出现自然有本身的规律,和新闻、社教类专题有相同点,也有很多不同之处。电视文艺的固有特性及社会环境的存在形式,直接影响了电视文艺专题艺术风格的形成与新的创造手段的采用有关,影响最大的艺术创造手段产生出来的是最持久的艺术传统。"一种新的技术出现的时候,在开始的时候都被当作一种更完美一些的模仿手段看待的,只是到后来,人们才把它看成是一种新的形式或新的风格惯例。"②同样,电视文艺专题也需要不断产生具有广泛影响、具有指导作用的艺术作品,才能最后确定自己在电视业的地位。

---

① [美]苏珊·朗格. 艺术问题[M]. 滕守尧,朱疆源译. 北京:中国社会科学出版社,1983:84.
② [美]苏珊·朗格. 艺术问题[M]. 滕守尧,朱疆源译. 北京:中国社会科学出版社,1983:86.

2.电视文艺专题的审美特征

如果要研究和分析电视文艺专题的特质,前提是一定要承认这种艺术形式的客观性和独立性的存在,并且也要承认这种艺术形式在电视文艺中表现语言的特有性。理解清楚电视文艺专题的表现特征和美学价值,有助于进一步探寻它的本体意义,即特质的阐释。

(1)电视文艺专题的艺术性特征。电视设备提供了足够的、必要的技术手段,帮助实现电视文艺专题的艺术性。现代技术的发展使一切艺术形式的产生成为可能,尤其是电视技术的更新换代,让电视文艺插上了想象的翅膀。但是,我们也应知道,"所谓技术,就是为原型创造一种形式的能力……它所要致力的目标,永远是一种确定的感情效果或情感效果,而这种情感效果又只能诉诸人的知觉。"①仅仅依靠技术远远达不到人类的审美要求。而且"每门艺术都是由它创造出来的基本幻想来规定的,而不是由它所使用的材料和技巧来规定的。用画笔涂过彩的雕塑并不是由绘画和普通的雕塑结合在一起之后形成的混合产品。它创造出来的仍然是雕塑,而不是一幅绘画。"②电视文艺工作者进行艺术创造的时候,必须利用现有技术对审美对象进行新的艺术冲动、艺术思维和艺术创造。拥有了技术支持,电视文艺专题才不至于成为无本之木。摄像、灯光、音响、舞美、特技等大范围的应用,极大地丰富了电视文艺专题的表现形式,成为反映"美的"题材的有效载体。

电视文艺专题的艺术性还表现在感知手段的艺术处理。所谓感知手段,即编导对审美对象的外在形式如画面、灯光、音响、文字、舞美等的情感认识和审美感觉,用个人的体验将外在形式内在化。艺术知觉属于一种审美感知。艺术的知觉具有强烈的主观性、情绪性、多样性和独创性。电视文艺专题的制作者在一堆素材面前,他的经验、思维、想象、情趣等完全浓缩在作品之中,这样的作品才让人陶醉让人回味。

电视文艺专题的艺术性还表现在处理手段的艺术性上。艺术源于生活,又不等于社会生活。按照黑格尔的说法,真正的艺术形象应当是自然事物的情态和艺术家主观情态的有机化合物。艺术家进行创作时,不仅对生活中的素材进行搜集、整理、认识、分析、剪裁,而且还应该注入他的主观情绪、意志、性趣等。在这个再处理过程中,素材不仅发生了"物理变化",而且发生了"化学变化"。针对电视文艺专题而言,这个过程便是编辑、制作等电视艺术处理手段的艺术创造过程。这个过程好比一座桥,左边连着应用手段、感知手段,

① [美]苏珊·朗格.艺术问题[M].滕守尧,朱疆源译.北京:中国社会科学出版社,1983:103.
② [美]苏珊·朗格.艺术问题[M].滕守尧,朱疆源译.北京:中国社会科学出版社,1983:126.

右边连着完整的艺术作品,如图示:应用手段→感知手段→(画面、色彩、音乐、灯光、舞美等)→(认识、判断、感觉等)→处理手段→完成后的艺术作品(编辑、制作等)。

(2)电视文艺专题的娱乐性特征。古希腊的著名哲学家、美学家亚里士多德认为:"消遣是为着休息,休息当然是愉快的,因为它可以消除劳苦工作所产生的困倦。精神方面的享受是大家公认为不仅含有美的因素,而且含有愉快的因素,幸福正在于这两个因素的结合。"①他已经把"消遣",即娱乐功能提到了审美的高度。英国现代的著名哲学家、历史学家兼考古学家罗宾·乔治·科林伍德(Robin George Collingwood)更加明确提出:"艺术家是娱乐的提供者,他把提供唤起某种情感来取悦观众作为自己的任务,艺术家向观众提供虚拟情境使这些情感可以在其中无害地释放出来。"②电视文艺的各种样式正是提供不同的虚拟情境,满足多种层次、多种类别的娱乐需要。甚至可以认为,电视文艺为受众提供娱乐的方式就在于使其在虚拟的情境中释放感情。

人们选择电视的娱乐方式,因为它能像电影一样,具有画面的优美、视觉的享受、听觉的刺激和消费过程的轻巧,还在于它具有电视媒介所特有的家庭亲和力、欣赏过程的真实性、参与性和感官的直接刺激。尤其家庭化的欣赏方式让观众的娱乐舒适更加随意自然。电视文艺专题节目除了具有某些信息传播和服务功能外,娱乐性是它占主导地位的功能。无论是介绍作家、画家、舞蹈家,无论是介绍戏班、剧团还是民间艺术,观众看电视文艺专题目标是这个节目"表现了什么",而并不在于这个节目"说明了什么"。在这里,观众的"欣赏"要求远大于"教化"要求,从总体上说,电视文艺专题是一种"寓教于乐"的艺术形式,因为这个特征是电视文艺去不掉的文化特征。只要一个社会有占主导地位的文化价值观,就一定会在电视领域宣扬这种文化价值观,这是不以人的意志为转移的。就电视文艺而言,无论是综艺晚会、还是文艺专题,电视的文化价值观对观众来说是一种长期的潜移默化的行为。"寓教于乐",娱乐性是其最鲜明的标记,是电视文艺的固有属性。

(3)电视文艺专题的文化性特征。电视理论界有一种意见认为,电视文艺是"运用艺术的审美思维创造屏幕形象,强调审美和娱乐功能的文艺性电视节目"。电视文学让冰冷的铅字变得有形、有声、有乐、有色;音乐电视让耳边的音乐在人眼前变得更加立体、绚丽;文艺专题更是打开了一座艺术宝库,东方

---

① [古希腊]亚里士多德. 诗学[M]. 陈中梅译注. 北京:商务印书馆,1996.

② [英]罗宾·乔治·科林伍德. 艺术原理[M]. 王至元,陈华中译. 北京:中国社会科学出版社,1985.

的、西方的，古典的、现代的、高雅的、民间的各种艺术不断呈现给电视观众。如果把电视文艺中的综艺晚会、戏曲晚会、娱乐节目、音乐电视等看成"俗"的部分，那么，电视文艺专题、电视文学等就是电视文艺中"雅"的部分。之所以称电视文艺专题等为"雅"，是因为这些作品具有较高的艺术价值和审美价值，并且拥有较强的感染力和吸引力。它们通过审美来完成娱乐，并最终达到了审美目的。这些作品基本上能够满足消费大众的审美趣味和审美需要，能让电视观众在多层次、多种类的审美体验中，获得到娱乐、获取美感、认识人生、陶冶情操。这些节目的形式和内容拥有较高的文化品味，受众也相应拥有较高的文化素养。

电视文艺专题作为一种电视文化的一部分，属于一种意识形态的产品，它必然会直接或间接地传达或表达某种文化价值倾向。它传递给受众间接的文化信息，通过画面、解说、音乐的艺术处理，不同程度地反映出各时期的主流文化意识形态。另外，从电视文艺专题的文化品格定位上讲，无论主题、形式都必须是表现和引导文化消费时尚的东西。编导首先要具有敏锐的嗅觉和深刻的洞察力，知道画面、音乐、解说中包含的文化信息，也懂得应该用什么样的风格和结构完成一件散发着浓厚文化气息的作品。

（4）电视文艺专题的新闻性特征。随着电视媒体的成熟和发展，早期形成的电视节目分类方式已逐渐分化瓦解。新闻、专题、体育、文艺、教育等不同类型的电视节目经过磨合，渗透、影响，形成了一些边缘性节目。比如《文化视点》（央视）、《城市之间》（央视）、《天下父母》（山东广播电视台）、《珠江纪事》（广东电视台）等节目，文艺与新闻、文艺与体育、新闻与纪实等等相互融合，引起反响。这种节目融合的兴起，表明电视艺术领域具有很大拓展余地。

艺术的创造法则，本来就允许这种"转换"的存在。电视是一种综合媒体，不同性质节目相互渗透的现象十分普遍。电视文艺专题从艺术原理上讲，应该是文艺节目与新闻节目"杂交"的产物，是电视专题节目中分离出来的属于文艺范畴那部分节目组成，因而新闻性属于电视文艺专题的固有属性之一。与电视文艺其他种类相比，这种新闻性不仅可以具有纪实风格，也可以迅捷有效地对某些题材进行宣传报道。电视文艺专题除了坚持艺术性、娱乐性、文化性之外，还要吸取别的艺术形式的长处，拓宽创作视野，尤其是向纪录片学习，加强作品本位意识，以增强自身的艺术表现力。

第二节　电视文艺专题的类型及结构

电视文艺专题节目作为电视文艺的一个构成部分,和电视文艺节目一样是以文学、艺术和文艺演出作为创作原始素材和基本构成元素。因为目前的电视文艺节目的分类有多种标准,且因为不同节目类型的互相渗透与融合,所以比较而言,按照节目内容素材的来源和节目艺术表现的目的来分类相对比较容易。

一、电视文艺专题的类型

尽管电视文艺专题创作手法多种多样,表现形式也千变万化,但基本形态是有规律可寻的。研究并掌握这种基本方法,对从事文艺专题的创作是十分必要的。电视文艺专题节目大致可以分为四种类型,每种类型大致是以片中表现的内容来划分,包括人物类、作品类、事件(活动现象、作品串编)类和风情类。

1.人物类

实际创作中最为常见的一种类型。一般说来,每个创作者在采访中遇到最多的就是文艺、文化界不同年龄、不同性别、不同性格、不同层次、不同地域的各种人物。文艺专题节目所接触的人物主要是演员、画家、作家和各种基层文艺工作者,这里面又分名人、普通人两种:针对这种情况,我们制作节目的方式也不相同。拍摄普通人一般不采用传记体手法,尽可能用最接近人物生活状态的创作手段,以"平"视角拍摄,拉近距离感。作为电视艺术创作者,首先针对不同职业的人物应采用不同的创作构思和不同的制作手段,这样才能保证片子既切合人物身份又有规律可循。电视文艺专题关注人物类的片子中较有影响的作品有《呼兰河的女儿》、《方荣翔》、《六龄童》、《谢添和他的人间喜剧》、《一代风流贾作光》、《一个舞者的独白》、《时代的歌手》等。其中,《呼兰河的女儿》用传记体的手法讲述了我国已故著名作家萧红的一生。由于萧红早已经辞别人世,不可能用现实性叙述的方法反映她的生平,所以这个片子用的是历史性叙述。该片中用了大量照片资料和各种环境的空镜头,从不同角度讲述了萧红的一生,既选取了一个较好的表现视角,也给观众带来了一定的情感触动。

2.作品类

电视文艺专题中介绍作品的专题片在制作过程中,必须考虑到此片适合该作品的艺术特点,并且电视文艺专题片应成为相对独立、有自身品格的艺术作品。随着各级创作者的介入,他们不断创作出大批各种各样的文艺作品。对那些产生一定影响的文艺作品,电视媒体有必要加以介绍和分析,帮助电视观众了解它的作者情况、了解作品产生的历史背景并评价该作品的艺术特点。例如《中华百年祭》讲述了一位画家创作一幅作品和展览这幅作品的过程。他把这幅作品置于广阔的历史背景下,从不同时间、不同角度、不同侧面进行叙述,让作品具有了相当深度,增强了艺术感染力。以介绍艺术作品为内容的文艺专题片近年来有影响的有《中华百年祭》、《中国湘绣》、《一方水土一方歌》等。

3. 事件类

作为媒体传播工具的电视,经常会给观众提供来自社会各界的文化动态,提供文艺文化界的各种信息,帮助观众了解、分析、掌握文艺文化界的现状。从范围来讲,文艺专题大到国际、国家举办的大型文艺文化活动,小到地方各级政府、街道乡村举行的文艺演出。电视文艺专题反映这些活动的情况,透析出社会的变迁发展,起到了重要作用。一般来说,拍摄事件类的文艺专题必须考虑到该事件在一定范围内具有一定影响并且还具有一定的新闻价值。如获第 22 届"星光奖"的《等着我——中俄跨国寻亲大型公益节目》(中央电视台)。

4. 风情类

这类片子具有相当强的文化价值。无论是展现长盛不衰的民俗还是时代感较强的地域文化,无论是展现自然风光还是风土人情,都可以归到此类。在这里,创作者可以抒发强烈的情感体验,表达创作者独特的哲理思考。大自然本身充满了无穷的魅力,给艺术提供了广阔的创作空间。地域的不同、文化的差异,使得人类生活多姿多彩、千变万化。风情类的文艺专题正足以充满色彩的自然风光、充满情趣的地域文化为主要拍摄对象。如何把创作者的情感融入风土人情中,而不是一味为拍风情而拍风情,这是风情类的文艺专题应该非常注意的问题。成功的作品如《哈尔滨的夏天》、《椰风海韵》等。

二、电视文艺专题的结构

电视是一种视听结合的大众传播工具,格外强调视觉和听觉的冲击力。电视片结构是全片的框架,其实质是如何安排画面、解说、音乐、音响等电视材料,根据创作者对主题思想的要求,运用镜头、音响、解说、音乐、特技等对所拍到的画面进行合理的取舍、组织和衔接,使整个片子的人物活动和情节发展按编导的要求达到内容与形式的完美统一,从而影响电视观众的审美判断。对电视文艺专题来讲,创作者站在总体构思的高度考虑片子结构是至关重要的:作为电视编导必须首先从宏观去把握结构,争取做到内容与形式达到最佳结合。

电视文艺专题片的形式更多地表现在结构上。电视文艺专题是视听结合的"声画语言结构"。对创作者具体而言,需要把握的有两个方面。一个是整体布局,创作者在拍摄前对拍摄对象进行全面分析、总体把握,预见到剪辑出来的片子大体应该是个什么样子,从整个片子的布局上做到胸有成竹。另一个是内部结构,在拍摄后对片子的每一个画面进行分析组接合理安排,并且让音乐、音响、解说等找到合理的位置。做好拍摄前的案头工作,片子就成功了一半。

常见的电视文艺专题的结构可以划分为以下几种:

1. 故事型结构

这是一种比较传统的叙事性结构形式,按照时空顺序来安排电视材料。不管是人物还是作品、事件,根据情节发展的先后组织拍摄并进行后期剪辑。这种结构非常注意故事发展的合理性,强调情节的冲突,重视细节的真实。通俗来讲,就是要把拍摄对象像讲故事一般从头到尾叙述清楚。它有主题,并且有非常浓郁的创作情感。这种结构的片子需要向电视纪录片学习,讲究艺术性、文化性与纪实性的高度结合,从中吸取有益的经验。

目前,因为受"娱乐化"观念影响,电视节目制作中"讲故事"倾向越来越浓。许多电视文艺创作者都非常喜欢这种故事结构,而且这种结构呈现出一种繁荣发展的趋势。但是,需要特别注意的是,在强调故事性、纪实性的同时,一定要考虑到电视文艺专题自身还有一定艺术特点。只有两者合理地结合,片子才能符合电视文艺专题的创作规律。

2. 传记型结构

与传记文学作品相似,这种结构经常被用来描写某个人物或记载某一历史事件。对历史人物而言,由于无法再现历史,只能通过今人的采访叙述和书籍、图片、景物等能看到的画面介绍出来;对现实人物而言,这种结构也很常用。作为历史事件题材,拍摄到真实场面已无可能,通过遗迹、文物、图片、绘画、建筑、甚至影像资料等,电视节目编导按一定逻辑关系把它们合理地整理、连接、组织起来。这类片子的例子有《呼兰河的女儿》、《在那遥远的地方》等。

3. 心理表现型结构

把人物心理描写夹杂在人物活动和情节发展之中,以第一人称或第三人称去描写人物心理活动。这种心理活动一般是用解说词和艺术化处理的画面相结合来表达的,它不妨碍事物发展的时空顺序。就像香港导演王家卫的电影《东邪西毒》一样,采用不同主人公的口气叙述故事的结构,通过人物的画外音语言,推动故事的发展。用这样的方式可以描述和展现人物复杂而矛盾的心理,使观众加深了对人物的理解。

4.音乐串接型结构

这种结构是根据歌曲、音乐或舞蹈作为主题旋律,结合或优美抒情或深沉含蓄的电视画面,给电视观众以美的享受。这种结构经常用于音画对位的音乐风光片和音乐欣赏片。音乐结构用于电视文艺专题片的制作历史比较长,许多电视文艺编导都很喜欢用这种结构构思片子,制作片子。至今,也出现了许多脍炙人口的优秀作品。如在《朝阳与夕阳的对话》中,音乐起了相当重要的作用。编导用作曲家雷振邦、雷蕾父女两代人之间的对话形式,用他们的音乐作品贯穿全片始终。音乐与画面相互衬托,使这部片子生动活泼情趣盎然。

5.主持人串联型结构

这是用电视节目主持人或类似节目主持人的某一人物作为主线,按照主题思想和内容要求,主持人或采访,或评论,或串联;或内景,或外景,或内外景结合,让节目主持人把整个片子串联起来。这种结构有一种现场气氛,可以给电视观众营造出"身临其境"的现场感。节目编导通过主持人,把各个段落连接起来。用主持人的情感、情绪变化,或主持人不同的叙述状态,来决定片子的内容和节奏变化,推动片子叙事进程不断地向前发展。例如电视文艺专题片《土地忧思录》中,电视主持人参与了整部片子的拍摄过程,对该片的叙事过程和情感节奏起着决定作用。

6.散文型结构

这种结构非常独特,文体典雅清新。它的结构自由,创作手法多样,可以抒情、叙事、写景、议论,也可以兼而有之,不拘一格。这种结构的电视文艺专题片需要情景交融,把一些看上去似乎没有联系的画面,用解说、音乐串联起来,阐释出某一个主题。采用这种结构的片子制作起来较为麻烦。一般说来,要求创作者具有较为深厚的艺术功底,它对电视画面和文字语言要求严格。

三、电视文艺专题的策划与创作

1.前期的框架策划

就一般而言,编导的节目框架策划根据节目的选题的性质首先要思考以下几个问题:我的节目主题或节目要反映的中心问题是什么? 我的节目是关于什么的节目? 节目要谈什么问题? 主题是什么? 对于这几个问题的思考及回答不仅是电视文艺专题片所面临的,其它电视节目构思时也应如此。如在电视文艺专题《蒋兆和的流民图与丹妮娅日记》、《民歌魂》、《水乡寻梦》、《欧洲之旅》等片中,编导的创作构思都是遵循了上述几个问题。《水乡寻梦》专题是关于中国文联的艺术家深入江南民间、深入群众之中体验生活、吸取艺术营养的事,即艺术家"采风"的过程。反映的主题是艺术源于民间,源于乡野。此外,还有《欧洲之旅》讲的是中国国家交响乐团首次出访欧洲演出,要反映的是国家的兴旺、交响乐水平的提高,让世界了解中国的交响乐,主题是展示交响乐风采,振奋民族之精神。《皮影·皮影你别走》是一部关于皮影艺术的片子,从一个"皮影老艺人"的视角展现了皮影的历史、现状和对今后的企盼,主题是呼唤关注皮影艺术,扶持救助皮影艺术的一种期望。

具体的策划构思,应该注意思考如下内容:

①选题与主题。电视文艺专题片的创作前期最主要的工作是选题和主题的确立。选题主要来自编导对生活的观察和思考、来自观众的反馈、来自其它媒体的信息、来自主管部门的宣传要求;主题的确定一般有两种方法:一种是"主题先行,意在笔尖",即在创作之初已有了一个大体的主题,然后根据这个主题去选材和组织片子的结构及表现的方法。这是一种以"不变"为基础来创作文艺专题的思路,在现实的创作中是经常会用到。另一种是在创作中不断挖掘、深化主题,有的片子到后期剪辑时才最后形成。这是一个主题"由虚到实"不断深化的创作过程。这种创作的理念在文艺专题片中也是经常遇到的。当然,在实际的拍摄中,运用和综合上述两种思路的创作也是有的。

②寻求"创新点"。节目的选题或主题是否新颖、与众有什么不同,与以前制作的节目相比有什么不同、有什么可取之处和可看之处。创新点的选择,就是必须从新角度去开掘和选材,去发现和表现一种思想意义,这种开掘和选材不是现象的罗列,而是在忠实于事实的基础上,对事实本身概括、提炼和升华出比事实更真、更美的内涵。比如,美国耶鲁大学的学校宣传片《我为什么选择耶鲁》(*That's Why I Chose Yale*),就是打破传统的学校专题介绍固有模式,以创新性的音乐剧形式,用一个学生边唱边引领观众视角去了解耶鲁大学。既有演绎的情节,又有一种活泼的形式。

③风格与形式。策划构思时要充分考虑要制作的电视文艺专题节目风格与形式是什么?是采用纪实的、访谈的、编辑性的?形式是轻松欢快的、是严肃凝重的、是快节奏的还是慢悠悠的、是抒情的还是引发思考的等等。这一切直接关系到拍摄对摄像的要求和后期编辑。

④受众研究。策划构思时要思考电视文艺专题节目的主要传播对象是谁,主要是给什么人看的?即节目的收视的市场在哪儿?是儿童、青年人、老

年人、男性、女性、家庭、还是为评奖的、为交流用的。对象与目的不同,策划编导拍摄与编辑等的思路也有较大的区别。

⑤技术及团队。在策划构思以及实施创作的过程中还要考虑:这个电视文艺专题节目准备运用什么技术手段?用单机拍摄、还是双机或多机拍摄?声音是后期配音、还是同期声等等问题。节目是几个人组成的摄制组?摄制组是否要灯光和录音师?还有节目大体的构思、拍摄、制作时间及进度问题。

综上,电视文艺专题的创作过程是:在确定选题基础上,编导要分析、整理主题、形成形象、思考结构和表现的手法,进入策划拍摄方案和实施创作;发现新问题,纠正原创作的失误,如主题表层不明,内容失真,思想错误,结构混乱等。尽快改变和调整构思以顺利完成作品。这些只是立意和如何表现节目构思的一般思路,然而,在电视文艺专题现实制作中,最后确立表现的主题既可以是事先确立的,也可以是拍摄中通过理性的思考逐步形成的。无论如何,都需要编导去仔细认识和分析,以求节目制作顺利完满。

2.拍摄前的案头策划

编导是节目质量的核心,是文艺节目综合艺术的组织者。节目质量的好与次是编导拍摄与编辑理念的直接反映。编导不仅要把握好画面去表现的内容和主题,还要综合考虑声音(音乐、同期声、画外音、配音)、构图、用光等因素。编导在进行节目构图时,既要把自己的构图想法清楚明了地告诉相关的艺术工种,特别是摄像,同时又要听取和吸收各艺术工种的意见。在现实的拍摄中,许多编导都忽视这项与各工种沟通的工作,不是模糊不清的要求就是对摄像等工种人员大甩手,这是很糟糕的。编导在文艺节目的创作节目过程中,不同于新闻节目,必需充分调动电视的综合艺术手段来表现主题和反映节目内容,对摄像等提出具体的想法和要求。

在具体的拍摄中要考虑以下两点:

(1)拍摄方式的确定。目前我们在制作文艺节目时和主题形成的确立相联系有三种形式:一是先有拍摄脚本。编导在出发拍摄之前已经准备就绪了较为完整的拍摄脚本或分镜头本。编导、摄像在拍摄过程中根据脚本去拍摄,回来后再进行合成。这种方式由于前期准备工作比较充分,编导和摄像在拍摄的过程中都比较心中有底,后期也比较从容。二是只有一个构思,而没有具体的脚本。编导在拍摄中根据构思和具体的情况,沿着事态的发展或编导的构想一边拍摄一边采取所要的图像资料,到粗编时再组织片子的结构。这样拍摄前期比较轻松,拍摄中编导要有一定的驾驭能力,后期也费一定的时间。三是有一个基本的脚本,但在拍摄中应根据具体情况调整和完善脚本,策划与撰稿和编导一起去拍摄完成。这样拍摄的脚本与拍摄的过程比较好地融合在一起。

（2）内容与主题如何表现。一是片子的内容和主题与画面的选择。曾有一度，中国电视专题片创作出现了都市悲情作品热，这些悲惨的故事赚了观众的不少的眼泪，也乱了观众的思维。其实，电视文艺专题节目定位，以轻松、开朗、向上的情绪，平和地讲述一个真实的百姓故事，可能更会赢得观众。二是思考画面与声音（同期声、话外音、音乐等）的选择和两者的融合。从构思节目开始，就要考虑到声音问题。比如是否采用同期声，选配什么样风格的音乐，解说的语气、语调、语音特色等等。在组建摄制队伍时认真考虑配备录音师，并在拍摄之前把整个节目的构思、内容及对声音的设想与录音师交流，共同完善音响的设计。三是思考节目的片子如何开头、如何结尾、过程内容如何叙述。电视文艺专题的开头和结尾各种各样，它主要是根据作品的表现内容和编导的叙述的思路。片子的开头既是内容的开始，又是编导利用"声画结合"创作思路的入口。

在电视文艺专题的实际制作中有几种常用的开头方式：

①"开门见山，直接入题。"这是一种比较平实和比较普遍的方法。开篇就直接引入内容，马上把观众带入节目。这种入题的方式对于一些以表现人们的生活内容为题材的片子，对于那些以时间顺序发展为线索的片子，开门见山，直接入题的方法既简练、朴实，而且真实、自然，是许多片子和编导们经常被采用的开头方式。

②"由远及近，间接入题。"这是一种新鲜活泼的开头方式。它从一件时事有联系的远处娓娓动听地说来，但这只是入题的由头，到一定的时候，火候一到，笔锋与画面一转，引入新意，进入正题。这种开头很新鲜、富有吸引力，能引人入胜，很适合于漫谈式结构的片子。

③"寓意式"开头。电视编导在专题片的创作中，也借鉴了文学创作的某些手法，在电视中用比兴的手法和隐喻的手法造成一定的寓意效果，直接揭示片子的主题。对于那些思想性较强的作品，常常是较好的开头方式。

当然，还有其它的几个开头方式，如强调式、介绍式等许多，编导在构思电视文艺专题节目的开头时，是要进入这个"套路"中，而不要被现有的框架捆住创作的手脚。开头创作的规律只有一条，就是想方设法吸引观众。

3. 电视文艺专题的拍摄

策划构思和编导在具体的拍摄过程中，有几个问题是事先比较难策划和考虑，即使想到也会考虑不周或因具体情况的变化调整。因此，编导在拍摄的过程中要注意以下三个问题：①拍摄中要注意细节的描写。成功的细节描写堪称是片子的"戏眼"，一部作品没有一、二个或几段有血有肉的细节描写，必然缺乏深度,缺乏感情的冲击力,必然是平平淡淡。②拍摄中要注意情绪与情感的控制。处理好片子的感情的"藏"与"露"的关系,在拍摄中编导的感情介入不可避免,但介入感情的不能干扰片子,要处理好被摄人物和景物的客观感情与编导主观感情的关系,能否恰当地处理好这两者的感情分寸,直接关系到片子的审美效果和质量。③拍摄中要注意做好同期声的采录。电视文艺专题中运用同期声,就其技术属性看在增加现场感的效果外,还会产生必要艺术的效果。

同期声的采用有助于增强节目与观众的交流,但是也要注意:

第一,不是所有的同期声都是需要的。在实际采访过程中,电视摄像机所面对的景物是形形色色、千姿百态的,有的可能是瞬息万变和突如其来的。而对于那些不善于表达的被采访者来说,其答话可能就会词不达意,或是答非所问。一方面应尽可能加以引导,另一方面后期剪辑时将其做调整性删除。

第二,同期声的使用应忌冗长。与画面的剪辑节奏类似,声音的剪辑也应当是有节奏的。这时所说的声音的节奏是指同期语言声、同期效果声、解说声、音乐声等交替地出现和综合运用。就某一段同期声而言,一般不宜过长,否则将会造成节奏的拖沓和冗长。从人们的听觉感受来说,同期声过长、过多容易使人感到嘈杂、沉闷和单调。

第三,同期声应忌杂乱。录制同期声时,应注意有效同期声和无效同期声或者称之为杂声的区别,因为实际摄像的环境常常是这两种声音同时并存的。如果不注意加以区分,致使杂声过大,有效同期声就得不到充分的表现,甚至于会造成技术审查无法达标通过。

第四,采用同期声不应走极端。尽管同期声有诸多的优点,但在电视节目的制作过程中不应一味地为采用同期声而排斥其他手段的应用。

同时在话题的策划过程中还应注意:一是不问不着边际的话。如:你有什么感想?(让人不知如何回答)二是不问显而易见的话。如:这么大的雪,你去外面跑了一天,一定不容易吧?三是不"诱供"。如:你犯了这个错误一定很后悔,你今后一定会改正的吧?四是不问一句话就能回答的问题。如:你吃了吗?你好吗?五是不要问于采访者身份不相符的问题。如:采访农民问国家的大政方针,采访犯人问他的良心过得去吗?六是不要故作深奥,大量使用形容词。

4. 后期剪辑合成要注意的问题

(1)解说、音乐与节目基调的融合。在电视文艺专题节目中,解说是表达编导理念认识与感情的文学形式,它是为看而写的,但它与画面互为桥梁、互为引线、互为主导、互为依存。每个节目从画面、音乐、剪辑都有一个基本的基调,解说需要与此相融合。

(2)节目总体风格把握。重新审视整部片子,注意主题是否明确,是否达意;画面的叙述是否流畅、场景是否混乱或不连贯,包括镜头的景别搭配;片子是否有技术上的问题,如声道设置、画面、时长等等。

四、电视文艺专题的创作流程

1.确定选题

任何一个创作者在进入创作状态的时候,首先要选中一个目标,这个目标就是选题。首先,要选择一个自己喜欢的、擅长的对象。每个人的知识结构不同,兴趣爱好不同,年龄层次也不同,这样就决定了他必定在某一方面有自己的长处,某一方面又有局限性。如何利用自己的优势去选择自己拿得准的选题是至关重要的。譬如,你是搞音乐出身,最好选择与音乐有关的节目;你是搞美术的,那最好拍一些美术题材或与之相关的片子;如果你是一个社会阅历较深、知识面较为广博的人,就可以选择一些具有一定广度和一定深度的题目。

其次,要选择具有一定艺术品味和思想内容的节目。电视文艺专题片与其他文艺节目不一样,把握时代精神,弘扬主旋律是创作的基调。拍片不能光凭自己的个人爱好,还要抓取那些具有时代风格、贴近群众的题材,这样才不偏离创作主流。作为文艺编导,在有强烈的导向意识前提下,还要考虑作品的艺术含量。一部作品如果缺乏艺术含量,那就不是一部好的艺术作品。

2.确立主题

电视文艺专题片在确定选题后,就要考虑这部片子需要表达的主题思想。究竟这部片子需要说明的是什么问题? 电视观众能不能看明白? 编导自己首先要清楚。一般说来,电视文艺专题片的篇幅都比较短,加上艺术性较强,如果主题不突出就容易产生"散"和"乱"。艺术含量再高的片子也不能没有主题。主题是灵魂,材料是血肉,结构是骨架。任何一部优秀作品,在这三者关系的艺术处理上都比较好。

在确立主题的过程中,有两点需要注意:

(1)主题的可变性原则。主题并不是一成不变的,它经常会在采访、拍摄、后期编辑过程中不断调整。我们会发现,在制作节目的时候,随着采访的逐渐深入,新的情况也在不断出现,事先确定的主题也许会被完全修改掉,也许会逐步地发展完善。这些都是客观存在的问题,也很正常,合乎艺术创作规律。

(2)把握好主题与艺术表现的度量。电视文艺专题节目不能没有主题,也不能没有思想,但是更重要的是如何把主题思想,通过好的艺术形式、好的艺术手段表现出来,不能因噎废食。优秀的编导,通常能够把深刻的思想主题不露痕迹地融入到艺术表现形式里。

3. 采访与镜头语言的选择

生活是艺术创作的源泉。深入生活,深入采访,适用于任何艺术活动。文艺编导的社会实践经验和文学艺术修养是成功的前提。同时,电视是靠视觉艺术叙事和表现内容的,所以编导要特别重视运用镜头语言,让其丰富、生动。一个电视节目的制作,分前期编导、中期摄像和后期剪辑三部分。

(1)做好拍摄前的准备工作,了解节目的结构。在你还没有拍摄的时候,首先胸中有数。与摄像人员交流沟通,让工作人员了解节目的主题思想、风格要求,了解节目需要拍摄的画面,这些画面又通过什么样的镜头去实现,应该采访哪些人,如何设计话题和选择采访对象等。

(2)熟悉现场,使现场道具完全为电视画面服务。编导到现场后,要立即形成一个临时方案,做好现场调度,调整镜头。拍摄时要认真细致地安排好机位,处理好每一个镜头的角度、构图、景别和用光。另外,要尽快和被访者熟悉,让其在镜头面前变得自然松弛,以利于拍摄。即使进行人物采访时,摄像也不能闲着。他要倾听采访内容,不断调整镜头。

(3)镜头要灵活多变。制作不同类型的电视文艺专题节目,需要有不同的处理方法。不同风格的节目,镜头风格也不一样。比如拍一个主要画面时,不要机械地固定在一个机位,而需要换一个角度,用中、近、特、全等不同景别拍摄。镜头应该丰富、成组,以方便后期剪辑时的镜头组接。摄像在拍一个画面时,要充分与编导沟通,共同设计镜头的拍摄、布光等。

(4)注重细节的处理。细节是刻画人物性格、体现事物真实性的重要手段。一个微小的细节就能展示人物性格或事情的特点;一个手势,一个眼神,一句说话,一点微笑,都能起到画龙点睛的作用。因此,在现场一定要注意拍摄细节。另外,编导与摄像要注意抓拍随时出现的一些细节,以备后期剪辑之用。

4. 后期制作

任何编导都要认真做好后期剪辑、配乐、解说、特技制作等工作。电视文艺专题节目的剪辑工作是另一种创作。节目剪辑逻辑的顺畅,叙事的清晰只是基本要求。在后期制作中,要靠新颖的手法吸引人,靠视觉联想的确切性和创作性使影片生动起来。蒙太奇作为一种传统的、重要的艺术表现手段,不同的编导、剪辑师会有不同的处理方法。艺术感受的区别,决定每个创作者剪辑方法的不同。如果把镜头比作"词汇",那么剪辑就是"语法和修辞"。"语法"指的是镜头之间的承接关系,"修辞"指的是镜头排列的逻辑关系。

(1)剪辑目的明确。剪辑的核心目的是顺畅的叙事,此外必须围绕着内容服务,不同风格的内容具有不同剪辑手法。艺术性强的片子画面跳跃性比较大,而叙事性的片子画面之间比较稳定。

(2)节奏的控制与设计。节目的节奏要跌宕起伏,处理好快与慢、静与动、虚与实的关系节奏是电视片中较难把握好的一个元素,对片子能否调动观众情绪具有重要作用。具体来说,节奏在拍摄片子时就已存在了,镜头的运动一定要符合物体的运动。后期剪辑节目时,对节奏的把握更为明显,剪辑出来的节奏在很大程度上可以控制调节影片的基调,从画面中可以传达出某种情绪,或欢快或沉重,或轻松或压抑。这些都能通过控制镜头的长短和音乐的气氛来实现。

(3)解说词的处理。受观众喜欢的电视文艺专题节目,除了要具备优美的画面和感人的音乐,还要有激动人心的解说。解说一定要密切配合电视画面和电视音乐,起到其他造型元素起不到的作用。对文艺专题来讲,它可以叙事、评论、连接和省略。拍摄过程中,一些电视画面没有拍到,这就要靠解说词来补充。解说还有帮助画面把事情叙述清楚和触摸人的灵魂深处东西的作用。思想情感、内心活动能说出来,但是不能拍出来,解说词便是最好的代替手段。当节目中一些画画出现不连贯的跳跃时,解说词还有连接作用。这种连接方式可以按照正常的顺序,将前后事件发展连接起来,进行直接说明;也可以用恰当的成语、典故、诗词等把前后画面连接起来。解说词具有一种省略功能,它可以省略很多只能用画面表现出来的内容。有些地方不一定非用电视画面来处理,用解说可以省略时间和许多发展过程。

(4)音乐与音响的设计。音乐和音响是电视文艺专题片中的重要内容。音乐与音响是一种特殊的造型手段,对文艺片的制作是不可缺少的表现元素。它可以是一部片子的主要形式,也可以是为其他内容服务的一种手段;它能深刻揭示节目的内在情感,生动地描述主题。对任何文艺专题而言,音乐音响都必须为主题服务。目前,在电视文艺专题片中,有一种趋势值得注意,自然音响所占比例越来越大,成为了解环境、塑造主题的重要元素和独特的造型手段。音乐处理符合片子的风格。时尚性强的主要选择电子音乐;民族性强的选择民族风格的音乐;雅致的文化节目一般用钢琴、小提琴等。音乐音响宜精不宜多,宜短不宜长。音乐造型和音响造型不可滥用。

5.电视文艺专题创作需注意的问题

电视文艺专题节目编导在创作节目的时候,需要注意以下问题:

（1）艺术表现问题。目前,大多数电视文艺专题作品艺术张力不够,可看性不强,缺乏甚至没有娱乐性。节目制作手段粗糙、随意性强。画面与解说不到位,经常产生音画脱节。编导的文化、文艺素质需要强化、提高。

（2）关注生活问题。目前在题材选择上,关注普通人的节目少,势必造成与时代的脱节。题材过于"纯净"、过于"精英"化,屏幕上除了艺术家就是文艺明星,深层次介入社会普通人的好节目还太少,无法引起观众的亲近感和归属共鸣。

（3）精品节目创作问题。编导人员缺乏生活积累,因而缺少把握时代的视野,难以更深层次拓展艺术表现空间。大多数作品苍白无力,没有影响。没有大批精品力作,电视文艺专题就形成不了大的社会效应,适应不了电视文艺发展的需要。

（4）市场与资金问题。电视文艺专题的制作运营者,在整个电视产业化竞争中还缺乏市场意识。如果一直以艺术的名义孤芳自赏,缺少竞争观念,不去研究和适应市场,电视文艺专题节目在今后的电视行业生存能力将变得愈发薄弱。

★**本章课后思考与训练建议：**

• 什么是电视文艺专题节目（电视文艺专题片）?

• 电视文艺专题片与纪录片,以及与其他类专题片有哪些不同?

• 如何理解电视文艺专题节目的审美特征?

• 思考并研究:电视文艺专题节目主要有哪些类别? 请参照近年的"电视文艺星光奖"获奖名单,研究电视文艺专题的变化趋势。

• 任意选取一个电视文艺专题节目,解读编导在该节目中的结构思路设计,并评估其优势与不足。

• 课后阅读:

1.[美]苏珊·朗格.艺术问题[M].滕守尧,朱疆源译.北京:中国社会科学出版社,1983.

2.[美]罗伯特·麦基.故事——材质、结构、风格和银幕剧作的原理[M].周铁东译.北京:中国电影出版社,2001.

第十一章　电视音乐与舞蹈节目编导

音乐与舞蹈都是人类文明发展进程中逐步出现的艺术形态。但是客观地看,它们首先都是人类的共通语言。人们常说音乐与舞蹈是"相互帮衬"的艺术,恰当地运用音乐和舞蹈能更精确地表达人们内心的感受与情绪。

在电视音乐节目中,音乐是内容的重要主体。同样,音乐在大多数电视节目中都是一种重要的构成元素。各种各样的栏目片头、片尾、片花的音乐,都起到了渲染气氛的作用,同时音乐也使节目系统连贯有序,成为最好的间隔方法。音乐能够渲染环境,使电视节目具有极强的艺术表现力,传达信息深入,表现能力强。

电视舞蹈节目是舞蹈的电视化呈现,实际上是用电视语言完美地转换成其他文艺形式的问题。各类舞蹈专题片的电视语言,应向电视专题片的优秀节目看齐,努力从结构构思、镜头剪辑方面提高质量。舞蹈与电视如何协调,怎样能使二者各得其所,是电视工作者和舞蹈工作者都应思考的问题。

第一节　电视音乐节目编导

电视音乐是音乐形态与电视媒介结合而形成的文艺样式,即以音乐为基础,利用电视化手段配以画面而成的电视音乐节目。其主要特点是视觉和听觉兼备,既可以看也可听。电视音乐节目播出的主要方式有实况直播、实况录播、静场录播、实景录播等四大类别。电视音乐作为电视化的音乐,其音乐的特征性是明显的。电视音乐除了屏幕上有可视的画面外,还有可听的声音——音乐。音乐是构成电视音乐的重要因素。电视音乐与音乐有着紧密的联系,要制作好的电视音乐,制作人员必须有一定的音乐修养。

音乐时常以其特有的魅力打动无数人的心灵。尽管音乐没有文字、绘画那样清晰的情节或形象,但音乐中音符与旋律的神奇组合,却能给人营造出别致的感官美感享受。在各种艺术门类中,音乐具有很大的特殊性。音乐不像绘画那样直接地描摹生活的现实面貌,也不像文学那样直接、细微地叙述生活中各种现象与事件。音乐的感染力是无形的,它采用有组织的乐音构成艺术形象,即仅靠控制声波在空气中有规律地震动,依靠创作者的思想感情来反映社会生活。所以,一般不能照搬对造型艺术或语言艺术的理解方式。

一、音乐的主要审美特征

1.音乐重在表现情绪与情感

音乐在表达感情的同时,引发人们对一定生活情景或社会现象的联想,以声表情,声情并茂,这也是大部分听觉艺术的一大特点。人类的情感活动与音乐的运动状态具有心理感觉上的一致性,二者都是有时间上的持续性和过程性,在运动状态上又都表现在力度的强弱和节奏的张弛的动态过程。当音乐所产生的音乐律动与人们的某种感情发展过程相吻合时,就会激起人们的强烈反应,产生共鸣。艺术家创作音乐时总是以一定的感情为基础的。但由于音乐具有极强的表情性,它不能告诉我们音乐创作时悲喜的原因,相反会让许多人想起生活中的某段经历,因此,音乐的欣赏多半是主观的、多义的。同时,音乐的表现性又使音乐具有最广泛的传播性,往往能超越情感、时代、民族甚至信仰,从而激起各种人的情感波澜。

2.音乐的音响呈现性与时间流动性

音乐是声音的艺术,音响便成为音乐的生命。音乐的音响是经过一定方法概括、选择才得以进入音乐领域的,它必须具有一定的音高,并且是和谐悦耳、有组织的声音。尽管音响赋予音乐以得天独厚的表现优势,但同时又限制了音乐反映现实的能力。因为音乐是非语义性的元素,它不具有任何指定的符号定义,无法提供任何明确的含义。正因为音乐依赖音响作为载体,所以音乐才具有独特的音乐美,比一般艺术样式更为自由。

音乐是时间的艺术,因为音乐的音响必须在一定的时间中展开。音乐占据着时间音乐的时间性是构成音乐特性的又一基础。音乐时间上的持续性和过程性是音乐创作、欣赏的重要前提。声音总是"自生自灭"的物质,音乐无法使自己在空间上凝固与静止。人们只有从音乐作品的第一个音符听到最后一个音符,才能感知音乐作品的全貌。创作者只能通过改变音响的强度、改变和声配置等一系列手段来强化一些重要乐章。音乐中的时间性与人类时间中的许多感觉具有同一性,音乐中的节奏与速度都源自人类时间感受的升华与提炼。

3.音乐作为二度创作的艺术

要通过一定物质手段才可转化成可听、可视、可感的艺术,被称作二度创作的艺术。音乐必须借助演奏或演唱才能获得实际社会存在价值,才能具有审美意义,成为人们的审美对象。演唱、演奏就是音乐再创作过程,是构成音乐作品最终完成的重要环节。尽管演唱与演奏以曲谱为根据,但演唱、演奏并不是机械地被动照搬。演唱、演奏过程中,表演者一定要将自身对音乐的理解与认识,以及丰富的思想融入自己的表演。

二、音乐的主要形式及表现技巧

1.音乐的主要形式

音乐体裁就是作品的存在形式。音乐的体裁与人类社会活动及社会生活有着密切的联系,为了表达愿望和内心情感,人们针对不同的艺术表现形式、内容创作出了不同体裁的音乐。目前通常把音乐众体裁分为两大类:声乐体裁、器乐体裁。① 声乐是以发声的个体差异以及发生方式和技巧来分类,可分为男声、女声和童声、以及高音、中音和低音。器乐通常是以乐器的构造样式来进行分类,分为弦乐、管乐、打击乐等。从乐曲和歌曲的题材来看,一般器乐作品的体裁有序曲、协奏曲、奏鸣曲、交响曲、交响乐等。而歌曲的体裁可分为颂歌、劳动歌曲、抒情歌曲、叙事歌曲、进行曲等。如果按演奏(唱)方式来划分,还可分为独奏(唱)、合奏(唱)、重奏(唱)、齐奏(唱)等。中国民族众多,各民族所特有的民间音乐也很丰富、多样。有民歌、丝竹、吹打说唱等样式,其中民歌又分为山歌、小调和号子等。

2.音乐的表现手段及技巧

节奏、旋律、和声与复调是音乐的重要表现手段。在这些要素中,节奏是最先形成的。它来自劳动人民对劳动及其运动状态的一种模拟或反映。随着人类审美模仿等能力的提高,节奏日益复杂多变,形成了立体化的节奏组体。在不少的现代音乐创作中,节奏成为主要的表现手段,日益呈现出独立的意义。节奏是音乐的骨架,充分展现了音乐的时间性。节奏有"韵律节奏"和"非韵律节奏"之分。节奏在音乐中的表现意义非常重要,当它与旋律、和声等音乐因素结合之后,能很好地传导音乐情感,产生审美愉悦。

---

① 音乐的体裁分类自古以来就是个很复杂的问题,基于音乐的情绪情感因素,目前的分类标准也还存在着诸多的争议。

旋律是集中体现作曲家所要表现的音乐思想及其情感、性质的手段。旋律堪称音乐的灵魂,因为旋律通常是最早为人们所感知的东西。旋律是独一无二的。旋律线条的本身带有表情和意义,它的意义和影响力与音调的高低轮廓有关。在音乐中占有重要地位,出现在结构重点上的旋律称为主题。音乐的主题与文学的主题不同,并非整个作品要说明的问题。音乐的主题是音乐发展的基础。

和声是在全调音乐旋律进行时,由几个音组成的音群与旋律同时发声,从而构成合成的音符组。和声是构成音乐的有力手段,它具有一个重要性质便是"和谐"。而所谓复调,可以理解为以若干独立旋律线的结合与发展为基础的音乐。换句话说,也就是具有两条或两条以上独立旋律声部组成的多声部音乐,是一种横向的音乐思维方式。

常见的变调音乐可分成两大类:一类是非模仿式变调,即两条性质不同的旋律具有对比因素,相互配合,在对立统一中各自呈现魅力;另一类是模仿变调,主要是靠几个声部之间的模仿,体现出多层次的主体感。合唱中的轮唱便是这种技巧运用的典范。此外,音乐更通过重复、对比、对称、变奏、发展等技巧,将单音、音型、动机、乐句、乐节、乐段、乐章等层层递进地组合,从而创造出美好的音乐作品。

三、电视音乐节目的构成及播出形式

电视音乐是电视与音乐结合而成的新的文艺样式。电视和电视音乐与生俱来。电视一出现,它就成了音乐这一古老艺术的载体,承担着音乐的传播和介绍。电视音乐节目为每个观众所喜闻乐见。电视音乐节目是以电视作为传播手段,把原有的"场所(舞台、厅宴、各种场地)音乐"(客观声音)通过电视屏幕传播给广大观众。如各种音乐晚会、演唱晚会、乐器独奏、大合唱、歌剧、舞剧、音乐剧等。所有的音乐作品只要有人表演,都可以通过直播和录播的方式传达给观众,这就是音乐的节目。它实际上是运用电视技术将音乐原型搬上屏幕,也就是将音乐场所搬进了家庭。

1.电视音乐节目的直播

电视音乐节目的直播是指对现场音乐表演实况的直播,具有真实感人、现场时效性等特点,并能保持音乐作品本身的魅力,符合广大电视观众求真、求实、求乐、求情感共鸣的审美要求。电视音乐节目的直播和录播,有一个共同的原则,都要忠于音乐作品本身。

编导在构思编排电视音乐节目的直播时,应遵循一些基本的原则。

(1)要深入仔细地研究、熟知音乐作品。要熟知音乐表演是器乐演奏还是

歌手演唱;是器乐独奏还是器乐合奏;是合唱还是独唱。对这些有了深入的了解后,才能做进一步的工作。

(2)电视摄像机位和镜头的安排和调动。在直播现场通过熟知音乐表演的特征并对表演方式有了总体把握后,可以依据音乐作品表演的方式(演唱或演奏),进行现场机位和镜头的安排和调动。

(3)对直播音乐表演的节奏把握。对直播的音乐作品的风格和速度要进行节奏上的判断和把握。镜头切换节奏的把握要与音乐相配合。电视镜头转换速度和节奏一般要与电视音乐作品风格相一致,用电视的镜头节奏配合音乐作品的风格。

(4)配合音乐表演设计镜头的调度。在直播过程中,还要注意了解表演者的风格、气质,以便设计好镜头景别。在音乐表演现场,如果是独唱的,那就要多角度、多景别进行镜头的安排,特别是对歌手脸部特写镜头的设计。而对于合唱,则要突显出合唱的气势。并要兼顾合唱者个体表情的流露及指挥表情和动势,适当使用近景和特写镜头。器乐合奏直播,则应从总谱上熟悉主题旋律的主奏乐器,乐曲高潮所在的部位等。由于合奏气势宏大,镜头景别应有特写、近景、中景、大全景等。对景别的选取,就要看乐曲出自什么乐器,如果是乐器合奏,则用大全景烘托音乐的气势;若在某部分乐曲中为单一乐器独奏,则根据乐器演奏的方式采用中景、近景(如小提琴演奏,采用近景即可,而对于大提琴独奏,则要使用全景);同时还要有表现乐队指挥的动势及表情的景别,一般动势的景别要设置为中景,而表情的景别要设置为近景或特写。乐器合奏除了景别的变化较为丰富外,还要有推、拉、摇、移等运动镜头的配合使用,而且一定要注意拍摄角度的合理变化等。另外,对于乐器独奏,也要根据音乐作品的风格,设计好演奏者的景别。如一段抒情的小提琴演奏曲,到乐曲的高潮,也就是演奏者那陶醉的脸部特写。我们通过电视镜头变化,给电视观众提供更全面、更丰富的信息,以便更真切地体味现场感受。

在直播的过程中,始终要坚持的原则是直播忠于音乐作品本身。直播现场镜头的调度本身已经说明电视观众从电视中看(听)到的音乐节目是经过电视传播手段传送的节目,它已经不是人们在现场看到的音乐节目了。音乐现场直播实际上就是运用镜头更好地充分跟踪音乐的发展,"忠实"音乐本身的表现意图,把舞台气氛充分地展现出来,而不是用镜头去破坏音乐的完整性,扰乱音乐的连续性。因此,参与现场直播的电视编导必须具备成熟的镜头把握能力,同时还要具备较高的音乐素养。

2.电视音乐节目的实况录播

电视音乐的实况录播是,对现场录像实况按一定的时间限定进行加工、剪辑,制作成电视节目。其主要特点有两个:一是可以利用音乐节目作为素材,不受演出场所的空间和时间限制,通过电视技术手段进行剪辑和加工,甚至可以补录和重录一些镜头,使节目质量更加完美,并且可以按电视节目要求的时间长度剪辑出各种时间段的节目,易于重播和长期保存;二是这种录播的节目还可以根据音乐节目所提供的素材进行新的艺术创意,创造出更具电视艺术特点的音乐艺术片。例如央视的《歌声飘过30年百首金曲演唱会》系列中的一些节目,就是采用实况录像的素材,然后通过一些特技处理,补充一些镜头,增加新的创意来完成的。

3. 电视音乐节目静场录像播出

静场录像就是以音乐表演为素材,以电视艺术手段对这些素材进行一定程度的再创造的电视音乐节目。静场录播一般在演播室里进行,演播室的灯光照明、舞美设计都按电视制作的要求进行,同时对表演者画面造型按电视表现手法进行画面的设计,剪接也可以考虑使用电视特技。所有这些电视化手段的运用的空间一般限定在演播室里,而其时间限定在音乐的时间流程中。这些电视化手段的运用目的是为了从视觉艺术上进一步地阐释音乐,不能喧宾夺主打破音乐自身的发展逻辑。一切都要服从音乐的表现需要,把音乐作为主角为其服务。

静场录播方式具有三个明确的特点:一是其场景限于演播室里;二是在演播室里利用电视化思维设计出各种不同景别、角度、运动方式的画面,并通过电视技术加以实现;三是时间以音乐时间流程为基础。

4. 电视音乐节目的实景录像播出

实景录像就是以音乐为素材,到大自然中选取拍摄实景,而不是在演播室或舞台里拍摄。实景录像在大自然中选取实景,使画面的内容更为丰富,创作者的画面创作更为自由,阐释音乐的画面语言更丰富、更准确。如《好大的风》,放在黄土高原和秦晋古朴民风之中拍摄;《黄土情》放在具有典型的黄河黄土风情的河西地区实景拍摄;《椰风海韵》则放在富有亚热带特色的海南实景拍摄。实景录像突破了室内录像、录音的时空局限,让观众视野豁然开朗,耳目一新。实景录像摆脱了舞台和演播室形式的局限,是一种值得尝试和探讨的电视音乐节目样式。此外,还有一种综艺类的音乐节目,即音乐与其他姊妹艺术以电视艺术手段结合而形成的具有统一形式的独立节目。它通常是以音乐为主,或者是音乐与其他艺术平分秋色。

以上四种电视音乐节目的制作播出方式,主要是以介绍音乐为主,画面辅助音乐。静场录播和实景录像的制作方式,在一定程度上与音乐电视(MV)

的制作相似，但在静场录播制作方式中，音乐是主要的，画面是配合音乐的；而在音乐电视（MV）中，画面与音乐同等重要，而且讲究画面的创意。

四、电视音乐节目的主要类型及编导思路

电视音乐艺术片是20世纪80年代后期即在中国兴起的一种电视文艺节目形式，首创是当时的山西电视台文艺部。由于中国的电视文艺分类学没有严格建立，因此关于其概念一直界定不一。对"电视音乐艺术片"的概念，有的偏宽，说它是"电视音乐节目的总称"；有的偏窄，仅指室外摄录的"音乐歌曲片"、"音乐风光片"和"音乐风情片"而言。这些电视音乐片的特点都是以电视技术和电视艺术元素为手段，以音乐生活为题材，以音乐语言为表情达意和传播信息媒介的电视艺术片种。

1.专题音乐艺术片（音乐专题片）

这是一种编导者带有明确主题、思想或抒发某种情感的电视音乐节目。较之一般性电视音乐节目不同之处在于，音乐作品的选用和创作必须服从于一个既定的主题。其特点是主题鲜明，内容相对完整，风格相对统一，以音乐作品为主体。如由几家电视台联合录制的《西部之声》，就是一个系列音乐专题片。它以二十多个民族的三百多首传统民歌和现代民歌，展现了我国西部地区悠久的历史、多彩的风情和灿烂的文化。大型音乐专题片的特点为：第一，所采用的音乐作品从创作到表演都具有较高的艺术水平和艺术感染力，作品之间风格既统一又有变化。第二，解说词围绕主题进行时空跳跃性的组接，以扩大音乐叙说的背景和深度，同时又潜入到音乐内部，与之相连接，形成一个统一的整体。第三，以画面的选材和剪辑作为构成整体风格的重要环节。

此外，还有以人物为中心主题或以音乐文化的视角为主题的音乐专题片，如《莫扎特之旅》、《人与音乐》等。这类音乐专题片像一部电视音乐传记、电视音乐史或音乐杂记，以主讲人、主持人或画外音做串联，将历史资料、场景资料和音乐作品资料穿插安置。这类音乐专题片往往知识性多于欣赏性，语言所起的思想引导作用多于音乐的感染作用。

2.电视音乐风光片（旅游寻访节目）

随着中国旅游事业的发展和人们物质生活的提高，畅游名山大川、瞻仰贤祠古迹、饱览人文景观已蔚然成风，成为时下的一种生活时尚，电视音乐风光片也随之兴起。电视音乐风光片以风光、风情文化景物来诠释音乐的各种文化内涵，它的视觉影像为欣赏音乐创造了多种客观的和文化的空间。电视音乐风光片给予人的感受是多维的。人在风光中赏心悦目，开阔眼界，增长文化

知识,在音乐中感受多种风情。画面延伸着音乐的文化内涵,音乐点缀着山水风情。电视风光片应该要拍得精炼短小一点、雅一点、美一点、韵味浓一点。音乐或歌曲不需要太满,话也不要说得太多,音、画、情、景、意结合得尽可能自然、流畅、清新、和谐。

3. 电视片的音乐(配乐)

电视片音乐是指为各种电视片如电视剧、电视纪录片、电视专题片等的创作或选用的主题歌及插曲(配乐)。

电视片音乐(配乐)的主要作用:

第一,可以概括和提示主题。任何一部电视片都有一个主题。音乐是组成电视的因素之一,它可以概括主题、提示主题,也可以深化主题。如近年央视推出的《北纬 30 度·中国行》一开始,其片头与片尾曲就先声夺人,概括和深化了全片"行走中国"的主题。

第二,是烘托气氛,描绘景物。烘托气氛就是运用"声画统一"的原则,为画面配上气氛、情绪与其相同的音乐,以强调画面所展现的气氛,增加画面的感染力度。如纪录片《卢浮宫》中有一段画面是展现 1792 年处死路易十六的画面,在配上法国革命歌曲音乐的同时,融入群众的欢呼声,造成一种万民欢腾的热烈气氛,给画面增添了活力,获得了非常好的艺术效果。电视中的音乐还具有一定的描绘功能。如中国著名古典音乐《春江花月夜》展现了明月当空、江水拍岸、水鸟飞鸣、天水一色的美丽景色。另外,在战争片和侦探惊险片中运用音乐音响来营造一种紧张、恐怖的气氛,是常用的手法。在一些打斗片中,有些音响甚至配合着动作,用以增加刺激性。

第三,可以刻画人物形象和性格。音乐不仅能描绘事物的外在形象,而且还能刻画人物形象的性格。如纪录片《故宫》中,在强调康熙皇帝对太和殿的改造时,因画面主要在拍建筑结构,缺乏人物的活动。但是,编导在声音的处理上,一是利用宫廷仪式中太监们呼喊"三叩首"的口号,强调人物的在场状态;二是配以恢弘的中国传统宫廷音乐,让人仿佛回到那个时代,身处大臣之中,不由得就对故宫的建筑产生一种肃然之感,对于表现康熙这个人物,同时强化故事性起到了很好的辅助作用。

第四,可以帮助转场或推动情节的发展。电视片都有一定的结构,分成若干个段落进行叙述。这和写文章一样,要求段落分明、层次清楚,电视片中的音乐可以帮助画面转场,形成段落节奏,同时随着音乐的发展不断推动情节的发展。如韩国出品的纪录片《面条之路》中,在探讨面条发展的路径时,不同场景的转换一方面靠主持人的解说串联,另一方面主要靠音乐在场景中的配合,起到了推动情节发展的作用。电视音乐片的音乐,多为人为选配的音乐。这种音乐往往较强地体现了编导者或创作者的主观色彩,是作者的创作意图、倾向性和感情色彩的主观体现。电视作品对于音乐总的要求是,音乐风格和节奏等各个方面一定要符合作品主题的需要。

第二节　电视舞蹈节目编导

电视舞蹈是电视与舞蹈相结合的电视文艺样式。电视是舞蹈的载体和媒体,担负着舞蹈的传播和二度创作。舞蹈有自身的美学特征、动作汇语。只有完整地理解舞蹈的语汇、类型、审美特征等,才能用电视完整地表现舞蹈,并运用电视的手段对舞蹈进行二度创作,创作出各种样式的电视舞蹈。

宏观来看,目前舞蹈的种类主要有:生活舞蹈和艺术舞蹈、中国古典舞、芭蕾舞、现代舞、民间舞及其他类型的舞蹈。电视舞蹈主要是对舞蹈的完整传播、记录和二度创作。电视的摄像要以完整保留舞蹈动作为准则,景别的选取多用全景。电视舞蹈的编辑应以表达舞蹈语汇的完整性为原则。在电视舞蹈中,声音要与画面统一。

一、舞蹈的艺术特点及其审美特征

舞蹈是最古老的艺术形式之一。人类在蒙昧与幼稚时代就已经出现了原始的舞蹈。实际上,那时的舞蹈活动几乎渗透到人类社会的一切领域:劳动、战争、祭祀、娱乐、爱情等,几乎没有一项重大活动能离得开舞蹈。随着人类社会生产力的发展和人们审美意识的发展,舞蹈逐渐在诗与歌、音乐的相互依附中显示出独立的表现能力,最终成为一门独立的艺术门类,并在民间广泛流行。

1. 舞蹈的艺术特点

舞蹈是以形象来反映社会生活、表达思想情感的。它区别于其他艺术的主要特征是:舞蹈必须使用人体的动作和姿态来创造形象,表现人的思想和感情。舞蹈属于具有视觉和听觉特征的艺术。在视觉上,它的主要表现手段是人体的运动和造型;在听觉上,经常伴随着音乐。

(1)舞蹈的动作性。舞蹈主要是通过提炼与美化人体的动作或运动来达到塑造形象,描绘人物的思想感情,表现情节事件与冲突。所以,舞蹈是一种人体动作的艺术。舞蹈的动作虽然在表现思想内涵时不如语言那样清晰和明确,但是在表现人情感的丰富、细腻、强烈和对人们感染的直接作用方面,动作有着独特的作用。舞蹈与雕塑有着相近的地方。雕塑贵在能够抓住人物某一瞬间留下的形象,来表现情感的顶点。舞蹈可以说是活动的雕塑,它同样需要抓住人物形象最精彩或连续性和组合性,因而就更加具有艺术表现的丰富性。

舞蹈动作由两个方面组成,一个是直接来自日常生活中的体貌姿态和情感动作;另一个则是来自能够显示人的精神和力量动作的高度提炼,即超越一般的日常生活动作,而赋予特定的内涵与技巧的动作。无论哪一类动作,对舞蹈来讲都是重要组成部分。舞蹈从最单一的形态,到一个舞句、一个舞段的组织;从一个小型舞蹈到一部大型舞剧的形成,都是由各种动作的组合、发展变化所完成的。动作组合的目的性明确与否,动作表达的情感准确与否,都会影响舞蹈本身的艺术质量。

(2)舞蹈的抒情性。舞蹈在表达情感方面具有特殊的作用。早在原始舞蹈中,舞蹈的抒情作用便显示无遗。先民们"手之舞之、足之蹈之",追求的就是能充分、直接、鲜明地表达丰富的情感。人类的各种情绪和情感在不同的舞蹈作品中都能得到生动具体的体现。所以,舞蹈的美学本质在于,它主要不是简单模仿人物行为,而是表达人物的内心;主要不是再现事物,而是表现性格。舞蹈中模拟性的功能,应该服务于表情性的功能。由于人体自身的限制,过于复杂的情节和深奥的思想,就不是舞蹈所能体现的。当然,强调舞蹈的抒情性特征,并非忽视它的叙述作用。优秀的舞蹈艺术应该能够充分发挥多种表现力,灵活运用抒情与叙事的表现方法,使两者在舞蹈中完美地结合。

(3)舞蹈的节奏性。节奏对舞蹈来说,也是一项重要的特征。任何舞蹈都是有节奏的,没有节奏就没有舞蹈。动作是舞蹈的主要表现手段,但只有将动作节奏化,才能使它符合运动的规律,成为舞蹈中的动作。节奏实际上就是人们对时间的一种知觉和把握,它本身是生活现象和自然现象的延续性、顺序性、规律性的反映。在舞蹈中节奏一般表现为舞蹈动作力度的强弱、速度的快慢、幅度的大小等等。相同的动作在不同节奏的变化中便体现出完全不同的内容。

(4)舞蹈的造型性及艺术表现的综合性。人们常说,舞蹈是动的绘画、活的雕塑,这说明舞蹈必须具有造型性。而造型性本身,首先就要求动作的构成具有美感,必须是经过提炼的最生动、最有表现力的典型性动作。这当中包含以人体做姿态的造型、舞蹈队形等等。舞蹈造型的美感,可以来自对于生活现实的准确表达,也可以来自对于思想情感的诗意表达。"造型性"和"表现力"可以说是一些艺术普遍的审美要求,也是艺术的普遍规律;作为表演艺术的舞蹈和舞剧,也是籍造型而表现的:它属于造型与表现并重、空间与时间兼备的艺术。长期以来,中国的舞蹈表现总是过度强调社会作用,因而重视表现多一些。但是,如果因此而对舞蹈的"造型性"重视不够,对舞蹈造型的作用估计不足，就会影响到舞蹈艺术的表现力和舞蹈艺术本身的发展。

在艺术领域，人们通常把舞蹈与音乐比做"姊妹艺术"以言其亲密。中国明代朱载堉撰写的《乐律全书·六代小舞谱》中提到："有乐无舞者，似聋者知音而不能见；有舞无乐者，如哑者会意而不能言。"①由此可见，音乐与舞蹈自古以来就具有相辅相成、互为补充的关联。直到今天，这种不可分的关系依然存在。其中舞蹈与音乐的关系最为密切。舞蹈要音乐作为伴奏，在音乐的节奏与旋律中完成动作。同时，舞蹈还需要运用舞台美工、服装、布景、灯光、道具等多种艺术形式，来为自己的创作提供多种表现手段。

2.舞蹈的艺术审美特征

舞蹈动作指经过艺术提炼和美化，纳入一定节奏规范和程式体系的、能够表达一定情感的人体动作。舞蹈的美学特征有几点是基本的要求，直观的人体动作、特定时空观、连续地运动、诗情画意音乐感。欲使舞蹈具有鲜明的造型性，是不能离开这些基本的美学特征的。

(1)舞蹈动作。舞蹈动作可以按身体部位加以分类。头部的主要功能是传达舞情，而面部表情乃是显现舞情的重要部位。颈部是头与肩的桥梁，演员头部方向的转动是由颈部控制的。肩部在大多数舞蹈中不独立运动，它作为带动手臂的力量而发挥作用。臂和手因其关节灵活且有一定长度，故能完成较复杂的动作并跨占较大的空间，其动作语汇最为丰富。胸、腰、胯居于人体中段，远不如手臂灵活，都是显露身段美的主要部位，中国古典舞讲究"以腰为轴"，正是看到了腰部在舞蹈中的突出作用。腿和脚是舞蹈的关键部位，它支撑着演员的身体，完成各种舞步和弹跳、翻身动作。腿脚自身有着丰富的语汇，如吸腿、跨腿、掖腿、蹁腿、盖腿、勾脚、绷脚等。

从运动形式看，舞蹈动作可分为局部肢体动作、跳跃动作、旋转动作、跳转动作和滚扑动作等。从运动性质上看，舞蹈动作可分为表现性动作、虚拟性动作、技巧性动作。表现性动作以传达情感为原则，没有明确的指义性，却与心灵内容有着某种对应关系，比如挺胸昂首常传达兴奋、希望的心境，含胸低头则显现出灰心、失望的情绪等；虚拟动作是对写实性动作的加工，舞蹈中纯粹写实的动作是没有的。大都将现实动作虚拟化，如《洗衣歌》中姑娘们洗衣的动作、《丰收歌》中割稻的动作均属此类。技巧性动作常常不表现具体内容，它

---

① 明朝人朱载堉所撰写的《乐律全书》是一部乐舞律历类书，一共四十卷，由十五种著作汇刊而成。包括：《律学新说》、《乐学新说》、《算学新说》、《历学新说》、《律吕精义》、《操缦古乐谱》、《旋宫合乐谱》、《乡饮诗乐谱》、《六代小舞谱》、《小舞乡乐谱》、《二佾缀兆图》、《灵星小舞谱》、《圣寿万年历》、《万年历备考》、《律历融通》。

作为演员舞蹈水平的标志而出现,其自身的形式美就具有特殊的魅力。这些动作也最能博得观众的喝彩。当然,广义的舞蹈动作也包括暂时的静态造型。它像音乐一样,也是舞蹈动作的组成部分。

(2)舞蹈节奏。舞蹈节奏也称为"舞律"或"律动"。现代德国艺术史家格罗塞指出:"舞的物质是在动作的节奏调整,没有一种跳舞没有节奏的。"[①]舞蹈与音乐一样,在一定的节拍中进行,这是简单、基础的节奏形式。舞蹈还通过动作的力度、速度、幅度、方向、层次而构成舞蹈特有的节奏起伏。一般说来,力度大、速度快、幅度广、层次高的动作相当于节奏曲线中的强拍或高潮;而力度小、速度慢、幅度狭、层次低的动作相当于节奏曲线中的波谷,近似于音乐的弱拍或低潮。例如劈叉大跳动作力度大、速度快、双腿完全伸展、空间层次高,具有强的性质;而缓慢地卧坐,力度小,全身蜷曲,所占空间缩小了,空间层次低了,因而就有了弱的性质。上述节奏的诸种因素并不总是统一的。比如"扑步"的空间层次很低,但其速度快、力度大、幅度广,因而常用来表现机敏警觉、准备行动的神态,属于"强"类动作。在大型舞剧中,节奏还与剧情的进展相关联,角色情绪的高涨与低落、矛盾冲突的激化与缓解、内容铺展的浓密与疏淡等,都能构成大的节奏跌宕。

(3)舞蹈构图。构图是美术和摄影用语,指画框和摄影设备取景框内人景物的位置关系。舞蹈构图主要是指演员通过舞姿和动作所形成的空间结构关系。舞蹈构图可以分为静态构图和动态构图。静态构图可从两个视点加以表述:一是观众的视点,即观众所能看到的各种舞蹈造型;二是鸟瞰的视点,即演员所组成的队形。当然,所谓鸟瞰视点只是从观众视点通过想象转换而成的。演员动态过程的每一瞬间都能构成舞蹈造型,但暂时的停顿所产生的静态造型,有时候给观众留下的印象可能会更为深刻。

动态构图也可以从两个视点来表述。从观众视点看,舞蹈构图表现为演员对舞台空间层次的使用。比如劈叉大跳是从中层空间划弧线上升到高层空间,然后呈弧线落下;双飞燕大跳则呈直线由中层到高层再落到原地等等。从鸟瞰视点看,表现为人们所说的"舞台流动线"。各种流线都有其自身的审美价值,演员的横向运动显示舞台的阔度,纵向运动显示着舞台的深度,斜向运动带有冲击力和进攻性,圆形流线是一种周而复始的旋转式构图,"田"字形运动则是运动方向相反的两个圆形的组合,龙摆尾在表现纷至沓来、川流不息的场面时效果极佳。舞蹈构图属于舞蹈的形式要素,但它对内容的体现起着重要的作用。另一方面,它本身也具有相对独立的审美价值。

---

① [德]格罗塞.艺术的起源[M].蔡慕晖译.北京:商务印书馆,1994:135.

（4）舞蹈的音乐、服装及道具。舞蹈音乐指为舞蹈伴奏音乐。音乐是舞蹈的重要组成部分，它要求在速度、节奏、情绪、风格等方面与舞蹈保持高度的一致性，并且对舞蹈气氛加以渲染和烘托。服装是舞蹈形象的构成要素之一，它不但标示出舞蹈作品的时代、民族、地域等风貌，而且装点着舞者，显示着角色的个性；舞蹈服装还应符合舞蹈的要求，既有利于显现人体的美感，又有利于演员做各种动作。舞蹈道具是舞蹈演员表演时所用的器具，如红绸、扇、伞等，其作用是标示活动的性质，延长演员肢体，显示演员支配它的能力。

二、舞蹈的主要种类及其特点

根据舞蹈的作用和目的，舞蹈可以分为生活舞蹈和艺术舞蹈。生活舞蹈一般是指与人们日常各种生活有直接紧密联系，具有广泛群众性的舞蹈活动，如人们祭祖、求雨的宗教舞蹈以及社交舞蹈和具有健身作用的体育舞蹈等。另外，生活舞蹈还包括在民间节目举行的习俗舞蹈，例如朝鲜族的《农乐舞》、维吾尔族的《叼羊》等等。艺术舞蹈则指专业和业余舞蹈通过对社会生活的观察分析、概括提炼，编排设计一系列具有表情达意作用的动作，塑造具有典型意义的艺术形象，在舞台上表演的舞蹈作品。

1. 中国古典舞

古典舞是指在长期的艺术舞蹈发展过程中流传下来，被认为具有典范意义和古典风格的舞蹈。"古典"一词，一是古，即古代社会；二是典，即具有典范意义。"古典哲学"、"古典文学"等名称的使用均属此类。它们一般都具有严谨的程式、规范的动作与经典的技巧组合。如《六代之舞》、汉大曲、唐大曲、《霓裳羽衣舞》以及后来的戏曲舞蹈等；现代人对历史"古舞"的再创与复现作品只能称为"古典风格"的舞蹈，如《小刀会》、《丝路花雨》、《铜雀伎》等，均属此类，而不能算古典舞。

中国古典舞不像西方芭蕾那样强调戏剧性，而更着重内心的情感的表达，讲究"舞以宣情"，因而更具有诗的气质；舞蹈动作以意、劲、精、气、神为精神支柱，以手、眼、身、法、步为技巧要领，从而构成了刚柔相济、形神统一、文质并重的美学特征；在舞台空间方面，主要占居中层表演区，而不像西方芭蕾那样努力摆脱地心引力。作为中国古典舞的当代活标本，大致有戏曲舞蹈、武术、杂技中的部分动作和民间舞中流传较广的一些语汇。当然，古代典籍中关于舞蹈的记载和论述，再现舞蹈的绘画也能成为今人创作"古典风格"舞蹈时展开想像的契机和"蓝本"。

2. 芭蕾舞

芭蕾是法语的音译，它源于意大利语，意思是"跳舞"。芭蕾发源于文艺复兴时期的意大利。当时意大利的文学艺术在整个欧洲处于领先地位,艺术家们从古希腊艺术中汲取了丰富的营养,打破了中世纪的思想禁锢,开创了艺术空前的繁荣局面。当时几乎所有舞蹈大师都是意大利人。芭蕾是当时皇亲贵族在宫廷中自娱性的"晚宴芭蕾",后来很快流行到了欧洲其他皇宫。

现今西方文献中的芭蕾有两个主要的涵义:广义的泛指一切以人体动作、姿态表现戏剧故事内容或者一定的情绪和心理状态的舞蹈剧演出形式;狭义的专指西欧三百年来历史形成的,有一定技术规范和审美要求的、特定的古典舞蹈形式。前者一般应译为"舞剧"。

第一部具有完整情节的芭蕾是《皇后喜剧芭蕾》,它标志着芭蕾舞剧的正式诞生。1581年10月15日,在亨利三世的皇后路易丝的妹妹玛格丽特与儒瓦斯公爵的结婚庆典上,演出了该芭蕾舞剧。作品取材于古希腊神话,表现女妖塞尔斯与智慧女神米纳尔娃作对,在国王的支持下,女神战胜了塞尔斯,塞尔斯向国王屈服。这次演出由凯瑟琳皇太后主持,而皇后路易丝则坐在金车里出场参加演出,由意大利籍的小提琴家波瓦担任编导,舞台布景设计精心,使用了喷泉和流水机,演出从婚礼庆典当天晚上10点开始进行,直到次日凌晨4点才收场,观众上万,耗资350万法郎。

法国路易十四对芭蕾走向成熟做出了重要贡献。他本人就是一名出色的舞蹈家,主演过26部巨型芭蕾。1661年,他创立了皇家舞蹈研究院,由专家博尚制定了芭蕾的一套基本法则,如规定5个脚位,确定动作、术语名称等。1671年,芭蕾在黎塞留剧场演出,专业演员出现。开始时,演员一律为男性,女角色也由男演员扮演。1681年,作曲家吕利说服了拉芳丹等4名妇女登上专业舞台,她们成为第一批女芭蕾演员。

18世纪到19世纪中叶是芭蕾日趋成熟的时代,首先摆脱"芭蕾歌剧"中情节与舞蹈相脱离的束缚,又通过舞蹈演员、编导和教师们的贡献,从"情节芭蕾"走向与19世纪浪漫主义运动一致的"浪漫芭蕾"。1832年,由玛丽·塔里奥尼主演的《仙女》开创了浪漫主义芭蕾的新时代。塔里奥尼首次穿上特制的舞鞋,跳起了"足尖舞"。从此,足尖舞几乎成了芭蕾的同义语。浪漫主义芭蕾以神话传说、童话故事为题材,以幻想世界的仙女、女妖与现实世界的王子、公主为主人公,展开瑰丽新奇的艺术画面,体现善恶斗争的主题。

到了19世纪末,古典芭蕾剧在俄罗斯帝国发展到了顶峰。著名编导彼季帕的一系列作品《天鹅湖》、《睡美人》、《胡桃夹子》等成为古典芭蕾的典范。同时,芭蕾也走向僵化。佳吉列夫芭蕾舞团在它的国际性演出中,不仅把古典芭蕾带到世界各地,而且也开始对古典芭蕾的程式化表演进行改革和创新。

20世纪初,现代芭蕾应运而生。它以《仙女们》为起点,在这一舞剧中,福金抛弃了传流芭蕾"挺直的后背"、"外开的两腿"、"固定的五位脚"等僵硬的模式,而着力于开拓肩部和手臂的表现力;他不强调故事情节,取消哑剧成分;《牧神的午后》的出现意味着现代芭蕾走向成熟。尼仁斯基致力于建立新的芭蕾体系,如脚趾内扣、突出重量和棱角,否定流畅的线条等。现代芭蕾不像古典芭蕾那样追求戏剧性的结构,而较多地运用意识流手法,并力求体现出音乐的结构特点。其动作语汇则充分发挥了胸背、腰腹、臀胯等部位的表现力,因而更能深入地揭示人物的情感。此外,男性演员地位逐渐上升,体现出力量与坚定的壮美格调。这在《斯巴达克斯》中展示得最为充分。同时,在西方现代舞的冲击下,芭蕾在改革中又形成现代芭蕾学派,并派生出许多流派,风行欧美。

芭蕾在它的发展过程中成为一种世界艺术,同时在各国也形成不同的风格。其中有法国古典芭蕾学派、意大利古典芭蕾学派、俄罗斯古典芭蕾学派等。在教学中有意大利的切凯蒂体系、法国的法兰西体系、俄国的瓦岗诺娃体系。

中国第一个跳芭蕾的是晚清的裕容龄。第一部中国芭蕾舞剧是 1950 年由戴爱莲先生编导并主演的《和平鸽》;正式系统引进芭蕾是 20 世纪 50 年代初,由苏联专家传授的俄苏学派古典芭蕾。1956 年演出了第一部古典舞剧《无益的谨慎》。此后,芭蕾在中国扎根生长,除排演了一系列古典芭蕾名剧之外,还创作演出了《鱼美人》、《白毛女》、《红色娘子军》、《祝福》等优秀的中国题材的芭蕾剧目。1976 年以前中国芭蕾主要是比较正统的俄罗斯学派;1978 年以后,随着许多英美专家的来华讲学和欧美著名芭蕾舞团的来华演出,中国芭蕾在俄罗斯学派的基础上又吸收借鉴其他学派风格,逐渐完善起来。近年来,中国芭蕾舞演员屡次在国际比赛中获奖,这标志着芭蕾在中国开始走向成熟。

3. 现代舞

现代舞产生于 19 世纪末、20 世纪初,其美学基本点是与古典芭蕾的僵死程式决裂,反对传统芭蕾单纯追求技巧和形式的倾向,主张自由地抒发人的内在情感,按自然法则展开动作,因此又被称为"自由舞"。

现代舞的创始人是美国的伊莎多拉·邓肯,也被称为"现代舞之母"。她立志创造一种回归到人的本性、不受人为范式束缚的舞蹈来表露心灵和展现人体美。她的舞蹈是自由与即兴的,光着脚着地走、跑、轻跳,以及其他有表情的姿势,身上只穿轻薄的纱衣;她大胆地采用贝多芬的交响乐、高邦的舞曲、施特劳斯的《蓝色多瑙河》、法国的《马赛曲》进行舞蹈表演。邓肯虽然在反传统方面有所贡献,给趋于僵化的舞蹈带来了生机,但她没有提供给人们系统的训练方法,这个缺陷由一位在德国从事舞蹈活动的匈牙利人鲁道夫·拉班弥补了。他把人体动作归纳为点打、轻弹、浮动、滑动、压力、拳击、砍打、扭动等八大要素,并运用了20面体的几何形式分析动作的力度、速度和方向;与邓肯的自由舞不同,拉班舞蹈不是主观任意的自然运动,而是合乎法则的自然运动。为了建立完整的训练体系,他还创造了有名的"拉班舞谱"。

拉班的理论和训练方法由他的学生玛丽·魏格曼发展和运用到实践中去,培养了许多现代派舞蹈家。玛丽·魏格曼认为舞蹈空间是想像的非理性的空间,可以除去一切物质性界限。动作是空间的生命,没有无动作的空间,也没有无空间的动作,舞蹈通过动作的韵律达到其节拍,而节拍只能来自时间要素。她认为舞蹈就是空间和时间,其受制约大多来自空间,而非来自节律。以玛丽·魏格曼为中心的一派现代舞称为"表现主义造型舞蹈"。

在美国,圣·丹尼丝吸收了埃及、印度、泰国等东方国家的舞蹈文化,创造了一种具有宗教色彩的现代舞;她的学生玛莎·格莱姆专门研究呼吸在身体中引起的变化,提出了"收缩与放松"的理论,并创造了一套"格莱姆技巧",而玛丽丝·韩芙丽则将平衡作为理论探讨中心,从而创立了"跌倒——复原"的理论,阐明了平衡与跌倒之间的各种中间姿态和从停止点回到直立姿势的技术,确立了一套"韩芙丽技巧"。

第二次世界大战以后,现代舞的舞蹈家们学说纷纭,各自形成独立的风格与主张。20世纪70年代后,现代舞与传统芭蕾出现了互相师法、取长补短的倾向。现代舞传入中国是在20世纪30年代。中国舞蹈家们本着去其糟粕、取其精华的原则,积极探索现代舞中国化的道路,以满足人们多元审美的需要。

4. 民间舞蹈

民间舞蹈是产生于民间、流传于民间的舞蹈。它反映着广大群众的生活,表达着他们思想感情和理想愿望。其内容丰富多样,或表现劳动场面,或展现丰收景象,或表演故事传说,或传达美满爱情,其形式则生动活泼,健美清新。民间舞蹈最常采取歌舞结合的表演方式,这种方式由来已久,《吕氏春秋》中就记载了原始人类"投足以歌"的场面。民间舞蹈还注意道具的使用,并由此而形成许多独立的舞种,如红绸舞、扇舞、盅盘舞、伞舞、莲湘等等。每一种道具都在舞蹈中显示出独特的表现力,从而形成了鲜明的艺术风格。

民间舞蹈大都具有浓厚的地方色彩。以秧歌而论,陕西秧歌粗犷奔放,山东秧歌质朴豪爽,都各具姿采。地方色彩也表现在具体动作特征上面,如蒙古舞的抖肩、维族舞的旋转、胶州秧歌的扭腰、藏族舞的踢踏等,各领风骚。民间舞蹈直接源于现实生活,总体风格质朴自然,充满活力,这也正是宫廷、专门舞蹈家不断从中汲取营养的根本原因。民间舞蹈是任何时代、任何国度舞蹈艺术的坚实基础。而加工创作后的艺术舞蹈对民间舞又有反馈作用,土生土长的民间舞或多或少受到艺术舞蹈审美规范的影响。

5.其他类型舞蹈

(1)抒情性舞蹈。抒情性是舞蹈艺术的本质特征。在这一本质特征限定之内,舞蹈内容的主客观关系又有所侧重,重在抒发主观感情的称为抒情舞蹈。如《红绸舞》、《春江花月夜》等。

(2)叙事性舞蹈。重在显示客观事件过程的称之为叙事性舞蹈。如《洗衣歌》、《金山战鼓》等。叙事性舞蹈有较多的模拟和再现成分,一般都有一定的事件过程,并在过程中显示人物性格,进而表达主题。

(3)戏剧性舞蹈。戏剧性舞蹈是指揭示矛盾冲突、具有相对完整情节的舞蹈。它是一种舞蹈与戏剧相融合的艺术样式。舞剧注意人物形象的塑造,主要人物大都具有鲜明的性格特征。

(4)独舞、双人舞、三人舞、群舞演员表演的舞蹈。独舞宜于展现角色的内心世界,抒发情感,塑造性格。一般说来,动作难度较大,技巧要求较高,语汇较为丰富,运用舞台空间有最大程度的自由。作品如《天鹅之死》、《马赛曲》、《海浪》、《水》等。双人舞是由两个人表演的舞蹈。双人舞善于交代故事情节,通过角色之间的相互关系(或情感交流、或矛盾冲突)体现出各自的性格,男女双人常用于表现爱情内容。双人舞对动作技巧有较高要求,尤其是通过两人的配合来完成高难度的动作和较复杂的造型。三人舞是由三人表演的舞蹈。角色关系比双人舞更为复杂,故事情节也允许更加曲折、完整,思想与情感的容量也更为丰富。三人舞对演员艺术修养的要求并不亚于独舞和双人舞,而在舞台构图方面甚至比独舞和双人舞更具有难度。群舞是由四人以上表演的集体舞,大多都表现某种单纯情绪,而不宜于刻画每一个成员的个性。它常体现服装、动作上的齐一之美,或通过队形的多样变化,创造出乱中有序的构图效果;在动作设计上,要比独舞、双人舞、三人舞简单而富有特点。

(5)交谊舞。交谊舞又称交际舞,其正式名称为舞厅舞。交谊舞一般为男女两人的共舞,即男子左手手心向上轻托起女子右手,右手手心向内轻轻托着女子的腰部面对面起舞,这种舞姿使得舞伴之间的情感交流得到了促进。交谊舞在当代社会分化为自娱性的和表演(比赛)性的两大类。自娱性交谊舞指纯粹意义上的舞厅舞,是一种特殊的社交方式。表演(比赛)性交谊舞指国际标准交谊舞。国际标准舞比赛有严格的规定,如服饰方面,现代舞男士穿西服或燕尾服,女士要穿露背式长裙,男士穿软底平跟缚带皮鞋,女士穿高跟(鞋跟5—8厘米)船鞋;拉丁舞男士穿紧身衣裤,上身可做宽松式长袖,女士要穿露背露腿式的草裙,男士舞鞋与现代舞相同,女士穿有绊的高跟凉鞋。发型也有规定,男士为分头,要求"前发不遮耳,后发不过衣领",并且不得蓄长胡须。女士或短发,或长发盘髻,不可披散长发。动作必须规范,立姿、拥姿、舞步、动作以及节奏、韵律、表情等均按标准完成。

三、电视舞蹈节目的传播类型及其摄制原则

电视的出现,使得舞蹈艺术有了划时代的进步。电视将舞蹈带入千家万户,使得本来少数人才可能有机会接触到的这种艺术,被更多的观众所认识,让他们了解舞蹈、学习舞蹈,对舞蹈的普及、发展起到了巨大的作用。正如美国的沃尔特·特里在《美国的舞蹈》(*The Dance in America*)一书中对电视舞蹈所作的描述:"电视的出现,使无线电无法传播的舞蹈有机会进入每个家庭。"①沃尔特·特里说明了电视舞蹈节目的发展历程,肯定了电视传媒对舞蹈艺术的传播所起的重大作用。电视传媒在增加舞蹈观众、扩大舞蹈艺术的影响方面,无疑起到了任何媒介都无法比拟的作用。

1.电视与舞蹈的传播

舞蹈作为一门古老的艺术,其历史悠久。由于技术方面的原因,长久以来,舞蹈资料、文献的保存不如人意。舞蹈长期以来是依靠文字绘画的记载,民间的表演流传下来。文字绘画的记载缺乏动感和连贯性。由于舞蹈资料的缺乏,使舞蹈的创造性受到了极大的阻碍,使得舞蹈还没有建立完整的体系,还没有完全成为一门独立的学科。

电视技术的出现,使舞蹈的记录和保存变得容易而全面。电视是声画结合的艺术,可以快捷地将舞蹈的动作及舞蹈音乐及时完整地记录下来,通过有效的方法保存下来。沃尔特指出,正确记录舞蹈,有两种方法:用电影(电视)去记录实际的演出和用记谱法(舞蹈剧本)去记录舞蹈,前者犹如唱片与音乐关系,后者犹如乐谱与音乐的关系。中国利用电视技术和艺术手段,记录了许多优秀的舞蹈。如上海东方电视台录制了杨丽萍在上海的舞蹈晚会《东方梦圆》;中国艺术研究院从20世纪90年代初即开始拍摄"中国当代舞精粹艺术科研系列",以记录分析当代杰出舞人的艺术生涯及其代表为核心内容,并对年事已高、成功卓著的大师们进行挽救性拍摄,注重观赏性和学术性的统一。

2.电视舞蹈节目的类型

从电视舞蹈播出的形态角度看,通常有采用直播和录播两种方式呈现舞

---

① [美]沃尔特.特里.美国的舞蹈(*The Dance in America*)[M].田景遥译.北京:三联书店出版社,1989.

蹈演出的实况。如舞蹈比赛、体育舞等。所谓的舞蹈表演实况,是指采用真实记录的方式制作的电视片。有以记录人物为主的舞蹈人物记录片和以记录舞蹈为主的舞剧记录片。而电视舞蹈专题片,是指以某一人或事为主题制作的电视片,包括以人物为主题的和以介绍舞蹈为主题的专题片。

如果按电视舞蹈的内容划分类型,主要有如下几类:

(1)人物类专题片。如《杨丽萍舞蹈艺术》是以金色的树林、沙漠、大海、龟裂的土地、夜幕下的树林等为结构和背景,连接舞蹈作品。采用电视手法,充分利用光影、色彩的搭配,营造出梦幻般的舞蹈意境。

(2)知识类舞蹈专题片。主要是指介绍舞蹈知识、舞蹈教学类型的电视片。如介绍中国舞蹈起源的《舞之灵》、浪漫主义芭蕾的《吉赛尔》、古典芭蕾《A、B、C》、《永远的舞者》等。

(3)舞蹈集锦、系列舞蹈。舞蹈集锦主要是介绍不同地方、不同民族的特色舞蹈。如《海外风情》、《东方神韵》、《国际芭蕾舞比赛获奖节目——中国艺术节节目选播》等。系列舞蹈指的是在主题、内容上有一定联系,但在结构上又各自独立的一组舞蹈。如《黄河一方土》这部舞蹈片共包含7个舞蹈节目:①娶亲;②背河;③说媒;④闹房;⑤回门;⑥走亲戚;⑦婆姨。

(4)舞蹈比赛。主要是直播或录播舞蹈的实况比赛。

(5)电视综艺节目中的舞蹈。包括:①电视歌舞晚会,如各种节庆文艺晚会中的电视舞蹈节目。②个人专场晚会,以介绍舞蹈家个人舞蹈表演为主的电视舞蹈。③舞蹈专场晚会,舞蹈专场晚会是指专门进行舞蹈表演的文艺晚会。④舞蹈比赛(评比)开幕式、闭幕式、颁奖晚会等等。

3.电视舞蹈节目的摄制原则

如何运用电视手段,使电视上播出的舞蹈节目能基本接近舞台表现力?为达到这个目的,首先应该对舞蹈的空间感、力度、材料等特性有所认识。同时,也应该了解舞台观众欣赏舞蹈时的动作感觉等问题。只有在对舞蹈有所认识,同时对观众的欣赏心理比较了解时,才能保证电视上出现的舞蹈节目保持原汁原味,同时具有感染人心的作用。各种电视手段的运用,必须遵守这样的原则,即正确传达舞蹈的整体涵义。只有在这个原则下运用各种电视手段,才能增强电视舞蹈节目的画面效果及感染力。

(1)电视舞蹈节目的拍摄原则。从舞台上观看舞蹈表演与从电视上观看效果不太一样。现场的舞蹈往往给人更加强的感染力。这既与观看舞蹈的环境有关,也与电视语言的运用缺乏力度有关。从电视上看舞蹈,画面是由摄像师来选择决定的。如果摄像师对舞蹈语汇很熟悉,就能带领观众更好地欣赏舞蹈,如什么时候镜头移到足尖,什么时候出小道具的特写,什么时候镜头出现中景,什么时候让观众看演员的脸部表情等,这些都有赖于摄像师对舞蹈语汇的熟悉。在一些电视舞蹈中,舞蹈通过电视传播后,其动作遭到了肢解。由于对表情与美丽面容本能的关注,对舞蹈的拍摄往往过多地拍摄舞蹈演员的面部特写,而不注意舞蹈本身动作的完整性,就会使镜头的表现脱离主题,使得画面表现舞蹈的语汇残缺不全,失去舞蹈的原味。

镜头的景别选取不当,是损害舞蹈完整性的原因之一。通常,远景所包容的景物较多、较全,以人为对象,则可体现出人物全身,但人较小,可以表现人的运动及人与环境的关系。所以远景对于保持舞蹈语汇的完整性是最好的景别,但由于距离较远、人物太小而使其感染力大为减弱。所以,远景应该用于需交待舞蹈场景的部分,通常应该在舞蹈开头时用到,或者用于表现占据空间位置较大的群舞。在独舞中,远景镜头不能太多。但如果舞蹈主题与环境布景有很密切的联系,则需注意远景的运用。有时,也用远景镜头叠中景镜头,达到既保存动作、姿态,又兼顾了表情的作用。但使用这种叠镜头时,背景必须单纯。全景镜头应该在舞蹈节目中占主体。全景镜头应该考虑到动作的空间感,适时地通过跟、移、升、降等移动镜头表现动作和姿态;全景镜头应将舞蹈者的动作全收。在持道具的舞蹈如彩绸舞中,全景应包括彩绸舞动起来的美丽曲线。在双人舞中,全景镜头应该尽量保持两舞者都在画面中,若演员处于运动中保证不了,则镜头应先对准主要动作的演员,然后再将两者共同拍进画面。通过这样的空间联系,更好地表现两者的情感关系。

中景、近景和特写的运用必须以舞蹈内容为依据,不能滥用。中景有利于介绍舞蹈的重点元素,如上半身的手之舞,下半身腿足之蹈;近景和特写类似于近处凝视的效果,能够造成观众与演员的亲近感,但这些镜头在舞蹈中不能过长,也不能过多,否则作为整体的舞蹈便会被肢解。好的中、近、特景别应该有好的剪辑配合。这样,才能传达出舞蹈跳动的情思。例如快速切入的近景、特写,在表现旋转等动作时能很好地将动作感觉传达给观众。

俯拍有利于展现大场面,而仰拍则有利于保全舞蹈动作,也是一种主观感受。此外,灯光对于舞蹈来说,既是必不可少的,又不能太花哨,以避免喧宾夺主。特技运用得当,能增加舞蹈的魅力。比如,慢镜头能充分表现飞腾跳跃等动作美感等。总之,各种形式、技巧的运用都应以表现舞蹈为中心。另外,在电视舞蹈的制作中,应该注意如何编舞或如何进行场面的调度,使得有集体伴舞的歌舞节目或群舞在画面上主体分明,构图精巧。

(2)电视舞蹈节目的后期编辑与制作原则。

电视舞蹈节目的后期编辑对于表达舞蹈核心精神,传达舞蹈的动作美感、节奏感,是十分重要的。舞蹈是用人体的动作来进行艺术表达的,剪辑应努力反映这种节奏和韵律。电视舞蹈节目的编辑包括画面和音乐两个方面。

一是画面编辑。画面编辑应以表达舞蹈语汇的完整性为原则,应采用全景镜头,并充分使用特技,以完美地表达舞蹈动作及情思。同时,电视的节奏应该与舞蹈的节奏相符合。舞蹈节奏快,电视画面的组接多采用"动接动"的方式,进行的节奏也快;舞蹈节奏慢,电视的节奏也慢。

二是声音的编辑。电视舞蹈中的声音就是音乐。音乐是舞蹈呈现效果的重要组成部分,音乐要求在速度、节奏、情绪、风格等方面与舞蹈保持高度的一致性,并且对舞蹈气氛加以渲染和烘托。在音乐的编辑中,要注意音乐在整个舞蹈中的完整性,不要肢解音乐;另外,要注意"声画统一",音乐要很好地配合舞蹈的运动与节奏,表达舞蹈的思想、情感及内涵。音乐的剪接点也应该与舞蹈同面同步,与画面中的舞蹈进程同时出现并同时结束。

★课后研究、思考与训练建议:

- 电视音乐节目的概念如何界定?
- 电视音乐节目的构成及播出形式主要有哪些?
- 如何界定电视舞蹈节目的概念?
- 电视舞蹈节目的构成及播出形式主要有哪些?
- 思考并研究:为什么电视音乐节目与电视舞蹈节目成为近些年"选秀"常用的内容形态?你认为与这两类节目本身的电视化发展有什么联系吗?
- 任意选取(或从网络搜索)两个不同电视台文艺频道的节目单,找出你认为是相同类型或不同类型的节目,研究或思考近年来中国电视为什么越来越依赖类型?
- 你看过 1984 年的《苹果"麦金托什"广告》吗?了解该广告的核心观念是什么吗?另外,你觉得所谓"新媒体"真的像某些论者说的那样会"彻底颠覆传统电视媒介"吗?

第十二章　电视戏曲节目编导

电视戏曲节目是电视与中国戏曲相结合产生的电视文艺形态。戏曲是以演员的表演为中心，把文学、音乐、舞蹈、美术、武术、杂技等融为一体的一种传统悠久而又特殊的艺术形式。戏曲的主要美学特征是：综合性、程式性、虚拟性。电视是电视戏曲的创作手段，戏曲是电视戏曲的创作源泉，是电视节目基本的载体。要创作专业的电视戏曲节目，电视节目创作人员必须对戏曲有所认识，有所了解，这样才能制作出好的电视戏曲节目。

所谓电视戏曲节目是运用电视技术手段，突破戏曲舞台的时间局限，适当采用实景及镜头组接的艺术表现戏曲艺术、反映戏曲文化现象的一种电视文艺节目，它是中国传统戏曲与电视技术相结合而产生的一种电视文艺节目形态。这种电视戏曲节目的制作方式主要指根据电视艺术的思维，制作上更多地采用电视的手段和电视的呈现形式，在传承和保留戏曲原貌的前提下，对戏曲剧目进行电视化的镜头设计和后期制作，真正地运用电视镜头的方式表现的电视戏曲剧目。

电视戏曲节目的主要种类有：电视戏曲栏目、电视戏曲专题片、戏曲电视剧、电视戏曲综艺。①电视戏曲栏目是指以栏目化的方式呈现戏曲名段和完整的戏曲剧目，其主要特征是原貌原唱腔在电视荧屏上再现，以剧目欣赏为主要的栏目呈现形式，如《戏苑百家》、《戏曲大舞台》、《名段欣赏》、《戏曲直播》等栏目。②电视戏曲专题片是指独立地按照专题片创作规律专门拍摄的，表现戏曲艺术、戏曲文化、戏曲艺术家艺术生涯等内容的电视专题片。电视戏曲专题片的类型可以分为：知识报道型、文化思考型、赏析型等三大类，如《戏曲采风》、《梨园群英》等专题性戏曲栏目。③戏曲电视剧是戏曲艺术与电视剧艺术结合的产物。戏曲电视剧的创作既有一般电视剧创作的特点，又有其独特的创作规律。④戏曲电视综艺节目指戏曲艺术因子与其他艺术元素（如歌舞、小品、音乐 MTV 等）结合，充分运用电子技术手段对戏曲艺术进行二度创作，既突出发挥戏曲的艺术价值与魅力,又充分体现电视技术创作功能的一种电视综艺节目。戏曲电视综艺主要的样式有戏歌、戏曲歌舞、戏曲小品、戏曲MV 等。

第一节　戏曲基本常识与电视戏曲节目

　　戏曲是中国历史发展过程中汉族所特有的民族艺术,也是传统的戏剧形式和最具特色的艺术形式之一,在中国民族传统文化传承中源远流长。中国戏曲是包含文学、音乐、舞蹈、美术、武术、杂技以及表演艺术各种因素综合而成的一门传统艺术。中国戏曲最早起源于原始社会中的部落歌舞,产生的时间比希腊戏剧和印度的"梵剧"略晚一些,世界上把中国戏曲、希腊"悲喜剧"、印度"梵剧"并称为"三大古老的戏剧文化"。中国戏曲发展到汉代的时候出现了"百戏",到公元 13 世纪已进入了相对成熟时期,清代乾隆年间进入鼎盛时期。到中华人民共和国建立时,包括流行于一定地区,具有地方特色的地方戏,它是具有地方特色的戏剧剧种的统称,诸如:秦腔、川剧、越剧、汀剧、徽剧、滇剧、豫剧、歌仔戏等,已经发展到 300 多个剧种,具体的剧目已经多得难以数计。经过几千年的发展变化,戏曲形成了完整的戏剧体系和特有的戏剧美学。戏曲始终根植于中国民间,在历朝历代的民众中都有广泛影响。尤其作为"中国戏曲三鼎甲"①的京剧、豫剧、越剧,更是戏迷众多。中国戏曲艺术因其形态和风格上的民族特色,在世界剧坛独树一帜,有很大影响。

一、戏曲的种类及其美学特征

　　中国各地区的戏曲剧种大约有 360 种,传统剧目恐怕有数以万计。中华人民共和国成立后,经过官方组织和整理,又出现许多改编的传统剧目,新编历史剧和反映现实生活题材的现代戏,都受到了广大观众热烈欢迎。

　　1.中国戏曲的发展及其种类

　　中国的戏曲起源于原始社会的歌舞,经过汉、唐到宋、金才形成比较完整

---

　　① 京剧、豫剧、越剧在历史上有官方推广的因素,如"四徽班进京","常香玉义演为抗日捐飞机",新中国成立后"越剧十姐妹"称号等,使这三个戏曲剧种的关注人口比例较高。另外,2005 年底,根据中国文化部调查得出的结论,京剧、豫剧、越剧在剧团数量,剧种演职人员数量,剧种覆盖面积方面是全国 300 多个剧种中排在前三位的戏曲剧种,因此被官方和戏迷们誉为"中国戏曲三鼎甲"。——作者注。

的戏曲艺术,它主要是由民间歌舞、说唱和滑稽戏三种不同艺术形式综合而成。在原始社会,氏族聚居的村落产生原始歌舞,并随着氏族的逐渐壮大,歌舞也逐渐发展与提高。在许多古老的农村,还保持着源远流长的歌舞传统,如"傩戏";同时,一些新的歌舞如"社火"、"秧歌"等适应人民的精神需求而诞生。正是这些歌舞演出,造就出一批又一批技艺娴熟的民间艺人,并向着戏曲的方向一点点迈进。12世纪中叶到13世纪初,逐渐产生了职业艺术和商业性的演出团体及反映市民生活和观点的宋杂剧和金院本,如关汉卿创作的《窦娥冤》、马致远的《汉宫秋》以及《赵氏孤儿大报仇》等作品;总体而言,这个阶段是戏曲的繁荣期。

16世纪明朝中叶,江南兴起了昆腔,涌出了《十五贯》、《占花魁》等戏曲剧目。这一时期受农民欢迎的戏是产生于安徽、江西的弋阳腔,昆腔受封建上层人士的欢迎。明末清初的作品多是写人民群众心中的英雄,如穆桂英、陶三春、赵匡胤等。这时的地方戏,主要有北方梆子和南方的皮黄。京剧是在清代地方戏高度繁荣的基础上产生的。在同治、光绪年间,出现了名列"同光十三绝"的第一代京剧表演艺术家及不同流派的宗师,标志着京剧艺术的成熟与兴盛。不久京剧向全国发展,特别是在上海、天津,京剧成为具有广泛影响的剧种,将中国的戏曲艺术推进到一个新的高度。

辛亥革命前后,一批有造诣的戏曲艺术家从事戏曲艺术改良活动,著名的有汪笑侬、潘月樵、夏月珊等,他们为以后的戏曲改良积累了宝贵的经验。现代戏曲从1919年"五四运动"到中华人民共和国成立,在这段时期,一些有志之士对戏曲进行了改革。梅兰芳在"五四"前夕演出了《邓霞姑》、《一缕麻》等宣传民主思想的时装新戏,周信芳、程砚秋等也都创作了不少的作品。五四运动到抗日战争爆发前夕,各个剧种都出现了一批高水平的优秀演员。京剧有余叔岩、言菊朋、梅兰芳等,川剧有周慕莲,汉剧有董瑶阶,湘剧有吴绍芝,秦腔有刘毓中,蒲剧有王存才等。

新中国成立后,涌现出一批优秀剧目,如京剧《将相和》、《白蛇传》,评剧《秦香莲》,越剧《梁山伯与祝英台》,昆剧《十五贯》等,著名历史学家吴晗还撰写了历史京剧《海瑞罢官》。以后,又陆续推出一系列优秀作品,如京剧《白毛女》、《红灯记》、《奇袭白虎团》,评剧《刘巧儿》,沪剧《芦荡火种》,豫剧《朝阳沟》等。1978年以后,重建了戏曲艺术队伍,为群众喜爱但被停演或遭到批判的大量传统剧目,如京剧《谢瑶环》、蒲仙剧《春草闯堂》、吕剧《姊妹易嫁》等也得以重新上演。

从历史发展的角度看,传播范围较广且比较流行的剧种有:京剧、豫剧、越调、越剧、黄梅戏、评剧、曲剧、昆曲、秦腔、粤剧、川剧、淮剧、晋剧、汉剧、湘剧、赣剧、潮剧、闽剧、庐剧、祁剧、莆仙戏、河北梆子、湖南花鼓戏、吕剧、花鼓戏、徽剧、沪剧、绍剧、婺剧,以及四平调等五十多个剧种。其中京剧历史悠久,流行最为广泛,分布全国,内容非常充实,被称为"国粹"。另外,从传播范围、剧团发展、演员传承、戏迷群体等综合因素来看,中国五大戏曲剧种是:京剧、豫剧、越剧、黄梅戏、评剧。

2.戏曲的美学特征

(1)综合性。中国戏曲的综合性主要体现在,以歌、舞、白这三大类要素的有机结合而构成的艺术形式去表现某个完整的故事。戏曲中的"歌"不同于歌剧和独唱,它还配合着舞蹈和对白。戏曲中的"舞"不同于歌剧和独舞,它在舞蹈中有歌和对白,有"文舞"和"武打",并且揉进一些杂技和特技的表演。戏曲中的"白"又不同于话剧和朗诵,特别讲究字正腔圆、音调的婉转起伏和音韵的节奏美。在戏曲表演中,歌、舞、白这三者不能孤立分割地存在,而必须有机地融为一个整体。这跟舞蹈、话剧艺术的综合性是有区别的。

(2)程式性。程式就是把形式纳入一定的标准,使之成为一种定型的有规范性的套子,即把日常生活的自然形态加以精选、提炼和装饰,使之简练、准确、鲜明、富于节奏感、舞蹈化、美化。比如一个武将出场,四个执旗的兵士先后各列舞台左右,其程式性意思是"千军万马,排兵布阵";武将高抬腿,手挥着马鞭,通常程式性的意思则是"日行千里,夜走八百"的骑马赶路。

中国戏曲讲究"四功五法",所谓"四功"即唱、念、做、打。所谓"五法"则是指手法、眼法、身法、发法、步法。这些都有基本固定的格式和舞台规则,约定俗成。

程式的具体表现有以下几个方面:

一是行当的程式。行当的程式,即角色分行,就是戏曲中根据角色的性别、年龄以及气质性格等特点,对演员所扮演的角色进行的分类。京剧与其他戏剧形式的行当略有不同的重要特征是,京剧的行当是经过长期的提炼和规范,突出人物的内在特征,把人物的内在特征加以外化而形成的。

生行:戏曲中的男子形象,主要分为老生、小生、武生等三个类别。老生:又称须生,主要指扮演重唱的中老年男子。所戴髯口(即胡须)按年龄不同有黑、白、灰三色。其中又分为老生、武老生。戏曲中的"末"原指戏曲开场引出剧情的男子,后并入到了生行。小生:扮演戏曲中青年男子的角色,唱念用小嗓,表示文雅和带稚气。分文小生,多为书生;武小生,多为年轻将领。武生:又分"长靠武生"和"短打武生"。长靠武生扮演英勇善战的武将;短打武生扮演武艺高强的绿林好汉。

旦行:戏曲中的女子形象,主要分为正旦、花旦、武旦、老旦、彩旦等五个类别。正旦：又称青衣，扮演重唱工的中青年女子，多为悲剧角色。花旦：扮演重做工的中青年女子，多为喜剧角色。武旦：扮演重做工的有武功的女子。又分刀马旦和武旦，前者指英勇善战的女将或女英雄，后者多为神话中的女精灵。老旦：扮演重唱工的老年女子。彩旦：又称丑旦，扮演喜剧或闹剧的人物。

净行：又称花脸。净本意即清洁干净，而净角都是大花脸，从中国文化心态来说，看起来很不干净的脸要是干净了多好，因而名"净"，这是因为大多角色是扮演性格、品质或相貌上有些特异的男性人物，化妆用脸谱，音色洪亮，风格粗犷。大花脸：又称铜锤或黑头，以主唱工的大花脸，多为朝廷重臣，如包拯；二花脸：以做工的二花脸又称架子花脸，多为豪爽之士，如曹操。武花脸：又称武净，重武功，专攻武打翻摔。

丑行：又称三花脸。丑角多扮演喜剧人物，又分文丑、武丑，但是不管文丑或武丑，虽有文武善恶、身份高低之分，在戏曲中都是幽默、滑稽的喜剧人物，也并不都是反派。文丑主要以念白、唱词的滑稽、可笑为主，经常扮演小官县令、花花公子、狱卒、酒保、更夫、老兵等，如《徐九经升官记》中的徐九经，《乌盆记》中的老狱卒，《贵妃醉酒》中的高力士等都是文丑。武丑主要是指会武功的身份低微的小人物，经常是一些机警风趣、武艺高超的人物，如绿林好汉、侠盗小偷等，比较有代表性的是京剧《三岔口》中的小旅店主刘利华和昆剧《挡马》中的焦光普都是武丑。

二是脸谱的程式。中国戏曲中的脸谱用来突出人物的性格特征和寄托人们对历史人物千秋功罪的评说。脸谱的勾绘具有一定的寓意。脸谱的基本色表示的都是不同人物的性格，如红色：表示耿直、忠义、威武、庄严，多用于富有血性的人物；黑色：表示刚直、勇敢、公正、无私，多用于富有正气的人物；白色：象征阴险、毒辣、强权、专横，多用于奸诈凶恶的人物等。脸谱的勾画反映了人们对历史人物的看法和评价，如包公的黑脑门上往往画一个白色的月牙，这是赞颂包公秉公断案像黑夜中的皓月那样清明。

三是动作的程式。戏曲艺术中的动作源于生活，是把生活中的动作经过选择、提炼，使之节奏化、舞蹈化、规范化，如戏曲中骑马的程式动作是由：扶鞍、执鞭、踩蹬、上马、扬鞭等一系列的动作组成的。

四是音乐的程式。中国戏曲的音乐主要表现在唱腔的文武场上。优美动人、丰富多彩的唱腔是中国戏曲美的一大特点。戏曲乐器的伴奏也称"文武场"。文场伴歌即用京胡、京二胡、月琴（称三大件）和小弦、笛子、唢呐、秦琴等乐器演奏来伴唱。武场伴舞（打）即用板鼓、大鼓、铙钹、小唱、唐鼓等一些打击乐器演奏来进行伴舞（打）的。

（3）虚拟性。中国民族艺术悠久的美学传统就是追求意境，在这一美学传统下,中国戏曲形成了追求虚拟的艺术风格。所谓的虚拟性,就是在有限的空间内表现出无限的时空,戏曲用虚拟的手法很好地处理了舞台时空与现实生活时空之间的关系。中国戏曲用虚拟的表演形式,在舞台上自由地转换时间与空间。舞台没有复杂的布景,只有一张桌子两把椅子,所谓的"一桌二椅"。它随着人物的出场,能变化出许多不同的环境,如《牡丹亭·游园惊梦》中演员拿着桨表示在走水路,而通过演员虚拟上船的表演,观众便能感觉到它是一条船。

虚拟性的表现包括以下几个方面:

一是道具布景的虚拟性。戏曲舞台上往往只有很少的几件道具,常用的舞台构成就是"一桌二椅",而且基本上不用布景,如剧中人手拿马鞭,便是以鞭代马,观众可想象舞台即是广阔的原野;剧中人手执"车旗",象征着推车而行;剧中人挥舞"火旗",则象征大火熊熊、烈焰奔腾。舞台上道具布景的虚拟,可以使观众生发活泼自由的想象,获得一种回味无穷的艺术享受,还可以使舞台留出大片空地,有利于进行歌舞表演。

二是舞台时空的虚拟。中国戏曲表演过程中,舞台上时间和空间的显示与变化,往往不是真实客观的,而是根据剧情需要,时间可以延长或压缩,空间可以自由流动和转换。如《失·空·斩》中,探子向诸葛亮接连三次报告,最后一报"司马懿的大兵正奔西城而来呀!"其实这"三报"在现实中并非一、二分钟报告一次,但这是时间压缩,观众完全可以理解;再如《将相和》中表现蔺相如赴宴,他在舞台上走了一个"圆场",就由大街到了小巷,这是空间的虚拟。这种戏曲的"时空转换自由",更增加了戏曲艺术的感染力。

三是表演动作的虚拟性。中国戏曲表演中,演员讲究"虚中见实,假戏真做"。这种虚拟的动作暗示出舞台并不存在一些实物和情境,如演员出门和进门的表演,并不需要门的存在,只需要做出开门、关门的动作就够了。

二、电视戏曲的分类及其制作传播

戏曲艺术发展到今天,经过了不同的时代。戏曲艺术在发展过程中不断适应新时代、新观众的需要,保持和发扬了民族传统艺术的特色。近些年,戏曲界提出的"现代化"与"戏曲化"的问题,已成为新的历史时期积极探讨和积极实践的问题。戏曲艺术与电视媒介的结合,形成电视戏曲这一文艺节目新形态,既是一个戏曲现代化的手段,也是推动传播戏曲的一个新方法。

1.电视戏曲栏目及其主要分类

戏曲是中华民族文化的瑰宝,以其独特的形式在艺坛独树一帜,但随着时代的变迁,审美意识的变化,戏曲艺术面临危机。电视人与戏曲人的协作联合,将戏曲舞台的演出,根据电视艺术特点和表现手段,加以重新编排,便出现了电视戏曲。电视戏曲作为传统戏曲与电视结合所产生的一种电视文艺形态,是运用电视的技术手段,突破了戏曲舞台的时间局限,适当采用实景及镜头组接艺术表现戏曲艺术、反映戏曲文化现象的一种电视文艺节目。

电视戏曲栏目是电视文艺节目中一种主要的节目类型,它是栏目的形式呈现戏曲名段剧目和戏曲名剧全剧,如李瑞环同志倡导并亲自抓的《中国京剧音配像精粹》系列工程等,到本世纪末第四批已经完成。每批50部集,共完成200部集。中国京剧音配像主要是以那些已过世的著名的京剧表演艺术家梅兰芳、张君秋、程砚秋、谭富英、马连良、尚小云等原唱录音为基础,由他们的传人或后代来扮演唱段中的角色,并把二者合成起来。例如:《青霜剑》原唱录音主演程砚秋,配像主演李蔷华;《哭灵碑白帝城》原唱录音主演奚啸伯配像主演张建国;《洪羊洞》原唱录音主演谭富英,配像主演谭元寿;《打渔杀家》原唱录音主演梅兰芳、马连良、叶盛章,配像主演董园园、张学津;《鼎盛春秋》原唱录音主演谭富英、裘盛戎,配像主演谭元寿、孟广禄;《杜十娘》原唱录音主演荀慧生,配像主演孙留敏;《将相和》原唱录音主演马连良、袁世海,配像主演冯志孝、吴玉璋;《霸王别姬》张君秋、刘连荣,配像主演扬淑蕊、景荣庆;《金山寺断桥》原唱录音主演尚小云,配像主演孙明珠。

电视戏曲节目以其艺术性、娱乐性、参与性为一炉,具有愉悦心神、陶冶情操的娱乐功能,深受戏迷观众的欢迎和喜爱,在电视屏幕上焕发出勃勃生机。从央视的《九州戏苑》,河南卫视的《梨园春》,洛阳电视台的《河洛戏苑》,到2005年河南梨园频道的设立,都已成为各自传播平台范围中的知名品牌,他们都在为推进戏曲艺术的发展做着不懈的努力。

戏曲作为一门相对独立的电视艺术,其内容是丰富多彩的,有传统的、有新编的、有现代的,还有各地方的戏曲等,而电视有其声、光画面和拍摄手法等表现手段的多样性,电视戏曲节目将电视和戏曲这两门艺术相结合,则派生出各种各样不同样式的电视戏曲节目。电视戏曲节目大体可以分为:电视戏曲栏目、电视戏曲专题片、戏曲电视剧、电视戏曲综艺。

2. 电视戏曲节目的制作方式

舞台戏曲和电视戏曲的表演环境不同,表现手段不同,决定了它们各自的特性。舞台戏曲是演员在剧场直接演给观众看;电视戏曲则是在运用舞台戏曲表演的基础上,加以电视化。应当说,这是各具特性,各有着自身艺术表现手段的戏曲品种。然而从发展前景看,"戏曲电视"这门艺术样式显然占有强大优势。从电视戏曲的本体来看,戏曲是母体,电视是载体。它是把写意的戏曲与写实的电视和谐统一地融为一体的混血儿。戏曲适于电视表现的各种艺术形式(包括部分舞台程式),强化戏曲审美追求,这就需要协调好写意与写实的关系。所以,正确地处理虚实关系,是从舞台戏改编或转型为电视戏曲的关键。

中国电视戏曲节目的制作观念变化经历了三个阶段。

一是起步阶段。即从专场录像到欣赏类和专题类节目的盛行。20世纪60年代中期至70年代末,随着电视技术的更新和电视手段的丰富,电视戏曲编导为了增强电视表现力,不再满足照搬舞台,而将戏曲演员请到演播室,运用电视的独特视角,从舞美、灯光、现场调度,到剧本的修改、演员表演、化妆,都重新设计和安排,专场录像成为这一时期电视戏曲的主要存在形式。戏曲电视节目也比原有的舞台剧节奏更加紧凑,画面更加符合观众的审美需求。加之电视录像设备的使用,尤其是彩色电视录像设备和彩色转播车的引进,使电视节目不再是转瞬即逝,而能制成磁带得以保留、交换和重播。由此产生的后期编辑,又为电视戏曲的再加工和再创作提供了一个广阔的空间。

二是发展阶段。20世纪80年代后期至90年代中期,是电视戏曲的大发展时期。这个时期的电视戏曲节目既保留了实况转播和专场录像的形式,又呈现了形式多样、风格迥异的发展趋势。欣赏类和专题类节目日益受到人民群众的关注和喜爱。实况转播、专场录像、综艺晚会中戏曲节目、电视戏曲晚会、电视戏曲艺术片、综合戏曲栏目、竞赛类戏曲节目等在群众中广为流传。

三是丰富和充实阶段。20世纪90年代中期至今,随着各级电视台戏曲频道或戏曲栏目的开设,电视戏曲进入了一个崭新的时期,即"戏曲荧屏化"日益显现:节目时间大量增加,节目内容更加多姿多彩。这一时期的电视戏曲节目更加注重对老一辈艺术家遗产的保护和继承,如央视戏曲频道(CCTV11)增加了"音配像"栏目。同时,更加注重观众的参与性,许多栏目集竞赛性、趣味性于一体,将普通观众推向舞台,给了戏曲爱好者一席之地,给了众多戏迷票友一个展示自我的平台。同时,节目的艺术性也普遍提升,许多戏曲电视节目思路活跃,大胆创新,将内外景结合,制作了很多精美的戏曲MV。

受此观念变化影响,当前电视戏曲的制作方式也有了新思路。

(1)现场直播、录播方式。这种制作播出方式,主要是在演播室里进行的制作。现场采用多机位拍摄,镜头进行景别处理,运用运动镜头,画面叠加字幕等等。现在,直播或录播的仍然是戏曲传播的重要手段:如中央电视8台的《戏苑百家》《戏曲大舞台》《名段欣赏》《戏曲直播》等栏目,专门直播或录播原汁原味的戏曲舞台表演节目,仍然吸引着许多戏曲忠实的观众。目前,直播或录播的电视戏曲不仅具有生命力,甚至还在产生新品种,如音配像戏曲艺术精粹录像、戏曲舞台纪录片、戏曲名段卡拉OK录像带、戏曲电影光碟等。虽然电视的手段用得不多,但随着时代的发展和观众市场的需要,产生了新品种。直播或录播的电视戏曲,目前大部分出现在电视戏曲栏目中。电视戏曲的直播或录播主要还是传播和介绍传统的戏曲艺术,其电视的手段运用较少。

(2)电视戏曲的多样化电视制作。这种电视戏曲的制作方式主要指根据电视艺术的思维,制作上更多地采用电视的手段,对戏曲节目进行电视化的镜头设计和后期制作,真正地运用"电视"来表现"戏曲"。1979年,越剧电视剧《桃子风波》的拍摄标志着"电视戏曲"的"真正荧屏化",使电视手段从"为戏曲服务"开始转入"用戏曲来制作",开始转入电视的自觉阶段。

说到"戏曲荧屏化",就不得不提到"梨园春现象"。《梨园春》是"戏曲荧屏化"的一个代表性缩影,是河南电视台一个坚持了多年的王牌戏曲栏目。1998年初,《梨园春》进行改版,反响平平;约半年后,加入了擂台赛的方式和内容,一下火爆起来,省内平均收视率达22%以上,最高收视率竟达29%,影响波及东北、新疆、四川等省区。不仅如此,在该栏目的带动下,河南的许多电视台都办起了与此类似的戏曲栏目,且大部分都有可观的收视率,形成所谓的"梨园春现象"。《梨园春》的走红,是因为它恰恰最集中地体现了戏曲(恰好也是电视)走向的最大特点。荧屏化自不必说,从栏目内容来看,《梨园春》有戏曲精品的高水平表演,有名家名段荟萃,并以擂台赛、直播热线、专家点评、走出演播厅到观众中间去摄制等方式和手段,调动观众群体的积极性和扩大参与面,将大众消费文化功能、戏曲自娱功能发挥到最大限度。正因为如此,《梨园春》作为地方台的栏目,其影响才波及全国,成为一个知名的电视品牌栏目。

第二节　电视戏曲节目类型解析及其编创特点

中国传统的戏曲在与电影和电视相结合,尤其是主要以电视媒介作为载体后,已经改变单一的舞台表演形态,呈现出多元的趋势。又由于电视媒体的强势传播,戏曲文化得到了全方位的普及和弘扬。电视戏曲节目的创作余地变得越发广阔,不再仅仅拘泥于"戏曲影视剧"的单一途径。多种形态的探索,多种风格的追求,恰恰可以适应多层次、多口味观众的需求。音像出版物、电子出版物的盛行,已经开始改变单一的剧团组织机构和演员中心制,出现了商业化的"制片人制"和"导演中心制"演出模式。多媒体和数字网络的普及,又将缩短生活中的时空距离,改变你演我看、你放我听的单向传播模式,给演员以灵活的表演空间,给观众以更大的选择余地,给批评家和学者以更多的研究领域,从而为戏曲艺术带来新的发展机遇。

纵观电视戏曲的发展,从内容选择和电视呈现手段、方式的角度看,电视戏曲节目的类型大体上可以分为四种,主要包括:戏曲纪录片(戏曲专题片)、戏曲影视剧、戏曲栏目(戏曲文化片)和戏曲综艺。

一、电视戏曲纪录(专题)片的类型及编创特点

1. 电视戏曲纪录片(戏曲专题片)的编创

电视戏曲纪录片也被称为电视戏曲专题片。因 20 世纪 80 年代中国电视业提出电视专题片这一概念,甚至一度学界还存在纪录片与专题片之争。近年来,专题片的叫法逐渐淡化,因为中国电视专题片的称谓所指与纪录片发展史中的几个类型均所指含义相近。[①] 所谓电视戏曲纪录片(戏曲专题片)是指独立地按照专题片创作规律专门拍摄的,表现戏曲艺术、戏曲文化、戏曲艺术家艺术生涯等内容的电视专题片。电视戏曲专题片具备一切电视专题片的特性,同时又具备自己鲜明、独特的个性。

电视戏曲纪录片,相当于剧场录像。主要运用影视的记录功能,将舞台戏曲原汁原味地搬上屏幕。如《梅兰芳的舞台艺术》,京剧影片《群英会》、《雁荡山》,豫剧影片《七品芝麻官》等。此类作品一方面具有戏曲史料价值;另一方面因舞台表演艺术本身炉火纯青,所以不需过多的影视加工。其最大的特点是:①内容的真实性和专一性。它表现的是现实生活中的真人真事真景,是已有的现象和曾有现象的痕迹,不能虚构,排斥表演。②内容的深入性和思辨性。它不满足于记录个别事件、反映生活的表象,避免落入图解概念的模式,力图艺术化地反映生活的真实,揭示生活的底蕴,揭示社会、人生的种种规律和意义;③专题片在电视技术手法方面有更深入广泛的尝试,能够调用艺术手段来体现理想。因此,在各个种类的电视艺术形式中,专题片也是一种最具综合性的节目类型,兼有艺术性和新闻性特点,可以调动多种艺术手段来表达主题思想。

2. 电视戏曲纪录片的细分类型

电视纪录片(专题片)的历史很短,从 20 世纪 80 年代才开始出现。电视戏曲专题片,既是包容戏曲的艺术,也是包容电视专题片的创作方式,故而既有专题片的体裁特点,也具有戏曲独特的艺术特点。它真实又朴实,具有思辨

---

① 纪录片发展过程中因导演秉承观念差异,几乎同时出现了四种类型:格里尔逊模式(画面加解说),真实电影模式,导演(记者)介入模式,综合评论模式(《新闻调查》的模式)。中国 20 世纪 80 年代提出的"电视专题片"概念含义与纪录片除"真实电影"外的其它三个模式相似,国外也通称纪录片。近年中国学界基本认同此观点。——作者注。

性,体现着创作者独特的个性追求和对戏曲艺术的领悟。同时,电视戏曲专题片可以不拘一格,根据题材和编导的创作追求和风格特点,根据搜集到的素材做成各种各样的类型。而且还可以与其他领域的内容交叉融合,做成复合化的新类型。

电视戏曲专题片的类型可分为:①知识报道型。知识报道型指对戏曲艺术和戏曲文化的有关知识作普及报道性的专题片,这又分写人与论事两类,如电视戏曲专题片《京剧名家迟小秋》就属于写人的类型。②文化思考型。文化思考型指运用戏曲艺术的素材,对戏曲文化和中外文化的有关侧面作较为深入探讨的一类,这是最体现专题片特性的样式。③赏析型。赏析型指对戏曲艺术的优秀作品做评论和鉴赏性加工的一类。要制作好电视戏曲专题片,必须解决好真实性和文化性两个方面的结合问题。

二、戏曲影视剧的编创规律

戏曲电视剧,是一种具有独特艺术品性的新样式。它既不是原来意义的戏曲,又与单纯的电视剧不同,它是戏曲与电视剧结合的产物。戏曲电视剧诞生于 1979 年,当时采用实景拍摄的方法,制作了越剧《桃子风波》和《孟丽君》,此后各种戏曲电视剧相继踊跃,如京剧《膏药草》、评剧《三醉酒》等。

"戏曲影视剧"类型是利用影视剧的叙述方式,采用比较生活化的画面拍摄,适当穿插戏曲手段。此类作品,特别是"戏曲电视剧"有颇多争议,成败得失均皆有之。是否叫"戏曲故事片"或"戏曲电视剧"尽管可以讨论,但是将戏曲艺术手段运用于电影故事片的例子并不少见,如香港影片《三笑》大量使用锡剧、沪剧、淮剧的江南小调,是上海"滑稽戏"的路子。"武打片"则大量吸收戏曲武打技巧,加以生活化、影视化的改造。它们之所以未称"戏曲故事片",是因为不使用舞台时空,抹掉了虚拟化、程式化的舞台表演痕迹。类似的情况无独有偶:美国好莱坞影片往往借鉴"百老汇戏剧"模式,将歌曲、舞蹈、打斗、滑稽等表演技巧融入故事片,但不称"百老汇戏剧片"而称"歌舞片"、"打斗片"、"滑稽片"。在中国目前的创作中,某些生活化较浓、程式化较淡的剧种或剧目往往采取保留戏曲唱腔,实景拍摄的方法,如越剧影片《红楼梦》、豫剧影片《朝阳沟》,以这种方式摄制的电视片,目前称之为"戏曲电视剧",如黄梅戏电视片《家》、《春》、《秋》和越剧电视片《秋瑾》等。

戏曲影视剧类型,充分发挥影视艺术的再创造功能,使戏曲艺术在影视屏幕上焕发新的光彩。由于不同剧种、不同剧目"唱念做打"的艺术表现形式和"程式化"程度不尽相同,所以此类作品应该因"戏"而异,在尊重戏曲艺术神韵的前提下,以影视手段"锦上添花",如越剧影片《梁山伯与祝英台》"十八相送"

一场,配以诗情画意的荷塘、并蒂莲、鸳鸯;黄梅戏影片《天仙配》,七仙女在云雾中下凡,俯瞰人间美好的自然景色;京剧影片《野猪林》,以影视语言配合国画大写意的意境;京剧影片《杨门女将》,强调影视画面的形式感、装饰美;京剧影片《李慧娘》,神鬼世界运用大量的电影特技。

戏曲影视剧既有影视剧创作特点,又有其独特的创作规律:

1.电视剧的创作在录制上基本采用电视剧的时空规范和审美原则,主要运用电视镜头叙述故事、刻画人物,并把电视剧和戏曲融为一体。

2.置景上既可采用实景,也可采用影视搭景,只要比较逼真、有生活感就大致可行。

3.在表演风格上,主要向生活靠拢,基本上取消脸谱和程式虚拟动作;但要使生活动作适当舞蹈化,也可能改造利用某些戏曲旧程式,尽量做到在写实为主的前提下保持一定写意性,并使全剧载歌载舞的整体风格和谐统一。这就要求导演不但必须懂电视剧,而且必须懂戏曲。

4.在语言上基本采用母体剧种的地方话,但要取消韵白,并尽量讲地方官话,避免使用生僻的土话俚语,以提高其普及性。而对于地方话普及性较少的,可采用叠字幕的方式。

5.在音乐上,要使母体剧种的音乐和唱腔贯穿全剧,并在保持其主旋律和特有音乐味的基础上不断加以丰富和改革创新。要恰如其分地运用唱腔和音乐(包括敲击乐)来抒发感情、烘托情绪、塑造人物。主题曲力争能广泛流行。但一般不宜脱离母体剧种音乐,搞成普通流行歌曲。

6.在角色扮演上,倡导男演男、女演女、少演少、老演老,对现代戏曲电视剧尤应如此,否则令人感到太假。

三、戏曲电视综艺的类型及创作思路

"戏曲电视综艺"指戏曲艺术因子与其他艺术元素,如歌舞、小品、音乐MV等相结合,充分运用电子技术手段对戏曲艺术进行二度创作,既突出发挥戏曲的艺术价值与魅力,又充分体现电视技术创作功能的一种电视综艺节目。综艺类的电视戏曲大都只保留了戏曲诸多艺术元素的一部分,有的得戏曲之"声",有的得戏曲之"形",有的得戏曲之"神",有的只得戏曲之"影"。但无一例外,它们来自戏曲,脱胎于戏曲,吸取了戏曲的一部分精华,同时与电视化合,借助电子技术神奇而特殊的创作功能,产生全新的艺术形式。

电视戏曲综艺节目归属于电视综艺节目,但由于戏曲的介入而具备自身鲜明的、独特的个性。综艺类电视戏曲,可以说是最活跃、最无定型、最新颖可爱的一类形式,也是最具现代审美特色、最能为年轻观众接受的一种形式。

目前电视屏幕上的电视戏曲综艺节目有很多样式：

1. 戏歌。戏歌，显然是戏曲之"声"

戏曲的旋律，经过了千锤百炼，具有浓郁的民族文化风格和淳美的韵味，动听动情，能调动人特殊的文化感受和体验。戏歌化用戏曲的曲牌、曲调，填上反映当代人生活情感的歌调，用歌唱的发声和现代感的配器，古为今用，歌曲具有独特的艺术魅力，很受听众喜爱。

"戏"与"歌"结合成的"戏歌"，目前存在的形式大致有两种：一种是改造流行歌曲、脍炙人口的历史歌曲和好的美声歌曲；另一种是创新、改编成为戏歌的知名歌曲，保留了原歌曲主要的旋律和内涵，又增添了戏曲的声韵，比一般通俗歌曲更富地方色彩和民族风味，受到观众的热烈欢迎。

2. 戏曲 MV

戏曲 MV 是以戏曲唱段为依托制作的 MV，是将优秀的戏曲唱段与不断变化的电视画面结合成视听一体的形式。它目前还不流行，还只是音乐电视兴起之后刚开始尝试的样式。优秀的唱段大都经历了舞台实践的锤炼，经过了许多戏曲艺术家的推敲，往往凝聚着故事情节和人物内心强烈情感，叙事与抒情水乳交融。运用电视手段，打破舞台的时空界限，采用特殊的拍摄技巧、多变的别景、光线、色彩甚至三维动画特技，诠释"唱段"的内涵，强化演唱效果的冲击力和渗透力，吸引观众，打动观众。如起名《心曲》的一组六个越剧MTV 就拍得清丽古雅，每一幅画面都像一幅"高调"拍摄的艺术照片，充满浓郁的浪漫色彩。

3. 戏曲歌舞、戏曲小品

综艺晚会中的戏曲节目，包括戏曲歌舞、戏曲小品等，可以说得戏曲之"形"或戏曲之"影"。这类节目是戏曲的元素加上其他艺术形式的元素，再与电视化合而成，是一种新的艺术样式。在综艺晚会中，最常见的节目形式就是戏曲歌舞、戏曲经典段落演唱和戏曲小品。另外还有新生的不可归类的戏曲综艺。

戏曲歌舞是戏曲与歌舞的化合。由于歌舞节目场面大，演员多，常常用于渲染烘托气氛。所以戏曲歌舞中有一种就是"开场歌舞"，用妙曼的戏曲舞蹈、重新配词的戏歌、热烈的戏曲锣鼓，浓浓地渲染喜庆。戏曲名段还有一种倾向，是变换伴奏乐器以期获得不同凡响的艺术效果。较常见的就是交响乐伴唱，甚至电声音乐伴奏。戏曲小品是电视戏曲节目中观众最喜闻乐见的形式。因其短小、冲突集中，在晚会上得到广大观众的喜爱。小品与戏曲相结合，节目也就更精彩、更好看了。较早的戏曲小品是 1989 年的春节晚会上的《断桥》。由越剧、川剧和豫剧三个剧种的三个演员来扮演《白蛇传·断桥》这折戏中的白娘子、小青和许仙。三个剧种艺术风格各不相同,道白方言互不相通。不同性格的情节发展过程中又引起各种冲突和矛盾。每人各唱各的腔,各说各的话,各行各的事,表演的都是各个剧种中有特色的名段,使观众在轻松愉快中过了把戏瘾。

四、电视戏曲节目与"栏目化"、"频道化"策略

电视戏曲节目(也称为戏曲文化片),是指充分发挥影视作为大众媒体的传播功能,重在记录舞台内外的戏曲文化事件,每天定时在电视台播出的归纳在各种栏目中的戏曲节目。此类片种大量运用于电视戏曲栏目,如报道性专题(人物、事件)、知识性专题(剧种、剧目、戏曲常识)、鉴赏性专题(艺术欣赏),服务性专题(听戏学戏)等。

1. 电视戏曲栏目的发展及变化

电视戏曲栏目开办较早的是中央电视台,1985 年推出的《戏曲欣赏》和1986 年开办的以播出各类演出录像剪辑为主的《电视剧场》是中央电视台最早开办的戏曲专栏之一。此外,其它较早开办电视戏曲栏目的,还有 20 世纪90 年代前后北京电视台的《菊苑乐》;天津电视台的《戏曲之花》、《金艺戏曲》;上海电视台的《戏曲大舞台》等。

自 1984 年以来,《戏曲大舞台》专栏播出了中青年演员的"南北大会串";著名京剧艺术家的交流演出以及越剧大奖赛等等,在社会上产生了较为广泛的影响。《大舞台》还播出过娱乐性较强的"时装比赛戏曲演唱会"、"红娘晚会"、"三个何文秀"、"刘姥姥逛大观园"等,都受到了当地观众的欢迎。在"演员的星期天"这个节目里,俞振飞、童祥苓、朱逢博等知名人士聚集在一起纳凉,由李炳淑主持,生动地反映了艺术家们的业余生活,增加了观众与演员之间的了解。"武功大奖赛",增加了观众对京剧武打艺术的了解和兴趣,也敦促了武功演员的进取精神。

同时期的电视戏曲栏目还有:陕西电视台的戏曲专栏节目《秦之声》,以当地秦腔为主要内容。广西电视台的《家乡戏》栏目采取"拼盘式"结构,荟萃了京剧、外省地方戏和广西地方戏,以及杂技等,以观众点播的形式,把一个个短小精彩的节目串联起来,让观众品尝不同的风味。四川电视台的《川剧欣赏》栏目注意将欣赏性、趣味性和知识性结合起来,从不同的角度介绍川剧表演艺术,既注意介绍优秀的传统剧目,也注意向观众推荐新创作的剧目和整理改编的剧目;既介绍著名表演艺术家的表演特色,也让观众熟悉川剧的后起之秀。

其他一些省市电视台当时还没有设立戏曲专栏,但是也在电视文艺栏目

中安排了相当份量的戏曲节目,如山东电视台的《广告文体大观》、云南电视台的《文化广角》、天津电视台的《点播文艺》、乐山电视台的《文艺天地》,等等。《广告文体大观》栏目采用主持人形式,将广告与短小精彩的体育、杂技、魔术、戏曲、世界珍闻以及文艺节目融为一体,让观众在欣赏节目中接受广告信息。

1996 年 1 月 1 日中央电视台开办了"戏曲·音乐"频道,央视的戏曲栏目也由原来的《九州戏苑》和《电视剧场》两个增加到了六个。除了欣赏性的《戏曲大舞台》、《名段欣赏》、《戏苑百家》、《戏曲直播》等栏目外,围绕着戏曲的新闻报道、艺术研究、人物专访、介绍戏曲知识有了《梨园群英》、《戏曲采风》、《九州戏苑》、《知识库》外,还为戏迷专设了《戏迷园地》栏目。除此之外,国际频道还有一档《神州戏曲》,中国教育台有《京剧知识与欣赏》栏目。

各地方省市电视台根据需要也都设立了自己相应的戏曲专栏,如浙江电视台设立了《荧屏舞台》、《百花戏苑》、《钱塘晚潮》三档戏曲栏目,分别满足不同戏曲观众的需求;北京电视台分别开办过《菊苑乐》、《学京剧》、《戏曲欣赏》和现在的《同乐园》;河南电视台分别开办过《观戏潮》、《百花舞台》和现在的《梨园春》;福建电视台有《闽海观剧》;湖北电视台有《戏曲大看台》;广东电视台有《南粤戏曲》、《缤纷梨园》、《粤韵风华》;四川电视台有《川剧苑》;安徽电视台有《花戏楼》等。

值得关注的还有上海有线电视戏剧频道,是全国第一个戏剧专业的频道。其频道宣传语是"不出家门,天天看戏"。该频道的节目以戏曲、曲艺为主干,开设了 15 个栏目,有《上海大剧院》、《漫游戏曲殿堂》、《七彩哈哈镜》、《戏剧大观》、《喜剧掇美》、《戏迷俱乐部》、《戏曲人》、《戏曲教唱》、《戏剧影院》等。《七彩哈哈镜》更是开创过该台自办类节目在上海各电视台中收视率最高的记录,为普及推广戏曲艺术,提携戏曲新秀起到了积极的推动作用。此外,还通过举办一系列活动,如"温馨杯"戏迷家庭大赛,举办系列庆贺演出,组织上海、宁波、绍兴、杭州、嵊州、诸暨等"小百花越剧团"的诸多明星联袂登台,组织沪剧、京剧、扬剧、滑稽戏等专场演出,组织专家、演员、领导及观众代表参加的恳谈会,并通过制作《上海大剧院》戏曲集锦视频 VCD 的方式,进行多元化的推广和宣传,已建立频道的品牌认可度。

2."栏目化":明确定位与播出时间的设置

电视戏曲栏目中,有的节目定位比较明确、固定。如中央电视台的《名段欣赏》,每期都用 15 分钟播放名家名段。《戏苑百家》每期 60 至 140 分钟,是一个专门欣赏大型戏曲节目的栏目。内容包括平时录制的全国各类戏曲剧种的传统戏、新编历史戏、现代戏、各类大型戏晚会、演唱会、各类戏曲展演、会演、调演的优秀剧目。中央电视台与各地方电视台共同合作录制的《中国地方戏曲精品库》节目,以及中央电视台近几年录制的《京剧音配像》节目。《戏曲大舞台》转播或录播全本的首都各剧场上演的舞台戏曲剧目。《戏曲直播》则是采用现场直播的电视手段,将全国文艺舞台上演出的精彩戏曲节目及时播送到寻常百姓家。内容包括:国家组织的各类大型戏曲展演、会演活动中的精彩剧目演出;各类艺术节中的优秀戏曲剧目演出;专门组织的戏曲名家名段演唱会;各戏曲剧团演出的优秀传统大戏或折子戏专场;各剧团新编、创演出的现代戏及新编历史剧;各剧种的戏曲名家以及新秀的专场演出等。

地方戏曲大省的电视台也有这类戏曲栏目。像浙江电视台的《荧屏舞台》每周播出 100～120 分钟,主要展示戏曲精品和新创剧目。《钱塘晚潮》每天下午播出一部完整的大戏,时间固定,每日换新,收视观众不断增加。这两档也是欣赏性的栏目。四川电视台的《川剧苑》每周播出,每次演出一个完整的剧目,开播时间固定,每日换新剧目,上演的都是川剧名戏,很能满足爱好川剧的观众们的欣赏需求。河南电视台的《百花舞台》,每播出 40 分钟的戏曲剧目,以河南地方戏豫剧、河南曲剧等为主,兼顾全国各地戏种。另外,像北京电视台的《戏曲欣赏》每期 50 分钟的播出时间。其他一些省市的戏曲栏目,也有大抵类似这种内容的栏目定位及设置。

除了戏曲节目欣赏性的固定戏曲栏目外,如中央电视台的《戏迷园地》、《知识库》、《艺术入门·学唱京剧》,北京电视台的《学京剧》等,节目内容定位也比较明确固定。《戏迷园地》每期有 10 分钟专门报道戏迷票友们的活动。同时也请戏迷观众参与进来,给了戏迷们一块诉说心曲、一展风采的园地。《知识库》每期只有时长 5 分钟,请专家来介绍戏曲知识。《艺术入门·学唱京剧》每期 30 分钟,每天在固定时段,邀请全国京剧界的著名表演艺术家、教育家,教授京剧的唱腔、念白、表演、身段;讲解武打、舞蹈、司鼓、操琴以及化妆、脸谱勾画等,以立体的艺术形象去充分展示京剧的魅力。

3. "杂志型板块式"的栏目策略及其特色

有的栏目则是"板块镶拼式"的,内容相对丰富得多,构思更见编导匠心,运用电视手段也较多,更体现电视戏曲栏目的水平。这几年已经涌现了一些影响大,有成绩的好栏目,像中央台的《九州戏苑》、北京台的《戏迷天地》、浙江台的《百花戏苑》等等。尤其《九州戏苑》是全国性著名老牌戏曲栏目。1993年 11 月由原来的《戏曲欣赏》改版而来,几年来为扶植、繁荣戏曲艺术、丰富荧屏成绩突出,是宣传戏曲艺术的一个重要窗口。《九州戏苑》每期限 45 分钟,采用板块式结构,内设 5 至 6 个相对固定或灵活变化的小栏目,内容着眼于戏曲文化的展示和弘扬。这些小的单元栏目各具特点,组合拼装在一起,既保证了内容上的统一性,又像杂志一样内容各有专题侧重。

《九州戏苑》的一些小单元栏目特色如下：①"戏讯专递"栏目，是新闻、信息性节目，它可以将全国戏曲界的动态、主要活动及时传递给广大观众；②"舞台与人生"栏目，以人物小专题的方式，简洁凝练地将戏曲名家的艺术生涯、师承流派、成就与特点、情感与追求以及生活的侧面展示给观众，使观众通过加深对演员的了解，进而更加了解、热爱戏曲艺术；③"台前幕后"栏目，是向观众介绍一些鲜为人知的幕后英雄，例如戏曲理论、创作、编导、作曲、演奏等领域的名家，在舞美、服装、化装、道具等方面做出成绩、为戏曲事业默默奉献的工作人员走上屏幕，缩短戏曲与观众的距离，也有表彰无名英雄之意；④"今日头牌"栏目，选择某戏种卓有成就的名家及后起之秀，展示他们的名戏名段及风采，让观众领略戏曲花苑之多彩与绚丽；另外，还有"戏曲百味"、"票友天地"、"占韵新风"等等。这些小栏目通过每期灵活组合，使《九州戏苑》整体节奏明快、信息量大，在保持欣赏性的同时也充实了知识性和参与性。

浙江电视台的《百花戏苑》节目也是一个拥有众多观众的戏曲栏目。《百花戏苑》观众对象定位在年轻戏曲观众，每周播出 30 分钟。这个栏目下设 10 个小栏目进行轮转，分为知识、欣赏、人物、参与四大类。作为争取青年观众的窗口，这个栏目追求创意新颖、精良制作，既努力保持戏曲艺术的高雅文化品质，又较充分地发挥了现代传媒手段的艺术优势。特别是《百花戏苑》开办之初就注意树立牢固的观众意识，提出了"做戏曲界的知音，成戏迷们的朋友"这样的口号。因此，《百花戏苑》每季度还举办一期特别节目"戏迷乐"文艺晚会。利用晚会节目短小精悍、活泼有趣的特性吸引更多的戏迷观众。

北京电视台的戏曲栏目面向北京、天津和河北地区的观众。这是一个深受戏曲浸润的观众群，懂戏爱戏。北京电视台承办的《菊苑乐》、《戏迷天地》栏目力求高水平、宽视野，做到议论精深、内容亲切朴实。北京电视台的《戏迷天地》开办得较早。现在的"话说戏曲"、"名家说戏"、"名段欣赏"、"今天我来唱"、"戏曲箴言"等等小栏目都贴近戏迷观众，很有京味特色。"话说戏曲"小栏目，努力关注戏曲热点，讨论的题目很有针对性，也有广泛的代表性。探讨时尽量深入一层，聊完戏还能给人以启发。"今天我来唱"继续保持戏迷的参与性，专门请专业乐队给戏迷伴奏，录制他们的精彩唱段，在专业演出和戏迷观众之间架起了一道空中桥梁，深深吸引了戏迷观众。有的观众从安徽、河北甚至海外赶来，献上自己的拿手好戏，《戏迷天地》至今仍拥有不俗的收视率。此外，北京电视台 1999 年开办的《同乐园》栏目，也是一个打破传统戏曲节目制作思路的新型栏目，以"欢快、活泼、热烈火爆、竞争"为基调。这个栏目由"竞猜急急风"、"梅花三弄"、"去伪存真"、"嘉宾学戏"、"同喜同乐幸运抽奖"等富有创意的小板块轮换拼接，是一个定位于为喜爱戏曲又不大懂戏曲的观众提供丰盛的电视戏曲文化套餐的栏目。

4.频道化:专业戏曲频道中的栏目设置新思路

中央电视台1999年8月对"戏曲·音乐"频道各栏目进行调整后,增加了新栏目叫《新视听》。这个栏目由三个子栏目《当代音乐台》《艺术无极限》、《今日过把瘾》组成,是一个集音乐、文化、戏曲为一体的大型综合栏目,其中子栏目《今日过把瘾》以传播戏曲知识、满足戏迷需求、真诚为戏迷服务为宗旨。更加注重观众的参与性,在邀请著名戏曲表演艺术家和各界明星参与表演的同时,以游艺形式吸引观众参与。让观众不仅能欣赏到精彩的戏曲表演节目,同时还能在学唱、学演过程中更加体会到戏曲艺术的精妙。

河南电视台的《梨园春》栏目,1999年再次改版。经过充分酝酿、讨论,决定把《梨园春》作为河南卫视的重点栏目、拳头栏目来办。新版《梨园春》延长了节目时间,由每期50分钟延长为每期90分钟。原来的50分钟,节目容量较小,每期五六个节目,许多观众感到不过瘾,纷纷来信要求延长时间;现在改为90分钟,就在长度上和节目容量上满足了多数观众的要求,同时增加了播出密度,即从原来的隔周一期改为每周一期。

此外,在已有大量固定观众群的基础上,河南电视台2005年又开办了河南梨园频道。专业频道的设立加大了戏曲节目内容量,研发并采用了一些新的呈现形式手段,更为观众增强了视觉冲击力,激发观众的观赏兴趣。专业频道的设立还扩充了各类戏曲节目的内容,即不仅有本省剧种的名家、名剧、名段,还选做了省外一些剧种的名家、名剧、名段,如京剧、评剧、河北梆子、黄梅戏、越剧、川剧、晋剧、秦腔、二人转、昆曲等。不光有戏曲,还吸收了与戏曲相近的姊妹表演艺术,如相声、戏剧小品、杂技、曲艺等。更重要的变动是加强了观众参与。从形式上说,有戏迷参与的"擂台赛",有现场观众参与的类似"戏曲选秀"的如点戏、打分等,还有电视机前的观众参与的,如回答问题、拨打168声讯电话点戏等。从份量上说,河南梨园频道各类戏曲节目的观众参与度,目前几乎占了频道节目的一半,也为戏曲专业频道提供了一个强化互动性的范本。

从电视戏曲频道的栏目设置来看,如果从戏曲被改造的程度这个角度来观察的话,可分这样三类:一类是原生态型,是原汁原味的,未经电视改造过的,基本保持舞台表演原始面貌的栏目;第二类是栏目化型,经过了电视栏目化改造,在节目原素材基础上经过了技术处理,或加评说,或加快、放慢,或有画面切割镶拼,或经动画处理;第三类是"创新型",是节目形态都大加改动的,编导的制作思路是抢占荧屏"制高点",紧跟娱乐兴奋潮流,将戏曲改制、包装成时尚的各种形式。不管哪一类,电视戏曲栏目都为戏曲提供着演出舞台,为观众提供了观赏戏曲的美好窗口。

、电视戏曲栏目具有所有杂志性节目的共性:每个栏目有特定的名称、标志和内容范围,在表现形式上各自讲究一定的特色和格调,播出时间长度和周期是固定的;同时,由于戏曲艺术的介入,电视戏曲栏目又具有自身鲜明的、独特的个性,它围绕戏曲艺术和戏曲文化构架、竹日,介绍、分析评论戏曲名家名段,还注意观察研究戏曲与其他艺术的关系,并及时播报戏曲发展演出的新动向。

电视戏曲节目具有其鲜明的特征:

(1)包容性。一是电视戏曲节目的包容性体现在其内容上。它的内容可以包罗万象,相互之间无须太多的关联,只要某一点符合栏目名称就可以。二是形式的包容性。它可容纳直播、录播及利用各种电视手段制作的各种形式的电视戏曲。戏曲栏目可以做成专题与欣赏结合的节目,如《戏曲采风》、《梨园群英》。可以做成游艺性娱乐杂志型节目,有竞猜游艺的内容。三是风格的包容性。电视戏曲栏目可以根据不同的定位形成不同风格,或沉静,或诙谐,或优美,或玩闹。甚至同一个栏目,根据不同内容和编导个人艺术追求而呈现不同的风格,诸多艺术风格在电视戏曲栏目中可以兼容并蓄。

(2)机动性。一是电视戏曲编排方式的灵活性。电视戏曲栏目小板块的形式,有利于选取戏曲精华,使节目编排机动灵活。有些节目可以根据某个主题来编排某一期或一组系列栏目的内容;也可以相对散漫,板块式组合;还可以将自创节目与现成节目混合编排。二是其内容选取方面具有鲜明的机动性和灵活性。选取戏曲专题片,既可以整部(整集)地播出,又可以每部、每集分几次播出;甚至可以拆出段落、资料来做其他节目的素材、例证。三是栏目的选材、主题的灵活性。编导可以竖向思维,以某题材的发展演变来构思组合,编成一期节目。总之,选取内容的长短、编排组合、题材的选择以及播放位置可以非常机动灵活。只要编导有完整的构思,有统一的艺术风格,有精心的串联编排,都可以做出好看的戏曲栏目来。

(3)大众性与观众参与性。与戏曲专题片、戏曲电视剧和戏曲综艺相比较而言,戏曲栏目最具大众性,最容易得到观众的反馈并能最快得到相应改进。戏曲栏目天天定时定点播出,对于爱好戏曲的观众朋友来说,好像是一位忠实的老朋友。观众与之爱好的电视戏曲栏目节目天天见,所以对节目中的优劣就有了自己的看法,而且通过各种方式反馈给创作者。电视戏曲栏目化,是电视发展到一定时期的必然结果。戏曲栏目既然每天定时在播出,那么与其他三类电视戏曲相比,显然其形态一定要多变并具有更强可塑性,也是最经常面对观众的一个类型。因此,电视戏曲栏目质量的优劣对于争取观众收视的关系意义重大。

五、电视戏曲节目的编创原则

电视戏曲既然是电视文艺重要的组成部分,它在继承弘扬中国传统戏曲艺术方面承担着不容推卸的历史使命。戏曲艺术延续了几百年,是民族文化艺术的瑰宝。但是,在新的历史时期怎样顺应时代而创新发展,依然是一个难题。虽然任何一种艺术的成长、发展、兴盛、衰落有它自身的规律,戏曲的兴衰也一样,但是作为电视传媒人有责任在促进戏曲的再生、创新传播方面做一点付出。目前的戏曲栏目,应该说有了许多骄人的成绩,但仍然有很大的改进余地。作为电视文艺编导要想把戏曲节目做好,有几个原则问题需要注意:

1. 明确的定位问题

栏目有栏目的定位,节目有节目的定位。戏曲栏目和戏曲节目的编创也存在定位的问题,节目到底针对什么样的观众群,做成什么品位的节目? 是做成复古性节目,强调原汁原味以满足老戏迷? 还是做成改头换面的新潮娱乐节目,用戏曲作异样口味的调味品来吸引当前的青少年一代? 或是认真分析可能的各个层次的观众,设置分工更明确、更有针对性的栏目? 总之这些疑问在构思和制作节目前都需要认真论证。

目前,很多的电视戏曲栏目和节目定位给人的感觉是焦点不够准,有点"两头不讨好":老戏迷、老行家觉得不够味、不地道、小玩闹;年轻观众觉得太陈旧、太缓慢、不耐烦、看不懂。作为频道,可以考虑几个层次的受众,立足于基本观众,争取其他层次的观众,通过不同的栏目满足较大范围的观众。作为栏目,定位要更细致。各个栏目允许有交叉,但不要面目模糊,相互混同。以央视戏曲栏目为例,《九州戏苑》跟《梨园群英》就有较大的交叉混淆,《戏曲采风》跟《名段欣赏》、《梨园群英》也易混淆,而《戏苑百家》、《戏曲大舞台》、《戏曲直播》等三个栏目的侧重点和差异性也不够明确。

在考虑定位问题时,有两点要注意协调平衡。①戏曲的文化品位与娱乐性的协调问题,②舞台艺术与写实艺术的协调平衡问题。戏曲是一种文化,它凝聚着历史的、文化艺术的符号。它的各种程式是当时社会生活、文化历史的象征。与当时的观众有一种解读的共识,但今天的观众却有着欣赏的障碍。它反映的制度习俗、思维方式,对于今天的青年是陌生的,不可理解和不好接受的。关键在于设置栏目的指导思想要清醒,要注意解析与普及。可以在解析、普及的基础上发挥戏曲的娱乐功能,先让不懂戏的观众能看懂,然后才能品味到它含蓄的优美,产生兴趣和爱好。定位明确了,每个栏目的规划就相对好做了,节目质量也就可以有一个基本的保证了。

2.资源的合理运用问题

资源问题是其他一切电视节目都应该注意的问题。但戏曲栏目与其他电视文艺栏目有所不同的,是戏曲栏目很大程度上可以依靠已有的音像资料。这是栏目的生产资源。关于生产资源,有两个议题:一是资源的运用与开掘,二是资源的保管、储存。戏曲栏目要天天、月月、年年播出,节目需求量相当大。虽说中国戏曲的历史悠久,目前还存活有近300多个剧种,资源称得上丰富。但如果大材小用,细粮粗作,资源也很快就会浪费一空。最后落入让观众颠来倒去看旧剧目的恶性循环。观众失去新鲜感,编导陷入巧妇难为无米之炊的窘迫。

怎样能够将资源用好,借用现代企业的评估标准,其中很重要的一项指标就是原材料的利用率。文艺产品生产也应该讲究利用率,而资源的开掘运用与保管储存是相关相连的。原广播电影电视部副部长刘习良曾经多次提到要"高度重视戏曲图像资料的积累",要"筹建正规的音像资料中心"。这是极有远见的一个思路和方法。资料贵在完整齐全,现在就应该注意搜集过去拍摄的戏曲影片和录制的戏曲电视片,要尽量搜集齐全,分门别类建立档案。中国戏曲这种独特的资源,在未来的国际性信息文化交流过程中,具有重要史料价值。除了运用旧有的演出资料外,戏曲栏目也经常会根据需要组织现拍一些戏曲表演片段。这些新资料同样可以加入到资源库中去,以备在其他节目中反复调用,这些都需要专门人才来进行科学的管理。

3.制作环节应注意的问题

节目好坏当然首先决定于创意和定位,而且制作投入还要受人力、物力和时间的限制。但在同等条件下起作用的主要还是指导思想和制作标准。有高标准,有追求,才会有好节目。戏曲栏目由于它的定期、定时、长期播出的特点,由于它的日常操作性以及对原素材料的大量需要,也容易产生无暇多思、大材小用、浅尝辄止和操作疲劳等等的不足。解决日常播出与追求节目质量之间的矛盾是一个重要的课题。

目前,很多电视戏曲栏目的制作停留在基础、简单的加工上,编导制作环节只是粗针大线连缀成篇而已。电视媒体的技术和传播特长远远没有开发利用,图表、文字、资料、图像的结合、镜头特技、电脑运用等等都谈不上。电视戏曲栏目的成绩衡量的标准,与其它电视栏目一样,参数就是达到优秀水平的比率。如果认真统计、严格要求的话,目前称得上优秀的戏曲栏目并不多,戏曲栏目的制作水平还很不理想。许多电视编导常抱怨观众对戏曲栏目缺乏热情,但是有些时候,不是观众对戏曲栏目不热情,而是戏曲栏目的制作者对观众缺乏真正的了解。现在戏曲音像制品在市场上有很多,观众与其看敷衍了事的戏曲栏目,不如通过音像制品品味自己喜爱的节目。戏曲节目只有做得新颖、有深度、制作精良,才可能迎来热情的观众。

4. 戏曲栏目的主持人问题

在电视文艺栏目中,主持人对节目质量的影响很大,电视戏曲栏目作为电视文艺的一种形态类型,主持人在其中的作用更为重要。几乎可以说戏曲栏目的主持人就是那画龙点睛的"点睛"之笔,是栏目的灵魂。栏目能否成为品牌,主持人就是商标招牌。所以戏曲主持人必须是懂戏曲的、固定的、专职的,不能随便用一个照本宣科读"串联词"的主持人。

有一位好的主持人会带动一档电视戏曲栏目的收视率,如陕西电视台原来主持《秦之声》节目的陈爱美,是一位十分投入、对戏曲真正热爱的好主持人。她经常下乡,6年里走了70多个县市乡,对陕西几十种戏曲了若指掌。她不仅了解这些戏种的特点、著名演员、代表剧作,而且走到哪里学到哪里。现场拍摄的时候,在观众"陈爱美,来一个"的呼声中,张嘴就能唱,而且调动观众一起唱,台上台下全都感情投入,营造出一种戏曲与人水乳交融的情景。她做节目把秦腔作为秦文化的一部分来解读。每到一地,都积极挖掘乡土风情素材,寻找地域文化与戏曲的关系,所以她的节目总是内容丰富,与群众生活贴得很近。秦腔在此之前被人称做活化石,《秦之声》是个再冷不过的栏目。《秦之声》因为陈爱美的主持走近了观众,也成为了陕西的名牌栏目。此外,中央电视台戏曲频道的栏目,因为有了戏曲水平较高的白燕升主持,戏曲节目的整体效果得到了改善。但是,随着2013年白燕升从央视辞职,作为国家台的专业戏曲频道,众多的栏目中表现出"爱戏、懂戏"的主持人并不多,显然对戏曲专业频道的发展不利。

★ 课后研究、思考与训练建议:

● 电视戏曲节目的概念如何界定?

● 如何理解中国戏曲的地域性特点? 试选一个戏曲种类分析其地域文化特征,并形成一篇4000字的小论文。

● 戏曲的"程式化"特征对"戏迷"的影响与电视节目、栏目的模式化对受众的影响是否有相似性? 你对电视节目维持相对稳定的受众群如何理解?

● 目前中国电视戏曲频道的电视戏曲节目有哪些主要节目类型?

● 思考并研究:电视戏曲节目与电视媒介传播的核心矛盾是什么?

● 任意选取一个电视戏曲栏目,找出编导在该栏目中的创作构思特点,并评估其优势与不足。

主要参考资料

著作书籍与辞书：

1.［美］罗伯特·艾伦（Robert C. Allen）编.重组话语频道——电视与当代批评理论（第二版）[M].牟岭译.北京：北京大学出版社,2008.

2.［美］乔治·罗德曼（George Rodman）.认识媒体（第二版）[M].邓建国译.北京：世界图书出版公司,2010.

3.［加拿大］马歇尔·麦克卢汉.理解媒介：论人的延伸（增订评注本）[M].何道宽译,南京：译林出版社,2011.

4.［美］保罗·莱文森（Paul Levinson）.数字麦克卢汉[M].何道宽译.北京：社会科学文献出版社,2001.

5.［美］亚伯拉罕·马斯洛.动机与人格（第三版）[M].许金声等译.北京：中国人民大学出版社,2007.

6.［美］戴安娜·克兰.文化生产：媒体与都市艺术[M].赵国新译.北京：译林出版社,2001.

7.［英］大卫·麦克奎恩.理解电视：电视节目类型的概念与变迁[M].苗棣等译.北京：华夏出版社,2003.

8.［美］约书亚·梅洛维茨.消失的地域：电子媒介对社会的影响[M].肖志军译.北京：清华大学出版社社,2002

9.［美］亚当·斯密（Adam Smith）.国富论[M].唐日松等译.北京：华夏出版社,2005.

10.［古希腊］亚里士多德.尼各马可伦理学[M].苗力田译.北京：中国社会科学出版社,2011.

11.［德］黑格尔.美学[M].朱光潜译.北京：商务印书馆,1979.

12.［德］莱辛.汉堡剧评[M].张黎译.上海：译文出版社,2002.

13.［美］阿瑟·阿萨·伯杰.通俗文化、媒介和日常生活中的叙事[M].姚媛译.南京:南京大学出版社,2002.

14.[奥地利]西格蒙德·弗洛伊德.弗洛伊德后期著作选[M].林尘等译.上海:译文出版社,2005.

15.[美]尼尔·波兹曼.娱乐至死[M].章艳译.桂林:广西师范大学出版社,2004.

16.[英]斯坦利·萨迪,约翰·泰瑞尔.新格罗夫音乐与音乐家辞典(第2版)[M].长沙:湖南文艺出版社,2012.

17.王彩平.电视节目形态研究[M].北京:中国广播电视出版社,2004.

18.李苓.传播学理论与实务[M].成都:四川大学出版社,2002.

19.尹鸿,冉儒学,陆虹.娱乐旋风——认识电视真人秀[M].北京:中国广播电视出版社,2006.

20.李幸.告别弱智——点击中国电视[M].南京:江苏文艺出版社,2000.

21.胡智锋,张国涛等.内容为王——中国电视类型节目解读[M].北京:中国国际广播出版社,2006.

22.张凤铸.影视艺术新论[M].北京:中国广播电视出版社,2000.

23.何丹.电视文艺[M].北京:中国广播电视出版社,2001.

24.仲呈祥.大学影视[M].武汉:武汉大学出版社,2002.

25.王雪梅.中国广播文艺广播剧研究[M].北京:北京广播学院出版社,2003.

26.何晓兵,郭振元.音乐电视导论[M].北京:中国广播电视出版社,2001.

27.张静民.电视节目策划与编导[M].广州:暨南大学出版社,2001.

28.杨燕.电视戏曲论纲[M].北京:中国广播电视出版社,2000.

29.丛林.广播精品探析[M].北京:北京广播学院出版社,2002.

30.朱宝贺,林长风.广播剧导演艺术[M].北京:中国广播电视出版社,2001.

31.何立.艺术词典[M].北京:学苑出版社,1999.

论文:

1.王渝生.电视机发明史话.[J].科学世界,2011(01).

2.王丽.中国广播事业三十年改革历程.[J].中国记者,2008(3).

3.申启武.广播节目:形态变革进行时.[J].中国广播电视学刊,2008(07).

4.陆地.新媒体时代广播媒介如何彰显优势[J].视听界,2009(10).

5.胡妙德.寻找广播文艺创作的佳境[J].中国广播电视学刊,2002(12).

6.[美]戴维·索伯恩.作为审美媒介的电视[J].大众传播的批判研究杂志,1987.

7.[苏联]高尔基.一九三四年和青年作家谈话[M].李玉祥译.北京:中央编译出版社,2010.

8.钱海毅.电视不是艺术[J].当代电视,1987(4).

9.谢文.问题成堆:读《电视不是艺术》一文有感[J].当代电视,1988(4).

10.闻光凯、高燕萍.《中国好声音》:综艺大片时代的先声[J].中国广播电视学刊,2012(8).

11.白朝阳."好声音"唱火了节目版权生意[J].中国经济周刊,2012(33).

后 记

　　本人自 20 世纪 90 代初开始从事电视节目创作,2000 年后从事电视编导和节目策划学的教学和相关的电视学术理论研究,2003 年我和王国臣老师出版了《广播电视文艺编导》,那时的《广播电视文艺编导》一书的出版既是我从业和从教十多年来的一个思考和总结,也是我实践经历后的学理思考的成果,与此同时,在那本教材中更凝结了王国臣老师近三十年广播电视创作的心得和经验的理论总结。那本教材推出后,反映还是比较好的,有许多一线的编导看了教材后,还专门写信给我,认为:该书最大的特点是理论联系实践,具有较强的实际指导和操作性。与此同时,该书先后被许多院校作为本科学生和研究生教材,书的采用量也比较大,对此,此教材也被评上浙江省"十二五"重点教材,浙江大学出版社进行了多次重印。然而随着广播电视事业和电视节目内容的飞速发展,电视节目的形式和节目业态的变化是月新年异,虽然电视节目创作的基本概念和理论与规律有一定的固态性,但是随着电视节目现况的发展,新的观念和新的节目不断涌现,虽不能讲现在呈现在电视屏幕上的新栏目和新的节目形态比以往已调整下去的栏目和节目都好(其实在调整下去的栏目和节目中的确也有许多既有文化品位又有可欣赏性的好栏目和好节目,他们都可以留驻在中国电视节目的史册上,在今天的这本新教材中我还是例举了许多,我们不能因为这些电视节目的不存在就忘记这些精品的好节目,忽略这些电视节目策划和编导对当下节目创作的启发和借鉴价值),但毕竟当下还是有不少可述可点可学习的好电视节目,与此同时,有些节目内容也有些过时,对此,在 2010 年之后我就萌动要把我 2003 年之后关于广播电视编导的内容再充实,要把以前粗线条的内容再细化,要把对当下鲜活的电视节目变化思考融合进去的念头,于是我就找到了我的同事张忠仁老师,与他商量,是否能与他合作,打破原来的结构和框架,重新写一本广播电视文艺编导教材。我们一起研讨章节和具体的内容,前后三年终于把这本新教材写出来了。

当下培养电视编导与播音主持等广播电视专业的院校发展很快很多,根据教育部全国戏剧影视类教学指导委员会的数据,全国就培养广播电视编导和文艺编导专业的院校有 195 家,然而在培养电视编导、播音主持、摄像和电视制作等人才中,电视节目编导的培养是越来越重要了,而现在出版的电视文艺编导的教材,不少都是多年之前出版的,与飞速发展的广播电视文艺节目的实际有着一定的间离,其理论与节目编导实践也相对偏文艺理论,有些还不是真正意义上的广播电视节目编导的创作,创作指导尚未达到入木三分的境界,因此,在新的广播电视形式下,从培养广播电视文艺编导人才的角度和丰富建设广播电视艺术学的角度,出版一本新的广播电视文艺编导教材是有现实意义和现实必要性的。

随着广电传媒频道专业化的发展,随着教程写作的深入,越来越感触到电视节目策划和编导之重要,而业界和学界对节目策划和编导这方面的研究显然比具体节目编导和策划实践发展逊色得多。由于电视媒体的发展和变化特别之快,收集的素材和资料难免有难以穷尽之处,尤其是本人对问题的研究和看法,有些不完善之处必然是会有的。本书仅仅是再次抛砖引玉,以引发更多学者来关注和写出更好的电视文艺节目编导的教材来,大家一起为建构起真正的广播电视艺术学作出自己的一份贡献。广播电视传媒在前进,我们的思考和研究也应与此相适应,这是广播电视传媒交给我们这一批电视教育者和广播电视研究者的使命,因为我们的工作和生命是与广播电视传媒紧密结合在一起的。

这本书从收集素材到今天最后撰写完成,大约用了 3 年的时间,在这几年中,我的研究方向逐步从微观的、具体电视节目的策划与编导转向了栏目、频道的策划、运作和管理的研究,这种转变既是我教学变化的需要,又是电视一线实践变化的推动,更是我等一大批电视研究者对电视媒体的关注深入到一定阶段必然的走向,尤其是近一二年,我的研究触角又开始涉及新媒体,我关于网络监管的对策研究的论文也在《新华文摘》上刊登,我想这样向前走的方向是对的,也许我还将继续走下去。

在本书的出版过程中,得到了许多同行专家同志和本校同事们的帮助,同事王峰老师在自身繁重的教学工作和学术任务的情况下,还帮助我做了文稿的校对工作,尤其使我感动和要感谢的是王国臣老师,他丰富的广播电视的创作经验给本教材提供了资料和案例支持和帮助,没有上述朋友和同事,这本教材还要再拖一段时间才能出版。最后还值得特别一提的是浙江大学出版社编辑部李海燕编辑对我的关心和支持,对此,我在这里由衷地向他们表示敬意和深深的感谢。

项仲平

2014 年 3 月 16 日于杭州紫荆家园

作者简介

项仲平,男,1961年5月生,教授,博士。国家教育部戏剧影视学教学指导委员会委员,国家教育部特色专业广播电视编导专业负责人,中国中央电视台智库专家,浙江大学和浙江师范大学广播电视艺术学硕士生导师,美国杰克逊威尔大学联席教授,英国考文垂大学博士生导师。现任浙江传媒学院党委委员、副院长,浙江省宣传与文化"五个一批"人才,浙江省"十一五"重点学科(A)广播电视艺术学负责人,浙江省"十二五"一级重点学科戏剧影视学科负责人,浙江省广播电视编导重点专业负责人,全国高校影视教育专业委员会理事,浙江省动漫产业协会副会长,浙江省电影电视学会常务理事,浙江省电视艺术家协会理事,浙江省马克思主义学会常务理事。

近年来,作为独立作者和第一作者发表在《新华文摘》、《中国广播电视学刊》、《现代传播》、《电视研究》、《当代传播》、《人大复印资料》等核心刊物的电视专业论文40多篇,完成主持的国家教育规划办"十一五"重点课题、国家教育部和国家广播电影电视总局重点课题及浙江省哲学社会科学规划领导小组重大委托课题6个,出版了《电视节目策划》、《电视栏目与频道策划研究》、《文化创意产业与当代艺术教育的创新研究》、《影视剧叙事研究》和《广播电视节目传播策略研究》等专著6部,出版《广播电视文艺编导》和《电视节目策划教程》等教材3部,2009年获得中国广播电视协会中国传媒教育创新人才培养贡献人物。

项仲平曾担任过浙江金华电视台副台长,中国中央电视台文艺中心戏曲音乐部副主任。曾担任中央电视台《98与99新年音乐会》等大型电视晚会的制片人,参与获得电视文艺星光奖近十个。长期从事电视艺术教学与管理,主要从事电视节目策划、广播电视编导课程的教学。目前主要的研究方向:广播电视编导与电视栏目、频道等媒体策划与运作和新媒体传播的研究。

张忠仁,男,副教授,文学硕士。现为浙江传媒学院电视学院电视系副主任。长期从事电视艺术教学,主讲《电视导演》、《视听语言》、《电视栏目创意与策划》及《纪录片创作》,长期担任电视台栏目策划并兼任节目编导工作。目前的主要研究方向为:广播电视艺术、影视节目编导及制作、电视创意与策划。

图书在版编目（CIP）数据

广播电视文艺编导 / 项仲平，张忠仁著. —杭州：
浙江大学出版社，2014.6（2024.7 重印）
（现代传播. 广播电视传播）
ISBN 978-7-308-13375-3

Ⅰ.①广… Ⅱ.①项… ②张… Ⅲ.①广播节目－节
目制作 ②电视节目制作 Ⅳ.①G222.3

中国版本图书馆 CIP 数据核字（2014）第 129551 号

广播电视文艺编导

项仲平　张忠仁 著

责任编辑	李海燕
封面设计	续设计
出版发行	浙江大学出版社
	（杭州市天目山路 148 号　邮政编码 310007）
	（网址：http://www.zjupress.com）
排　版	杭州青翊图文设计有限公司
印　刷	嘉兴华源印刷厂
开　本	787mm×960mm　1/16
印　张	20.75
字　数	373 千
版 印 次	2014 年 6 月第 1 版　2024 年 7 月第 10 次印刷
书　号	ISBN 978-7-308-13375-3
定　价	37.00 元